国家社会科学基金青年项目
"金融服务创新促进新型农业经营主体发展的长效机制研究"
（项目编号：14CJY049）

金融服务创新促进新型农业经营主体发展研究

鲁钊阳 著

中国社会科学出版社

图书在版编目（CIP）数据

金融服务创新促进新型农业经营主体发展研究 / 鲁钊阳著 . —北京：中国社会科学出版社，2019.6
ISBN 978 - 7 - 5203 - 4431 - 9

Ⅰ.①金… Ⅱ.①鲁… Ⅲ.①农业经营—金融—商业服务—研究—中国 Ⅳ.①F324

中国版本图书馆 CIP 数据核字（2019）第 091718 号

出 版 人	赵剑英
责任编辑	周晓慧
责任校对	无 介
责任印制	戴 宽

出　　版	中国社会科学出版社
社　　址	北京鼓楼西大街甲 158 号
邮　　编	100720
网　　址	http://www.csspw.cn
发 行 部	010 - 84083685
门 市 部	010 - 84029450
经　　销	新华书店及其他书店
印　　刷	北京明恒达印务有限公司
装　　订	廊坊市广阳区广增装订厂
版　　次	2019 年 6 月第 1 版
印　　次	2019 年 6 月第 1 次印刷
开　　本	710 × 1000　1/16
印　　张	23.75
插　　页	2
字　　数	366 千字
定　　价	99.00 元

凡购买中国社会科学出版社图书，如有质量问题请与本社营销中心联系调换
电话：010 - 84083683
版权所有　侵权必究

目 录

研究提要 …………………………………………………………… (1)

第一章 绪论 ……………………………………………………… (1)
第一节 研究的背景及问题 ………………………………… (1)
一 研究的背景 ………………………………………… (1)
二 研究的问题 ………………………………………… (4)
第二节 研究的思路及方法 ………………………………… (6)
一 研究的思路 ………………………………………… (6)
二 研究的方法 ………………………………………… (6)
第三节 研究的内容及框架 ………………………………… (7)
一 研究的内容 ………………………………………… (7)
二 研究的框架 ………………………………………… (8)
第四节 研究的特色及创新 ………………………………… (9)

第二章 金融服务创新促进新型农业经营主体发展的理论框架 …………………………………………………………… (11)
第一节 金融服务创新与新型农业经营主体发展的概念界定 …………………………………………………… (11)
一 金融服务创新及其相关概念界定 ………………… (12)
二 新型农业经营主体及其相关概念界定 …………… (18)
第二节 金融服务创新与新型农业经营主体发展的文献综述 …………………………………………………… (24)
一 金融服务创新的国内外研究进展 ………………… (24)

二　新型农业经营主体发展的国内外研究进展 …………… (34)
　　三　金融服务创新促进新型农业经营主体发展的国内外
　　　　研究进展 ………………………………………………… (41)
　　四　国内外研究文献的评论 ………………………………… (46)
第三节　金融服务创新促进新型农业经营主体发展的理论
　　　　机理 ……………………………………………………… (47)
　　一　金融服务创新与新型农业经营主体的投资需求 …… (47)
　　二　金融服务创新与新型农业经营主体的融资需求 …… (49)
　　三　金融服务创新与新型农业经营主体的保险需求 …… (51)
　　四　个性化的金融服务与新型农业经营主体的发展 …… (54)
第四节　金融服务促进新型农业经营主体发展的国外经验及
　　　　启示 ……………………………………………………… (55)
　　一　美国金融服务新型农业经营主体的具体做法 ……… (56)
　　二　欧盟金融服务新型农业经营主体的具体做法 ……… (58)
　　三　日本金融服务新型农业经营主体的具体做法 ……… (60)
　　四　国外金融服务新型农业经营主体的典型经验及启示 …… (63)

第三章　金融服务与新型农业经营主体发展关系的历史及现实考察 ……………………………………………………… (64)

第一节　历史视角下金融服务与新型农业经营主体发展
　　　　关系的考察 ……………………………………………… (65)
　　一　中国古代农民借贷的历史考察 ……………………… (66)
　　二　中国近代金融服务与新型农业经营主体发展的关系
　　　　考察 ……………………………………………………… (77)
　　三　中国现代金融服务与新型农业经营主体发展的关系
　　　　考察 ……………………………………………………… (80)
　　四　中国当代金融服务与新型农业经营主体发展的关系
　　　　考察 ……………………………………………………… (82)
第二节　现实视角下金融服务与新型农业经营主体发展
　　　　关系的考察 ……………………………………………… (88)
　　一　金融服务制约新型农业经营主体融资的现实表现 …… (89)

二　金融服务制约新型农业经营主体投资的现实表现 ……… (97)

　　三　金融服务制约新型农业经营主体发展的其他方面
　　　　表现 ………………………………………………… (104)

　　四　金融服务制约新型农业经营主体发展的现实特征……… (105)

第四章　金融服务制约新型农业经营主体发展的原因 ………… (107)

第一节　金融服务制约新型农业经营主体发展的原因：
　　　　定性视角 ……………………………………………… (107)

　　一　宏观层面金融服务制约新型农业经营主体发展的
　　　　原因 ………………………………………………… (108)

　　二　中观层面金融服务制约新型农业经营主体发展的
　　　　原因 ………………………………………………… (111)

　　三　微观层面金融服务制约新型农业经营主体发展的
　　　　原因 ………………………………………………… (113)

第二节　金融服务制约新型农业经营主体发展的原因：
　　　　定量视角 ……………………………………………… (116)

　　一　金融服务制约新型农业经营主体发展原因的理论
　　　　分析 ………………………………………………… (116)

　　二　金融服务制约新型农业经营主体发展原因的实证
　　　　分析 ………………………………………………… (119)

　　三　金融服务制约新型农业经营主体发展原因的实证
　　　　结论 ………………………………………………… (158)

第五章　金融服务制约新型农业经营主体发展的影响 ………… (160)

第一节　金融服务对新型农业经营主体增收效应的影响 ……… (160)

　　一　指标选择与模型设定 ……………………………… (161)

　　二　数据来源及实证分析思路 ………………………… (164)

　　三　实证结果及相关解释 ……………………………… (165)

第二节　金融服务对新型农业经营主体就业效应的影响 ……… (192)

　　一　指标选择与模型设定 ……………………………… (192)

　　二　数据来源及实证分析思路 ………………………… (195)

三　实证分析结果及相关解释 …………………………（196）
第三节　金融服务对新型农业经营主体幸福感效应的
　　　　影响 …………………………………………………（224）
　　一　指标选择与模型设定 ………………………………（224）
　　二　数据来源及实证分析思路 …………………………（227）
　　三　实证分析结果及相关解释 …………………………（228）

**第六章　金融服务创新促进新型农业经营主体发展的长效
　　　　机制** …………………………………………………（256）
第一节　金融服务创新促进新型农业经营主体发展的预期
　　　　目标机制 ……………………………………………（256）
　　一　金融服务创新促进新型农业经营主体发展预期目标
　　　　机制的概念内涵 ……………………………………（256）
　　二　构建金融服务创新促进新型农业经营主体发展预期
　　　　目标机制的原则 ……………………………………（258）
　　三　构建金融服务创新促进新型农业经营主体发展预期
　　　　目标机制的路径 ……………………………………（261）
第二节　金融服务创新促进新型农业经营主体发展的监测
　　　　预警机制 ……………………………………………（263）
　　一　金融服务创新促进新型农业经营主体发展监测预警
　　　　机制的概念内涵 ……………………………………（263）
　　二　构建金融服务创新促进新型农业经营主体发展监测
　　　　预警机制的原则 ……………………………………（266）
　　三　构建金融服务创新促进新型农业经营主体发展监测
　　　　预警机制的路径 ……………………………………（268）
第三节　金融服务创新促进新型农业经营主体发展的应急
　　　　处理机制 ……………………………………………（270）
　　一　金融服务创新促进新型农业经营主体发展应急处理
　　　　机制的概念内涵 ……………………………………（270）
　　二　构建金融服务创新促进新型农业经营主体发展应急
　　　　处理机制的原则 ……………………………………（272）

三　构建金融服务创新促进新型农业经营主体发展应急
　　　　处理机制的路径 …………………………………………（274）
第四节　金融服务创新促进新型农业经营主体发展的信息
　　　　引导机制 …………………………………………………（276）
　　一　金融服务创新促进新型农业经营主体发展信息引导
　　　　机制的概念内涵 …………………………………………（276）
　　二　构建金融服务创新促进新型农业经营主体发展信息
　　　　引导机制的原则 …………………………………………（278）
　　三　构建金融服务创新促进新型农业经营主体发展信息
　　　　引导机制的路径 …………………………………………（280）
第五节　金融服务创新促进新型农业经营主体发展的奖励
　　　　惩罚机制 …………………………………………………（282）
　　一　金融服务创新促进新型农业经营主体发展奖励惩罚
　　　　机制的概念内涵 …………………………………………（283）
　　二　构建金融服务创新促进新型农业经营主体发展奖励
　　　　惩罚机制的原则 …………………………………………（285）
　　三　构建金融服务创新促进新型农业经营主体发展奖励
　　　　惩罚机制的路径 …………………………………………（287）
第六节　金融服务创新促进新型农业经营主体发展的法律
　　　　保障机制 …………………………………………………（289）
　　一　金融服务创新促进新型农业经营主体发展法律保障
　　　　机制的概念内涵 …………………………………………（289）
　　二　构建金融服务创新促进新型农业经营主体发展法律
　　　　保障机制的原则 …………………………………………（291）
　　三　构建金融服务创新促进新型农业经营主体发展法律
　　　　保障机制的路径 …………………………………………（293）

**第七章　金融服务创新促进新型农业经营主体发展的模式
　　　　选择** …………………………………………………………（297）
　　第一节　金融服务创新促进新型农业经营主体发展的政府
　　　　　　引导模式 ………………………………………………（297）

  一　金融服务创新促进新型农业经营主体发展政府引导
　　　　模式的概念内涵 ……………………………………………（298）
  二　金融服务创新促进新型农业经营主体发展政府引导
　　　　模式的基本要求 ……………………………………………（299）
  三　金融服务创新促进新型农业经营主体发展政府引导
　　　　模式的具体路径 ……………………………………………（301）
第二节　金融服务创新促进新型农业经营主体发展的机构
　　　　引导模式 ………………………………………………………（303）
  一　金融服务创新促进新型农业经营主体发展机构引导
　　　　模式的概念内涵 ……………………………………………（304）
  二　金融服务创新促进新型农业经营主体发展机构引导
　　　　模式的基本要求 ……………………………………………（305）
  三　金融服务创新促进新型农业经营主体发展机构引导
　　　　模式的具体路径 ……………………………………………（307）
第三节　金融服务创新促进新型农业经营主体发展的产业
　　　　引导模式 ………………………………………………………（309）
  一　金融服务创新促进新型农业经营主体发展产业引导
　　　　模式的概念内涵 ……………………………………………（309）
  二　金融服务创新促进新型农业经营主体发展产业引导
　　　　模式的基本要求 ……………………………………………（310）
  三　金融服务创新促进新型农业经营主体发展产业引导
　　　　模式的具体路径 ……………………………………………（313）
第四节　金融服务创新促进新型农业经营主体发展的业务
　　　　引导模式 ………………………………………………………（315）
  一　金融服务创新促进新型农业经营主体发展业务引导
　　　　模式的概念内涵 ……………………………………………（315）
  二　金融服务创新促进新型农业经营主体发展业务引导
　　　　模式的基本要求 ……………………………………………（316）
  三　金融服务创新促进新型农业经营主体发展业务引导
　　　　模式的具体路径 ……………………………………………（318）

第五节 金融服务创新促进新型农业经营主体发展的法律
　　　　引导模式 ……………………………………………（320）
　一 金融服务创新促进新型农业经营主体发展法律引导
　　 模式的概念内涵 ………………………………………（321）
　二 金融服务创新促进新型农业经营主体发展法律引导
　　 模式的基本要求 ………………………………………（322）
　三 金融服务创新促进新型农业经营主体发展法律引导
　　 模式的具体路径 ………………………………………（324）

第八章　研究结论、政策运用与研究展望 …………………（326）
　第一节　研究结论 …………………………………………（326）
　第二节　政策运用 …………………………………………（330）
　第三节　研究展望 …………………………………………（338）

参考文献 ………………………………………………………（340）

研究提要

一 研究的重要观点

本书研究的重要观点主要表现在以下三个方面：

第一，新型农业经营主体的发展是实现农业现代化的基本条件和重要手段，只有确保新型农业经营主体健康稳定可持续发展才能够有效推动新形势下中国农业农村经济的发展。

第二，金融是现代经济的核心，金融服务质量的好坏直接关系着新型农业经营主体发展的快慢，金融服务创新是新型农业经营主体健康稳定可持续发展的重要基础。

第三，新型农业经营主体发展所面临的"五化"（农村空心化、务农老龄化、要素非农化、农民兼业化、农业副业化）、"双高"（高成本、高风险）、"双紧"（资源环境约束趋紧、青壮年劳动力紧缺）形势，在短期内难以发生彻底改变，需要构建金融服务创新促进新型农业经营主体发展的长效机制。

二 研究的主要结论

本书研究的主要结论主要表现在六个方面：

第一，金融服务创新促进新型农业经营主体发展的理论。按照《服务贸易总协定》附件之一"关于金融服务的附件"第五条第一项的规定，金融服务的概念内涵极其丰富，涵盖了所有保险及其相关服务、所有银行和其他金融服务（保险除外）。与之类似的是，新型农业经营主体的概念内涵也极为丰富，主要包括种养殖业专业大户、家庭农场、农民专业合作社和农业龙头企业等。金融服务创新促进新型农业经营主体的发展，主要体现在金融机构通过提供融资服务、投资服务、保险服务以及其他个性化金融服务来满足新型农业经营主体各方面的融资需求，为新型农业经营主体生产经营活动提供全方位的保障。与此同时，通过梳理国外发达国家金融服务新型农业经营主体的典型做法不难发现：这些发达国家能够真正从思想高度认识到农业的重要性，彻底为新型农业经营主体的发展扫清一切障碍；重视与时俱进推动金融服务创新，注重金融服务与其他政策工具的配合使用；高度重视相关法律法规的完善，确保金融服务新型农业经营主体发展的全过程都处于法律法规的保护范围之内。

第二，金融服务与新型农业经营主体发展的历史与现实。按照历史发展的脉络，本书研究先考察我国古代金融服务与农业经营主体之间的关系，主要内容包括先秦至隋时期农民借贷、唐和五代时期农民借贷、宋辽金元时期农民借贷以及明清（鸦片战争前）农民借贷；接着分析我国近代史上钱庄、票号、外国银行与农业经营主体之间的关系，又分别分析了1919—1949年我国国统区和革命根据地金融服务与农业经营主体之间的关系，然后对我国改革开放前后金融服务与新型农业经营主体发展的关系进行进一步的分析。通过对历史史料的梳理发现：金融机构能否服务于农业经营主体，关键取决于金融机构自身对收益和成本的考虑；如果收益过低，金融机构往往不愿意提供金融服务；如果收益过高，即便是政府对金融机构进行严格限制，金融机构亦会竭力提供金融服务，以便获取更多的收益。同时还发现：即便是在古代，金融对经济的制约作用仍然表现得很明显，政府对金融活动的干预一直存在，历朝历代都有规范金融活动的法律法规。最后，基于2703份有效调查问卷，重点从融资、投资以及其他金融服务视角全面分析了金融服务对新型农业经营主体（含种养殖专业大户、家庭农场、农民专业合作社和农业龙头企业）发展的制约。研究发现：新型农业经营主体拥有强劲的金融服务需求，但被抑制的现象普遍存在；金融机构所提供的金融服务远远满足不了新型农业经营主体的实际需要，金融机构创新金融服务、开拓农村金融市场还有很大的提升空间。

第三，金融服务创新制约新型农业经营主体发展的原因。金融服务创新制约新型农业经营主体发展的原因是比较复杂的。从定性的角度，可以从宏观、中观和微观三个维度分析金融服务创新制约新型农业经营主体的发展。在宏观层面，金融服务创新制约新型农业经营主体发展的原因表现为资本逐利性与农业弱质性的矛盾无法调和，正规金融与非正规金融发展之间的矛盾并未得到有效解决，国家两大发展战略的转换需要时间；在中观层面，金融服务创新制约新型农业经营主体发展的原因表现为支农惠农政策的完善性存在问题，金融服务创新存在明显的制度惰性；在微观层面，金融服务创新制约新型农业经营主体发展的原因表现为金融机构的理念制约新型农业经营主体的发展，新型农业经营主体自身方面的原因导致其被排除在正规金融机构服务范围之外。从定量的角度来看，金融服务创新是一项复杂的系统工程，金融服务创新制约新型农业经营主体的发展，既与金融机构有关，也与新型农业经营主体有关，还与新型农业经营主体所在区域经济社会发展状况密切相关。比如，性别、家中人口供养比例、基础设施状况、产业结构合理状况等变量不是金融服务制约新型农业经营主体发展的原因，而年龄、户籍状况、婚姻状况、健康状况、文化程度、家庭整体氛围、家庭社会资本情况、物流体系健全状况、农业机械化发展状况、信息化建设满意度、农业生产条件状况、农业技术培训状况、农技人员服务状况、名优特产推介状况、农产品加工包装水平、电商平台发展状况和农村治安实际状况则是金融服务制约新型农业经营主体发展的原因。

第四，金融服务创新制约新型农业经营主体发展的影响。从宏观层面来看，金融服务创新制约新型农业经营主体发展的影响，主要体现在对新型农业经营主体增收效应、就业效应和幸福效应的影响方面。在具体实证金融服务创新制约新型农业经营主体发展的影响时，本书先在不纳入控制变量的情况下进行 OLS 检验，然后再纳入所有的控制变量来进行 OLS 检验；考虑到工具变量问题，在确定工具变量的基础上，继续采用 2SLS 实证不纳入控制变量和纳入控制变量条件下金融服务创新制约新型农业经营主体发展的影响。当然，考虑到不同新型农业经营主体具有其自身的特点，在实证过程中，本书采取的是先实证全样本视角下的数据，再依次实证种养殖专业大户、家庭农场、农民专业合作社和农业龙头企业视角下的数据。由于样本区既存在民族地区的新型农业经营主体，也存在非民族地区的新型农业经营主体，在考虑到民族地区和非民族地区经济社会发展实际差异的情况下，继续对不同地区金融服务对新型农业经营主体就业效应的影响进行实证。最后，基于城镇户籍与农村户籍考虑，对金融服务创新制约新型农业经营主体发展的问题进行稳健性检验，以便进一步验证前面 OLS 和 2SLS 回归结果的可靠性。研究发现：无论是从全样本视角来看，还是从分样本（种养殖专业大户、家庭农场、农民专业合作社和农业龙头企业）视角来看，金融服务对新型农业经营主体的增收效应、就业效应和幸福效应具有显著的制约作用；并且，这种制约作用在民族地区和非民族地区存在显著的地区差异，金融服务对民族地区新型农业经营主体的增收效应、就业效应和幸福效应的制约作用更明显。当然，金融服务制约新型农业经营主体的增收效应、就业效应和幸福效应还会在很大程度上受到新型农业经营主体、新型农业经营主体家庭以及新型农业经营主体所在区域经济社会条件的制约。

第五，金融服务创新促进新型农业经营主体发展的机制。要确保金融服务创新促进新型农业经营主体的发展，需要构建金融服务创新促进新型农业经营主体发展的预期目标机制、监测预警机制、应急处理机制、信息引导机制、奖励惩罚机制以及法律保障机制。构建预期目标机制，需要构建科学的实况分析机制、完善的上传下达机制、高效的试错创新机制；构建监测预警机制，需要构建科学的风险识别机制、完善的风险评价机制、高效的风险响应机制；构建应急处理机制，需要健全应急处理的组织机制、完善应急处理的协调机制和危机处理的查处机制；构建信息引导机制，需要构建网络舆论的引导机制、强化主流媒体的引导机制、创新信息引导的能力机制；构建奖励惩罚机制，需要严肃奖励惩罚的评选机制、规范奖励惩罚的参与机制、畅通奖励惩罚的监督机制；构建法律保障机制，需要创新金融领域与农业领域相关的立法机制、完善金融领域与农业领域相关的司法机制、创新金融领域与农业领域的法律监督机制。

第六，金融服务创新促进新型农业经营主体发展的模式。确保金融服务创新促进新型农业经营主体的发展，需要采取金融服务创新促进新型农业经营主体发展的政府引导模式、机构引导模式、产业引导模式、业务引导模式以及法律引导模式。在政府引导模式下，政府及其主管部门要给金融机构松绑，营造金融机构金融服务创新环境；金融机构自身要强化对金融服务创新的认识，改变过去的传统营利模式；新型农业经营主体要充分挖掘政策潜力，借助金融服务创新来壮大自己。在机构引导模式下，金融机构要改变传统的营利模式，拓展农村金融市场，改变既有的服务方式。在产业引导模式下，政府要强化对区域农业产业结构转型升级的引导，要全方位多角度地确保区域新型农业经营主体的发展。当然，新型农业经营主体需要积极调整自身的发展战略。在业务引导模式下，金融机构需要对其所有的涉农业务进行全面具体的梳理，新型农业经营主体要竭力改变自身先天弱质性的缺点。当然，金融机构与新型农业经营主体之间，需要充分利用现代新型交流互动工具来强化彼此之间的互动。在法律引导模式下，政府及其主管部门需要健全金融服务创新促进新型农业经营主体发展的法律法规，规范相关的执法与司法机制，建立相关的违法追责机制。

三　研究的对策建议

本书研究的对策建议主要表现在七个方面：

第一，服务主体创新。要通过金融服务创新来促进新型农业经营主体的发展，首先要求金融服务主体创新。这既包括金融机构的创新，也包括金融机构从业人员的创新。一方面，金融机构及其从业人员要创新金融服务的理念。金融机构要充分认识到传统的以城镇为中心的业务扩张模式难以为继，要想在激烈的金融市场竞争中获得先发优势，必须高度重视对农村金融市场的拓展；作为农村金融市场的主力军，新型农业经营主体的发展需要得到金融机构的高度关注和重点支持。银行机构要充分认识到传统的"存""贷""汇"等营利模式不具有可持续性，要在充分考虑资金使用价值最大化的前提下着眼未来发展，要尝试按照"就地取材"的原则，将农村金融资源用于支持新型农业经营主体的发展。在条件具备的情况下，要将城镇金融资源通过恰当的渠道引入农村，支持农村经济社会的发展。保险机构要高度重视农村保险业务的开展，要在强化实施农作物保险（含生长期农作物保险和收获期农作物保险）、林木保险（含林木保险和果树保险）、畜禽养殖保险（含牲畜保险和家禽保险）、水产养殖保险（含淡水养殖保险和海水养殖保险）的同时，根据新型农业经营主体发展的实际情况，开展新的农业保险试点。证券机构要站在农业是国民经济基础的高度来看待新型农业经营主体的发展，在企业确保遵规守纪的前提条件下，要优先考虑大型涉农企业的上市工作，要对涉农上市公司的投融资管理出台专门的支持政策，在确保涉农上市公司逐步发展壮大的同时，竭力引导涉农上市公司更好地服务于农业经济增长和农村经济发展。金融机构从业人员要在提供金融服务的过程中，始终坚持"顾客是上帝"的理念，耐心地给新型农业经营主体讲解享受各项金融服务所需要满足的条件，细心地给新型农业经营主体介绍各项金融服务潜在的收益与可能的风险，积极主动为新型农业经营主体提供力所能及的金融服务。另一方面，金融机构从业人员需要努力提升专业综合素质。金融机构从业人员专业综合素质的稳步提升，对于金融机构拓展农村金融市场具有重要的意义，相当部分农业经营主体自身素质有限，无法理解复杂的金融专业术语。基于实际情况考虑，金融机构不仅每年要定期对从业人员进行业务培训，还需要支持、鼓励和引导符合条件的从业人员到国内外高校深造，将对人力资源的投入纳入金融机构每年的专门预算中。此外，金融机构工作人员要提高自身的职业道德素质。金融机构要定期开展廉政纪律教育，特别是要强化对一线客户经理的廉政纪律教育；要确保金融机构单位内部纪委部门的高效正常运转，对从业人员的违法乱纪行为实行零容忍，发现一起查处一起，要形成警示效应。

第二，服务客体创新。要通过金融服务创新来促进新型农业经营主体的发展，不仅要求金融服务主体创新，也要求金融服务客体创新，就是要求新型农业经营主体自身也要与时俱进，不断强化其自身的综合素质，竭力在金融服务创新的直接作用下获得健康稳定可持续发展。一方面，新型农业经营主体要创新自身的发展理念。新型农业经营主体的发展，不应该仅仅局限于种养殖专业大户、家庭农场和农民专业合作社，而应该充分利用国家支农惠农政策，不断发展壮大自身力量，竭力向农业龙头企业看齐，走复合型多元化发展道路；新型农业经营主体既要在专业领域做大做强，还要在条件具备的情况下，延伸自身的产业链条，增强自身的实力；对于符合条件的大型农业企业，政府及其主管部门要予以重点扶持，加大金融机构对其的支持力度。另一方面，新型农业经营主体要创新自身的发展战略。从实际情况来看，新型农业经营主体的发展壮大必须与国家大政方针政策保持一致，自身发展战略的制定也要符合国家产业扶持政策；凡是国家明文禁止的领域，新型农业经营主体就不应该涉足，对之应该明确表示反对；而对于国家倡导的领域，新型农业经营主体要加大投入力度，不断壮大自身的实力。不仅如此，新型农业经营主体的发展还必须与地区经济社会发展战略相一致，力求借助于地方政府的支持，又好又快地促进自身的健康稳定可持续发展。一般来说，地方政府的发展战略体现更多的是地方自身的显著特色，具有鲜明的地域性，新型农业经营主体可以借助地方政府的宣传，以最小的成本和代价加快自身的发展。新型农业经营主体要抱着立足地方、辐射区域、影响全国的姿态来制定发展战略，通过综合利用各种有利因素来促进自身的发展。此外，新型农业经营主体要创新自身的发展模式。对于新型农业经营主体来说，到底是选择专一模式还是兼业模式，是纵向发展模式还是横向发展模式，这些都是需要高度重视的。如果选择专一模式，那么新型农业经营主体就需要考虑如何能够在技术方面稳步创新，如何避免随时被竞争对手模仿超越，以及如何抵御市场风险的冲击等现实问题。如果选择兼业模式，那么新型农业经营主体就需要考虑如何合理配置资源进而最大限度地确保所从事的具体业务齐头并进、协调发展的现实问题。如果选择纵向发展模式，那么新型农业经营主体就要考虑农产品"产—供—销"一体化各环节的密切配合问题，要考虑不同环节实际的盈亏平衡点问题。如果选择横向发展模式，新型农业经营主体就需要考虑不同主体之间的横向协调性问题。服务客体的创新，也就是新型农业经营主体自身经济实力的强大，是金融机构创新金融服务的不竭动力。

第三，服务环境创新。要通过金融服务创新来促进新型农业经营主体的发展，就需要高度重视服务环境的创新。从现实来看，服务环境创新既包括服务环境的软件创新，还包括服务环境的硬件创新。一方面，要高度重视服务环境的"软件创新"。金融机构一定要严格按照国家法律法规的要求来从事金融服务。经实地调研发现，虽然国家早就明文禁止收取"财务服务费""贷款服务费"等相关费用，但是，仍然有金融机构在提供金融服务的过程中以"利率市场化"为借口,对不愿意缴纳"财务服务费""贷款服务费"等相关费用的新型农业经营主体,刻意提高贷款利率,人为加重新型农业经营主体的融资成本;还有些金融机构将融资服务与购买理财产品等业务捆绑进行,严重侵犯了新型农业经营主体的合法权益。要促进新型农业经营主体的发展,就必须对类似行为严加禁止。对金融机构从业人员而言,在确保他们专业素质稳步提升的同时,要强化他们的责任意识。经实地调研发现,相当多的金融机构从业人员不会给新型农业经营主体讲解什么是"年化收益率",基于对该概念理解的偏差,一些新型农业经营主体违心地购买了本不应该购买的理财产品。这可能与金融机构从业人员自身素质有关,因为他们可能自己都没有弄清楚什么是"年化收益率"。当然,这不排除部分金融机构从业人员刻意隐瞒真相,不愿意向新型农业经营主体说明"年化收益率"到底是什么。在农村保险业务领域,部分保险公司的管理极其混乱,新型农业经营主体在购买保险和保险理赔时所享受的服务截然相反;在购买保险的过程中,保险销售人员基于多方面的目的和动机,从来不会将保险中的关键问题说清楚,或者是有意隐瞒保险合同中的关键条款,以致相当部分新型农业经营主体购买了不太适合自身的保险;一旦需要保险理赔时,保险公司工作人员则是百般抵赖,不愿意赔偿或者只给予最低限度的赔偿,这不仅直接打击了新型农业经营主体购买保险服务的积极性,也严重制约了农村经济增长和农村经济发展。另一方面,要高度重视服务环境的"硬件创新"。从实际情况来看,我国绝大部分地区金融机构中算盘、账本等已经绝迹,取而代之的是计算机、自动取款机(ATM)、存折补登机、客户终端(POS)、电子货币(银行卡)等新的工具,应该说,这是经济发展和时代进步的表现。但遗憾的是,金融机构在提供硬件设施的同时,并未能够很好地提供服务。比如,个别金融机构从业人员年龄老化,甚至部分工作人员对计算机的使用不够熟练,直接影响了工作效率,还有些新型农业经营主体的年纪较大,对自动取款机(ATM)、存折补登机、客户终端(POS)、电子货币(银行卡)等的使用存在困难,无法及时、准确、有效地从金融机构获得帮助。服务环境的创新,不仅要重视软件创新,还需要重视硬件创新,一切应该以顾客的实际需要为导向,任何顾客都不应该被排除在享受服务的范围之外。

第四，服务载体创新。要确保金融服务创新促进新型农业经营主体的发展，不仅需要服务主体创新、服务客体创新、服务环境创新，还需要金融载体创新。进一步讲，即便是金融主体创新了金融服务，没有合适的金融载体，金融客体一样很难享受到相应的金融服务。也就是说，金融服务自身并不能够传递出去，需要借助金融载体来进行传递，资金的清算、保值和增值的目的都可以通过金融载体来实现。总体上看，金融服务的载体主要就是金融工具、金融产品、网络以及各种电子设备。服务载体的创新，也就是要创新金融工具、金融产品、网络以及各种电子设备。在金融工具及金融产品的创新方面，金融机构要高度重视对农村金融市场的分析，要根据金融市场上新型农业经营主体的实际需要来创新金融工具和金融产品。在经济全球化的背景下，特别是随着我国依据WTO的要求对国内银行业保护期的解禁，外资银行凭借先进的金融工具、优良的金融产品直接参与国内银行业的竞争。与外资银行相比，我国银行普遍采用的是传统的金融工具和相对比较过时的金融产品，品牌优势不明显。要在复杂的竞争环境中赢得先机，金融机构必须借鉴和引进国外发达国家先进的金融工具和成熟的金融产品，并结合我国新型农业经营主体发展的实际需要，创新金融工具，升级金融产品，完善金融服务。在国际金融市场上，利率和汇率差价的风险随时存在，这对于从事进出口贸易的大型涉农企业极为不利，金融机构完全可以借鉴和吸收国外的期权、利率互换等金融工具来规避金融风险。在网络和各种电子设备的运用方面，金融机构更应该根据新型农业经营主体的实际需求来创新金融服务。从现实来看，金融机构可以利用计算机技术，替代原来必须在柜台或办公室才能够办理的业务，为新型农业经营主体办理相关业务提供极大的便利。在很多时候，新型农业经营主体不需要亲自到金融机构办理业务，完全可以在家里借助互联网享受全天候的金融服务。金融机构在网上提供的金融服务主要包括三个方面，即可以为新型农业经营主体自身及其个人办理清算业务，为新型农业经营主体提供相关的专业财经消息，为新型农业经营主体来往费用支出提供对账和查询服务。不仅如此，新型农业经营主体既可以在家里办理保险、纳税等业务，也可以在家里享受证券机构所提供的诸多服务等。当然，这些服务只能说是在逐步改进的过程当中，有些服务还有待进一步完善，离新型农业经营主体的实际服务需求还存在差距，未来应该在这些方面做进一步的提升。

第五，服务形式创新。金融服务创新的实际成效除了直接受到金融服务主体创新、客体创新、环境创新和载体创新的影响外，还会在很大程度上受到金融服务形式创新的影响。与过去相比，我国金融发展的环境发生了翻天覆地的变化，金融业内部竞争激烈，金融业外部还会受到其他产业扩张的影响。要确保金融服务创新促进新型农业经营主体的发展，还必须高度重视金融服务形式的创新。一是要高度重视效能服务。过去，金融机构比较重视的传统服务是形象服务，从业人员会在新型农业经营主体前来办理相关业务时，注重微笑服务，讲究笑脸相迎，讲究态度和蔼与热情礼貌；当前，因为金融环境发生了显著变化，除了要继续坚持传统的微笑服务外，还需要高度重视效能服务，要切实满足新型农业经营主体的实际金融需求，而不是仅仅讲究形式上的东西。二是要高度重视上门服务。过去，金融机构从业人员都是坐在单位里面等着新型农业经营主体上门来接受服务，即便是新型农业经营主体到了金融机构的办公地点，并不一定能够办理相关的业务，或者是因为缺少相关的证件，或者是因为不能满足金融服务所要求的相关限制性条件，还有可能是因为新型农业经营主体与金融机构从业人员之间的沟通出现问题；当前，随着外资金融机构的大量进入，国外先进的服务理念也随之进入国内，我国传统的服务方式难以与之相抗衡。因此，要求国内的金融机构从业人员具有更强的主观能动性，能够密切联系新型农业经营主体，切实了解并掌握新型农业经营主体的实际金融需求，能够深入农村市场，研究农村市场，服务农村市场，深入新型农业经营主体，研究新型农业经营主体，服务新型农业经营主体。三是要高度重视智能金融服务。过去，传统金融机构（主要是银行）主要从事"存""放""汇"等业务，这些业务早已不能满足新型农业经营主体的金融需求，更不能与国外金融机构展开竞争，与信息时代的服务理念相违背。在当前形势下，金融机构要充分利用互联网的优势，本着降低交易成本，提高服务质量的理念，借助网络为新型农业经营主体提供各种力所能及的服务。

第六，服务手段创新。服务手段的创新，对于确保金融服务创新促进新型农业经营主体的发展也具有重要的意义。因为在某些情况下，金融机构服务手段方面所存在的问题，可能会直接导致新型农业经营主体遭受损失甚至不能够享受金融服务。要创新金融机构的服务手段，一是要实施减负服务。对于新型农业经营主体来说，金融服务之外的额外费用支出，可能会直接影响他们参与金融活动的积极性。虽然全国绝大多数金融机构在办理金融服务时都提供免费复印身份证的服务，但有些金融机构仍然不提供此类服务，这涉及的成本虽然很低，但对于新型农业经营主体来说则是负担；有些时候并不是不愿意支付少量的复印费，而是确实找不到能够复印身份证的地方，付出的时间成本高。此类服务对于金融机构来说，应该是完全免费提供的。二是要实施参谋服务。当新型农业经营主体并不清楚如何计算投资收益时，金融机构从业人员应该耐心讲解，以通俗易懂的方式把投资的收益说清楚，将每一种投资的实际收益算出来，以供新型农业经营主体参考。三是实施提醒服务。从现实来看，部分新型农业经营主体在接受金融服务时，可以说头脑并不清晰，往往只看到收益，而完全忽视风险的存在，金融机构从业人员应该在分析收益的同时，明确告诉新型农业经营主体实际的风险。比如，证券业从业人员就有明确告知新型农业经营主体购买股票存在风险的义务，在让新型农业经营主体看到股票收益的同时，要告诉新型农业经营主体相应的风险，在必要的时候，需要以电话、短信等新型农业经营主体可以接受的方式提示风险的存在，尽量减少新型农业经营主体遭受不必要的损失。四是要实施咨询服务。从实际情况来看，虽然绝大多数金融机构都比较重视对非法洗钱、非法揽储等违法行为的宣传，但对于借助互联网实施金融诈骗的违法乱纪行为则宣传得不多，对金融纠纷中因"私力救济"而可能导致的违法犯罪行为宣传得非常少，对国家及相关主管部门的法律法规宣传得也不到位，以致新型农业经营主体遭受损失，甚至导致个别新型农业经营主体走上违法犯罪的道路。五是要实施维权服务。当新型农业经营主体在接受金融机构所提供的金融服务面临纠纷时，金融机构不能够继续沿袭过去推卸责任的做法，而应该采取更为务实负责任的态度来面对。也就是说，过去，当金融机构与新型农业经营主体发生纠纷时，金融机构自身扮演的是"裁判员"加"运动员"角色，严重侵犯了新型农业经营主体的合法权益；在当前复杂的金融环境下，金融机构要改变过去的做法，要切实考虑新型农业经营主体自身的合法利益诉求。

第七，配套服务创新。除以上六个方面外，要创新金融服务促进新型农业经营主体的发展，离不开政府及其监管部门、财政税务部门以及科技部门等的支持、配套改革和创新。对于政府及其监管部门来说，要充分考虑在当前复杂的金融环境下，不能够继续沿用过去的传统方式来对金融机构进行监督管理，要创新金融监管方式；特别是在涉农金融监管方面，政府及其监管部门更要考虑到新型农业经营主体自身发展的实际情况，支持、鼓励和引导各级各类金融机构更好地服务新型农业经营主体的发展。对财税部门来说，虽然国家支农惠农政策中有很多关系到新型农业经营主体减税、免税的规定，财税部门要将这些政策落到实处；特别是对于先征后返的税收，一定要督查新型农业经营主体完成纳税的程序，并按照文件的有关规定及时足额返还税收；先征后返并不等于不征，享受免税的新型农业经营主体并不等于不纳税，应该严格按照国家规定先缴纳再申请返还，其好处在于可以保留纳税的完整记录，有利于金融机构对新型农业经营主体自身发展状况进行科学合理的评价，有利于新型农业经营主体享受金融服务。对于科技部门来说，单靠金融机构自身的努力，无法实现金融服务的智能化，需要科技部门在此方面做出努力，将先进的科学技术运用于金融机构创新金融服务过程中，在方便金融机构提供金融服务的同时，力求满足新型农业经营主体各方面金融服务需求。

四 研究的创新之处

本书研究的创新之处主要体现在三个方面：

第一，对金融服务与新型农业经营主体发展关系进行历史史料的梳理。按照历史发展的脉络，本书考察了我国古代金融服务与农业经营主体之间的关系，主要内容包括先秦至隋时期农民借贷、唐和五代时期农民借贷、宋辽金元时期农民借贷以及明清时期（鸦片战争前）农民借贷；分析了我国近代史上钱庄、票号、外国银行与农业经营主体之间的关系；探究了1919—1949年我国国统区和革命根据地金融服务与农业经营主体之间的关系，并对我国改革开放前后金融服务与新型农业经营主体发展的关系进行进一步的分析。

第二，对金融服务制约新型农业经营主体发展的原因与影响加以全面剖析。先从定性分析的角度入手，分析了金融服务制约新型农业经营主体发展的原因；然后，从定量分析的角度入手，从全样本视角、种养殖专业大户视角、家庭农场视角、农民专业合作社视角以及农业龙头企业视角出发，系统实证了金融服务创新制约新型农业经营主体发展的原因；同时，还从宏观视角出发，采用定量分析的方法，重点探究了金融服务对新型农业经营主体增收效应、就业效应和幸福效应的影响。

第三，探讨了金融服务创新促进新型农业经营主体发展的机制与模式。构建了金融服务创新促进新型农业经营主体发展的预期目标机制、监测预警机制、应急处理机制、信息引导机制、奖励惩罚机制以及法律保障机制，并提出了金融服务创新促进新型农业经营主体发展的政府引导模式、机构引导模式、产业引导模式、业务引导模式以及法律引导模式。

五 研究的不足之处

本书研究的不足之处主要体现在两个方面：

第一，从史学的角度对我国金融服务与农业经营主体发展关系的研究仍然有广阔的空间。本书研究已经对我国不同历史时期的金融服务与农业经营主体发展关系进行了梳理，但是，基于文献资料的可得性，对我国不同历史时期的金融服务与农业经营主体发展关系的研究还略显粗糙。一方面是因为如果对金融服务进行深度细分的话，则可以将之分为很多不同的具体类型，每一类都与农业经营主体存在或多或少的关系；如果在此基础上加以深入研究的话，那么，对每一类金融服务与农业经营主体关系的研究都可以成为一项专门的课题，这方面还值得进一步深入研究。另一方面，我国不同朝代国家的版图变化很大，有些年份，多个王朝并存，且不同王朝所处的社会背景千差万别，对不同区域金融服务与新型农业经营主体关系的梳理比较困难。比如，对西夏时期或者南诏国等的相关研究，就很有意义，但此方面的文献资料确实非常匮乏。

未来在这些方面可以开展相应的研究。

第二，本书研究的样本区域是西部地区除新疆和西藏外的 10 个省级单位，没有调研中部地区和东部地区，这是本书研究比较遗憾的地方，当然也是未来可以进一步考虑的地方。之所以没有考虑中部地区和东部地区，主要是因为新型农业经营主体的种类多且杂，一般的研究团队是不可能完全掌握的，或者说离开相关政府部门的大力支持，一般研究团队不太可能找全愿意填写调查问卷的新型农业经营主体；在西部地区进行问卷调查，本课题组得到相关实务部门的帮助（新疆和西藏因种种原因没能得到较全的数据），而中、东部地区因课题规定时限、团队组建人数、沟通对接渠道等多方面原因而未能收集齐全相关的研究数据，所以，本书最终只能将样本区选择在除新疆和西藏外的西部 10 个省级单位。

关键词： 金融服务创新　新型农业经营主体　长效机制构建

第一章 绪论

作为资源禀赋优势并不明显的发展中农业大国，农业的健康稳定可持续发展对我国具有极端重要性。"手中有粮、心里不慌"，农业的发展可以为我国十几亿人口提供赖以生存的口粮；同时，农业的发展，不仅可以为工业尤其是轻工业提供原料，还可以为整个第二、三产业的发展提供广阔的消费市场，对确保国民经济的稳定发展具有重要的促进作用。此外，国内外经济发展的实践已经表明，农业的发展是整个国民经济不断发展的重要保障。新型农业经营主体作为新时代的产物，对于我国农业经济发展和整个国民经济进步具有显著的促进作用，但受金融服务发展滞后的影响，新型农业经营主体发展还存在诸多现实问题，其对经济社会发展的积极作用还有待进一步强化。

第一节 研究的背景及问题

对于人文社会科学的研究来说，在开展研究之前，需要弄清楚研究的问题是什么，或者是，研究要坚持问题导向，要围绕特定的问题来开展研究。只有如此，研究才会更有意义。当然，为了更科学全面地把握研究的问题，还必须高度重视对研究背景的了解。因为从现实来看，任何研究问题都是置于特定研究背景下才成立的；离开研究背景，孤立地研究问题往往是不全面的。因此，必须明确研究的背景和研究的问题。

一 研究的背景

要进行金融服务创新促进新型农业经营主体发展的长效机制研究，需要从服务转型、农业转型、金融转型和经济转型四大方面来剖析研究的背景；或者说，对相关长效机制问题的研究，是特定服务转型、农业转型、金融转型和经济转型等时代背景的必然要求，内外环境的变化导致了既有的金融服务模式和农业发展模式难以为继，两者都需要与时俱进，从不同的层面进行创新。

（一）服务转型的必然性与新型农业经营主体的发展

1949年，中华人民共和国正式成立；随后，经过一系列社会主义改造，高度集中的计划经济体制在我国开始建立。需要说明的是，1954年我国的第一部宪法第十五条明确规定，计划经济体制是我国法定的经济体制；1956年，随着"三大改造"的完成，高度集中的计划经济体制开始在我国建立。在高度集中的计划经济体制时期，企业并没有任何的自主权，生产什么、生产多少、如何销售、效益如何等现实问题均由国家统筹安排。在高度集中的计划经济体制影响下，企业自身没有积极主动的服务意识，更多的是服从意识。随着社会主义市场经济体制的建立，市场经济在我国的发展尤为迅速，各种类型的金融机构也纷纷设立。但是，从总体上看，占主导地位的银行仍然是国有银行，它们直接脱胎于高度集中的计划经济体制时期的金融机构；在市场经济的发展中，金融机构在服务创新方面做出了大量的努力，但是，对新型农业经营主体的发展来说，金融机构的服务还远远不够，相当部分新型农业经营主体仍然游离于正规金融机构的服务范围外。随着市场经济的进一步发展，为了促进新型农业经营主体的壮大，金融机构的服务必须进一步转型，应该真正秉承"顾客是上帝"的发展理念，真正将服务转型落到实处，真正为经济社会的发展提供保障。

（二）农业转型的必然性与新型农业经营主体的发展

1949年中华人民共和国成立以来，随着我国大量农田水利基础设施的修建，我国农业生产得到了极大的恢复，农业经济也得到了快速发展。但是，基于"理性经济人"假设的存在，在农业生产过程中，"出工不出力"的现象仍然存在，这在一定程度上影响了农业生产的发展；或者说，虽然经过中华人民共和国成立初期国家农业政策的刺激，我国农业生产发展较快，但后期因受制度惰性的影响，农业生产的发展仍然是存在问题的。随着家庭联产承包责任制的全面推行，农业生产力进一步得到了解放，农民生产积极性空前高涨，农业生产发展尤为迅速。换句话说，在同样多田土面积的前提下，随着分田到户政策的推广，农民生产积极性被全面激发，农产品产销急剧增加。随着制度潜力的逐步被挖掘，当前农业生产仍然面临诸多现实问题，分散的个体农户完全无法抵御市场经济的风险，农产品价格大幅度畸形波动现象屡见不鲜，"谷贱伤农"的现实也使得个体农户从事农业生产的积极性大打折扣，农村撂荒地大量出现。在此情况下，农业转型迫在眉睫。如果农业不转型并继续沿袭既有的生产模式的话，农业必将陷入绝境。作为推动农业转型的重要载体，新型农业经营主体的发展具有重要意义，自然，解决制约新型农业经营主体发展的金融服务问题也非常必要。

（三）金融转型的必然性与新型农业经营主体的发展

中华人民共和国成立以来，我国金融机构历经多次变革。即便如此，金融机构的变革仍然是不够彻底的，需要进一步与时俱进。在高度集中的计划经济体制时期，我国金融机构或者说是整个金融体系的功能被严重弱化，金融功能财政化的特点尤为明显，金融机构所扮演的主要是企业的资金供给者角色，金融机构自身独立性较差，给谁拨款、拨多少、什么时候收回等，这一切均由上级政府决定，金融机构自身谈不上积极性、主动性问题。从四大国有银行的发展历史来看，绝大多数都经历了被合并、被撤销的命运，金融机构完全服务于国家的行政命令，似乎是在高度集中的计划经济体制时期，除了满足外汇需要的部分功能外，绝大多数金融机构的功能都是可有可无的，其最多就是扮演财政资金划拨者角色。从理论上说，经济决定金融，金融服务经济，金融功能的弱化是不利于经济增长的。在社会主义市场经济体制下，金融对于促进经济发展的独特作用日益被重视，金融机构也越来越积极主动地服务于经济建设。从20世纪90年代开始，我国金融机构开始了多次变革，特别是在当前"工业反哺农业，城市支持农村"政策的指引下，金融机构也开始高度重视农业和农村经济的发展。从某种意义上说，在国家宏观政策的影响下，金融机构必须进一步转型，以便科学合理地服务于农业和农村经济发展。当然，金融机构的变革也必然会促进新型农业经营主体的发展。

（四）经济转型的必然性与新型农业经营主体的发展

近些年来，我国持续多年的经济高速增长难以为继，经济发展的内外形势发生了显著变化。2014年5月，习近平总书记在考察河南时提出了新常态的概念。① 按照习近平总书记的论述，新常态具有三个方面的显著特点：经济增长的速度从高速增长转变为中高速增长；经济结构不断优化，第三产业消费需求逐步成为主体，城乡与区域差距逐步缩小，居民收入占比上升，改革开放的成果惠及更多的群体；经济增长从要素驱动、投资驱动向创新驱动转变。很显然，新常态是习近平总书记在对国内外经济社会形势进行科学研判基础上提出来的正确理念。在新常态背景下，农业经济的发展也会发生显著变化。作为对传统农业生产模式的一种创新，新型农业经营主体的发展更符合当前的经济形势。分散的个体农户难以适应市场经济的发展需要，个体农户往往成为市场价格波动的直接受害者；从某种意义上说，个体农户被淘汰是市场经济发展的必然结果。而新型农业经营主体则不一样，它们本身就是市场经济发展到一定程度的产物，对市场的适应性强，自身规模大、效益高、带动周边农户脱贫致富效应显著。在经济转型的背景下，新型农业经营主体也必然会得到进一步的发展。

二 研究的问题

在对研究背景进行把握的基础上，对金融服务创新促进新型农业经营主体发展的长效机制进行研究，需要对以下几个方面的问题进行准确把握。只有把握了以下几个方面的问题，才能够真正构建金融服务创新促进新型农业经营主体发展的长效机制，才能够为新型农业经营主体的健康稳定可持续发展夯实基础。

（一）金融服务制约新型农业经营主体发展的现实表现

随着国家"工业反哺农业，城市支持农村"战略的实施，新型农业经营主体的发展迎来了历史性的发展机遇。从目前来看，除国家出台政策直接支持农业经济增长和农村经济发展外，国家针对新型农业经营主体的各项补贴也显著增多。与过去相比，除了传统的种粮直补外，在农村地区从事与农产品产销相关的新型农业经营主体都可以得到其他方面

---

① 关于习近平总书记对新常态的论述，目前有多个版本。笔者参考了新华网上的信息。具体来说，即是《习近平首次系统阐述"新常态"》，http://news.xinhuanet.com/world/2014-11/09/c_1113175964.htm。

的额外补贴。即便如此，新型农业经营主体发展所面临的融资困境问题仍然难以得到有效解决，或者说，当前农村地区金融服务还难以有效满足新型农业经营主体的发展需要，这种情况到底如何？从现有文献资料来看，还少有学者进行直接研究。本书研究基于问卷调查数据，力求更为客观公正地看待金融服务制约新型农业经营主体发展的现状。或者说，通过问卷调查所得数据资料，力求科学认识金融服务与新型农业经营主体现实需求之间的差距。

（二）金融服务制约新型农业经营主体发展的原因剖析

如果单纯从表面上看，可以认为新型农业经营主体金融服务得不到满足，其根源就是金融机构服务不到位，金融机构所提供的服务难以有效满足新型农业经营主体的需要。但是，如果深入进行研究的话，则会发现除了金融机构方面的原因外，导致金融服务与新型农业经营主体现实需求之间存在差异的原因是多方面的，既有金融机构方面的原因，又有新型农业经营主体自身的原因，还与国家对金融机构相关监管政策紧密相关。从某种意义上可以这样说，金融服务与新型农业经营主体现实需求之间的差距是由多方面的原因造成的。到底有哪些原因？哪些原因是最主要的？哪些原因是次要的？对此有必要进行科学客观的认识。

（三）金融服务制约新型农业经营主体发展的现实影响

从现有文献资料或者是政府公开的统计数据来看，还未有金融服务制约新型农业经营主体发展所带来的后果方面的资料。

要对此进行研究，需要从不同的角度加以分析。在本书研究过程中，笔者将借助调查问卷来分析问题，对金融服务制约新型农业经营主体发展的现实影响也将借助调查问卷来加以剖析。只有认识了相关的后果，才能够科学地构建金融服务创新促进新型农业经营主体发展的长效机制。换句话说，弄清楚了金融服务制约新型农业经营主体发展的后果，才能更深刻地认识到金融服务创新的必要性，进而借助金融服务创新来促进新型农业经营主体的健康稳定可持续发展。金融服务的滞后，显然直接影响了新型农业经营主体的发展，其后果到底是什么？或者说，其后果到底有哪些？到底有多严重？这是本书研究需要重点弄清楚的问题。

第二节 研究的思路及方法

没有清晰的研究思路，研究是无法开展的；即便开展了研究，也很难得出令人信服的研究结论。而没有科学的研究方法，研究很难做到具有创新性；如果一直沿袭前人的研究方法，就不能够根据研究的实际需要采取科学合理的研究方法来进行研究，研究的创新性会大打折扣。本书研究既注重对前人研究思路和研究方法的借鉴吸收，又注意根据研究的实际需要，灵活采取研究方法，力求使得本书的研究更具创新性。

一 研究的思路

在构建金融服务创新促进新型农业经营主体发展理论框架的基础上，对不同历史时期金融服务与农业主体之间的关系进行梳理，在不否认当前金融服务促进新型农业经营主体发展的同时，重点剖析金融服务对新型农业经营主体发展的制约；先从定性分析的角度入手，分析金融服务制约新型农业经营主体发展的原因，然后从定量分析的角度入手，从考虑全样本视角、种养殖专业大户视角、家庭农场视角、农民专业合作社视角以及农业龙头企业视角，实证金融服务制约新型农业经营主体发展的原因。同时，从宏观视角出发，采用定量分析的方法，重点探究金融服务对新型农业经营主体增收效应、就业效应和幸福效应的影响。在此基础上，构建金融服务创新促进新型农业经营主体发展的预期目标机制、监测预警机制、应急处理机制、信息引导机制、奖励惩罚机制以及法律保障机制，并提出金融服务创新促进新型农业经营主体发展的政府引导模式、机构引导模式、产业引导模式、业务引导模式以及法律引导模式，最终探究金融服务创新促进新型农业经营主体发展的对策。

二 研究的方法

本书是基于现实背景和实证分析的应用型理论研究。在研究过程中，不同的研究方法将会交替使用。主要研究方法有：第一，文献研究法。通过对前人有关金融服务创新促进新型农业经营主体发展及其相关研究成果的归纳总结，吸取其中有价值的观点，构建相应的理论分析框架。第二，比较研究法。通过问卷调查和深度访谈的方式，对金融服务创新促进新型农业经营主体发展的历史与现实进行考察，归纳出共性和个性，为构建金融服务创新促进新型农业经营主体发展长效机制夯实基础。第三，实证分析法。本书以实地调研数据为基础，在不排斥定性分析的前提下，将采用 OLS 和 2SLS 模型从定量分析的视角探究金融服务创新制约新型农业经营主体发展的原因及影响。第四，综合分析法。在全面把握金融服务创新促进新型农业经营主体发展现状的基础上，紧密结合区域发展的实际情况，借鉴机制设计理论，构建金融服务创新促进新型农业经营主体发展的长效保障机制。第五，交叉分析法。要构建既能够体现国家宏观政策，又可以体现区域特色的综合政策框架，将运用制度经济学、比较经济学、数理经济学相结合的分析方法。

第三节 研究的内容及框架

在实际研究的过程中，如何科学合理地界定研究的内容是至关重要的，这不仅仅涉及最终研究结果的科学性，还直接涉及研究自身能否顺利开展的问题。比如，对于实证研究来说，研究内容设计得再好，如果找不到数据资料的话，研究往往是很难顺利进行的。确定了研究的内容，还必须对研究的框架进行科学合理的布局；科学合理的框架布局，可以为整个研究内容的开展夯实基础，对研究目标的达成也具有重要意义。

一 研究的内容

基于研究的实际需要，结合调查问卷的发放情况，本书研究的主要内容包括以下几个方面：金融服务创新促进新型农业经营主体发展的理论框架；金融服务与新型农业经营主体发展关系的历史及现实考察；金融服务制约新型农业经营主体发展的原因分析；金融服务制约新型农业经营主体发展的影响分析；金融服务创新促进新型农业经营主体发展的长效机制构建；金融服务创新促进新型农业经营主体发展的模式选择分析。其中，金融服务制约新型农业经营主体发展的表现、原因及影响等方面的内容，均是基于问卷调查数据进行分析的。

二 研究的框架

基于前文对研究内容的设计，本书的研究框架具体如下：

第一章：绪论。主要内容包括研究的背景及问题、研究的思路及方法、研究的内容及框架、研究的特色及创新。

第二章：金融服务创新促进新型农业经营主体发展的理论框架。主要内容包括金融服务与新型农业经营主体的概念界定、金融服务与新型农业经营主体的文献综述、金融服务与新型农业经营主体的理论机理、金融服务与新型农业经营主体的经验借鉴。

第三章：金融服务与新型农业经营主体发展关系的历史及现实考察，主要内容包括历史视角下金融服务与新型农业经营主体发展之间的关系考察，现实视角下金融服务与新型农业经营主体发展之间的关系考察。

第四章：金融服务制约新型农业经营主体发展的原因。主要内容包括定性分析视角下金融服务制约新型农业经营主体发展的原因（包括在全样本视角、种养殖专业大户视角、家庭农场视角、农民专业合作社视角以及农业龙头企业视角下对金融服务创新制约新型农业经营主体发展原因进行实证分析）。

第五章：金融服务制约新型农业经营主体发展的影响。主要内容包括金融服务创新对新型农业经营主体的增收效应、就业效应和幸福感效应的影响分析。

第六章：金融服务创新促进新型农业经营主体发展的长效机制构建。主要内容包括金融服务创新促进新型农业经营主体发展的预期目标机制、监测预警机制、应急处理机制、信息引导机制、奖励惩罚机制、法律保障机制。

第七章：金融服务创新促进新型农业经营主体发展的模式选择。主要内容包括金融服务创新促进新型农业经营主体发展的政府引导模式、机构引导模式、产业引导模式、业务引导模式、法律引导模式。

第八章：研究结论、政策运用与研究展望。主要内容包括研究结论、政策运用和研究展望。

第四节 研究的特色及创新

基于实际数据资料来源的可得性考虑，本书研究在借鉴前人研究成果的基础上，构建金融服务创新促进新型农业经营主体发展的长效机制。本书研究认为，新型农业经营主体的发展是实现农业现代化的基本条件和重要手段，只有确保新型农业经营主体健康稳定可持续发展才能够有效推动新形势下中国农业农村经济的发展。金融是现代经济的核心，金融服务质量的好坏直接关系着新型农业经营主体发展的快慢，金融服务创新是新型农业经营主体健康稳定可持续发展的重要基础。本书研究的特色及创新之处表现为：

第一，对金融服务与新型农业经营主体发展关系历史史料的梳理。按照历史发展的脉络，考察了我国古代金融服务与农业经营主体之间的关系，主要内容包括先秦至隋时期农民借贷、唐和五代时期农民借贷、宋辽金元时期农民借贷以及明清时期（鸦片战争前）农民借贷；分析了我国近代史上钱庄、票号、外国银行与农业经营主体之间的关系；探究了1919—1949年我国国统区和革命根据地金融服务与农业经营主体之间的关系，并对我国改革开放前后金融服务与新型农业经营主体发展的关系做了进一步分析。

第二，对金融服务制约新型农业经营主体发展的原因与影响的全面剖析。先从定性分析的角度入手，探讨了金融服务制约新型农业经营主体发展的原因。然后，从定量分析的角度入手，从全样本视角、种养殖专业大户视角、家庭农场视角、农民专业合作社视角以及农业龙头企业视角，系统实证了金融服务创新制约新型农业经营主体发展的原因。同时，还从宏观视角出发，采用定量分析的方法，重点探究了金融服务对新型农业经营主体增收效应、就业效应和幸福效应的影响。

第三，金融服务创新促进新型农业经营主体发展的机制与模式。本书构建了金融服务创新促进新型农业经营主体发展的预期目标机制、监测预警机制、应急处理机制、信息引导机制、奖励惩罚机制以及法律保障机制,并提出了金融服务创新促进新型农业经营主体发展的政府引导模式、机构引导模式、产业引导模式、业务引导模式以及法律引导模式。

第二章　金融服务创新促进新型农业经营主体发展的理论框架

研究金融服务创新促进新型农业经营主体发展的长效机制，需要构建研究的理论框架。在理论框架的范围内，对研究所涉及的概念内涵进行全面的科学界定，需要对相关研究的国内外进展进行全面的综述，对金融服务创新促进新型农业经营主体发展的理论机理进行深入剖析；同时，还需要对金融服务创新促进新型农业经营主体发展的国外成功经验进行归纳总结。只有弄清楚这些最基本的问题，才能够更好地开展后续研究。基于此，本章研究内容主要包括金融服务创新与新型农业经营主体发展的概念界定、金融服务创新与新型农业经营主体发展的文献综述、金融服务创新促进新型农业经营主体发展的理论机理、金融服务创新促进新型农业经营主体发展的经验借鉴及启示。

第一节　金融服务创新与新型农业经营主体发展的概念界定

弄清楚有关金融服务创新与新型农业经营主体发展的概念内涵，对于全面开展金融服务创新促进新型农业经营主体发展长效机制的研究具有重要意义。基于研究的实际需要，本节重点界定金融服务创新和新型农业经营主体发展的概念内涵，对与金融服务创新和新型农业经营主体发展相关的概念也进行逐一剖析，力求为后续研究夯实基础。从实际来看，无论是对于金融服务创新，还是对于新型农业经营主体发展研究的现有文献资料并不多；为了全面把握相关概念，本节从基础概念入手，逐步分析金融服务创新和新型农业经营主体发展的概念内涵。

一　金融服务创新及其相关概念界定

全面掌握金融服务创新的概念内涵，需要从组成金融服务创新概念的各个部分进行分析，需要分析金融、服务、创新、金融服务、服务创新、金融创新等概念；只有明晰了这些基础概念，才能更好地分析金融服务创新的概念。在分析的过程中，对于每一个概念，尽可能地力求从史学的角度对其进行概述，然后在结合研究实际情况的前提下，明确每一个概念的含义，并对其进行科学界定。

(一) 金融的概念内涵

从史学的角度看，以银号、钱庄等开展的资金融通活动为代表的金融活动在我国发展的历史比较悠久，但"金融"一词最早并不是在我国出现的。"金融"一词，是近代由日本传入我国的。1897年5月27日，中国通商银行的成立标志着我国近代银行业的开端，也正是在此时，"金融"一词开始在我国使用。但是，当时国内对于什么是"金融"并没有进行科学合理的全面界定。从文献资料来看，在1912年北京政府财政部文件中，虽然涉及"金融"一词，但没有明确说明什么是"金融"；1915年编写的《辞源》明确表示，金钱的融通就是金融，所谓的银行、票号、钱庄就是金融机构，这大概是国内最早对"金融"一词所做的界定；1920年，北洋政府发行"整顿金融公债"来应对银行的停止兑换风波，从此以后，"金融"开始与银行业务活动紧密相连。[1] 在借鉴《中国金融百科全书》《新帕尔格雷夫经济学大辞典》以及国内著名经济学家黄达教授关于金融的相关论述上，本书研究认为：所谓的金融，有狭义和广义之分。前者特指信用货币的融通，而后者则指一切与信用货币的发行、保管、兑换、结算以及融通相关的经济活动。[2] 无论是狭义的金融还是广义的金融，金融的本质就是价值流通。金融的构成要素主要包括金融对象（货币或者说是资金）、金融方式（主要就是借贷）、金融机构（包括金融机构和非金融机构）、金融场所（也就是金融市场）、制度和调控机制（包括对金融活动进行监督和调

---

[1] 参见高翔、陈东《金融概念的定义演变》，《兰州学刊》2005年第3期。
[2] 参见黄达《金融学》，中国人民大学出版社2012年版。

控的机制）等。

（二）服务的概念内涵

从史学的角度来看，服务的概念也是极其复杂的。300 多年前，威廉·配第对服务的范畴做了初步研究，认为在商品交换的最初阶段，服务并没有独立出来，而是内生于商品的生产和交换活动中的；随着社会生产力的逐步发展，服务才慢慢开始作为独立部门出现。进一步讲，服务的出现是社会生产力发展的必然结果，而且，随着社会生产力的进步，服务会越来越多样化。[①] 亚当·斯密并不赞同威廉·配第的观点，认为只有工业和商业才是生产性产业，服务本身并不创造价值，应该属于非生产性活动。[②] 在他们二人研究的基础上，国外学者对服务进行了多方面的研究。其中，营销学界对服务的研究较为典型，不仅研究了服务的主体、服务的客体、服务的方式、服务的方法以及服务的手段，还对服务的创新进行了探索。在国外学者研究的基础上，国内学者也对服务进行了多方面的研究。黄少军（2000）认为，服务是一个经济主体受让另一个经济主体的经济要素使用权并对其使用所获得的运动形态的使用价值。[③] 黄维兵、庄丽娟在前者研究的基础上，对服务的概念内涵进行了进一步的拓展。[④] 冯俊等人、包国宪等人分别对服务的概念进行了拓展。[⑤] 前者认为，对服务的理解应该从服务行为、服务产品、服务组织、服务产业和服务社会层面展开；后者认为，服务不应该是单纯的概念，应该是一个学科，应该从服务科学的角度对其进行理解。基于研究的实际需要，本书研究认为，服务不应该是一种简单的行为，应该包括服务的主体、服务的客体、服务的配套机制以及与之相关的环节。相应地，对服务水平的测度和衡量，也应该全方位多角度地进行，不应该只从某一方面来进行。

[①] 参见威廉·配第《赋税论》，马妍译，中国社会科学出版社 2010 年版。
[②] 参见亚当·斯密《国富论》，郭大力、王亚南译，商务印书馆 2014 年版。
[③] 参见黄少军《服务业与经济增长》，经济科学出版社 2000 年版。
[④] 参见黄维兵《现代服务经济理论与中国服务业发展》，西南财经大学出版社 2003 年版；庄丽娟《服务定义的研究线索和理论界定》，《中国流通经济》2004 年第 9 期。
[⑤] 参见冯俊、张运来、崔正《服务概念的多层次理解》，《北京工商大学学报》（社会科学版）2011 年第 2 期；包国宪、王学军、柯卉《服务科学：概念架构、研究范式与未来主题》，《科学学研究》2011 年第 29 卷第 1 期。

(三) 创新的概念内涵

从史学的角度来看,"创新"一词在国内出现的时间远远早于国外。比如,如北齐史学家魏收所撰《魏书》载:"革弊创新者,先皇之志也。"① 唐初史学家令狐德棻所撰《周书》载:"自魏孝武西迁,雅乐废缺,征博采遗逸,稽诸典故,创新改旧,方始备焉。"② 唐代李延寿所撰《南史·后妃传上·宋世祖殷淑仪》载:"仲子非鲁惠公元嫡,尚得考别宫。今贵妃盖天秩之崇班,理应创新。"③ 很显然,上述典籍中的"创新"一词主要指进行国家治理制度的改革或变革。近代康有为在其所著《大同书》第十一章"奖智"中十余次论及"创新",建议朝廷对理论学说或工艺技术创新者的创新成果给予奖励。如"凡始创新者随时呈进,颁赏赠号亦随时;若学士、博士位号,则每年论定一次,无额。惟其才;哲人、圣人则俟有公举者,无年限。……皆创新之是也"④。很显然,康有为所指创新的含义明显区别于以往古籍中的"创新"一词,主要是指理论和生产技术方面的创新。⑤ 在国外,熊彼特于1912年在《经济发展理论》一书中首次提出"创新"的概念。⑥ 当然,此时的"创新"指的是建立一种新的生产函数,也就是把一种从未有过的关于生产要素和生产条件的新组合引入生产体系。此后,"创新"的概念逐步突破经济学的研究范畴,开始向其他学科发展。对于到底什么是创新,不同学者基于不同的学科背景,均有其自己的看法和观点。基于研究的实际需要,本书研究借鉴路甬祥、陈玉和与吴金希等人的观点,认为创新指的是在人类社会生产劳动实践中所取得的那些对人类社会进步及人的发展具有长远而巨大的促进与加速作用的一类杰出成果,其本质是一个系统的

---

① 参见《魏书》卷62。
② 参见《周书》卷26。
③ 参见《南史》卷11。
④ 参见康有为《大同书》,辽宁人民出版社1994年版,第317—319页。
⑤ 参见赵晨、廖建华《创新的概念嬗变、基本形态与系统构成析论》,《广州城市职业学院学报》2016年第10卷第3期。
⑥ 参见[美]约瑟夫·熊彼特《经济发展理论》,郭武军、吕阳译,华夏出版社2015年版。

发展与结构的优化过程。①

（四）金融服务的概念内涵

从学术史的角度来看，在金融服务的概念被明确界定之前，学者已经对金融服务的特征进行了多方面的概括。比如，英国学者佩恩（Payne）和亚瑟·梅丹（Arthur Meidan）、芬兰学者格罗鲁斯（Cronroos）、美国学者科特勒（Ktlor）、法国学者艾利尔（Eiglier）等人的研究具有很强的代表性。②以此为基础，王中志在结合金融服务自身实际的基础上对金融服务的特征进行了概述，认为金融服务具有使用价值特征、本体特征、市场特征。其中，金融服务的使用价值特征表现为独立性、物质性与一般性；金融服务的本质特征表现为无形性、不可分割性、不可存储性和不可转移性；金融服务的市场特征表现为需求波动性、同样性、差异性、义务性、平衡性、关系性和终端性。③除研究金融服务特征外，对于什么是金融服务，学者也进行了概述。总体来看，学者对金融服务的概述，更多的是直接借鉴《服务贸易总协定》附件之一"关于金融服务的附件"第五条第一项的相关内容，即金融服务指一成员金融服务提供者所提供的任何具有金融性质的服务。金融服务包括所有保险及其相关服务，以及所有银行和其他金融服务（保险除外）。④基于研究的实际需要，这也是本书研究对金融服务的概念界定。需要特别说明的是，按照WTO对金融服务的界定，金融服务（Financial Service）和金融服务业（Financial Service Industry）两者之间是不存在实质性差别的。本书研究并不赞同这种观点，认为前者更多地侧重服务，载体是金融；而后者更多地侧重产业，是随着社会生产力的发展而从金融业中发展起来的新型业态。当然，在本书研究中，对于金融服务业这种具体

---

① 参见路甬祥《创新与未来：面向知识经济时代的国家创新体系》，科学出版社1998年版；陈玉和《创新的概念、创新的发生与创新教育模式》，《煤炭高等教育》2001年第3期；吴金希《"创新"概念内涵的再思考及其启示》，《学习与探索》2015年第4期。

② 需要特别说明的是，关于英国学者佩恩和亚瑟·梅丹、芬兰学者格罗鲁斯、美国学者科特勒、法国学者艾利尔等人的原始文献，作者并未直接阅读，而是阅读的二手文献。因此，在正文后的参考文献中并没有直接列出相关的英文文献。具体参见王中志《金融服务特征解构分析》，《南方金融》2006年第7期。

③ 参见王中志《金融服务特征解构分析》，《南方金融》2006年第7期。

④ 参见莫世健《WTO与金融服务业的国际化问题研究》，《河南社会科学》2006年第14卷第5期。

的业态并不是研究的重点,更为侧重研究的是前者所包含的内容。

(五) 服务创新的概念内涵

对于服务创新,清华大学技术创新研究中心的蔺雷和吴贵生进行了全面系统的研究。他们指出:要全面理解服务创新,可以将其与制造业技术创新进行对比。制造业的技术创新主要涉及四个方面的内容:第一,制造业的技术创新有明确具体的主体,主要围绕有形的市场来展开,"顾客是上帝"的理念倒逼制造业不断革新技术,高度重视技术创新。当然,在某些情况下,制造业也会通过以变革自身组织体系的方式来达到创新的目的。第二,制造业在技术创新的过程中,往往采取直接引进新技术和挖潜改造的方式来进行。前者是在节约自身技术创新资金投入的情况下采取一揽子买卖,通过直接引进对方的技术来达到创新的目标;而后者则更多地依靠自身的力量,有条件地引进外部技术,通过内外的共同努力来达成技术创新的目标。第三,制造业的技术创新在很多情况下都具有显著的可复制性特征。当然,在某些情况下,有些技术创新会受到知识产权保护等因素的影响而导致创新不具有可复制性的特征。第四,对制造业来说,顾客虽然直接参与技术创新,但是,这种特征并不是特别明显。[①] 与制造业技术创新相对的是,基于服务的无形性、生产和消费的同时性、易逝性和不可存储性等特征的影响,对服务创新的正确理解需要注重以下四个方面的问题,分别是创新的无形性、创新的新颖度范围、创新形式的多样性、创新的顾客导向性以及创新的适用范围等。以此为基础,本书研究认为,服务创新更为侧重的是服务对象的客观感受,创新新颖度要循序渐进,创新的形式可以灵活多样,创新需要坚持顾客导向,创新范围应该充分考虑到相关对象的数量问题。

(六) 金融创新的概念内涵

要弄清楚金融创新的概念内涵,就需要对相关学者关于金融创新的研究进行梳理。在梳理金融服务创新文献资料之前,有必要重新回顾熊彼特的创新理论,因为国内绝大多数关于金融创新的定义都是由熊彼特

---

① 参见蔺雷、吴贵生《服务创新:研究现状、概念界定及特征描述》,《科研管理》2005年第26卷第2期。

的创新理论演化而来的。按照熊彼特的观点，创新在很大程度上就是企业家自身对生产要素的重新组合，其主要内容包括：新产品的出现、先进生产技术的推广与应用、新市场的开拓、新的原材料的供应、现金管理理念的应用与组织结构的自我创新等。[1] 基于此，借鉴傅丽（1997）的做法，可以将国内学者关于金融创新的典型研究归纳为以下几个方面：第一，从宏观层面来看，在金融变革的过程中，金融创新会随之完成。比如，陈岱孙和厉以宁通过对国际金融变革历史进行整理发现，金融创新内涵极其丰富，涵盖金融领域的诸多方面；如果把整个金融的发展史看作一部创新史的话，则金融的每一次重大发展都可以看作金融的创新。[2] 第二，从中观层面来看，部分学者基于银行中介功能的变化来界定金融创新。20世纪五六十年代以来，银行中介在技术层面、产品层面和制度层面都发生了显著的变化，金融服务经济的功能化倾向日益明显；为促进经济的发展，或者是为迎合各级各类新型融资主体融资诉求的需要，银行中介开始发生全方位变革。[3] 第三，从微观层面来看，有学者基于金融工具创新的视角界定金融创新。比如，有学者将金融工具的创新划分为四种类型，分别是信用创新型、风险转移创新型、增加流动创新型以及股权创造创新型等。[4] 基于上述分析，本书研究认为，金融创新是一个复杂的系统演化过程，是在内外因素的共同作用下，金融机构及其主管部门通过变革现有的金融体制和金融工具以追求既有政策框架范围内无法实现的金融效益的过程。从金融发展的历史来看，金融创新是一个持续不断的、周而复始的追求更高利润的过程。

（七）金融服务创新的概念内涵

上文已经对与金融服务创新相关的概念内涵进行了一一研究。基于上文的分析，可以认为：所谓的金融服务创新，指的是在法律法规允许的范围内，为在激烈的金融竞争中获得竞争优势以便追求更高的经济利润，金融机构以金融消费者为中心，与时俱进地提供全方位多角度的金

---

[1] 参见［美］约瑟夫·熊彼特《经济发展理论》，郭武军、吕阳译，华夏出版社2015年版。
[2] 参见陈岱孙、厉以宁《国际金融学说史》，中国金融出版社1991年版。
[3] 参见王曙光《金融发展理论》，中国发展出版社2010年版。
[4] 参见陈威光《金融衍生工具》，北京大学出版社2013年版。

融服务的过程。很显然，金融服务创新并不是金融机构自发的行为，而是在外部环境发生显著变化、竞争态势日益恶化的情况下，金融机构变被动为主动的产物。对金融机构而言，金融服务创新的首要目标是满足金融消费者的多方面服务诉求，其本质目标仍然改变不了金融机构作为企业的属性，获得高额利润是金融机构创新金融服务的最重要目标。当然，对于政策性金融机构而言，创新金融服务的最根本目标不是利润，而是贯彻落实国家的政策意图。从现实来看，金融服务创新的内容是丰富多样的，主要包括服务形式创新、服务载体创新、服务主体创新。其中，服务形式创新包括从形象服务向效能服务转变、从坐堂服务向上门服务转变、从传统服务向智能服务转变、从手工服务向技术服务转变；服务载体创新包括金融工具及金融产品创新、网络金融服务的与时俱进；服务主体创新包括金融企业及从业人员观念的创新、金融从业人员的知识更新和素质的提高等方面。当然，金融服务创新是一项复杂的系统工程；金融服务创新的顺利完成，不仅需要金融机构及其从业人员的努力，而且离不开政府、金融监管、财政税务、人事、科技等部门的支持、配套改革和创新。[1] 基于研究的实际需要，在针对金融服务如何创新才能促进新型农业经营主体发展的长效机制研究方面，本书将在研究的机制、模式与对策部分重点展开；而在之前的研究中，则重点对当前金融机构所提供的金融服务及其对新型农业经营主体的制约问题进行分析。

二　新型农业经营主体及其相关概念界定

要研究金融服务创新促进新型农业经营主体发展的长效机制，不仅需要弄清楚金融服务创新及其相关概念的内涵，还需要对新型农业经营主体及其相关概念的内涵进行分析。只有科学准确地界定这些基本概念，后续部分研究才能够更好地展开。围绕新型农业经营主体这一重要概念，这里分别对农业、新型农业、经营主体、农业经营主体以及新型农业经营主体的概念进行科学界定。

（一）农业的概念内涵

在人类历史发展的漫长时期里，农业知识被古人在农牧渔猎生产中

---

[1] 参见魏江、胡胜蓉等《金融服务创新》，科学出版社2015年版。

逐步积累。从现有的史料来看，前4世纪亚里士多德就曾经对不同动物的栖居地进行研究，还依据不同的分类标准，对动物进行了初步的分类。比如，按照动物的食性，分为肉食动物、草食动物、杂食动物和特殊食性动物等。① 6世纪，我国北魏农学家贾思勰完成了《齐民要术》一书。该书较为全面、系统地总结了自秦汉以来我国黄河流域的农业科学技术知识，对田耕、谷物、蔬菜、果树、树木、畜产、酿造、调味、调理等相关知识概述得比较全面。② 随着社会生产力的进步和农业生产的发展，人类对农业的认识也越来越深刻，农业的概念逐步形成。从现有文献资料来看，国内外学者较为一致地认为：所谓农业，指的是利用动植物的生长发育规律，通过人工的培育进而获得产品的产业。农业有狭义和广义之分。前者特指种植业，也就是生产粮食作物、经济作物、饲料作物等农业生产活动；后者的范围则更为广泛，包括种植业、林业、畜牧业、渔业、副业五种具体的产业形式。从理论上说，农业生产具有地域性、季节性和周期性的显著特点。这意味着与其他的产业相比，农业天生就具有弱质性；与金融机构所要求的"短、平、快"相比，农业生产有更多的不确定性，农业生产主体极有可能成为被排斥的对象，农业需要政府及其主管部门的大力扶持。③

（二）新型农业的概念内涵

随着生产力的进步，农业的概念内涵越来越丰富，在国外比较流行的新型农业也开始在我国大量出现。什么是新型农业？所谓新型农业，指的是与过去传统的农业生产相比，更多的现代科技技术被应用于农业生产活动中，单位农业投入的产出比更高。新型农业的"新"，不仅仅体现在大量高科技在现代农业生产中的广泛应用上，还体现在与过去传统农业相比，农业生产率得到显著提升上；不仅农产品的单产更高，农产品的品质更好，还体现在种植农产品可以得到更好的效益方面。④ 从现实来看，新型农业种类繁多，主要包括设施农业（采用工程技术实现

---

① 参见［英］赫伯特·乔治·威尔斯《世界简史》，谢凯译，民主与建设出版社2015年版。
② 参见贾思勰《齐民要术》，缪启愉、缪桂龙注，上海古籍出版社2009年版。
③ 参见钟甫宁《农业经济学》，中国农业出版社2011年版。
④ 参见王雅鹏《现代农业经济学》，中国农业出版社2015年版。

种植物高效生产的农业)、无土农业(不完全使用自然土壤的农业)、特色农业(为特定市场需求所开发的具有高营养值、高消费值或高附加值的农业)、包装农业(为满足消费者现实需求而在农产品外包装上推陈出新的农业)、彩色农业(因基因工程的使用而出现多彩格局的农业)、知识农业(用现代专业技术知识武装职业农民的头脑而开展农业生产经营活动的农业)、精准农业(由信息技术支持的,根据空间变异来定位、定时、定量实施现代化农业产销活动的农业)、旅游观光农业(充分利用农业生产的基本条件并集农业生产、生态、生活于一体的农业)、外向型农业(以出口创汇为主要目标的农业)等。① 需要特别说明的是,本书研究虽然也考虑了不同类型新型农业这一角度,但基于研究问卷发放难度的考虑,最终的问卷设计并未侧重此角度,而是直接从不同种类新型农业经营主体的角度来进行研究。

(三) 经营主体的概念内涵

从查阅的文献资料来看,对于经营主体的概念内涵,一直以来都是变化的。在高度集中的计划经济时期,经营主体的概念虽然用得不多,但在国家政策调整的过程中,偶尔也会涉及。在这一时期,所谓的经营主体,更多的是指国有产权的主体,对象主要包括国有制企业和集体制企业。从严格意义上说,在高度集中的计划经济体制时期,无论是国有制企业,还是集体制企业,都不算现代意义上的企业。因为在这一时期,企业自身的独立自主性非常弱,生产什么、生产多少、销往何地、收益如何等现实问题并不是企业自身所能决定的,企业更多地扮演执行政府及其主管部门行政命令的角色。在市场经济条件下,与过去高度集中的计划经济体制相比,国有和集体企业的垄断局面迅速得到改观,私营、混合经营、外资经营等多种企业开始出现,经营主体可以看作市场经营主体的代名词。② 在市场经济条件下,经营主体的产—供—销一体化活动开始以营利为目的。当然,市场经济条件下的经营主体还必须具有四个方面的基本特点,即必须取得市场经营资格,必须从事经营活动,进行具有营利性质的经营活动,能够独立享有民事权利和承担民事

---

① 参见胡霞《现代农业经济学》,中国人民大学出版社2015年版。
② 参考李昌麒《经济法学》,法律出版社2016年版。

责任。依据不同的分类标准，经济主体可以划分为不同的类别。比如，按照经济性质分，可以分为国有企业（也就是全民所有制企业）、集体企业（也就是集体所有制企业）、私营企业、外商投资企业（通常包括中外合资企业、中外合作经营企业、外商独资企业）以及个体工商户；按企业组织形式分，可以分为独资企业、合伙企业、公司企业；按照企业规模分，可以分为大型企业、中型企业、小型企业。① 需要特别说明的是，本书研究并未对新型农业经营主体按照上述标准进行划分，而是按照最一般意义上的种养殖专业大户、家庭农场、农民专业合作社和农业龙头企业等进行问卷设计，在实际研究过程中，也会基本沿袭这四大类标准来进行。

（四）农业经营主体的概念内涵

作为历史悠久的文明古国，要分析我国的农业经营主体问题，离不开对重农抑商政策的分析，因为与重农抑商政策直接相关的就是"土地谁在种"的问题。在先秦时期，"奖耕战""抑商贾"政策全面推行。在这一时期，农业生产活动得到了政府的大力支持和鼓励，而从事商业经营活动则被严格限制，特别是对于粮食产品的经营禁止商人参与其中。在商鞅变法时，为促进农业生产活动的开展，政府还从法律上确认封建土地所有制和土地买卖的合法性。秦至隋唐时期，"重农抑商""崇本抑末"政策全面实施。"重农""重视农业生产"被写入当时的法律中，而对于从事商业活动的商人的行为则被政府从多方面进行限制。宋元时期，"抑商"与"专卖"法直接影响了商业经济的发展，反而农业生产活动得到政府的支持、鼓励和引导。明清的抑商与"海禁"政策，也在很大程度上限制了商业经济的发展，反而是给予农业经济发展更多的便利。在以上各个不同的历史时期，特别是封建制度确立以来的各个不同时期，土地主要掌握在封建地主手中，普通农民占有土地的比例极低。当然，在这一时期，土地的主要耕种者仍然是广大贫困农民。② 中华人民共和国成立以后，特别是随着社会主义"三大改造"的完成，在高度集中的计划经济时期，土地完全国有化、集体化，个体农

---

① 参考宋涛《政治经济学》，中国人民大学出版社2016年版。
② 参见任继周《中国农业系统发展史》，江苏科学技术出版社2015年版。

户并不占有土地的使用权和经营权;随着家庭联产承包责任制的全面推行,虽然我国土地的性质并没有发生根本变化,但是,土地的经营权发生了本质变化,个体农户都成为农业经营主体。随着时代的发展,个体农业难以满足市场经济发展的实际需要,种养殖专业大户、家庭农场、农民专业合作社和农业龙头企业开始大量出现,日益成为新的农业经营主体。

(五)新型农业经营主体的概念内涵

从学术史的角度来看,新型农业经营主体这一概念出现的历史并不长。在2012年以前,我国政府文件中并未明确提出新型农业经营主体的概念。① 政府文件对"新型农业经营主体"的提法,最早见于2012年浙江省《关于大力培育新型农业经营主体的意见》。该意见明确表示,要"大力培育专业种养大户和现代职业农民""支持发展家庭农场和合作农场""提升壮大农民专业合作社""支持农业产业化龙头企业做强做优""大力发展农业服务组织"②。2012年年底,中央农村经济工作会议正式提出要培养新型经营主体。即便是"新型农业经营主体"被官方正式提出了,对于什么是"新型农业经营主体",或者其概念内涵是什么,政府文件并未做出明确界定。宋洪远和赵海的研究成果表明:新型农业经营主体是相对于传统的小农经济而提出的,它可以克服小农经济在规模经济、要素利用效率等诸多方面的缺陷,是当前农业现代化的必然选择。进一步讲,新型农业经营主体指的是具有相对较大的经营规模、较好的物质装备条件和经营管理水平,劳动生产、资源利用和土地产出率较高,以商品化生产为主要目标的农业经营组织。③ 与传统的小农经济相比,新型农业经营主体具有自身显著的特征。比如,新型农业经营主体的市场化导向特征明显,换句话说,对新型农业经营主

---

① 宋洪远和赵海认为,在2012年以前,"新型农业经营主体"的概念在部分理论研究和政策研究中曾经被提及;沿袭宋洪远和赵海的观点,笔者从多个不同的层面进行追溯,发现在既有研究中明确提出"新型农业经营主体"的是黄祖辉教授等人。参见黄祖辉、陈龙等《新型农业经营主体与政策研究》,浙江大学出版社2010年版。

② 参见2012年7月7日《关于大力培育新型农业经营主体的意见》,http://yx-nw.gov.cn/Info_Show.aspx?ClassID=21002&ID=41342。

③ 参见宋洪远、赵海《新型农业经营主体的概念特征和制度创新》,《新金融评论》2014年第3期。

体而言,从事农业生产经营活动,自给自足不再是其追求的目标,围绕市场提供适销对路的农产品以便获取更多的利润是其开展生产经营活动的首要目标。再比如,新型农业经营主体的专业化、规模化和集约化特征显著。因为与传统的小农经济相比,新型农业经营主体不再采用"小而全"的运作模式,而是凭借其自身强大的经济实力,通过大量先进现代农业生产技术的运用,竭力全面降低农业生产经营活动的投入成本,追求更高的回报率。从理论上说,虽然从我国的实际情况来看,新型农业经营主体的种类比较多,但最主要的仍然是种养殖专业大户、家庭农场、农民专业合作社和农业龙头企业等。[①] 基于研究的实际需要,本书研究借鉴了上述学者的观点,从种养殖专业大户、家庭农场、农民专业合作社和农业龙头企业四个方面研究金融服务创新促进新型农业经营主体发展的长效机制。

(六) 新型农业经营主体发展的概念内涵

本书研究的后半部分会涉及对新型农业经营主体发展的测度问题。因为新型农业经营主体的概念内涵极为丰富,要准确测度新型农业经营主体的发展,就必须从特定的视角出发。本书研究拟将新型农业经营主体当作企业来看待,借用测度企业发展的方法来测度新型农业经营主体的发展。对于什么是企业,不同的学者从不同的视角提出了各自不同的观点。从总体上看,企业本质上就是"一种资源配置的机制",它能够在最大限度上直接实现全社会资源的优化配置,并最大限度地降低"交易成本"[②];进一步讲,企业就是以营利为目的,运用各种生产要素(土地、劳动力、资本、技术和企业家才能等),向市场提供商品或服务,实行自主经营、自负盈亏、独立核算的法人或其他社会经济组织。[③] 很显然,企业具有组织性(企业自身就是有名称、组织机构、规章制度的正式组织)、经济性(企业是以经济活动为中心开展生产经营活动的组织)、商品性(企业以市场为导向、围绕市场需求提供相应的

[①] 参见鲁钊阳《新型农业经营主体发展的福利效应研究》,《数量经济技术经济研究》2016年第6期。

[②] 参见 [美] 罗纳德·H.科斯《企业、市场与法律》,盛洪、陈郁译,格致出版社2014年版。

[③] 参见尤建新、邵鲁宁《企业管理概论》,高等教育出版社2015年版。

商品)、营利性(获得利润是企业开展生产经营活动最重要的目标)和独立性(企业依法独立享有民事权利,独立承担民事义务、民事责任)等特点。[①] 从我国的实际情况来看,无论是种养殖专业大户、家庭农场,还是农民专业合作社、农业龙头企业,都具备企业的基本特征。虽然与企业相比,国家对种养殖专业大户、家庭农场、农民专业合作社、农业龙头企业等不征税或者给予很大程度的税收减免,但这仍然改变不了新型农业经营主体自身的企业属性。从学者的现有做法来看,相当部分选择从偿债能力、营运能力和营利能力三个维度测度企业的发展。基于研究的实际需要,问卷设计采取的是让新型农业经营主体对其偿债能力、营运能力和营利能力进行自主评价的方式来测度新型农业经营主体的发展。

第二节 金融服务创新与新型农业经营主体发展的文献综述

要研究金融服务创新促进新型农业经营主体发展的长效机制,就需要弄清楚前人在此方面的研究进展;前人的研究不仅可以为本书研究的顺利开展提供新的思路,还可以为本书研究的顺利开展提供创新的可能。因为如果仅仅简单重复前人的研究,不仅得不出令人信服的研究结论,还会浪费大量的研究资源;弄清楚前人在研究方面有待进一步完善的地方,立足前人研究的基础,可以为新的研究拓展视野。本节内容主要包括金融服务创新的国内外研究进展、新型农业经营主体发展的国内外研究进展、金融服务创新促进新型农业经营主体发展的国内外研究进展以及国内外研究文献的评论。

一 金融服务创新的国内外研究进展

从现有文献资料来看,虽然直接研究金融服务创新的文献并不多,但是,相关的文献资料极为丰富。为了更为科学合理地分析现有的文献资料,本书拟严格从逻辑起点、约束条件、最新拓展、路径选择等方面

---

① 参见 [英] 伊迪丝·彭罗斯《企业成长理论》,赵晓译,上海人民出版社 2007 年版。

进行述评。

(一) 金融服务创新的逻辑起点

从现有国内外文献资料来看，直接研究金融服务创新的成果并不多见，相反，学者对金融服务创新的研究更多地隐含在对金融服务的研究中。在国外，Fariborz（2006、2007、2008）、Timothy et al.（2007）、Elyas et al.（2007）、John 和 Robert（2008）、David et al.（2009）、Rajen 和 Paul（2010）、Cummins et al.（2010）、Guido 和 Krzysztof（2012）、Alena et al.（2012）、Jaap et al.（2013）、Kumar 和 Devi（2014）、Joshua et al.（2014）、Azmat 和 Michael（2016）均对金融服务进行了研究，他们虽然都没有明确研究金融服务的原动力，或者说金融服务创新发生的根本原因，但是，他们的研究成果都暗含着推动金融服务创新的因素。[①] 比较典型的有 Guido 和 Krzysztof（2012）、Alena et al

---

① 需要说明的是，因为此处所涉及的英文文献较多，有些文献的作者是欧美国家的，有些是印度、巴基斯坦甚至是尼泊尔的，还有些是非洲国家的，也有日本的，不同国家学者的名字表述方式并不一样，有些学者的名字即便是用英文表示，也非常复杂。因此，此处不能够完全按照通常杂志的做法来标注论文作者的姓名。针对这种情况，本书研究严格按照论文首页出现的作者姓名（作者自己标注的姓名）来引用文献，这可能与当前很多杂志的参考文献引用方式存在差别，特此说明。后面章节中类似问题，也采用同样的方式进行处理，不再一一说明。具体如下：Fariborz Moshirian，"Aspects of International Financial Services，" *Journal of Banking & Finance*，2006，30（4）：1057 - 1064；Timothy J. Yeager，Fred C. Yeager，Ellen Harshman，"The Financial Services Modernization Act：Evolution or Revolution？" *Journal of Economics and Business*，2007，59（4）：313 - 339；Elyas Elyasiani，Iqbal Mansur，Michael S. Pagano，"Convergence and Risk-return Linkages across Financial Service Firms，" *Journal of Banking & Finance*，2007，31（4）：1167 - 1190；Fariborz Moshirian，"Global Financial Services and a Global Single Currency，" *Journal of Banking & Finance*，2007，31（1）：3 - 9；John K. Ashton，Robert S. Hudson，"Interest Rate Clustering in UK Financial Services Markets，" *Journal of Banking & Finance*，2008，32（7）：1393 - 1403；Fariborz Moshirian，"Financial Services in An Increasingly Integrated Global Financial Market，" *Journal of Banking & Finance*，2008，32（11）：2288 - 2292；David Collins，Ian Dewing，Peter Russell，"Postcards from the Front：Changing Narratives in UK Financial Services，" *Critical Perspectives on Accounting*，2009，20（8）：884 - 895；Rajen Mookerjee，Paul Kalipioni，"Availability of Financial Services and Income Inequality：The Evidence from Many Countries，" *Emerging Markets Review*，2010，11（4）：404 - 408；J. David Cummins，Mary A. Weiss，Xiaoying Xie，Hongmin Zi，"Economies of Scope in Financial Services：A DEA Efficiency Analysis of the US Insurance Industry，" *Journal of Banking & Finance*，2010，34（7）：1525 - 1539；Guido Cazzavillan，Krzysztof Olszewski，"Interaction between Foreign Financial Services and Foreign Direct Investment in Transition Economies：An Empirical Analysis with Focus on the Manufacturing Sector，" *Research in Economics*，2012，66（4）：305 - 319；Alena Audzeyeva，Barbara Summers，Klaus Reiner Schenk-Hoppé，"Forecasting Customer Behaviour in a Multi-service Financial Organisation：A Profitability （转下页）

(2012)、Kumar 和 Devi（2014）。其中，Guido 和 Krzysztof（2012）以九个转型经济体 1996—2007 年的数据为例，采用 GMM 和 2SLS 方法进行实证分析，结果发现：东道国吸收和使用非金融类外商直接投资，受金融服务业自身吸收和使用外商直接投资及其自身市场潜力的影响；金融机构的创新变革，直接受非金融类外商直接投资和国家自身资本密集度的影响。进一步讲，金融机构创新变革在很大程度上会受到外在因素的冲击和影响，不同类型的外商直接投资会导致金融机构选择变革创新，以便应对外来的挑战。Alena et al.（2012）针对顾客行为异质性高的特征，考虑到金融环境的复杂性，为英国零售银行专门开发出一种全新的顾客终身价值评价方法（Customer Lifetime Value，CLV），采用新的方法，顾客可以更方便快捷地管理其潜在营利能力，是顾客可以使用的新型的金融工具。进一步讲，英国零售银行之所以要专门开发新型的金融工具，主要还是因为顾客的现实需求所导致的，金融服务对象的需求是导致金融创新的重要原因。Kumar 和 Devi（2014）在研究社会媒体对金融服务的影响时发现：与传统的信息传播方式不一样，信息在现代社会的传播速度尤为迅速，传播方式有其自身的显著特点。社会媒体传播的负面消息对于作为企业的金融机构具有重大的不利影响，在线口碑的力量虽然是无形的，但其对金融机构的冲击作用确实非常明显。比如，Facebook、MySpace、Linkedin、Twitter 等媒体上信息的传播速度迅速，负面消息的传播在某些情况下甚至会直接导致金融机构的倒闭。进一步说，在社会媒体影响力不断提升的过程中，金融机构必须自主创新，自主变革，不断提升自身的信誉，由被动变主动来应对外在媒体的压力，外在媒体的压力是金融机构创新服务的重要动力。

（接上页）Perspective," *International Journal of Forecasting*, 2012, 28 (2): 507 - 518; Jaap W. B. Bos, James W. Kolari, Ryan C. R. van Lamoen, "Competition and Innovation: Evidence from Financial Services," *Journal of Banking & Finance*, 2013, 37 (5): 1590 - 1601; K. S. Venkateswara Kumar, V. Rama Devi, "Social Media in Financial Services—A Theoretical Perspective," *Procedia Economics and Finance*, 2014, (11): 306 - 313; Joshua Yindenaba Abor, Paul Alagidede, Matthew Kofi Ocran, Charles K. D. Adjasi, "Developments in the Financial Services Sector in Africa," *Review of Development Finance*, 2014, 4 (2): 63 - 65; Azmat Gani, Michael D. Clemes, "Does the Strength of the Legal Systems Matter for Trade in Insurance and Financial Services?" *Research in International Business and Finance*, 2016, (36): 511 - 519.

对于金融服务创新的逻辑起点，也就是金融服务为什么要创新的问题，与国外学者相类似的是，国内学者也从不同的角度进行了多方面的研究。潘素梅等（2013）、张仿龙（2013）、胡海峰和金允景（2014）、任碧云和程茁伦（2015）、周立等（2015）、李连发（2016）、咸兵等（2016）基于制度惯性考虑，认为金融服务并不会自发创新；随着国内各级各类金融机构的增多，面对外在的竞争压力，金融服务对象对金融服务的需求与时俱进，不断出现的金融服务需求与原有的金融机构所能提供的金融服务之间存在较大的差距，这必然导致金融机构自身不断创新金融服务，也会导致金融机构的主管部门从更宏观的层面为金融服务创新提供便利。胡艳辉（2014）、王馨和王世贵（2016）、王敏（2017）等基于自身效率考虑，认为金融服务必然会创新，因为从投入产出比的角度来看，原有的金融服务效率并不高，这不仅直接影响实体经济、小微企业的发展，还会对整个经济社会的发展带来直接的冲击；要在激烈的竞争环境中赢得优势，金融机构必然会稳步提升金融服务的质量，提高金融服务的效率，在促进实体经济、小微企业发展的过程中不断壮大自身的实力。当然，也有学者从更为具体的视角进行研究，认为金融服务并不是虚无缥缈的金融产品，而是应该结合现实，以现实为载体，服务于现实的金融产品。比如，吴刚（2016）认为，我国农村经济出现了新的特点，乡村环境得到极大改观，农业产业化体系逐步完善，农产品质量越来越受市场青睐，农村市场越来越广阔，农村三产融合正加速形成。这些变化既是金融长期服务农村经济发展的结果，也反过来对金融服务提出了更高的要求，要求金融服务与时俱进，根据农村经济形势的新变化而创新金融服务。

（二）金融服务创新的约束条件

从所能够收集到的国内外文献资料来看，直接研究金融服务创新约束条件的成果并不多见，但是相关的文献资料则较为丰富。在国外，Takeo和Takatoshi（2004）、Harald和Reinhard（2004）、Fariborz et al.（2005）、Aigbe和Anna（2006）、Aigbe和Anna（2008）、John和Harris（2009）、David et al.（2011）、Vincent（2014）、Anita et al.（2014）、Andreas和Susanne（2017）等虽然未直接研究金融服务创新的约束条

件，但对影响金融服务的因素进行了研究。① 其中，John 和 Harris（2009）、Vincent（2014）、Andreas 和 Susanne（2017）的成果比较具有代表性。John 和 Harris（2009）研究了南非金融服务公司对撒哈拉以南非洲国家市场进行投资的影响因素，结果发现：南非金融服务公司的金融服务在很大程度上会直接受有关国家政治和经济稳定以及特定市场营利能力和长期可持续性的影响；同时，东道国基础设施建设状况、金融系统可靠性也会对金融服务产生直接的影响。此外还发现：跨国提供的金融服务能否得到回报，还需要考虑东道国合作伙伴的利润需求，单方面的利润追求不具有可持续性。Vincent（2014）在设定金融服务贸易引力模型的前提下对影响金融服务的诸多因素进行了研究，结果发现：金融服务会受到多方面因素的影响，跨国差异、私人监管、资本要求、银行监管等因素对于金融服务都会产生影响，到底哪种因素对金融服务的影响更为明显，需要结合相关国家的实际国情来进行具体分析。Andreas 和 Susanne（2017）以尼日利亚和肯尼亚 2007 年、2009 年和 2011

---

① 具体参见以下文献：Takeo Hoshi, Takatoshi Ito, "Financial Regulation in Japan：A Sixth Year Review of the Financial Services Agency," *Journal of Financial Stability*, 2004 (2)：229 – 243; Harald A. Benink, Reinhard H. Schmidt, "Europe's Single Market for Financial Services：Views by the European Shadow Financial Regulatory Committee," *Journal of Financial Stability*, 2004 (2)：157 – 198; Fariborz Moshirian, Donghui Li, Ah-Boon Sim, "Intra-industry Trade in Financial Services," *Journal of International Money and Finance*, 2005, 24 (7)：1090 – 1107; Aigbe Akhigbe, Anna D. Martin, "Valuation Impact of Sarbanes-Oxley：Evidence from Disclosure and Governance within the Financial Services Industry," *Journal of Banking & Finance*, 2006, 30 (3)：989 – 1006; Aigbe Akhigbe, Anna D. Martin, "Influence of Disclosure and Governance on Risk of US Financial Services Firms Following Sarbanes-Oxley," *Journal of Banking & Finance*, 2008, 32 (10)：2124 – 2135; John Manuel Luiz, Harris Charalambous, "Factors Influencing Foreign Direct Investment of South African Financial Services Firms in Sub-Saharan Africa," *International Business Review*, 2009, 18 (3)：305 – 317; David Bassens, Ben Derudder, Frank Witlox, "Setting Shari'a Standards：On the Role, Power and Spatialities of Interlocking Shari'a Boards in Islamic Financial Services," *Geoforum*, 2011, 42 (1)：94 – 103; Vincent Bouvatier, "Heterogeneous Bank Regulatory Standards and the Cross-border Supply of Financial Services," *Economic Modelling*, 2014 (40)：342 – 354; Anita Pennathur, Deborah Smith, Vijaya Subrahmanyam, "The Stock Market Impact of Government Interventions on Financial Services Industry Groups：Evidence from the 2007 – 2009 Crisis," *Journal of Economics and Business*, 2014 (71)：22 – 44; Andreas Freytag, Susanne Fricke, "Sectoral Linkages of Financial Services as Channels of Economic Development—An Input-Output Analysis of the Nigerian and Kenyan Economies," *Review of Development Finance*, In Press, Corrected Proof, Available online 9 March 2017. 文章链接网址如下（目前该论文刚上网，不能下载，只能在线查看）：http：//www. sciencedirect. com/science/article/pii/S1879933716301749.

年投入产出数据为例,研究其金融服务与经济发展之间的关系,结果发现:金融服务部门对经济发展的反向效应、前向效应、乘数效应等都是显著的,这些效应在两个不同的国家之间是存在差距的。由于肯尼亚的移动金融市场要明显好于尼日利亚,在金融服务部门对经济发展的各方面效应前者要好于后者。进一步讲,基于金融与经济之间关系的考虑,不仅金融服务会影响经济发展,经济发展反过来也会直接决定金融服务,两者之间的影响应该是双向的,而不应该是孤立的。

与国外学者相类似的是,国内学者对于金融服务创新的约束条件也从不同的角度进行了多方面的研究。郭兴平(2010)、张晨(2015)、韩俊(2015)、蒋国政(2016)、娜日等(2016)的研究成果表明:金融服务创新是一项复杂的系统工程,不仅与金融服务供给主体和金融服务需求的客体密切相关,还与金融服务外在环境的变化紧密相连。① 从金融服务供给的主体角度来看,金融机构的意识观念、投入程度与配套服务会直接影响金融服务,金融机构工作人员的综合素质也会直接影响金融服务创新的质量。从金融服务需求的客体角度来看,金融服务需求者素质的高低,在很大程度上直接影响金融服务创新的实施成效。比如,为了给广大金融服务需求者提供便利,银行需全面推广网银,如果金融服务需求者都不具备基本的电脑和手机使用知识,网银业务是无法推广的。从外在环境的角度来看,经济发达地区金融服务创新的程度普遍较高,而经济欠发达地区整体金融服务创新的程度则偏低。从现实来看,经济发达地区各种新型便利的金融服务被广泛使用,以顾客需求为导向的金融服务创新越来越多;而在经济欠发达地区,甚至是中西部偏远山区,金融机构所能提供的金融服务始终还是"存、贷、汇"老三样,金融服务创新力度小,成效不明显。从更宏观的角度来看,金融服务创新与国家的整体经济金融发展水平也是紧密相关的。比如,以金融

---

① 具体参见文献:郭兴平:《基于电子化金融服务创新的普惠型农村金融体系重构研究》,《财贸经济》2010年第3期;张晨:《金融服务支持农业"走出去"的问题、原则与路径》,《农村经济》2015年第3期;韩俊:《微信金融服务在农村大有可为》,《农村金融研究》2015年第7期;蒋国政:《金融服务农业供给侧结构性改革的思考:永州实证》,《武汉金融》2016年第9期;娜日、朱淑珍、洪贤方:《基于扎根理论的互联网金融服务创新能力结构维度研究》,《科技管理研究》2016年第14期。

衍生工具为代表的新型金融产品在发达国家和地区就较为普遍，整体发展水平较高，而在我国则发展得不理想，根源在于我国整体经济金融与发达国家和地区相比还存在较大的差距；无论是国家，还是金融机构自身，整体管控风险的能力还有待进一步提升。

（三）金融服务创新的最新拓展

近些年来，随着世界经济形势的变化，传统的金融服务难以满足实际需要。要在复杂的经济环境中赢得竞争优势，或者是在复杂的竞争环境中生存，金融机构自身及其主管部门应高度重视金融服务创新，学者在此方面也进行了研究。从现有文献资料来看，伴随着互联网、手机以及其他新型移动互联工具的出现，国外学者对金融服务创新的新领域进行了多方面的研究，具体的研究成果有 Money（2000）、Arthur（2001）、Milé et al.（2003）、Fariborz et al.（2004）、Fariborz（2004）、Ingyu 和 Lawrence（2005）、Patrick（2008）、Markus 和 Ingo（2012）、Lars 和 Amjad（2014）、Sabine et al.（2014）、Luca 和 Olivier（2017）、Susan et al.（2017）、Shem et al.（2017）的相关文章。[①] 比如，金融服务全球化趋势、大数据和移动设备的使用对金融服务会产生影响。具体来说，Lars 和 Amjad（2014）对战后经济特征进行了归纳和总结，认为金融服务在世界经济中的作用日益增强，但金融服务公司的发展在很大

---

① 具体参见以下文献：R. Bruce Money, "Word-of-mouth Referral Sources for Buyers of International Corporate Financial Services," *Journal of World Business*, 2000, 35 (3): 314 – 329; Arthur Grimes, "Apec Competition Principles: Application to Financial Services," *Japan and the World Economy*, 2001, 13 (2): 95 – 111; Milé Terziovski, Paul Fitzpatrick, Peter O'Neill, "Successful Predictors of Business Process Reengineering (BPR) in Financial Services," *International Journal of Production Economics*, 2003, 84 (1): 35 – 50; Fariborz Moshirian, Ilan Sadeh, Jason Zein, "International Financial Services: Determinants of Banks' Foreign Assets Held by Non-banks," *Journal of International Financial Markets*, 2004, 14 (4): 351 – 365; Fariborz Moshirian, "Financial Services: Global Perspectives," *Journal of Banking & Finance*, 2004, 28 (2): 269 – 276; Ingyu Chiou, Lawrence J. White, "Measuring the Value of Strategic Alliances in the Wake of a Financial Implosion: Evidence from Japan's Financial Services Sector," *Journal of Banking & Finance*, 2005, 29 (10): 2455 – 2473; Patrick Honohan, "Cross-country Variation in Household Access to Financial Services," *Journal of Banking & Finance*, 2008, 32 (11): 2493 – 2500; Markus M. Schmid, Ingo Walter, "Geographic Diversification and Firm Value in the Financial Services Industry," *Journal of Empirical Finance*, 2012, 19 (1): 109 – 122; Lars Engwall, Amjad Hadjikhani, "Internationalization of Financial Services in Turbulent Markets," *International Business Review*, 2014, 23 (6): 1035 – 1039; Sabine Gebert Persson, Heléne Lundberg, Jörgen Elbe, "On the Discursive Contest of an （转下页）

程度上会受到不同国家相关规定的影响；从长远来看，基于金融服务对经济增长的重要促进作用，金融服务会越来越多地突破国家之间的限制，更好地促进全球经济的发展。事实上，Sabine et al.（2014）的研究成果也支持该研究的结论，认为随着全球一体化进程的加快，受资本自身逐利性和避险性的影响，金融服务全球化特征也会表现得越来越明显。Susan et al.（2017）研究了数据创新对银行绩效的影响，认为大数据的使用对银行绩效的提升具有显著的正面效应，且这种效应对于小银行来说表现得更为明显，同时，网络的大量使用也会显著提升银行的绩效，两者是银行未来的发展方向。进一步讲，基于理性经济人假设，既然大数据和网络的使用可以提高银行绩效，那么，银行在实际业务开展过程中自然会高度重视大数据与网络使用问题，这也是银行服务创新的重点。Shem et al.（2017）以撒哈拉以南非洲国家为研究样本，探究移动电话对金融机构金融服务未覆盖地区的人口储蓄动员的影响，研究结果表明：移动电话的使用和普及，可以显著提高样本国家家庭储蓄的可能性；特别是考虑到移动金融服务的快捷便利性，随着移动手机适用范围的推广，金融服务的交易成本也会显著降低，穷人和低收入群体可以通过移动金融服务从正规金融机构获得更多的益处。

　　从国内学者的研究来看，随着经济金融外部环境的变化，金融服务创新必然向新的领域拓展。比如，在互联网金融服务创新方面，张春霞（2015）、胡孝辉等（2016）、张正平和石红玲（2017）的研究成果表明：传统"三农"金融服务具有诸多弊端，如交易成本高、交易效率低、交易过程中信息不对称明显等，这些弊端的存在进一步将先天不足的农村资金需求者排除在正规金融的服务范围外；而互联网金融服务与

（接上页）International M&A Relationship Development Process within Financial Services," *International Business Review*, 2014, 23 (6): 1064 – 1073; Luca Marchiori, Olivier Pierrard, "How Does Global Demand for Financial Services Promote Domestic Growth in Luxembourg? A Dynamic General Equilibrium Analysis," *Economic Modelling*, 2017, (62): 103 – 123; Susan V. Scott, John Van Reenen, Markos Zachariadis, "The Long-term Effect of Digital Innovation on Bank Performance: An Empirical Study of SWIFT Adoption in Financial services," *Research Policy*, 2017, 46 (5): 984 – 1004; Shem Alfred Ouma, Teresa Maureen Odongo, Maureen Were, "Mobile Financial Services and Financial Inclusion: Is It a Boon for Savings Mobilization?" *Review of Development Finance*, In Press, Corrected Proof, Available online 9 March 2017. 目前该论文还不能直接下载，只能在线查看，链接网址如下：http://www.sciencedirect.com/science/article/pii/S1879933716301695。

传统"三农"金融服务相比,具有显著的优势,是现代商业银行大力探索的新领域,对于促进"三农"发展具有积极意义。① 在供应链金融与产业链金融服务创新方面,姜超峰(2015)的研究表明:通过采购、生产和销售等不同环节,不同企业供应链相互交织在一起,环环相扣,紧密相连,任何一个环节出现问题都可能会带来连锁反应,甚至是引发不必要的金融灾难;供应链金融就是要在构建风险预警机制的前提下,协调不同方面利益主体的利益,确保全方位、多角度沟通反馈机制的畅通,促进商贸、金融与物流的一体化协调发展,这是未来金融多维发展的方向之一。② 陈红玲(2016)的研究表明:在农业领域,金融服务发展的未来趋势是为农产品产—供—销一体化的全产业链服务;某个环节的金融服务创新并不具有持续的竞争力,全产业链的联动才能够更好地促进农业经济的发展。③ 此外,黄浩(2013)、李浩和武晓岛(2016)分别从电子商务发展理念和绿色生态发展理念视角对金融服务创新的未来发展趋势进行了研究。④

（四）金融服务创新的路径选择

从对现有文献资料的梳理来看,在金融服务创新路径的研究方面,国内外学者之间存在显著差异。对国外学者来说,他们的研究更多的是得出某一种具体的结论,对于研究结论所蕴含的对策建议一般较少进行深入研究;而国内学者则不一样,在文献的结尾多会对研究结论所蕴含的对策建议进行深入分析。当然,通过实证研究得出了具体的研究结论,挖掘研究结论背后的对策建议并不难。从所收集到的外文文献资料来看,Sandeep 和 Richard（2001）、Plath 和 Stevenson（2001）、Wolfgang 和 James（2002）、Kenneth 和 Randall（2002）、Altshuler 和 Hubbard

---

① 具体参见以下文献:张春霞:《互联网金融服务"三农"模式浅析》,《农村金融研究》2015年第11期;胡孝辉、申莉、刘献良:《"互联网+三农"金融服务调研与思考》,《农村金融研究》2016年第11期;张正平、石红玲:《互联网金融服务"三农"的现状、问题、原因和对策》,《农村金融研究》2017年第2期。

② 参见姜超峰《供应链金融服务创新》,《中国流通经济》2015年第1期。

③ 参见陈红玲《中国农业产业链融资模式与金融服务创新:基于日本模式的经验与启示》,《世界农业》2016年第12期。

④ 参见黄浩《电子商务是未来金融服务必争之地》,《中国金融》2013年第10期;李浩、武晓岛《绿色金融服务"三农"新路径探析》,《农村金融研究》2016年第4期。

(2003)、Nico (2004)、Paraskevas (2004)、Patrick et al. (2007)、Tony et al. (2008)、Anastasia et al. (2013)、Oscar et al. (2014)、Gang (2014)、Philip et al. (2015)、Kareen et al. (2015)、Charilaos (2016)[①] 等的研究比较具有特色，他们的研究背后所暗含的或是从法律层面，或是从监管层面，或是从跨区域合作层面，或是从援助层面探讨如何进行金融服务创新。

与国外学者不同的是，在研究金融服务创新的逻辑起点、约束条件和最新拓展方面，国内学者已经就金融服务如何创新问题进行了多方面

---

① 具体参见以下文献：Sandeep Mahajan, Richard J. Sweeney, "Strategic Choices of Quality, Differentiation and Pricing in Financial Services," *Journal of Banking & Finance*, 2001, 25 (8): 1447 – 1473; D. Anthony Plath, Thomas H. Stevenson, "Financial Services and the African-American Market: What Every Financial Planner Should Know," *Financial Services Review*, 2001, 9 (4): 343 – 359; Wolfgang Bessler, James P. Murtagh, "The Stock Market Reaction to Cross-border Acquisitions of Financial Services Firms: An Analysis of Canadian Banks," *Journal of International Financial Markets, Institutions and Money*, 2002 (12): 419 – 440; Kenneth A. Carow, Randall A. Heron, "Capital Market Reactions to the Passage of the Financial Services Modernization Act of 1999," *The Quarterly Review of Economics and Finance*, 2002, 42 (3): 465 – 485; Rosanne Altshuler, R. Glenn Hubbard, "The Effect of the Tax Reform Act of 1986 on the Location of Assets in Financial Services Firms," *Journal of Public Economics*, 2003, 87 (1): 109 – 127; Nico Valckx, "WTO Financial Services Commitments: Determinants and Impact on Financial Stability," *International Review of Financial Analysis*, 2004, 13 (4): 517 – 541; Paraskevas C. Argouslidis, "An Empirical Investigation into the Alternative Strategies to Implement the Elimination of Financial Services," *Journal of World Business*, 2004, 39 (4): 393 – 413; Patrick Bolton, Xavier Freixas, Joel Shapiro, "Conflicts of Interest, Information Provision, and Competition in the Financial Services Industry," *Journal of Financial Economics*, 2007, 85 (2): 297 – 330; Tony E. Smith, Marvin M. Smith, John Wackes, "Alternative Financial Service Providers and the Spatial Void Hypothesis," *Regional Science and Urban Economics*, 2008, 38 (3): 205 – 227; Anastasia Danilov, Torsten Biemann, Thorn Kring, Dirk Sliwka, "The Dark Side of Team Incentives: Experimental Evidence on Advice Quality from Financial Service Professionals," *Journal of Economic Behavior & Organization*, 2013 (93): 266 – 272; Oscar Bernal, Jean-Yves Gnabo, Grégory Guilmin, "Assessing the Contribution of Banks, Insurance and Other Financial Services to Systemic Risk," *Journal of Banking & Finance*, 2014 (47): 270 – 287; Gang Nathan Dong, "Excessive Financial Services CEO Pay and Financial Crisis: Evidence from Calibration Estimation," *Journal of Empirical Finance*, 2014 (27): 75 – 96; Philip Kostov, Thankom Arun, Samuel Annim, "Access to Financial Services: The Case of the 'Mzansi' Account in South Africa," *Review of Development Finance*, 2015, 5 (1): 34 – 42; Kareen Brown, Ranjini Jha, Paruchana Pacharn, "Ex ante CEO Severance Pay and Risk-taking in the Financial Services Sector," *Journal of Banking & Finance*, 2015 (59): 111 – 126; Charilaos Mertzanis, "The Absorption of Financial Services in an Islamic Environment," *Journal of Economic Behavior & Organization*, 2016 (132): 216 – 236.

的研究。除上述国内学者对金融服务创新路径所做的研究外，魏岚（2014）、叶军等（2014）、楼文龙（2016）等的研究也值得肯定。① 魏岚认为，要创新金融服务，政府需要强化对金融服务创新的扶持，这种扶持不能仅仅局限于金融领域，也可以尝试从财政领域对金融服务创新进行扶持；同时，还需要增强金融机构金融供给的意愿，特别是要通过金融服务的创新来千方百计地满足不同融资主体的正当融资诉求。此外，需要高度重视信用环境建设，减少信贷过程中信息不对称现象的发生。叶军等认为，在当前经济形势下，可以在信贷模式方面对金融服务进行创新，可以采取信贷工厂模式，也可以采取"互联网＋电子商务＋物流＋银行"的组合型信贷模式。前者就是借鉴打分卡技术和个体分析技术，将整个贷款流程进行标准化处理，进而实现高效贷款的模式；后者针对前者的不足之处，将不同的方式整合在一起，将银行信贷与互联网金融相互融合，实现线上线下业务优势的深度耦合，再通过与相应物流渠道的无缝对接，整合重组打造出全新的模式。很显然，这种模式能够实现信息流、物流和资金流的三流合一，使得大批量、快速化服务小微企业成为可能，而且在模式中各方均会互利共赢。楼文龙（2016）认为，在当前经济形势下，要创新金融服务，需要高度重视"新三农"与"大三农"的对接，协调两者之间的关系，共同促进农业经济增长和国民经济发展。

二 新型农业经营主体发展的国内外研究进展

前文对新型农业经营主体概念内涵的分析已经表明：新型农业经营主体这一概念本来就是具有中国特色的概念，在国外农业经济学学科体系中并不存在同样的提法。从对国外文献资料的梳理发现：在欧美发达国家和地区，与新型农业经营主体直接相关的或者说新型农业经营主体所涵盖的概念主要有家庭农场、农业合作组织（含农民专业合作社）和农业企业；而在广大发展中国家，与新型农业经营主体直接相关的或

---

① 魏岚《我国农村金融服务创新研究》，《经济纵横》2014 年第 12 期。叶军、高岩、邱晓熠《中国小微企业金融服务模式与创新》，《西南金融》2014 年第 4 期。楼文龙《准确把握"三农"发展趋势和特征，切实做好"新三农""大三农"金融服务》，《农村金融研究》2016年第 8 期。

者说新型农业经营主体所涵盖的概念则有农户、家庭农场、农民专业合作社和农业企业。因此，在对国外文献进行述评时，不可能严格按照前文所界定的新型农业经营主体所包括的种养殖专业大户、家庭农场、农民专业合作社和农业龙头企业等来进行，只能粗略地按照农户、家庭农场、农业合作组织（含农民专业合作社）和农业企业四个维度来进行，而对于国内文献的综述，则严格按照新型农业经营主体发展的逻辑起点、新型农业经营主体发展的约束条件、新型农业经营主体发展的路径选择等方面来进行。

（一）新型农业经营主体发展的逻辑起点

从现有的国外英文文献来看，随着农业经济的增长和国民经济的发展，农业生产经营主体是不断发生变化的；即便是在基本上不存在个体小农户的发达资本主义国家里，家庭农场、农业合作组织（含农民专业合作社）和农业企业都是不断发生变化的，农场之间的变动也较为迅速。当然，有一点不可否认，那就是家庭农场、农业合作组织（含农民专业合作社）仍然是以家庭为基础的，只不过与分散的个体农户相比，他们在规模、技术、效益等方面有了质的变动。Offutt（2002）、Chaplin et al.（2004）、Pritchard et al.（2007）、Johnson et al.（2011）的研究表明，以家庭经营为基础的各级各类农业生产经营主体在发达国家占据着重要的地位，不同主体之间的转化并不是简单地对家庭经营的否认，而是一种扬弃，是事物自身发展的必然结果，是应对市场经济环境变化的必然选择；在某些特殊的情况下，小规模的农业生产经营主体可能会取得比大规模的农业生产经营主体更好的生产效率。也就是说，市场经济自身的发展规律是农业经营主体发生变化的根本原因。[①] 当然，外在原因对于农业经营主体变化发展的影响也是不容忽视的。比如，Hans-

---

① 参见 S. Offutt, "The Future of Farm Policy Analysis—A Household Perspective," *American Journal of Agricultural Economics*, 2002, 84 (5): 1189 – 1200; H. Chaplin et al., "Agricultural Adjustment and the Diversification of Farm Households and Corporate Farms in Central Europe," *Journal of Rural Studies*, 2004 (20): 61 – 7; B. Pritchard et al., "Neither 'Family' Nor 'Corporate' Farming—Australian Tomato Growers as Farm Family Entrepreneurs," *Journal of Rural Studies*, 2007, 23 (1): 75 – 87; K. Johnson et al., "Operator and Operation Characteristics: A Comparison of Low-sales, Medium-sales, and Large Family Farm Operation in the United States," *Production and Farm Management Report*, 2011 (16): 13 – 18.

son（2008）、Katchova（2010）、Miluka（2010）、Kuehne（2013）的研究就表明，当经济形势发生变化的时候，为了确保农业经营主体能够继续生存和发展，政府就会因势利导地发挥自身"看得见的手"的作用，引导不同种类农业生产经营主体在规模变动、新技术应用、新品种推广等方面做出努力，这也会在很大程度上直接导致不同种类的农业经营主体发生变化。①

新型农业经营主体发展的逻辑起点。自从新型农业经营主体被官方文件正式提出以来，围绕着为什么要发展新型农业经营主体的问题，国内学者做了大量的研究，比较具有代表性的有钟真等（2014）、孔祥智（2014）、王国敏等（2014）、黄闯（2014）、江维国（2014）、冯小（2015）、胡泊（2015）、孟丽等（2015）、李鹏（2015）的成果。② 总体上来看，国家之所以要大力发展新型农业经营主体，主要是基于当前的国情和新型农业经营主体自身的特点考虑的。从国家的角度来看，小农经济已经完全无法适应市场经济的大环境，分散的个体农户难以应对来自外部市场的冲击，要稳步提高农业的整体竞争力，就必然要走规模化、技术化、集约化的道路，这一点已经被国外发达国家和地区农业发展的实践所证实。从新型农业经营主体自身的特点来看，与分散的个体农户相比，新型农业经营主体无论是在规模上还是在技术上，都具有明显的

---

① 参见 H. Hansson, "Are Larger Farms more Efficient—A Farm Level Study of the Relationships between Efficiency and Size on Specialized Dairy Farms in Sweden," *Agricultural and Food Science*, 2008（17）: 325-337; A. Katchova, "Structural Changes in US Agriculture: Financial Performance of Farms in Transition," 2010, 114th, Eaae. J. Miluka, "The Vanishing Farms? —The Impact of International Migration on Albanian Family Farming," World Bank-free PDF, 2007; G. Kuehne, "My Decision to Sell the Family Farm," *Agriculture and Human Values*, 2013, (30): 1-11.

② 钟真、谭玥琳、穆娜娜：《新型农业经营主体的社会化服务功能研究：基于京郊农村的调查》，《中国软科学》2014 年第 8 期；孔祥智：《新型农业经营主体的地位和顶层设计》，《改革》2014 年第 5 期；王国敏、杨永清、王元聪：《新型农业经营主体培育：战略审视、逻辑辨识与制度保障》，《西南民族大学学报》（人文社会科学版）2014 年第 10 期；黄闯：《粮食主产区新型农业经营主体发展的困境和出路》，《地方财政研究》2014 年第 10 期；江维国：《我国新型农业经营主体的功能定位及战略思考》，《税务与经济》2014 年第 4 期；冯小：《新型农业经营主体培育与农业治理转型：基于皖南平镇农业经营制度变迁的分析》，《中国农村观察》2015 年第 2 期；胡泊：《培育新型农业经营主体的现实困扰与对策措施》，《中州学刊》2015 年第 3 期；孟丽、钟永玲、李楠：《我国新型农业经营主体功能定位及结构演变研究》，《农业现代化研究》2015 年第 36 卷第 1 期；李鹏：《扶持发展新型农业经营主体研究》，《农业经济》2015 年第 7 期。

比较优势，对于提高农业综合生产率具有重要的影响。需要特别说明的是，随着经济形势的发展，农村人口大量外流，农村富余劳动力并不愿意直接在农村沿袭既有的农业生产经营模式生活，这在一定程度上导致了农村撂荒地的出现。在这种情况下，新型农业经营主体的规模化、集约化生产方式，可以在一定程度上实现农村闲置土地资源的再利用。显然，这不仅可以直接增加农民收入，还可以充分利用闲置的土地资源。

（二）新型农业经营主体发展的约束条件

从现有文献资料来看，国外学者直接研究新型农业经营主体发展约束条件的成果并不多见；相反，对某一类新型农业经营主体发展约束条件的研究成果则相对较多。不同种类的新型农业经营主体，在发展过程中既会遇到所有新型农业经营主体共同面临的共性问题，也会面临基于自身特殊属性而带来的个性化问题。在欧美等西方发达国家，农业受国家保护的程度很高，与农业配套的相关政策法规也非常多，可以说，农产品产—供—销一体化的所有环节都受政府的严格控制。特别是不同种类农业经营主体发展所面临的共性问题，往往都会在较短的时间内得到政府的有效解决，而对于一些个性化的问题则可能比较难处理。比如，Edmund 和 Jacek（2015）、Michael et al.（2017）、Meike（2017）、David（2017）分别从农业机械的维修成本、农业土地资源的扩张、农业生产率所导致的收入（投资回报率）等方面进行了研究，这些问题是属于所有农业经营主体在开展农业生产经营活动中都会遇到的问题；从长远来看，这些问题的存在对于国家整个农业经济发展具有重要影响，因此，这些问题容易引起政府的高度关注，也比较容易得到解决。①再比

---

① 参见 Edmund Lorencowicz, Jacek Uziak, "Repair Cost of Tractors and Agricultural Machines in Family Farms," *Agriculture and Agricultural Science Procedia*, 2015 (7): 152 – 157; Michael C. Wimberly, Larry L. Janssen, David A. Hennessy, Moses Luri, Niaz M. Chowdhury, Hongli Feng, "Cropland Expansion and Grassland Loss in the Eastern Dakotas: New Insights from a Farm-level Survey," *Land Use Policy*, 2017 (63): 160 – 173; Meike Weltin, Ingo Zasada, Christian Franke, Annette Piorr, Meri Raggi, Davide Viaggi, "Analysing Behavioural Differences of Farm Households: An Example of Income Diversification Strategies Based on European Farm Survey Data," *Land Use Policy*, 2017 (62): 172 – 184; David E. Antwi, John K. M. Kuwornu, Edward E. Onumah, Ram C. Bhujel, "Productivity and Constraints Analysis of Commercial Tilapia Farms in Ghana," *Kasetsart Journal of Social Sciences*, In Press, Corrected Proof, Available online 11 January 2017. 文章内容的具体链接网址如下（目前该论文只能在线查看，并不能够下载）: http: //www.sciencedirect.com/science/article/pii/S2452315116300480。

如，Malcolm et al.（2016）、Muhammad et al.（2016）对渔业生产者的研究则比较特殊。因为作为农业的一个分支，渔业自身的问题并不一定能够对整个国民经济在短期内产生重大的影响，渔业自身的个性化问题可能与其他农业经营主体所面临的共性问题相比相对要弱，在某种程度上自然要难解决得多。[①]

新型农业经营主体发展的约束条件。到底哪些因素会影响新型农业经营主体的发展？或者说，新型农业经营主体发展的约束条件有哪些？对此，国内学者已经进行了多方面的研究。黄祖辉和俞宁（2010）最早对我国新型农业经营主体的约束条件进行研究，认为信贷资金的可获得性、土地资源的可获得性、服务体系的完善性、政策效率的高低、人才的培养等会直接制约新型农业经营主体的发展。[②] 随后，学者从更为具体的视角探究了新型农业经营主体发展所面临的具体约束条件。张照新和赵海（2013）、闵继胜和孔祥智（2016）从体制机制的角度进行了研究，认为土地管理制度、农村金融制度和农业保险制度等方面所存在的现实障碍，严重制约着新型农业经营主体的发展[③]；费佐兰和郭翔宇（2016）、赵晓峰和赵祥云（2016）重点从土地制度的层面进一步证实了土地资源的可获得性对于新型农业经营主体发展的制约。[④] 刘同山等（2015）、杨少波和田北海（2016）从致富带头人的角度进行了研究，认为新型农业经营主体的发展，离不开青年致富带头人的引导作用；而

[①] 参见 Malcolm Dickson, Ahmed Nasr-Allah, Diaa Kenawy, Froukje Kruijssen, "Increasing Fish Farm Profitability through Aquaculture Best Management Practice Training in Egypt," *Aquaculture*, 2016（465）：172 – 178；M. Muhammad et al. , "Awareness and Adoption Level of Fish Farmers Regarding Recommended Fish Farming Practices in Hafizabad, Pakistan," *Journal of the Saudi Society of Agricultural Sciences*, In Press, Corrected Proof, Available online 23 December 2016. 文章内容的具体链接网址如下（目前该论文只能在线查看，不能下载）：http://www.sciencedirect.com/science/article/pii/S1658077X16301461。

[②] 参见俞宁《新型农业经营主体：现状、约束与发展思路——以浙江省为例的分析》，《中国农村经济》2010 年第 10 期。

[③] 张照新、赵海：《新型农业经营主体的困境摆脱及其体制机制创新》，《改革》2013 年第 2 期；闵继胜、孔祥智：《新型农业经营主体经营模式创新的制约因素及制度突破》，《经济纵横》2016 年第 5 期。

[④] 费佐兰、郭翔宇：《新型农业经营主体面临的特殊困难与政策建议：基于黑龙江省绥化市的实地调查》，《中国农业资源与区划》2016 年第 37 卷第 11 期；赵晓峰、赵祥云：《农地规模经营与农村社会阶层结构重塑：兼论新型农业经营主体培育的社会学命题》，《中国农村观察》2016 年第 6 期。

正是农村人口的大量外流,导致了农村人力资本的匮乏,离开了致富带头人的引导,新型农业经营主体发展面临着困难。① 此外,张扬(2014)、谷小勇和张巍巍(2016)分别从新型农业经营主体的形成条件和地方政府新型农业经营主体发展政策的角度,研究了相关因素对新型农业经营主体发展的制约。② 前者指出,新型农业经营主体的形成受到来自经营土地规模小、技术利用水平低、资本密集度低等内部障碍和各项政策缺乏协调性、市场拉力弱等外部障碍的限制;后者认为,各级政府在制定、实施新型农业经营主体培育政策过程中存在过度重视工商资本农企,不重视在乡小农的新型农业职业化培育,对农民合作社扶持过度及对种养大户和家庭农场的经营方式定位不清等问题,这些问题的存在直接制约着新型农业经营主体的发展。

(三) 新型农业经营主体发展的路径选择

从现有国外的英文文献资料来看,为促进新型农业经营主体的发展,或者说在新型农业经营主体发展的路径选择方面,学者从不同的视角进行了多方面的探索。比如,Maria 和 Gheorghe(2015)③认为,家庭农业是发展中国家和发达国家粮食生产部门的主要农业形式,可以通过强调培训和教育的方式,保护文化遗产,保护环境,维护生物多样性,进而促进不同种类新型农业经营主体的发展。Benjamin et al. (2016)④ 在高度肯定家庭农场对于粮食安全的重要性的同时,认为从世界范围来看,不同国家家庭农场的规模是在发生变化的,大多数低收入和中等收入国家 1960—2000 年的平均家庭农场的规模呈下降趋势,而一些中等收入国家则有所上升;不管家庭农场的规模如何变化,全球家庭农场在粮食供给方面的作用不容忽视,大力发展家庭农场在确保粮

---

① 刘同山、毛飞、孔祥智:《新型农业经营主体中青年农民精英的作用研究:以河南省为例》,《农村经济》2015 年第 9 期;杨少波、田北海:《青年在新型农业经营主体培育中的领头雁作用研究:基于对湖北省农村致富带头人的调查》,《中国青年研究》2016 年第 1 期。

② 张扬:《试论我国新型农业经营主体形成的条件与路径:基于农业要素集聚的视角分析》,《当代经济科学》2014 年第 36 卷第 3 期;谷小勇、张巍巍:《新型农业经营主体培育政策反思》,《西北农林科技大学学报》(社会科学版)2016 年第 16 卷第 3 期。

③ 参见 Maria Toader, Gheorghe Valentin Roman, "Family Farming-Examples for Rural Communities Development," Agriculture and Agricultural Science Procedia, 2015 (6): 89-94.

④ 参见 E. G. Benjamin et al., "The State of Family Farms in the World," World Development, 2016 (87): 1-15.

食安全方面具有重要的作用。当然，基于家庭农场发展的极端重要性，为促进家庭农场的发展，也需要政府在科学合理地对土地资源进行规划的同时，加大对家庭农场的扶持力度，有意识地引导家庭农场的发展。Lídia et al. （2016）以南南合作中的巴西对加纳、莫桑比克和津巴布韦等非洲国家的支持为例来进行研究，结果发现：巴西对非洲国家农业的影响逐步显现，技术和公共政策的转让是可以促进非洲国家农业发展的。当然，为促进非洲新型农业经营主体的发展，需要强化农业生产过程中的现代化意识和商业意识，减少不必要的国内政治斗争。[1] Giorgio （2017）以2010年法拉瓦（Favara）私人文化农村公园的建立为例，认为农场文化公园的建立具有积极意义，特别是公园设计中所展现出来的可持续发展、创新以及包容性理念对于家庭农场的发展具有正向影响。进一步讲，通过农场公园的方式来提升公众对农场的重新认识，可以为农场的健康稳定可持续发展带来好处。[2]

新型农业经营主体发展的路径选择。对于如何发展新型农业经营主体，不同的学者从不同的视角提出了各自的观点。比如，刘志成（2013）、汪发元等（2017）分别对湖南省和湖北省的新型农业经营主体发展情况进行了调研，并在针对不同省份实际情况的基础上，提出了发展新型农业经营主体必须紧密结合地方经济发展实际，并从土地资源供给、新型职业农民培养和重视相关配套改革方面提出了对策建议。[3]郭庆海（2013）、蒋例利和王定祥（2017）在对新型农业经营主体特征进行分析的基础上，认为发展新型农业经营主体，需要依据不同种类新型农业经营主体的自身特征，注重营造良好的新型农业经营主体发展环境；需要强化农村土地产权改革，消除新型农业经营主体对土地经营权

---

[1] 参见 Lídia Cabral, Arilson Favareto, Langton Mukwereza, Kojo Amanor, "Brazil's Agricultural Politics in Africa: More Food International and the Disputed Meanings of 'Family Farming'," *World Development*, 2016（81）：47–60.

[2] 参见 Giorgio Faraci, "Farm Cultural Park: An Experience of Social Innovation in the Recovery of the Historical Centre of Favara," *Procedia Environmental Sciences*, 2017（37）：676–688.

[3] 参见刘志成《湖南新型农业经营主体培育的现状、问题与对策》，《湖南社会科学》2013年第6期；汪发元、吴学兵、孙文学《农业创业中新型农业经营主体带动效应影响因素分析：基于湖北省713家新型农业经营主体调研数据分析》，《干旱区资源与环境》2016年第30卷第10期。

期限过短而影响对农业长期投资的预期；需要加快构建新型农业社会化服务体系，积极开展形式多样、内容丰富的农业生产全程社会化服务；需要继续加大对新型农业经营主体的财政金融扶持力度，通过财政金融服务创新促进新型农业经营主体的发展。① 陈晓华（2014）在分析新型农业经营主体的基本特征和组织属性的基础上，认为发展新型农业经营主体要正确处理承包经营农户与新型农业经营主体的相互关系，充分发挥不同经营主体在不同领域和环节的优势和作用，进一步明确培育新型农业经营主体的重点任务，培育土地流转市场，健全配套扶持政策，完善人才培养体系，健全工作引导机制。② 李少民（2014）、刘勇（2016）从财政政策扶持新型农业经营主体发展的角度，认为要发展新型农业经营主体，需要明确财政支持的重点，不能撒胡椒面；需要完善政策框架，不能留下政策漏洞；需要优化方式方法，不能搞形式走过场；需要健全配套机制，不能影响资金投入整体效应的发挥。③

三 金融服务创新促进新型农业经营主体发展的国内外研究进展

前文已经对金融服务创新和新型农业经营主体发展的国内外文献进行了梳理，下面继续对金融服务创新促进新型农业经营主体发展的国内外文献进行述评。从现有的文献资料来看，直接研究金融服务创新促进新型农业经营主体发展的成果非常少见，但相关的研究成果则极为丰富。因此，下文研究将从相关文献维度着手，力求为金融服务创新促进新型农业经营主体发展长效机制的构建夯实理论基础。

（一）金融服务创新促进新型农业经营主体发展的国外研究进展

从对国外英文文献资料的收集整理来看，直接研究金融服务创新促进新型农业经营主体发展的文献极为少见，相关的文献资料则比较丰富，学者较多地研究了农户、家庭农场、农业合作组织（含农民专业合

---

① 参见郭庆海《新型农业经营主体功能定位及成长的制度供给》，《中国农村经济》2013年第4期；蒋例利、王定祥《财政金融服务新型农业经营主体的绩效评价》，《西南大学学报》（社会科学版）2017年第43卷第2期。

② 参见陈晓华《大力培育新型农业经营主体》，《农业经济问题》2014年第1期。

③ 参见李少民《支持新型农业经营主体财政政策研究》，《地方财政研究》2014年第10期；刘勇《基于培育新型农业经营主体目标下的财政支持政策改革研究》，《农林经济管理学报》2016年第15卷第4期。

作社）和农业企业等的金融服务问题。在农户金融服务研究方面，鲁钊阳认为，作为农业生产经营活动的最基本单位（最小单位），广大第三世界国家的农户问题一直是学者高度关注的对象。其中，国外学者对农户金融服务的研究更多地集中在农户贷款方面，因为农户的融资困境问题一直以来都是制约发展中国家农业经济增长和国民经济发展的重大问题。[①] 国外学者大多认为，农户贷款难更多地体现在农户从农村正规金融机构获得贷款难方面，相反，基于非正规金融机构自身的独特优势，它往往是农户获得贷款的重要渠道。比如，Bell et al.（1997）认为，与正规金融机构相比，非正规金融机构的贷款利率相对较高，基于理性经济人假设，农户往往更愿意从正规金融机构借贷，而选择从非正规金融机构借贷是农户迫不得已的被动选择；[②] Bhattacharyya 和 Kumbhakar（1997）认为，基于资本逐利性与避险性的考虑，正规金融机构会以农户贷款可能存在的道德风险和逆向选择问题而拒绝农户的贷款申请，将农户排斥在正规金融机构服务范围之外，非正规金融机构成为向农户提供贷款的重要渠道；[③] Kochar（1997）、Mushinski（1999）、Boucher 和 Guirkinger（2007）认为，受抵押品缺乏和非正规融资交易成本低等因素的影响，农户更愿意选择从非正规金融机构获得贷款；[④] Fafchamps（2006）则认为，农村正规金融机构覆盖面比较窄且金融机构所提供的金融服务难以满足实际需要，个体农户缺乏抵押品，所以，非正规金融

[①] 鲁钊阳对国外农户融资贷款问题进行了专门的归纳总结。具体可以参见鲁钊阳《P2P网络借贷能解决农户贷款难问题吗？》，《中南财经政法大学学报》2012年第2期。

[②] 参见 C. Bell, T. N. Srinivasan, and C. Udry, "Rationing, Spill over and Inter-linking in Credit Markets: The Case of Rural Punjab," *Oxford Economic Papers*, 1997, 49 (4): 557 – 587.

[③] 参见 A. Bhattacharyya, S. Kumbhakar, "Market Imperfections and Output Loss in the Presence of Expenditure Constraint: A Generalized Shadow Price Approach," *American Journal of Agricultural Economics*, 1997, 79 (3): 860 – 871.

[④] 参见 A. Kochar, "Does Lack of Access to Formal Credit Constrain Agricultural Production? — Evidence from the Land Tenancy Market in Rural India," *American Journal of Agricultural Economics*, 1997, 79 (3): 754 – 763; I. D. Mushinsk, "An Analysis of Loan Offer Functions of Banks and Credit Unions in Guatemala," *Journal of Development Studies*, 1999, 36 (2): 88 – 112; S. Boucher, and C. Guirkinger, Risk, "Wealth and Sect Oral Choice in Rural Credit Markets," *American Journal of Agricultural Economics*, 2007, 89 (4): 991 – 1004.

成为个体农户获取信贷资金的重要来源。① 当然，对个体农户来说，通过非正规金融进行贷款，是以互动、关系、信任等为条件的，这些社会资本的存在可以为贷款分担风险、降低交易成本、减少信贷违约行为的发生，Chiles 和 McMackin（1996）、Dolfin 和 Genicot（2010）、Kinnan 和 Townsend（2012）已经证明了这一点。② Grootaert（1999）甚至认为，拥有更高社会资本的家庭更容易获得非正规金融机构的贷款。③ 即便是农户拥有社会资本，农户从非正规金融机构获得贷款也不可能是完全零利息的。比如，Debraj（2002）就认为，农户非正规金融机构的贷款从表面上来看不存在利息，但实际上，由于农户之间非正规金融机构借贷常常存在相互担保这一显著特征，利息极有可能是被相关的交易行为所掩盖，而不是不存在；④ Sarmisstha（2002）认为，在某些情况下，即便是利息存在，非正规金融机构贷款利息也有可能比正规金融机构利息低，这也与农户非正规金融机构贷款相互担保有关。⑤ 与农户金融服务相类似的是，学者也从不同的角度研究了家庭农场的融资问题，认为虽然与个体农户相比，家庭农场在自身资产储备方面更有优势，但是，在某些情况下，家庭农场仍然会面临借贷危机，政府对家庭农场的各方面优惠政策是其最大限度地获取信贷资源的重要支持。此外，Henry et al.（2015）、Paulo（2016）的研究，从不同角度涉及了金融服务对于

---

① 参见 M. Fafchamps, "Development and Social Capital," *Journal of Development Studies*, 2006, 42 (3): 1180 – 1198.

② 参见 T. H. Chiles, J. F. McMackin, "Integrating Variable Risk Preferences, Trust, and Transaction Cost Economics," *Academy of Management Review*, 1996, 21 (1): 73 – 99; S. Dolfin and G. Genicot, "What Do Networks Do? —The Role of Networks on Migration and 'Coyote' Use," *Review of Development Economics*, 2010, 14 (2): 343 – 359; Kinnan, Cynthia and Townsend, Robert M., "Kinship and Financial Network, Formal Financial Access and Risk Reduction," *The American Economic Review*, 2012, 102 (3): 289 – 293.

③ C. Grootaert, "Social Capital, Household Welfare and Poverty in Indonesia," *Working Paper*, Washington, DC: World Bank, 1999, No. 6.

④ 参见 Debraj Ray, "Inequality and Markets: Some Implications of Occupational Diversity," *American Economic Journal: Microeconomics*, 2010, 2 (4): 38 – 76.

⑤ 参见 Sarmisstha Pal, "Household Sectoral Choice and Effective Demand for Rural Credit in Lndia," *Applied Economics*, 2002, 34 (14): 1743 – 1755.

农业合作组织（农民专业合作社）的影响；[①] Maria 和 Vassilios（2013）、József 和 Zoltán（2015）研究了金融服务对于农业企业发展的影响。[②]

（二）金融服务创新促进新型农业经营主体发展的国内研究进展

从现有的文献资料来看，国内学者很少有直接研究金融服务创新促进新型农业经营主体发展的成果，但是，相关的成果则较多，这些成果多研究金融与新型农业经营主体发展之间的关系。依据研究结论的不同，可以把这些研究成果分为以下几个方面：

第一，研究新型农业经营主体的融资需求特征。孙立刚等（2015）认为，新型农业经营主体融资需求具有以下几个方面的特征：生产集约化程度提升，融资规模加大；经营品种和类型丰富，资金用途各异；资金周转和回报周期不一，融资周期多元；生产经营效益总体较好，贷款意愿和还款能力较强；产业链联系更加紧密，金融需求日趋多元。[③] 华中昱和林万龙（2016）认为，贫困地区新型农业经营主体具有以农信社为主要融资渠道，抵押担保类的贷款需求旺盛，融资金额规模化、用途多元化等特征。同时，无论在融资成本、融资期限，还是融资金额上，新型主体满足程度都较低，需要在加强自身能力建设，深化农村金融改革，完善政策扶持体系上加快调整步伐。[④] 王洪波（2017）认为，不同种类的新型农业经营主体对农业保险的认识过于理想化，普遍存在"重经营、轻风险"的现象，且合作社、龙头企业等新型经营主体更关注理赔手续和赔付效率等后期环节。随着经营规模的扩张，以合作社、

---

① 参见 Henry Yuliando, K. Novita Erma, S. Anggoro Cahyo, Wahyu Supartono, "The Strengthening Factors of Tea Farmer Cooperative: Case of Indonesian Tea Industry," *Agriculture and Agricultural Science Procedia*, 2015 (3): 143 – 148; Paulo Alberto Machinski, Mauro Cézar de Faria, Vilmar Rodrigues Moreira, Alex Antonio Ferraresi, "Agricultural Insurance Mechanisms through Mutualism: The Case of an Agricultural Cooperative," *Revista de Administração*, 2016, 51 (3): 266 – 275.

② 参见 József Varga, Zoltán Sipiczki, "The Financing of the Agricultural Enterprises in Hungary between 2008 and 2011," *Procedia Economics and Finance*, 2015 (30): 923 – 931; Veronika Fenyves, Tibor Tarnóczi, Kinga Zsidó, "Financial Performance Evaluation of Agricultural Enterprises with DEA Method," *Procedia Economics and Finance*, 2015 (32): 423 – 431.

③ 参见孙立刚、刘献良、李起文《金融支持新型农业经营主体的调查与思考》，《农村金融研究》2015 年第 5 期。

④ 参见华中昱、林万龙《贫困地区新型农业经营主体金融需求状况分析：基于甘肃、贵州及安徽 3 省的 6 个贫困县调查》，《农村经济》2016 年第 9 期。

龙头企业为代表的新型经营主体对农业保险的需求应该会更为强烈。①

第二，研究金融支持新型农业经营主体发展的现状。桂泽发等（2014）以甘肃庆阳为例进行研究，结果发现：到2013年末，庆阳市新型农业经营主体贷款总额为31.33亿元，占全市涉农贷款总额的14.3%；为促进新型农业经营主体的发展，先后推出了"妇女小额担保贷款""双联惠农贷款""再就业小额担保贷款""农耕文明贷款""林权抵押贷款""惠企通"和"果业通"等14大类20种农村金融产品和3种创新型服务方式。② 中国农业银行四川省分行课题组（2015）对不同种类的新型农业经营主体信贷问题进行了研究，结果发现：因为农业企业自身发展程度高，在规模化生产、农业技术及生产工艺革新方面对金融资金的需求量大，所以，农业企业获得的贷款数额要远远高于其他类型的新型农业经营主体；特色农产品抵押贷款、农产品期权质押贷款和农村个人生产经营贷款是农行的主力产品，出现频率达80%以上；农行对新型农业经营主体发放的信贷支持资金主要用于农资购买和农产品收购，出现频率为80.56%。在用于农业生产基地建设、具体农业生产环节以及农机具的购买上贷款出现频率分别达到38.89%、44.44%和30.56%。③

第三，研究金融制约新型农业经营主体发展的原因及成效。林乐芬和法宁（2015）深入研究了金融制约新型农业经营主体发展的原因，结果发现：新型农业经营主体融资困难是由多方面原因造成的。新型农业经营主体自身方面的原因有：自身的资金需求量偏大，自身的农地经营权抵押存在法律和金融机构的双重限制，自身相关证件残缺不全；金融机构等方面的原因有：专门针对新型农业经营主体的信贷产品少，信贷利率偏高；政府方面的原因有：缺乏风险分担机制，缺少信贷补偿机制，缺乏统一规范的涉农信用等级评定，缺乏社会化中介服务和农村产

---

① 参见王洪波《不同新型农业经营主体的农业保险需求研究》，《农村金融研究》2017年第2期。

② 参见桂泽发、吴蔚蓝、谭文洁、盖振煜《金融支持新型农业经营主体发展研究：以甘肃省庆阳市为例》，《开发研究》2014年第5期。

③ 参见中国农业银行四川省分行课题组《金融支持新型农业经营主体路径研究：以农行四川省分行为例》，《农村金融研究》2015年第5期。

权交易市场,农业补贴政策落实不到位。① 汪艳涛等 (2014) 深入研究了金融是否支持新型农业经营主体的发展问题,结果发现:政府提供的通用性金融支持对农业企业的影响不显著,而对家庭农场、农民合作社以及种养大户的培育具有正向促进作用;金融机构提供的专用性金融支持对种养大户的培育影响不显著,而对农业企业、家庭农场和农民合作社的培育具有显著的正向影响;新型农业经营主体自有资金对农业企业、家庭农场、农民合作社和种养大户的培育具有正向显著影响。②

第四,研究金融支持新型农业经营主体发展的模式。周明明等 (2016) 结合"互联网+"的时代背景,深入分析了新型农业经营主体 P2P 网络融资模式、新型农业经营主体众筹融资模式、新型农业经营主体基于大数据的电商小贷融资模式以及新型农业经营主体供应链融资模式四种模式的流程与特点。③

四 国内外研究文献的评论

通过对国内外文献资料的梳理不难看出:对于金融服务创新和新型农业经营主体的发展,国内外学者从不同的视角进行了多角度的研究;不仅研究了金融服务创新和新型农业经营主体发展的逻辑起点、约束条件,还研究了创新金融服务和发展新型农业经营主体的对策建议。学者虽然直接研究金融服务创新促进新型农业经营主体发展机制的成果相对较少,但相关的研究成果则较为丰富。总体上看,学者的研究找准了方向,对相关主题的研究都较为深入和具体。但是,考虑到新型农业经营主体是具有中国特色的概念,且中国金融体制改革一直在进行,特别是农村金融体制改革并不完善,农村各级各类融资主体的融资诉求问题一直未能从根本上得到彻底有效的解决;换句话说,研究当前还并不完善的金融体制促进新型农业经营主体的发展恐怕还有较长的路要走,更需

---

① 参见林乐芬、法宁《新型农业经营主体融资难的深层原因及化解路径》,《南京社会科学》2015 年第 7 期。

② 参见汪艳涛、高强、苟露峰《农村金融支持是否促进新型农业经营主体培育:理论模型与实证检验》,《金融经济学研究》2014 年第 29 卷第 5 期。

③ 参见周明明、王俊芹、王余丁《互联网金融视角下新型农业经营主体的融资模式研究》,《农村金融研究》2016 年第 8 期。

要不同的学者从不同的视角开展多方面的研究。与既有的研究相比，本书研究拟在以下几个方面进行：第一，基于历史和现实的视角，将历史史料与调查问卷数据有机结合起来，力求深入系统地研究金融服务与新型农业经营主体之间的关系，弄清楚金融服务到底有没有有效促进新型农业经营主体的发展。第二，基于问卷调查数据，将定性分析与定量分析的研究方法有机结合起来，深入分析金融服务制约新型农业经营主体发展的原因及影响。第三，在前面研究的基础上，深入系统地研究金融服务创新促进新型农业经营主体发展的机制、模式及具体对策建议。

第三节 金融服务创新促进新型农业经营主体发展的理论机理

在前文分析的基础上，就金融服务创新促进新型农业经营主体发展的理论机理进行进一步的探讨，也就是要弄清楚金融服务创新促进新型农业经营主体发展的原因。在参照 WTO 对金融服务界定的基础上，结合我国新型农业经营主体发展的实际情况，重点从金融服务创新与新型农业经营主体的投资需求、融资需求、保险需求以及个性化金融服务需求等方面来对金融服务创新促进新型农业经营主体发展的机理进行研究。虽然不同种类的新型农业经营主体有其自身的特殊属性，它们在对金融服务的需求方面会存在差别，但总体上看，不同种类新型农业经营主体对金融服务需求的大方向是基本一致的，因此，本节从宏观视角探究金融服务创新促进新型农业经营主体发展的理论机理，而不单独对每一种新型农业经营主体进行研究。

一 金融服务创新与新型农业经营主体的投资需求

随着家庭联产承包责任制的全面推广，我国农业经济增长的潜力逐步被挖掘，农民温饱问题得到迅速解决，农民收入开始增加，农村的整体面貌得到了改观。从城乡对比的角度看，虽然当前城乡收入差距还比较明显，农民收入还有待进一步提高，但农民收入的增长依然是不可否认的现实。特别是近些年来，随着国家支农惠农政策的大力实施，新型农业经营主体异军突起，他们已经成为农村政治活动的主力和农村经济活动的龙头。从历史的角度来看，新型农业经营主体的财富积累远远超过改革开放之初的个体农户，他们不仅可以从农业生产经营活动中获得收益，还可以从国家的农业支农惠农政策中获得补贴。在新型农业经营主体财富积累的同时，如何应对通货膨胀的压力，或者说如何让其所拥有的财富增值保值，这是他们不得不面对的问题。进一步讲，随着经济的发展，作为农村富裕起来的群体，他们拥有投资理财的诉求，如何通过合理合法的手段来确保自身所拥有的财富不断增值保值，至少让财富不缩水，这是所有的新型农业经营主体都会思考的问题。在宏观政策背景下，过去投资房产或者说在城区买房是新型农业经营主体确保财富增值保值的重要手段，那么在当前楼市并不理想的情况下，如何实现财富的增值保值对新型农业经营主体来说是具有挑战性的难题。

虽然新型农业经营主体对财富增值保值的诉求强烈，但从实际情况来看，现有金融机构在此方面的服务确实还有待进一步提高。对于新型农业经营主体来说，现有金融机构所能提供的最主要的财富增值保值渠道就是储蓄，但考虑到实际存款利率和利息税等因素的影响，存款的利息仍然是偏低的；如果考虑到通货膨胀因素的影响的话，无论是活期储蓄，还是定期储蓄，确实都不是理想的投资渠道。除储蓄外，金融机构也会销售理财产品。从理论上说，理财产品确实可以为新型农业经营主体带来收益，但国内的理财产品市场还不太成熟，在很多时候新型农业经营主体不仅无法获得相应的收益，反而会遭受更大的损失，这与新型农业经营主体财富增值保值的愿望是相背离的。此外，虽然保险业务也在努力开拓农村市场，但整个国内的保险业务发展并不理想，即便是与新型农业经营主体发展直接相关的农业保险，受多方面因素的影响和制约，农业保险参保率并不高，保险的赔付额也难以满足新型农业经营主体财富保值增值的愿望。总体上看，新型农业经营主体所处的广大农村地区，虽然在改革开放以来发展成效显著，但是，与城市相比，仍然有较大的差距，城乡居民所能够享受的金融服务存在显著不同，新型农业经营主体的投资诉求很难在当前金融体系下得到有效满足。

上文的分析表明：一方面，新型农业经营主体的投资诉求无法得到满足，新型农业经营主体财富的增值保值问题难以得到有效解决；另一方面，当前金融机构的金融服务创新力度不够，金融机构所提供的金融服务与新型农业经营主体的现实需求存在较大的差距。那么现在的问题是：金融机构创新金融服务满足新型农业经营主体投资诉求的动因是什么？或者说，金融机构为什么要创新金融服务来满足新型农业经营主体的投资诉求？理由很明显：第一，金融机构创新金融服务满足新型农业经营主体的投资诉求，是贯彻落实国家"工业反哺农业，城市支持农村"战略的重要举措。中华人民共和国成立后，针对积贫积弱的经济状况，为了建设健全的工业体系，国家实施的是以重工业为中心的战略。为配合该战略的实施，农业和农村做出了不可估量的贡献；在国家的工业体系建立后，特别是改革开放以来，国家经济建设取得了显著成效，城乡发展差距越来越大，国家提出"工业反哺农业，城市支持农村"的战略。作为经济的核心，金融资源下乡支持农村和农业建设，是贯彻国家战略的重要体现。在创新金融服务的过程中，城市金融资源可以有力地服务于农村经济社会建设。[①] 当然，在此过程中，新型农业经营主体的投资诉求至少也可以在一定程度上得到满足。第二，金融机构创新金融服务满足新型农业经营主体的投资诉求，是拓展自身业务的必然要求。随着国家在金融机构准入方面的政策调整，近些年来，我国金融机构的数量急剧增加，银行之间的竞争越来越激烈。虽然与第二、三产业相比，农业具有较多的弱势，但是，如果仅仅局限在第二、三产业里竞争的话，相当部分银行就会面临破产的局面，因为第二、三产业的金融业务量不足以支撑当前银行业的发展。农村是广阔的市场，作为农村经济力量的主要代表，新型农业经营主体必然会受到银行的青睐，重视新型农业经营主体的投资诉求，创新金融服务，拓展农村市场，这是金融机构在当前和未来的必然选择。

二 金融服务创新与新型农业经营主体的融资需求

与过去传统的个体农户不一样，新型农业经营主体具有自身显著的特点。比如，在生产经营规模方面，即便是种养殖专业大户，它们的生产规模也远远比单纯的个体农户大，特别是在当前的政策背景下，绝大

---

① 参见柯炳生《把"工业反哺农业，城市支持农村"落到实处》，《红旗文稿》2005年第20期。

多数种养殖专业大户都会选择土地流转的方式来竭力扩大生产经营规模。一方面，生产经营规模的扩大，有利于提升其在农产品产销方面的议价能力；另一方面，生产经营规模的扩大，有利于从政府手中获取更多的补贴，享受更为优惠的农业补贴政策。从生产技术运用情况来看，分散的农户更多地采用传统的耕作模式，现代先进的农业生产技术应用得并不多，生产的农产品品质有些根本无法满足消费者的需求；随着现代先进的农业生产技术的推广，新型农业经营主体能够在大批量生产农产品的同时，按照市场的要求对农产品进行分类，甚至按照国际标准对农产品进行贴牌，这有利于提升农产品的品质。不仅如此，与个体农户相比，新型农业经营主体在生产效率等方面也具有显著的优势。进一步讲，基于新型农业经营主体自身的发展，其对资金的需求量更大，不再像个体农户一样，对资金的需求更多地局限于满足基本的生计需要或者简单的农业生产需要上；新型农业经营主体对资金的需要更多的是为了满足农产品产—供—销一体化各环节的需要，对资金的需求量更大，单靠自身的资金无法满足需求，需要金融机构提供服务。

  从实际情况来看，各级各类新型农业经营主体的融资诉求问题一直都没有从根本上得到有效解决，金融机构在农村扮演的似乎更多的是"抽水机"的角色，其更多的职责是吸收存款，而在发放贷款方面则相对较少。从本质上看，金融机构在发放贷款的过程中更为看重的是抵押品，是否有抵押品，抵押品是否足值，抵押品容不容易变现，这是金融机构在审贷过程中最为看重的；进一步讲，为了最大限度地降低信贷风险，金融机构发放的绝大多数都是抵押贷款，而不是信用贷款，甚至从某种意义上可以说，信用贷款对于新型农业经营主体来说基本上是不存在的。不仅如此，即便是部分新型农业经营主体满足抵押品的要求，也不可能获得大额的、长期的贷款，金融机构针对农村地区的主要是小额的、短期的抵押贷款。虽然也有些金融机构开始创新金融产品，比如，在农村地区尝试开展 P2P 网络借贷等，引导新型农业经营主体通过 P2P 网络借贷来满足自身的融资诉求，这虽然可以在一定程度上解决新型农业经营主体的融资问题，但考虑到 P2P 网络借贷的推广面不大，且受新型农业经营主体自身各方面因素的影响，新型农业经营主体的融资诉求还是很难有效地得到满足。① 前文的文献分析也已经表明，对于新型农业经营主体来说，融资诉求问题的解决不仅需要其自身强化力量，还需要金融机构创新金融服务，开发出适合新型农业经营主体需要的金融产品。

前文的分析已经表明：新型农业经营主体的融资具有自身的特点，且融资问题一直未能够得到彻底有效的解决；同时，金融机构的金融服务创新力度不够，难以满足新型农业经营主体的需要。那么，金融机构能够满足新型农业经营主体的融资需求吗？或者说，为什么金融机构需要满足新型农业经营主体的融资需求？这主要是因为：第一，创新金融服务，满足新型农业经营主体的融资需求，是金融机构获得持续发展竞争力的关键所在。从我国金融机构发展的态势来看，随着经济形势的变化，肯定会有金融机构在竞争中倒闭破产，因为国内的金融市场需求是有限的。为了避免在未来倒闭破产，金融机构必然要创新金融服务，开拓属于自己的金融市场；在城市，发展好的第二、三产业基本上都被大型金融机构所垄断，未来金融机构的发展方向必然是向农村地区转移，赢得农村新型农业经营主体支持的金融机构必将具有更为强大的生命力，其可持续发展能力自然也会增强。第二，新型农业经营主体在国家政策的支持、鼓励和引导下，必然会逐步壮大，其自身的诸多限制也会被逐步解除，这为其争取金融机构的支持赢得了机会。从实际情况来看，新型农业经营主体发展态势良好，在抵押贷款方面与个体农户相比，具有显著的优势，不少新型农业经营主体在贷款的过程中，都可以提供不动产作为抵押品，这在一定程度上对于缓解其自身的融资困境有积极作用。随着国家支农惠农政策作用的不断发挥，新型农业经营主体会加快成长速度，在迅速壮大自身的同时，也会为其融资创造条件，解除不利于自身贷款的枷锁。

三　金融服务创新与新型农业经营主体的保险需求

这里之所以要单独对保险需求进行研究，不仅是因为保险服务属于

---

① 参见鲁钊阳《新型农业经营主体对P2P网络借贷的接受意愿分析》，《财经论丛》2017年第2期。

WTO 所规定的金融服务的重要组成部分，而且保险服务对于新型农业经营主体的发展来说具有极端重要性。与其他的产业相比，农业具有自身的特殊性。比如，农业的季节性很强，在某个特定的季节从事某项具体的农业生产活动，这是不以人的意志为转移的，逆季节的农业生产活动带来的只可能是歉收而不可能是丰收；遵循农业生产的季节性，合理安排农业生产，这是农业生产的基本要求。再比如，农业具有很强的周期性。与工厂的商品生产不一样，农业生产都具有比较漫长的周期，人为地改变农业生产的周期往往是不现实的。进一步讲，农业生产的季节性和周期性都是客观存在的，都是不以人的意志为转移的；一旦外在条件发生变化，农业生产必然会遭受各种各样的损失。比如，某些年份突然出现洪涝灾害，农作物必然会遭受损失，这是人为无法控制的；为了减少损失，保险就显得尤为重要。在新型农业经营主体的生产经营过程中，基于农业特殊性考虑，灾害会经常发生，保险是降低甚至避免损失的重要手段，必然会受到新型农业经营主体的高度重视。以家禽养殖业为例，禽流感就是无法避免的灾难，什么时候会发生、什么时候不会发生，这些都是外在力量所无法控制的；如果新型农业经营主体能够购买相关的保险，即便禽流感发生了，它们也不会遭受过多的损失；反之，禽流感的突然爆发会导致新型农业经营主体面临重大损失。

从我国的实际情况来看，农村保险的发展并不理想。以与新型农业经营主体发展密切相关的农业保险为例，虽然自2004年以来，每年的中央"一号文件"都有农业保险制度建立和发展方面的政策要求，但是，农业保险的发展仍然与现实需要存在比较大的差距。从表2.1中不难看出：虽然农业保险发展比较迅速，但农业保险保费环比增长比例波动较大；从现实来看，新型农业经营主体还面临着不愿意参保的现实问题，农业保险的覆盖面并不高。从根源上看，虽然表2.1中的数据表明，我国农业保险的简单赔付率较高，但由于保险公司保险业务拓展不力，新型农业经营主体对农业保险并不是十分理解，甚至部分新型农业经营主体将农业保险与当前社会上的传销等非法组织等同对待，参保意愿不强。同时，即便是参保的新型农业经营主体在面对损失时，依然不知道如何申报保险，不懂得如何保留遭受风险的证据，以致在提取保险赔付上存在诸多不便。事实上，虽然政府每年都大力宣传农业保险，但由于我国农村市场过于庞大，相当部分新型农业经营主体对农业保险的认识仍然存在偏差；保险公司虽然开展了农业保险业务，但在拓展农业保险业务方面的力度不够，新型农业经营主体弄不清楚该如何办理农业保险，如何申请农业保险赔付，对参与农业保险的积极性不高。

表 2.1　　　　　　　　　　我国农业保险的发展情况

年份	财产保险保费收入（亿元）	农业保险保费总收入（亿元）	农业保险保费环比增长比例（%）	各级政府给农业保险保费补贴（亿元）	农业保险费占财产保险费的比重（%）	农业保险赔款总额（亿元）	农业保险简单赔付率（%）
2004	1089.89	3.77	-18.3	—	0.34	2.81	75.34
2005	1229.86	7.29	93.3	—	0.56	5.67	81.00
2006	1509.43	8.46	16.0	—	0.56	5.91	69.53
2007	1997.74	51.8	512.3	22（中央）	2.6	32.8	63.3
2008	2336.71	110.7	113.7	78.44	4.7	70	63.2
2009	2875.83	133.9	21.0	99.8	4.7	101.9	76.1
2010	3895.64	135.7	1.34	101.5	3.5	100.6	74.1
2011	4617.82	173.8	28.1	131.3	3.8	89	51.2
2012	5330.92	240.13	38.2	182.72	4.5	142.2	61.7
2013	6481.16	306.7	27.7	234.95	4.6	208.6	68.0
2014	7203.00	325.7	6.20	250.70	4.52	214.6	65.8

资料来源：庹国柱教授2016年5月9日在湖南长沙的演讲"中国农业保险：经验、问题和解决思路"，网址：https://wenku.baidu.com/view/c483634ef6ec4afe04a1b0717fd5360cba1a8d1b.html。

前文的分析已经表明：基于农业特殊性考虑，新型农业经营主体表面上对参加农业保险的积极性不高，但其潜在的保险需求却是巨大的；同时，保险机构在保险服务方面的创新力度不足，难以满足新型农业经营主体的需要。从长期来看，保险机构必然会高度重视新型农业经营主体的保险需求，并不断创新保险服务。当然，新型农业经营主体也会逐步接受农业保险，自觉参与农业保险。之所以会如此，主要是因为：第一，国家连续多年在中央"一号文件"中都有与农业保险相关的政策要求，但是，农业保险的实际情况仍然是不理想的，鉴于农业保险在农业生产中的重要性，未来国家必然会进一步加大对农业保险的支持力度。从发达国家和地区的实践来看，在农业保险的推广过程中，都有强制性要求购买农业保险的做法，农业保险也确实最大限度地减少了农业生产者的损失，为农业生产经营活动的健康稳定可持续发展提供了保障。在农业保险发展不太顺利的时候，随着农业经济的发展，国家必然会进一步加大力度推广农业保险，保险公司也必然会在此方面做出更多的努力。第二，随着全球气候的变化和各种各样不可预测的病菌的出现，新型农业经营主体从事农业生产经营活动遭受灾害的可能性增大，为了最大限度地降低损失，新型农业经营主体必然会越来越多地选择农业保险。比如，近些年来频繁爆发的禽流感，这对于从事家禽养殖的新型农业经营主体来说是重大的灾难；为了避免禽流感的暴发给家禽养殖业所带来的灾难，基本上所有的家禽养殖企业都会选择购买农业保险。从最近一些年的气候变化来看，气候变化对农业生产的影响越来越大，这在很大程度上必然会直接促使新型农业经营主体逐步接受农业保险。

四 个性化的金融服务与新型农业经营主体的发展

在广大农村地区，新型农业经营主体与涉农金融机构是密切相关的。新型农业经营主体的成长壮大，可以为涉农金融机构业务的拓展夯实基础；涉农金融机构所提供的创新型金融服务，可以进一步促进新型农业经营主体的发展。当新型农业经营主体发展到一定程度的时候，必然会对金融服务有更多的需求。对于种养殖专业大户来说，随着国家对种养殖专业大户支持政策的增多，它们会要求金融机构针对其自身的生产经营模式创新金融服务，提供适合它们自身特点的金融创新产品。特别是在当前金融机构竞争激烈的条件下，它们会更倾向于从能够提供个性化服务的金融机构那里获得金融产品，并将其作为长久的合作伙伴。对家庭农场和农民专业合作社来说，与种养殖专业大户相比，它们无论是在规模方面，还是在整体影响力方面，都更具优势。因此，它们除对金融机构的个性化金融服务有更多的具体要求外，还会从其他方面如保险方面对金融机构提出要求；前者是确保农业生产经营活动顺利开展的前提，而后者则是确保农业生产经营活动获得实际成效的关键保障。与之相比，更具特色的是农业龙头企业。对一般的农业龙头企业来说，它们的个性化金融服务具有鲜明的多元化特征。比如，农业龙头企业会在投融资方面对银行提出新的要求，会在保险方面对保险机构提出新的要求，还会在公司上市融资等长远目标方面有更为远大的诉求。对于农业龙头企业来说，能够做成品牌，能够发展壮大，能够上市融资，这是它们长期以来的梦想。当然，这对金融机构来说则是新的挑战，需要它们不断创新金融服务，创新金融产品，切实为农业龙头企业的长远发展提供可靠的保障，在帮助农业龙头企业发展的同时发展其自身。

从我国的实际情况来看，虽然越来越多的新型农业经营主体认识到个性化金融服务的重要性，部分金融机构也开始尝试从事专门针对新型农业经营主体的个性化金融服务，但是，金融机构的努力与新型农业经营主体的需求之间还存在较大的差距。从总体上看，金融行业并没有普遍认识到新型农业经营主体个性化金融服务的重要性，部分一直以农村为主战场的金融机构才开始在此方面做出努力。随着金融市场竞争的加剧，必然会有越来越多的金融机构投入专门针对新型农业经营主体拓展个性化的金融服务中。个性化的金融服务的拓展，从短期来看，必将直接促进新型农业经营主体的发展，为新型农业经营主体融资困境问题的缓解创造条件；从长期来看，必将会促进不同金融机构的分化，在新型农业经营主体个性化服务方面抢占先机的金融机构将具有更强大持久的竞争力。

第四节　金融服务促进新型农业经营主体发展的国外经验及启示

要研究金融服务创新促进新型农业经营主体发展的长效机制，还必须对国外的经验进行借鉴。从我国新型农业经营主体发展的实际情况看，虽然近些年来，新型农业经营主体发展的成效是显著的，但是，与国外发达国家和地区相比，仍然存在较大的差距。国外发达国家和地区经过多年的发展，在新型农业经营主体发展方面积累了丰富的经验，值得借鉴。本节首先对发达国家通过金融服务促进新型农业经营主体发展的具体做法进行介绍，然后再对其典型经验及启示进行分析。

一 美国金融服务新型农业经营主体的具体做法

作为当今世界上最发达的国家，美国农业生产方式和生产力水平也处于世界前列。从最近几年的统计数据资料来看，美国务农人员约占总人口的2%，主要农产品产量远远超过内需，大量出口到世界各地。作为美国农业的主要参与者，各级各类新型农业经营主体在美国占据着举足轻重的地位，其发展态势良好。当然，政府在通过金融服务促进新型农业经营主体发展方面功不可没。美国金融服务新型农业经营主体的具体做法如下。

（一）健全完善各级各类金融服务机构

为促进新型农业经营主体的发展，美国建立了不同类型不同功能的金融机构，包括农村合作金融机构、涉农商业金融机构和政策性金融机构。农村合作金融机构是在美国政府及各州政府的扶持下建立起来的，主要包括联邦中期信用银行、农村合作银行、土地银行合作社以及联邦土地银行等。涉农商业金融机构主要包括农村商业银行、保险公司以及各类经销商。之所以将各类经销商也纳入涉农商业金融机构中，主要是因为各类经销商在很多时候履行着金融职能。比如，农村的各类经销商能够利用其自身的发展优势，为新型农业经营主体提供供应链融资服务，通过实现金融合作社的形式来不断拓宽资金规模，甚至包括预付款和赊款的收回等。[①] 政策性金融机构主要由农民家计局、农村电气化管理局、商业信贷公司和小企业管理局组成，主要贯彻落实各项农村政策，为农业与农村发展所需资金提供支持与帮助，通过一定的资金安排合理引导与协调农业生产发展的方向与规模。[②]

（二）高度重视财政补贴政策积极效应的发挥

在充分考虑到新型农业经营主体自身发展的实际情况，美国政府高度重视财政补贴政策的运用。以农业保险为例，70多年的农业保险实践已经证明：基于农业自身弱质性的考虑，离开政府的补贴扶持，农业保险覆盖面和实际成效必然会大打折扣，因此，在农业保险方面必须加

---

① 参见周才云《国外农村金融支持的经验及启示》，《当代经济管理》2010年第12期。
② 参见张骞《美国经验对完善中国农村金融服务体系的借鉴》，《世界农业》2013年第7期。

大政府的财政补贴力度。从美国的实际情况来看,美国参保的农作物主要包括大麦、油菜籽、玉米、棉花、高粱、稻米、大豆、葵花籽、小麦等,投保的牲畜包括肉牛、育肥母牛、奶牛、羔羊和猪。按照美国现行的财政补贴政策,根据农作物保险不同的保障水平,确定保费的补贴比例,保障水平与政府补贴的比例成反比。对于最低保障水平的巨灾保险项目,美国政府全额补贴保费收入;高于或等于50%保障水平的附加农作物保险,政府根据保障水平进行补贴,随着农业保险产品保障水平的提高,逐渐降低保费收入的补贴比例,补贴比例为保费收入的38%—67%。具体来说,当农户产量保险产品和农户收益保险产品的风险保障水平分别为产量的50%、55%、60%、65%、70%、75%、80%和85%时,政府的补贴比例分别从保费收入的67%下降到64%、64%、59%、59%、55%、48%和38%;对于区域风险计划,当保障水平分别为70%、75%、80%、85%和90%时,政府的补贴比例分别递减为59%、59%、55%、55%和51%。①

(三) 与时俱进及时出台相关的政策 为新型农业经营主体保驾护航

作为典型的移民国家,美国只有200多年的发展历史,但在发展的不同阶段,美国政府都能够及时制定政策促进新型农业经营主体的发展,确保农业经济的不断增长和国民经济的持续发展。以农业保险的相关法律为例。20世纪30年代的大干旱,严重影响了美国的农业生产,耕地面积的80%以上受灾。针对这种情况,政府在1938年颁布了《联邦农作物保险法》(Federal Crop Insurance Act of 1938)。根据该法律,成立了联邦农作物保险公司,并负责主导相关的农业保险业务。为减轻财政压力,美国政府在修订1938年法律的基础上,1980年又重新颁布了《联邦农作物保险法》(Federal Crop Insurance Act of 1980)。1994年,随着经济形势的变化,美国政府又颁布了《美国联邦农作物保险改革法案》(Federal Crop Insurance Act of 1994),新的法案使得美国农业保险进入新的发展阶段,有力地促进了新型农业经营主体的发展,确保

---

① 参见吕晓英、李先德《美国农业保险产品和保费补贴方式分析及其对中国的启示》,《世界农业》2013年第6期。

了农业经济的持续增长。① 从 1938 年的政策到 1980 年的政策,再到 1994 年的政策,每一次政策的调整都是与时俱进的,都是对外在环境发生变化的直接应对,而不是简单地对原有的法律法规进行简单的修补,是根据实际情况进行的大幅度修改。这些与时俱进的政策,对于新型农业经营主体的发展起着重要的促进作用。

二 欧盟金融服务新型农业经营主体的具体做法

1993 年 11 月 1 日,《马斯特里赫特条约》正式生效,欧盟正式诞生。到目前为止,欧盟由最初的 6 个创始成员国发展到 28 个会员国。在欧盟内部,传统上的强国法国和德国等仍然具有重要的话语权。作为传统上的强国,法国和德国不仅在经济上实力雄厚,在军事上也比较突出。从单个国家经济实力的角度来看,法国和德国的农业经济都非常发达,新型农业经营主体发展比较具有代表性。因此,本节以法国和德国为例,分析欧盟金融服务新型农业经营主体的具体做法。法国和德国金融服务新型农业经营主体的具体做法如下。

(一)构建灵活多样的融资渠道满足新型农业经营主体的金融诉求

无论是哪种类型的新型农业经营主体,它们在发展的过程中都无法回避农业弱质性的问题,这也为政府强化对新型农业经营主体的支持创造了条件。从法国和德国新型农业经营主体的发展来看,政府首先高度重视在基础设施建设方面的投入,为新型农业经营主体的发展夯实基础。以法国为例,为了强化对与新型农业经营主体发展密切相关的基础设施的投入,政府从不同的渠道筹措资金。比如,在财政资金方面,政府明确规定财政资金的投入重点,引导资金投向农村电气化、水利工程和农业科学技术研究等领域;在政策性贷款方面,政府重点引导资金流向农村基础设施建设,特别是高度重视对农田水利基础设施的投入,为其提供大量的优惠贷款;在农场主的自有资金使用方面,政府也支持、鼓励和引导农场主将资金投入政府高度重视的农田水利基础设施建设方面。经过多方资金筹措,制约新型农业经营主体发展的基础设施资金问

---

① 参见段昆《美国农业保险制度及其对我国农业保险发展的启示》,《中国软科学》2002 年第 3 期。

题得到了有效解决，这为新型农业经营主体的可持续发展夯实了基础。与法国相类似的是，德国政府也高度重视从不同的渠道筹措资金来解决制约新型农业经营主体发展的关键问题，对于凡是直接影响新型农业经营主体发展的重大问题，政府都以立项的方式予以分步解决，需要联邦政府投入资金的则由联邦政府负责解决，需要由州政府解决的则由州政府负责解决，需要由农场主负责筹措的资金，政府也以财政贴息贷款的方式确保农场主投入资金的及时到位，不留下任何一个死角来影响资金的及时投入，力求高效快捷地解决所有的重大问题。

（二）政府对新型农业经营主体发展成长的干预性、导向性明显

从法国和德国的实际情况来看，两国家庭农场、农业专业合作组织和农业企业发展得比较成熟；在发展的过程中，政府所起的作用不可忽视。比如，法国葡萄酒领域新型农业经营主体的发展，基本上是在政府一手扶持下逐步壮大起来的。由于历史原因，法国整个葡萄酒产业发展优势比较明显，但是，一些地区的酒庄（家庭农场）并不愿意扩大生产规模，仅局限于某些品牌葡萄酒的生产，这不利于整个产业竞争力的提升。针对这种情况，政府在葡萄种植园区的规划、葡萄酒的展销等方面做了大量努力，引导葡萄酒产业产—供—销一体化各环节新型农业经营主体的协同发展。再比如，作为传统的生猪养殖大国，德国的生猪产—供—销一体化程度很高，与生猪有关的新型农业经营主体发展优势突出。在德国生猪产业链的发展过程中，从种猪引进到高品质生猪的培养，再到生猪的宰杀加工，政府都强化监控，从科研的角度确保每一个环节万无一失。对于凡是愿意介入生猪产业链的新型农业经营主体，政府都从财政金融各方面给予最大限度的补贴，支持、鼓励和引导新型农业经营主体参与到生猪全产业链的现代化产销过程中，引导相关的新型农业经营主体不断强化自身的力量，在国内外生猪市场上抢占竞争优势。

（三）与新型农业经营主体发展相关的配套服务极为完善

为了强化对新型农业经营主体发展的支持，法国的财政补贴体系极为完善。比如，法国政府会根据新型农业经营主体参与农田水利基础设施建设的不同项目给予补贴，对凡是参与土地整理的新型农业经营主体按照其实际投资额的30%以上给予补贴，对参与灌溉设施建设的也会根据其投入资金的额度给予20%—40%的补贴。同时，法国政府还高

度重视对利率政策的灵活运用,通过行政命令的方式,要求金融机构对参与政府规定和国家规划的涉农项目建设的新型农业经营主体给予利率优惠,还要求金融机构的农业贷款利率不得高于7%,而非农贷款年利率一般为13%左右。① 与法国不同的是,德国对新型农业经营主体的法规尤为严谨,对扶持新型农业经营主体发展的每一项费用的界定清晰明了。比如,《土地整理法》第105条就对实施土地整理程序而发生的费用进行明确规定,这些费用包括:为道路、水渠、植树等共用设施的修建、改造或安装而发生的费用;在移交给新的管理机关以前,共用设施的维护费用;参加者没有负担的土地修整和土壤改良费用;没有依据有关法规由参加者联合会以外的其他单位组织实施的水利投入,如河流的修整和维护费用;土地测量、标界和评估中发生的辅助费用,如工资、标界和简单的设备和工具等;参加者联合会的业务费,如利息、理事会成员的补助和土地整理账户的管理费等;根据《土地整理法》第36、50条和第51条发生的货币补偿支出、货币平衡支出和赔偿支出。② 明晰每项费用的好处在于,可以对参与建设的新型农业经营主体给予相应的补偿,可以极大地调动新型农业经营主体发展的积极性。从长远来看,这有利于国家农业经济的增长和国民经济的发展。

三 日本金融服务新型农业经营主体的具体做法

作为典型的岛国,日本由北海道、本州、四国、九州4个大岛和3900多个小岛组成。日本的国土面积约为38万平方公里。从总体上看,日本全国有北海道、东北、北陆、关东和东山、东海、近畿、中国、四国、九州9个农业区。日本的资源比较贫乏,山地和丘陵约占总面积的80%,多火山、地震。日本土壤贫瘠,主要为黑土(火山灰)、泥炭土以及泛碱土,大部分冲积土已开垦为水田。③ 即便如此,日本的

---

① 参见黄伟南、曾福生《国外农业基础设施投融资模式的经验分析》,《世界农业》2014年第3期。

② 参见赵谦《德国农村土地整理融资立法及对中国的启示》,《世界农业》2012年第7期。

③ 参见《日本农业概况》,http://www.nlj.suzhou.gov.cn/web/showinfo/showinfo.aspx? infoid = dfdf3c0d-430a-4815-a8b9-16818f488977。

农业发展仍然是值得肯定的，农业生产率比较高，新型农业经营主体在农业发展中所起的作用也非常突出。日本金融服务新型农业经营主体的具体做法如下。

（一）真正从战略高度重视新型农业经营主体的发展

与一般的国家相比，日本的土地资源尤为匮乏，耕地面积少，土地贫瘠细碎，如果简单地依靠个体农户以传统的农业生产方式耕作的话，那么，农业是不会有出路的。日本政府认识到自身农业发展的劣势，因此，高度重视农业的发展。比如，日本政府直接将大量的涉农业务委托给农协，由农协牵头组织各级各类农业经营主体从事农业生产，共同抵御自然灾害和市场风险。从实际情况来看，农协在日本农业中占据着举足轻重的地位，所有的农业发展规划都由农协负责制定，甚至是个体农户的选种育苗、打药追肥，农协都具体参与其中。农协不是简单的农业经营主体联合会，而是农村各级各类经营主体的代言人。农协专门成立"营农指导机构"，聘请专业的技术指导人员，通过上门服务的方式为农户提供相关的信息，帮助农户制定增收计划，推广新品种、新技术，竭力解决农户产销过程中的各种难题。对于农户因为资金限制而无法兴修的农业基础设施，如修建育苗基地、孵化厂、冷藏库、饲料厂等，农协都直接参与其中，甚至直接出资兴修并以保本价为农民提供服务。在日本，农协的背后是政府的大力扶持，农协无法解决的问题，如经费投入等，政府都会直接出面进行协调，不遗余力地支持农业的发展，保障不同种类农业经营主体的切身利益。

（二）发挥财政支农资金在促进新型农业经营主体发展中的积极作用

在日本，为促进新型农业经营主体的发展，财政支农资金有专门的使用方向，重点补贴农业基础设施建设、农业新技术开发以及农产品流通等领域。从实际操作模式来看，政府将资金拨付给农协，农民通过农协获得贷款；不仅如此，在农协发放贷款的过程中，政府还提供担保。因为有政府财政补贴的大力支持，日本农民贷款的利率较低，周期相对较长，这对于农民从事农业生产经营活动具有很大的促进作用。对于农户，政府在财政资金方面进行补贴；对于家庭农场、农业企业以及其他与涉农有关的经营主体，政府都高度重视，从财政补贴的各个方面予以支持。以家庭农场的发展为例,日本政府对为家庭农场提供新品种技术、病虫害防治技术、测土配方施肥技术等服务的企业,直接给予财政补贴;对服务能力突出、业绩非常显著的企业,还给予专门的奖励(财政资金支出的奖励)。同时,为此类企业贷款提供担保,并通过与公办高校联合科研的方式,增强这类企业的技术实力,从外围为家庭农场的发展创造条件。在某种程度上可以这样说:凡是能够促进新型农业经营主体发展的力量,都会被日本政府高度重视,并竭力从不同的渠道和途径对其进行全方面多角度的财政补贴。

(三) 高度重视法律法规在促进新型农业经营主体发展中的作用

通过对日本有关法律法规的收集整理发现,日本在通过金融服务促进新型农业经营主体发展方面的法律法规主要有《农业改良资金补助法》《农业现代化资金补助法》《农林渔业金融公库法》《农水产业协会存款保险法》《农林渔业者受灾等有关资金融通暂行措施法》《农林水产业设施灾害重建事业费国库补助暂行措施法》《农业灾害补偿法》等。其中,《农业改良资金补助法》明确规定:国家政府和各都、道、府、县政府,需要从财政预算的层面给予新型农业经营主体发展补贴,也就是要在预算内安排必要的贷款用于支持新型农业经营主体的发展,建立包括专门针对新型农业经营主体等的"生产方式改善资金""新品种引进资金""经营规模扩大资金""农民生活改善资金"等资金借贷制度。不仅如此,为了将这种制度落到实处,法律还明确要求对政府补助、借贷的限额、借贷款的利率与偿还期限、担保、贷款申请、偿还及违约金等进行具体的规定。《农业灾害补偿法》明确以"弥补农民农业经营不测事故的损失及谋求农业经营的稳定"为目的,对新型农业经营主体所可能遭受的农业灾害补偿进行定义,对与新型农业经营主体密切相关的农业互助会组织的性质、互助金管理及农作物、家畜、果树等的互助金比率、国库负担比率、农业互助联合会的保险事业、政府的再保险事业等做出了具体的规定。①

---

① 参见孟莉娟《美国、日本、韩国家庭农场发展经验与启示》,《世界农业》2015年第12期。

四 国外金融服务新型农业经营主体的典型经验及启示

从上文的分析不难看出：发达国家对于新型农业经营主体的发展给予了高度重视，在金融服务方面做出了巨大的努力。当然，金融服务要发挥实际成效，还必须与其他政策工具密切配合，要求相关的法制健全。发达国家金融服务新型农业经营主体对我国的启示，主要体现在以下几个方面：第一，要从思想上高度认识到农业的重要性。作为当今世界上最大的发展中国家，农业的发展对我国经济社会具有极端重要性，要充分认识到保持农业经济的稳定增长是关系国泰民安的大事。要确保农业经济的稳定增长，就必须高度重视新型农业经营主体的发展，要千方百计为新型农业经营主体的发展扫清障碍。第二，要注重金融服务与其他政策工具的配合使用。任何一种政策工具的使用都有其局限性，金融工具的使用也不例外。要通过金融服务促进新型农业经营主体的发展，还需高度重视财政政策工具的配套使用。只有有效地将两者紧密结合起来，才能够更好地促进新型农业经营主体的发展。第三，要高度重视相关法律法规的完善。法律法规的健全，是确保新型农业经营主体健康稳定可持续发展的关键。要促进新型农业经营主体的发展，就需对农产品产—供—销一体化各环节的法律法规进行梳理，特别是要从金融法的角度为新型农业经营主体的发展扫清障碍，有效解决新型农业经营主体发展的融资困境问题。

第三章 金融服务与新型农业经营主体发展关系的历史及现实考察

从历史发展的角度来看，我国金融服务水平得到迅速提升，金融服务创新力度也尤为显著。在高度集中的计划经济体制下，金融功能被严重弱化，金融功能财政化特征非常突出；在社会主义市场经济体制初步建立时，金融服务虽然得到了快速发展，但仍然是"存、贷、汇"老三样；进入21世纪，我国金融服务日益多样化，在一定程度上促进了新型农业经营主体的发展。但是，与新型农业经营主体融资、投资及其相关个性化服务相比，金融服务仍然难以满足实际需要。在某种程度上，金融服务制约新型农业经营主体的情况仍然大量存在。基于研究的实际需要，笔者首先基于历史文献资料，分析历史视角下金融服务与新型农业经营主体发展的关系；然后依据问卷调查数据，从投资、融资、保险和个性化金融服务等维度，全面剖析金融服务制约①新型农业经营

---

① 需要特别说明的是，金融服务创新制约新型农业经营主体发展的"制约"两字并不是课题组随口说出来的，而是深入实地调查研究、深思熟虑的结果。在本书研究的过程中，课题组实际上开展了两次调研工作：一次是课题立项后的2014年10—12月，调研的对象是西部三个省级单位相关的金融机构（深度访谈）、相关的县级单位农业主管部门（深度访谈）以及部分新型农业经营主体（问卷调查）；另一次是2015年1—8月，主要针对西部地区除新疆和西藏地区以外的10个省级单位，采取的调查方式是问卷调查；2015年的调研是以2014年的调研为基础的。在2014年调研的基础上，通过全方位多角度的深入沟通和交流以及对实际回收的有效问卷的分析，课题组发现：当前的金融服务对不同的新型农业经营主体的影响和作用并不一样，虽然极少数新型农业经营主体能够通过金融机构所提供的金融服务得到满足，但绝大多数的新型农业经营主体游离于金融机构服务范围之外；而与之相反的是，在农村地区，各种各样的金融机构网点日益增多，但金融机构扮演更多的是"抽水机"的角色，它们通过金融机构的揽储业务将农村金融资源用于支持城市经济社会的发展，农村金融资源外流情况依然很严重，以致使本来金融资源就不丰富的农村地区雪上加霜，新型农业经营主体发展存在多方面的困难。以此为基础，课题组在2015年重新设计调查问卷开展相对来说比较大规模的（转下页）

主体发展的现实表现及其特征。①

第一节　历史视角下金融服务与新型农业经营主体发展关系的考察

作为历史悠久的文明古国，按照不同的划分标准，可以将我国划分为不同的发展阶段。按照大多数学者的一般做法，认为1840年以前是古代史时期，1840—1919年是近代史时期，1919—1949年是现代史时期，1949年以来是当代史时期。对于1911年以前的历史，可以划分为先秦时期（前21世纪—前221年）、秦汉时期（前221—220年）、三国两晋南北朝时期（220—589年）、隋唐五代时期（581—960年）、宋辽西夏金时期（960—1279年）、元朝（1271—1368年）、明朝（1368—1644年）以及清朝（1636—1911年）。②基于文献资料的可得性考虑，本节拟对金融服务与新型农业经营主体发展的关系进行粗略梳理。需要说明的是，虽然按照不同的标准，我国的历史发展阶段可以分为不同的时期，但是，封建制度在我国的历史极为漫长。在封建社会，受"重农抑商"政策的影响，我国历史上并不存在种养殖专业大户、家庭农场、农民合作社和农业龙头企业，反而，农户是封建社会最主要的农业生产经营活动组织者。因此，对金融服务新型农业经营主体发展

（接上页）问卷调查。基于2014年调查的实际情况，在本章以及后面的内容中，本书重点分析金融服务创新制约新型农业经营主体发展的相关问题。自始至终，课题组并不否认金融服务对新型农业经营主体所产生的正面效应，只是相对于正面效应来说，当前金融机构的金融服务还有很大的创新空间，在某种程度上其金融服务对新型农业经营主体的发展具有非常明显的制约作用。

① 在研究报告的初稿中，课题组从全样本和分样本两个视角出发，分析金融服务制约新型农业经营主体的发展状况及其特征。但在研究报告的修改过程中，课题组部分成员坚决反对从分样本视角分析金融服务制约新型农业经营主体的发展及其特征，因为从分样本的角度分析来看，对部分问题的分析直接涉及地域性问题。基于问卷数据可以得出某地区新型农业经营主体还款意愿不强，某地区金融机构在提供金融服务时喜欢捆绑销售理财产品等相关研究结论，这些观点可能过于敏感，非常容易引起纠纷。因此，课题组经过一再讨论，最终决定不将分样本视角下金融服务制约新型农业经营主体发展的状况及其特征等内容（这部分内容约12000字）在研究报告中展示出来。当然，即便是把分样本视角下的相关内容删除，也不影响研究报告的逻辑结构，不会影响整个报告对相关问题的分析。特此说明。

② 参见吕思勉《中国简史》，民主与建设出版社2016年版。

关系的史料分析，更多地体现在农户（农民）借贷方面。

一 中国古代农民借贷的历史考察

基于实际所收集的文献资料的考虑，本节拟从先秦至隋、唐和五代、宋辽金元以及明清（鸦片战争前）几个不同的历史时期出发，力求全面展现不同年代金融服务新型农业经营主体发展的关系。

（一）先秦至隋时期农民借贷的历史考察

1. 先秦时期农民借贷的历史考察

先秦时期，随着私有制的进一步发展，社会上贫富差距越来越明显，"有产者"和"无产者"日益成为两大对立集团。对"有产者"来说，他们占有大量的农业生产资料，有可供出借的资源；而对于"无产者"来说，他们并不占有或者是占有极少的农业生产资料，面临生存的巨大压力，在很多时候不得不依靠借贷度日。当然，在某些特殊的情况下，"有产者"之间也会相互借贷。据史料记载，"凡赊者，祭祀无过旬日，丧纪无过三月。凡民之贷者，与其有司辨而授之，以国服为之息"[①]。就是说，用于祭祀的借贷可以不收息。在当时的社会情况下，能够举办祭祀活动的绝非一般的农户，可以推断为地主贵族。春秋时期的历史文献记载，前636年，晋国国君专门实施"弃责"政策，免除人民对国家的债务[②]；前544年，宋国发生大饥荒，从上到下，地主贵族都纷纷贷出其粮食用于赈灾，甚至有官员贷出粮食而不记账，免费赈灾的记载。[③] 齐国大夫在贷粮时，"大斗出，小斗进"，在缓解农民缺粮危机的同时，也赢得了民心。[④] 战国时期，以获取利息为目的的借贷活动非常普遍，在借贷过程中，农民因无法偿还高利贷而陷入绝境的并不少见。据史料记载，孟尝君以普通农民为对象、以收取利息为目标的放贷，一年可以获利10万钱。[⑤] 不仅农民借贷，贵族也借贷。周赧王"虽居天子之位号，为诸侯之所役逼，与家人无异。名负责于民，无以

---

① 参见《周礼·地官司徒下》。
② 参见《国语·晋语四》。
③ 参见《左传》襄公二十九年。
④ 参见《左传》昭公三年。
⑤ 参见《史记》卷七五《冯驩传》。

得归，乃上台避之，故周人名其台曰逃责台"①。针对借贷的后果，孟子说过："又称贷而益之，使老稚转乎沟壑，恶在其为民父母也？"②就是说，高息借贷把老幼都逼死了。

2. 秦汉时期农民借贷的历史考察

与前一时期相比，秦汉时期的农民借贷更为普遍，农民不仅可以借贷粮食，还可以借贷种子和钱币。在某些时候，政府将借贷作为济贫的重要手段；当农民无法偿还借贷时，政府会将所出借的债务予以减免。总体来看，这一时期，参与借贷的除了地主外，还有商人和高利贷者。当然，对于利息，这一时期政府是有所控制的，并不会允许无限制的高利息的存在。据史料记载，武帝元狩三年（前124），"举吏民能假贷贫民者以名闻"③；宣帝本始四年（前76），除"遣使者振（赈）贷困乏"外，还要"丞相以下至都官令丞上书入谷，输长安仓，助贷贫民"④。这说明当时政府是鼓励富有的地主对农户实施借贷的，借贷是国家支持的。始元二年（前87），因为自然灾害频发，昭帝宣布"所振（赈）贷种食勿收责"⑤。这说明在当时，为了赈灾，皇帝赦免了相关的借贷。据史料记载，西汉初年，长安就是国内最大的放款市场，当时的资本本金被称作"子钱"，高利贷者被称作"子钱家"⑥；在成帝、哀帝时，即前32年至前1年，成都罗裒与曲阳侯、定陵侯勾结，"依其权力，赊贷郡国，人莫敢负"⑦。西汉时农民的借贷现象比较常见，这一时期的利息还很高。据史料记载，"有者半贾（价）而卖，亡（无）者取倍称之息，于是有卖田宅、鬻子孙以偿责（债）者矣"⑧。这说明，此时收取的是双倍的利息。《轻重丁》记载，齐国借贷人数多达3万家，主要以农民、渔民和猎户为主；借贷总额共计粟3000万钟，钱3000万，利息

---

① 参见《史记》卷四《周本纪》引《帝王世纪》。
② 参见《孟子·滕文公上》。
③ 参见《汉书》卷六《武帝纪》。
④ 参见《汉书》卷六《宣帝纪》。
⑤ 参见《汉书》卷七《昭帝纪》。
⑥ 参见《史记》卷一二九《货殖列传》。
⑦ 参见《汉书》卷九一《货殖传》。
⑧ 参见《汉书》卷二四上《食货志上》。

从 2 分、5 分到 10 分。① 这进一步说明,借贷在此时对农民来说是常态,且借贷的利息非常高。东汉时,借贷的主体不仅是农民,地主阶层、官方也开始借贷,甚至出现地主豪强赖债现象。据史料记载,淮阳王的亲戚张博负债数百万②,邓通家中"负责(债)数巨万"③。说明此时即便是地主豪强,他们也开始大量借贷。另据史料记载,永平(58—75 年)后,地主豪强"假举骄奢,以作淫侈,高负千万,不肯偿责(债)"④。这说明,此时赖账的情况比较严重。

3. 晋至隋时期农民借贷的历史考察

与以往的朝代相比,农民借贷在晋至隋时期有了进一步的发展。在这一时期,农民借贷仍然以信用借贷为主,但其他社会群体在借贷过程中开始采用抵押借贷。实际上,对农民来说,即便是在此时采用抵押贷款的话,也是不具有现实基础的,因为此时的农民绝大多数都没有或者说仅有极少数农民拥有农业生产资料,没有用于抵押的物质基础;与农民不同的是,其他社会群体有可以用于抵押的物质,所以他们可以采用抵押的方式进行借贷。从参与借贷的群体来看,除了富有的地主阶层外,这一时期寺庙也开始参与借贷活动,寺庙经营的质库开始产生。据史料记载,南朝宋时,顾绰"私财甚丰,乡里士庶多负其责(债)",放债的纸质凭证放了一大柜子⑤;前凉张骏将谷帛借贷给农民,一年收取的利息高达一倍⑥;南朝宋文帝之子晋平刺王刘休祐,短期借贷钱币 100 于农民,谷物收获时要还钱 10000,利息是普通农民绝对无法承受的⑦;北魏文成帝和平二年(461),官吏对农民搜刮得非常厉害,农民被迫借贷;富商地主借机大肆放贷⑧;以 10 天期的借贷为例,利息为本金的 10 倍。⑨ 据史料记载,褚渊曾将齐高帝所赐的白貂坐褥及介帻犀

---

① 参见《管子·轻重丁》。
② 参见《汉书》卷八《淮阳宪王刘钦传》。
③ 参见《汉书》卷九三《邓通传》。
④ 参见《汉书》卷二四上《食货志上》。
⑤ 参见《宋书》卷八一《顺凯之传》。
⑥ 参见《魏书》卷九九《张骏传》。
⑦ 参见《宋书》卷七二《晋平刺王祐传》。
⑧ 参见《北史》卷八《齐本纪下》。
⑨ 参见《魏书》卷五《高宗纪》。

导、黄牛等物在招提寺质钱，后由其弟褚澄用钱11000赎回；梁临川王萧宏经营邸店数量众多，"出悬钱立券，每以田宅邸店悬上文券，期讫便驱券主，夺其宅。都下东土百姓，失业非一"①。这些都说明，在当时的社会环境下，抵押贷款对于部分群体开始实施。在隋朝时，用官款放贷是合法的，自然也是受法律保护的。据史料记载，文帝开皇十四年（594）曾因"出举兴生，唯利是求，烦扰百姓，败损风俗"而加以明文禁止；随后解禁，公廨钱可以用作他种经营，但不许"出举收利"②。

（二）唐和五代时期农民借贷的历史考察

与以往的朝代相比，唐和五代时期的农民借贷发展更快。从借贷资金供给者的角度来看，除了传统意义上的地主、政府及高利贷外，外国商人开始涉足借贷行业；从借贷过程中抵押品的有无来看，在信用借贷发展的同时，抵押借贷有了进一步的发展，抵押品可以接受动产，也可以接受不动产。与此同时，政府开始高度重视对高利贷的管制，允许高利贷的发展，但对过高的利息进行限制，打击借贷过程中的违法乱纪行为，有些朝代明确规定借贷的利息不得超过本金。

1. 私人高利贷与农民借贷

唐朝初年，由于隋末农民大起义的影响和大规模的战乱，社会经济遭到了极大的破坏，农业生产处于停滞状态，部分地区农田水利设施建设被荒废，农民流离失所。经过贞观初年到天宝年间即627—754年的恢复和发展，社会经济得到了极大的恢复和发展。贞观年间，已经开始出现繁荣景象，农业生产得到了极大的发展，农产品供给极为丰富，农产品价格比较稳定。据史料记载，"东到宋、汴，西至岐州，夹路列店肆待客，酒馔丰溢，每店皆有驴赁客乘，倏忽数十里，谓之驿驴；南诣荆、襄，北至太原、范阳，西至蜀川、凉府，皆有店肆，以供商旅，远适数千里，不持寸刃。"③ 在此情况下，唐朝的私人高利贷非常发达，贵族、官僚、大地主成为高利贷资金的主要供给者，"蕃客"也开始涉足高利贷行业。这些所谓的"蕃客"，主要是在国内从事贸易的外国商人。私人高利贷的发展，一方面有效地解决了农民的融资困境问题，缓

---

① 参见《南史》卷五一《临川静惠王宏传》。
② 参见《隋书》卷二四《食货志》。
③ 参见《通典》卷七。

解了相当部分农户的燃眉之急；另一方面，过于注重利润的高利贷也带来了一系列社会问题，政府开始从法律层面对其进行管控。比如，在武则天长安元年即701年规定不准计算复利的基础上，玄宗开元十六年即728年规定："比来公私举放，取利颇深，有损贫下，事须厘革，自今已（以）后，天下负举，只宜四分收利，官本五分收利。"① 五代时期，龙德元年即921年，官方明确规定："公私债负，纳利及一倍以上者，不得利上生利。"②

2. 官营高利贷与农民借贷

在整个封建社会，政府直接参与高利贷是一种正常的社会现象，唐到五代这一历史时期也不例外。尤其是在唐朝，政府不仅直接参与高利贷的具体业务，还把从事高利贷业务所获得的利润作为政府开支的重要来源。换句话说，政府既是高利贷业务的监督者，又是高利贷业务的组织者、参与者；政府在高利贷活动中既是裁判员，又是运动员，这在某些情况下并不利于高利贷业务的发展，不利于农民借贷，对于经济社会的稳定也有负面影响。据史料记载，高祖武德元年即618年，为了解决财政困难问题，中央令地方政府设置公廨本钱，由诸州令史负责经营，并将其命名为"捉钱令史"。根据规定，"捉钱令史"拥有特权，可以免除徭役，即便是犯罪地方官员也不得查办不敢追究；起初给本钱40000文到50000文，每月必须缴纳利息4000文，一年缴纳利息共计50000文，利息主要用于官员的每月津贴。③ 很显然，此时官营高利贷的利息非常高。随后，公廨本钱的利率开始下调，从玄宗开元初年的月息7分，到开元十八年的月息6分，再到穆宗长庆三年的月息4分，利率一直发生着变化。④ 从当时的实际情况来看，考虑到当时私人高利贷的发展状况，官营高利贷利率的下降与私人高利贷的竞争有关系。据史料记载，吴越钱俶投降宋后，宋太宗先后免除了杭州市民欠钱俶的债务高达68800余贯。⑤

---

① 参见《唐会要》卷八八《杂录》。
② 参见《旧五代史》卷一《梁书·末帝本纪下》。
③ 参见《唐会要》卷九一《内外官料钱上》。
④ 参见《唐会要》卷九三《诸司诸色本钱下》。
⑤ 参见《续资治通鉴长编》卷三三淳化三年八月。

3. 汇兑服务与农业经济发展

汇兑业务的产生是唐代的重要特色，在唐代，汇兑又被称为"飞钱"或"便换"。为什么称为"飞钱"？据史料记载，宪宗年间，"商贾至京师，委钱诸道进奏院及诸军诸使富家，以轻装趋四方，合券乃取之，号飞钱"①。凭纸券取钱而不必专门运输，不用担心钱的安全，方便快捷，故曰"飞钱"。从表面上看，汇兑业务似乎和农户及其相关手工业者没有太大的关系，似乎并不能够直接促进其发展；但是，从本质上看，与过去的钱币运送方式相比，汇兑业务对于农户及其相关手工业者具有重要的影响，可以在方便、快捷、安全运输的同时，解决农户及其手工业者的资金需求。汇兑是什么时候在唐代产生的？对此，现有史料并未明确记载。从可以查找到的史料来看，宪宗元和元年即806年就开始禁止"飞钱"，这说明飞钱产生的实际时间肯定远远早于806年。汇兑为什么会产生？或者说汇兑产生的背景是什么？据史料记载，德宗建中元年即780年，两税法实施以后，各地均面临着钱币不足的局面，纷纷开始限制钱币的出境；各道在京师的商人卖出商品后，将钱交付进奏院（各道在京师设立的办事机构）或各军、使的在京机构等，拿到取钱凭证后，回乡后凭券取钱，这也就是最早的"飞钱"。据史料记载，"有士鬻产于外，得钱数百缗，惧以川途之难赍也，祈所知纳于公藏，而持牒以归，世所谓便换者，置之衣囊"②。这说明，"飞钱"并不仅仅局限于京师，更不仅仅局限于商人之间。对于"飞钱"，政府是高度重视的，对于"飞钱"兑换中的问题还专门予以干预。据史料记载，穆宗长庆元年即821年，政府重申对"公私便换钱物"的禁令③；懿宗咸通八年即867年，为避免因为州政府拒绝兑现"飞钱"，朝廷要求各地方政府如期兑现"飞钱"，严禁擅自扣留。④

4. 存款和其他信用服务与农业经济发展

存款对于农户来说，具有显著的积极意义。一方面，如果存款是以获得利息为目标的话，则存款可以为农户进一步扩大生产经营规模夯实

---

① 参见《新唐书·食货志》。
② 参见《因语录》卷六。
③ 参见《册府元龟》卷五。
④ 参见《唐会要》卷五九《度支使》。

财力基础；如果仅仅是以财产安全为目标的话，则可以为农户安心从事农业生产经营活动创造条件，无须担心钱财的安全。与过去的窖藏相比，存款制度在安全性和可靠性方面具有更强的优势。对于这一时期的存款及其相关的信用服务，有关史料有如下的记载：宪宗元和年间，"时京师里间区肆，所积多方镇钱。王锷、韩弘、李惟简，少者不下五十万贯"①。按照现在的说法，这些钱都是存在中药店铺的。除中药铺可以作为存款的地方外，寺庙也是存款的地方；不仅可以存在本国人开的店铺，还可以存在外国人开的店铺（此时已有外国人在国内从事相关的业务）。据史料记载，《会昌解颐录》中有关于晋阳（现今太原）长官在菩提寺存款3000贯的描述②；《逸史》中也有关于卢生在波斯店铺中存钱的记录。③ 需要说明的是，这里的存款比较有特色。据史料记载，"自今已（以）后，如有人入钱买官、纳银求职，败露之后，言告之初，取与同罪，卜射无舍。其钱物等并令没官，送御史台，以赃罚收管。如是波斯番人钱，亦准此处分。其柜坊人户，明知事情，不来陈告，所有物业，并［令］不纳官，严加惩断决流边远"④。这就是说，跟现在不一样的是，此时存款者可以将钱物寄存于柜坊，甚至在某些情况下，存款者可以自己保管钥匙。比如，《广异记》中，三卫入京卖绢，有白马丈夫前来购买，"其钱先已锁在西市"⑤。

（三）宋、辽、金、元时期农民借贷的历史考察

与以往的历史朝代相比，宋、辽、金、元时期在借贷方面有所发展，但除宋外，其他朝代借贷并没有比较明显的发展。但是，受多方面原因的影响和制约，宋、辽、金、元时期借贷的种类增多，基本上中下社会阶层都有借贷的渠道。当然，这一时期仍然以信用借贷为主，借贷的利率在某些时候非常高昂，政府甚至专门对此进行了立法限制。也就是说，这一时期，农民仍然是非常重要的借贷群体。

---

① 参见《旧唐书》卷四八《食货志上》。
② 参见《太平广记》卷二三《张李二公》。
③ 参见《太平广记》卷一七《卢李二生》。
④ 参见《唐大诏令集》卷七二。
⑤ 参见《太平广记》卷三〇〇《三卫》。

1. 高利贷与农民借贷

在宋代，信用贷款非常典型，通常又被称为放债、生放、赊放、称贷、出举、举钱出息、出子本钱、出息钱等。从总体上看，因为农民借贷比较多，有些是因为生计借贷，有些是因为购买作物种子借贷，还有些是因为兼业从事其他生意借贷。同时，这些借贷又主要是以信用贷款为主。因此，在实际过程中，借贷的利率都很高，甚至因为高利率产生了不少的社会问题，政府在此方面也进行了相关的规定。据史料记载，宋太宗太平兴国七年即982年，"令富民出息钱不得过倍称，违者没入之"①。金朝规定，"举财务者月利不过三分，积久至倍则止"②。元祖至元三年即1266年，"债负止还一本一利，虽有倒换文契，并不准使，并不得将欠债人等强行扯拽头匹，折准财产，如违治罪"③。很显然，对于过高的高利贷利息，政府并不支持，对借贷过程中的高利贷政府是有所管控的。尽管如此，在理性经济人假设下，政府禁令的成效并不是十分显著。比如，宋神宗时，部分地区高利贷利息依然远远超过政府的规定；元朝的"羊羔利"更是典型的利滚利，一年翻一倍。从史料记载来看，除了专门针对农民的高利贷外，还有专门针对官员的"京债"，专门针对士兵的"营债"。比如，发放给普通士兵的"营债"，在整个宋、辽、金、元时期都广泛存在，这种债务属于典型的高利贷，利息高昂，剥削性特征明显。据史料记载，哲宗元祐八年即1093年，"禁军大率贫窭，妻子赤露饥寒，十有六七，屋舍大坏，不庇风雨。体问其故，盖是将校不肃，敛掠乞取，坐放债负，习以成风"④。还有相关史料记载，"又以出放钱债为名，令军使用，不出三四月，便要本利相停，一岁之间，获利数倍"⑤。这些史料进一步说明，虽然对于高利贷政府有管制，但管制的成效并不明显，不同种类高利贷的存在对于被统治阶级是残酷的剥削。

2. 质库与农民借贷

在辽、宋、金、元时期，质库的发展比较迅速，经常又被称为质

---

① 参见《续资治通鉴长编》卷二三太平兴国七年六月丙子。
② 参见《金史》卷五〇《食货志五·和籴》。
③ 参见《通制条格》卷二八《违例取息》。
④ 参见《苏轼文集》卷三六《乞增修弓箭和条约状二首》。
⑤ 参见《通制条格》卷七《禁治扰害》。

肆、解库、质典库、解典库等。甚至在某些时候，根据经营质库主体的不同，还被称为"长生库"（寺庙经营的质库就被称作"长生库"）。质库的发展，一方面说明与过去的经济社会相比，辽、宋、金、元时期社会经济进步了，至少是对于借贷群体来说，他们拥有可以用于抵押的商品；另一方面也说明在征信体系非常不健全的历史时期，单纯依靠信用借贷的方式来开展借贷业务，其自身必然存在诸多风险。从历史资料的记载来看，与高利贷相类似的是，质库仍然无法避免高利息问题的困扰。比如，在金世宗时，规定典质由使、副亲评价值，押款数目照估价的7成，月息1分，不到1个月的按天数计算；超过两年零一个月不赎取，可以下架出卖；如果质物遗失，照新物价格赔偿。这说明在当时，质库的利息并不低。① 当然，质库的快速发展背后有政府的支持。比如，大定十三年即1173年，中都（北京）、南京（开封）、东平、真定（河北正定）等地均设有质库，"以助官吏廪给之费"，就是历史上所说的"流泉"②。也就是说，质库所带来的丰厚利润，在某些时候可以直接充实政府的收入，用于政府开支的需要。

3. 其他的信用形式与农民借贷

作为中国历史上商品经济极为发达的朝代，宋代的商业信用非常发达，这不仅便利了农民融资，促进了农业经济的发展，也有利于其他手工业的发展，促进了整个社会经济的繁荣。以往商品交易采取的是"钱货两清"的模式，但在宋代商品经济发达的形势下，赊购也比较普遍。据史料记载，乾兴元年即1022年，如有大批货物需要赊卖时，要买主"量行货多少，召有家活物力人户三五人以上，递相委保，写立期限文字交还"；如到期不能归还，要保人共同负责还清；如只有"欠钱文字"而无保，政府不予负责；如保人无钱而承保，与店户牙人通同作弊，则"严行决配"③；哲宗元祐七年即1092年，"商家贩卖，例无现钱，若用现钱，则无利息。须今年索去年所卖，明年索今年所赊，然后

---

① 参见姚遂《中国金融史》，高等教育出版社2007年版，第72页。
② 参见《金史》卷五七《百官志三》。
③ 参见《宋会要辑稿·食货》三七之九，转引自姚遂《中国金融史》，高等教育出版社2007年版，第75—76页。

计算得行，彼此通济"①。除赊购外，唐代的飞钱在宋代得到了进一步的发展。在北宋时期，飞钱不仅在京师非常流行，兑换方便；在京师以外的地区，飞钱业务的发展也极为迅速，不同行业的从业者都愿意接受飞钱，并将飞钱作为业务往来的结算方式。在南宋时期，官营便钱"关子"开始产生，也就是汇票；而在民间，"会子"作为汇票广泛流通；随后，"会子"成为国家纸币，因其自身携带方便，在南宋时期极为盛行。这些信用方式的发展，对于促进整个经济社会的发展具有重要意义，对于缓解农民资金问题和促进农业经济增长也具有促进作用。

（四）明清（鸦片战争前）农民借贷的历史考察

明清（鸦片战争前）时期，我国经济整体发展较快。这一时期与以往相比，在金融发展方面也具有自身的特点。但是，这一时期仍然是封建社会，社会的根本性质并没有发生变化，因此，金融方面的发展更多地体现在量的累积方面，在质的方面还未发生根本性的变化。金融的发展，对于农业经济增长有明显的促进作用，这在一定程度上缓解了农民的融资问题。当然，在此过程中，也存在不少诸如高利贷利息过高的现实问题。

1. 高利贷与农民借贷

在这一时期，高利贷仍然是农民取得外源资金的重要途径。由于这一时期的高利贷很多都是以信用为主，没有抵押品，因此，利息虚高的问题一直存在。尽管政府对利息进行了相关的规定，但是，实际成效依然不显著。据史料记载，针对利息过高的问题，明太祖规定"利息只以三分为率，年月虽多，不得过一本一利，著于律令"②。就是说，在明朝的时候，政府是不允许过高的利息存在的，对利息的上限有明确规定。在清代，顺治五年即1648年明确规定："今后一切债负，每银一两止许月息三分，不得多索及息上增息，并不许放债与赴任之官及外官放债与民。如违，与者、取者俱治重罪。"③同年十月，重新宣布："势豪举放私债，重利剥民，实属违禁。以后止许照律，每两三分行利，即至

---

① 参见《苏轼文集》卷三四《论积欠六事并乞检会应诏所论四事一处行下状》。
② 参见董毂《碧里杂存》，商务印书馆1937年版。
③ 参见《清世祖实录》卷三八顺治五年闰四月丁未。

十年，不过照本算利。有例外多索者，依律治罪"①。很明显，在清朝的这些律令中，对于高利贷的利息是有规定的；对于个体农户来说，如果不能够从其他渠道获得资金的话，为了生计或者是生产经营活动，必然会选择以高利贷获取资金。即便有相关的利息上限规定，但是在实际执行的过程中，利息虚高的问题仍然是不可避免的，这会给困难群众带来灾难。据统计，1796—1820年，在389起借贷行为中：利率不满1分的占0.5%，1分至1.9分的占6.4%，2分至2.9分的占32.9%，3分以上的占60.2%②。由此可见，尽管有法律规定的上限，但利率偏高的仍然占多数。

2. 当铺与农民借贷

早在明朝，当铺的发展就已经初具规模，成为经济社会中不可或缺的重要力量，自然也是农民获得资金来源的重要渠道。在明朝的基础上，清朝鸦片战争以前的当铺极具特色，具体来说，第一，在鸦片战争前，当铺规模庞大，其发展直接受到政府的支持。姚遂（2007）的研究表明：在清朝，抵押放款只是当铺的功能之一，当铺往往还经营信用放款、存款以及经营货币兑换业务等，有些当铺还直接发行银票和钱票。从某种意义上说，当铺所扮演的功能与银行有很多相同、相似之处。或许正是因为如此，所以政府高度重视当铺的发展。据史料记载，乾隆九年即1744年，鄂尔泰就向乾隆提议：由政府直接借钱给当铺，大当铺3000两，小当铺数目不等，由当铺收钱交给官钱局；大当铺每日交官钱局制钱24串，每串加钱10文为官钱局费用，官钱局再将钱上市发卖。另外，当铺需要在秋冬时节缴钱给官钱局，大当铺缴纳300串，小当铺缴纳100串。③ 在政府注资的直接支持下，当铺发展迅速，有力地为农民借贷创造了条件。第二，为促进当铺的发展，除了注资开办当铺外，政府也直接开设当铺。政府开办当铺的主要动机，仍然是赚钱。从现有的零散史料来看，除了在京师外，政府还在各地甚至是军营中直接开设当铺，一方面，这些当铺满足了部分群体的资金需求，另一方面，通过当铺，政府自身也获得了丰厚的收益。第三，从当铺的利率

---

① 参见《清世祖实录》卷四一顺治五年十一月辛未。
② 参见李文治《中国近代农业史资料》，1957年12月，第97页。
③ 上述内容直接转引自姚遂《中国金融史》，高等教育出版社2007年版，第80页。

来看，获取当金越多的利率越低，反之，利率越高。进一步讲，农民通过当铺获得资金的利率很高，而其他需要大额资金的群体获得资金的利率相对较低。

3. 钱铺（钱庄）和帐局与农民借贷

需要特别说明的是，钱铺不等于当铺，两者的角色和功能是不同的；钱铺也不等于钱庄，但是，钱铺是钱庄的前身，后者是在前者的基础上进一步发展起来的；帐局虽然也从事放高利贷和吸收存款，甚至与当铺功能非常类似，但帐局服务对象更为高端，基本上很少针对农户放贷，或者说只对极少数高端农户放贷。据史料记载，钱铺的最原始业务是兑换货币，因为过去在市场上流通的既有金银，还有铜钱，彼此之间兑换比较麻烦，钱铺专门为此提供服务。当然，钱铺的兑换并不是免费的，会收取相应的服务费用。对于农民来说，自身本金不足，而在实际农业生产过程中，又会对不同数量的资金有需求，钱铺的发展正好满足了他们的实际需求。随着时代的发展，到了明朝末期，钱铺不再仅仅从事货币兑换的业务，开始涉足存款和放贷的业务。

二 中国近代金融服务与新型农业经营主体发展的关系考察

1840年鸦片战争爆发后，一系列不平等条约的签订，使得中国由封建社会变为半殖民地半封建社会。根据不平等条约，一系列通商口岸被开辟，外国商人纷纷涌入中国，在大量国外商品涌入中国的同时，国内的大量原材料也开始走出国门。从现有的史料来看，丝和茶叶等农产品率先被大量出口，相关产业链上的农民开始被动地接受国外的剥削。

（一）钱庄与新型农业经营主体的关系

随着第一次鸦片战争和第二次鸦片战争的结束，国内通商口岸急剧增多，外国势力逐步深入内地。一方面，随着通商口岸的开辟，大量国外商品涌入国内市场；另一方面，以丝、茶等为代表的农产品也开始越来越多地销往国外。在这个过程中，钱庄除了继续扮演货币兑换的角色外，逐步开始从事不同货币之间的兑换与财务结算业务。在丝、茶等销往海外的过程中，因为销量的急剧增加，农民在此方面的投入增加，借贷也进一步增多。除了原有的生计借贷外，为种植蚕桑、茶叶等产生的借贷开始大量出现，钱庄成为农民获得资金的重要渠道。因为丝、茶等销路比较通畅，农民借贷还款的来源相对来说有保障，钱庄也愿意给予农民小额的借贷。与此同时，基于外商对丝、茶等农产品的收购，农村开始出现以代购代销丝、茶等为主要业务的商贩，他们在外商与农户之间扮演桥梁和纽带作用。从现有的史料看，这一部分群体在经营过程中可能会面临流动资金不足的问题，他们也开始从钱庄获得借贷。需要说明的是，无论是对于丝还是对于茶来说，从原材料到成品，中间需要经过不少的初加工环节，这对于分散的个体农户来说，他们不一定都具有相关的加工能力。不仅如此，为了确保同批次商品质量的统一性，外商也不愿意收购质量参差不齐的丝、茶，而是倾向于收购质量更为稳定的丝、茶。这对于部分从事丝、茶加工的群体来说是不可多得的机遇。进一步讲，在农村还存在从事丝、茶加工的作坊，这些作坊或大或小，但与个体农户相比，他们的整体实力强大得多。在实际生产经营过程中，他们也是钱庄的重要服务对象。当然，在借贷过程中，基于交易成本考虑，不同借贷群体所面临的借贷利息并不相同，越是具有实力的丝、茶收购商、加工商，越是可以更低的利息获得贷款，而普通农民则不一样，实际承受的利息明显要高。

（二）票号与新型农业经营主体的关系

与钱庄不一样的是，票号虽然起源于汇兑，为不同地区调拨着资金，但是，随着时代的发展，票号还全面经营存款、放款和汇兑活动（甚至是外币兑换），成为比较成熟的金融组织。鸦片战争后，随着外商对国内的全面渗透和扩张，为外商服务的农业经营主体也开始逐步增多。除了传统意义上直接种植丝、茶等的农户、农产品（丝、茶等）加工商和农产品（丝、茶等）采购商外，相对来说更高层次的农产品加工服务商开始出现。一方面，他们的出现极大地满足了外商对中国特色农产品的特殊需求，另一方面，他们也进一步推动了农产品加工种植业的发展。比如，鸦片战争后国内大量出现的印染作坊，它们虽然属于手工业，但特殊之处在于它们直接处理的却是农产品，直接按照外商要求对农产品进行进一步的加工。由于这些加工服务商相对来说比较高级，从事的加工具有很强的技术性，整体的生产经营规模也较大，对资金的需求量很大，对金融服务的要求相对较多，它们成为票号的重要服务对象；甚至在某些情况下，这些加工服务商还会直接成立票号，从事与金融相关的业务，在提供自身金融服务的同时，进一步拓展生产的发展空间。从可以查找到的资料来看，除了国内的农产品加工服务商外，外商也会在通商口岸成立专门的农产品加工服务机构。比如，在广州，针对外销客户的实际需求，外商会雇用中国工人直接在当地对丝、茶等农产品进行进一步的加工，以便符合国外客户的实际需求。当然，外商可以独资开设农产品加工服务机构，也可以联合国内的力量共同出资成立农产品加工服务机构。这些机构的很多业务范围遍布国内各大农产品产销地，对于资金的调拨能力要求高，在某些情况下，它们会直接选择与票号合作，共同推动中国农产品（丝、茶等）的出口。

（三）外国银行与新型农业经营主体的关系

从现有的史料来看，在外国银行进入中国通商口岸之前，作为承担国际汇兑结算和资金融通业务的洋行在本国内已经得到初步发展。从当时的实际情况来看，洋行不仅承担着不同贸易主体之间资金周转角色，还兼营其他的金融业务。洋行之间彼此支援，或在母国相互之间买卖汇票，或在海外相互转存余额。即便如此，要满足新兴工业资产阶级的贸易扩张要求，洋行的发展仍然是无法满足需求的。在此背景下，1845年，英商丽如银行开始在广州设立分理处；1847年，开始在上海设立机构。随后，各国外商银行纷纷在通商口岸设立分理处或者相关机构。从当时的实际情况来看，外商银行的主要服务对象是在各通商口岸从事贸易的国外商人，但是，基于对利润的追求，国内涉农领域的大型农产品加工工厂和大规模的种植业主也成为外商银行青睐的服务对象。与此同时，由于外商银行的门槛普遍较高，个体农户和小作坊主被排除在外商银行服务的范围外。从总体上看，外商银行绝大多数实力都较为雄厚，信誉良好，服务到位，成为大型农产品加工工厂和大规模种植业主的首选。当然，与其他的金融机构相比，外商银行的利率相对来说普遍较高，个体农户和小作坊主无法承受。需要说明的是，对于国内涉农的企业与外商银行之间的借贷合同之类的业务，受到严格保护。从总体上看，外商银行的典型做法是"抓大放小"，越是资金实力雄厚的客户越受青睐。

三 中国现代金融服务与新型农业经营主体发展的关系考察

从历史的角度看，现代史时期为1919—1949年。在这一时期，基于政权性质的不同，国内的政府又可以分为国民党统治区的国民政府和中国共产党领导下的革命根据地政府；基于国共两党不同的政治主张，在不同的统治区内，相关经济金融政策是存在显著差异的。① 以金融服务新型农业经营主体发展的政策为例，国统区的政策相对来说较为混乱，更为注重第二、三产业的发展，而革命根据地则更倾向于满足新型农业经营主体尤其是农户的现实需求。

（一）国统区金融服务与新型农业经营主体发展关系的历史考察

从总体上看，民国时期历届政府都是比较重视农业发展的，也都充分认识到了农村各级各类主体的融资困境问题，并在金融机构的构建方面做出了努力。在金融机构方面，这一时期涉及农业方面业务的机构可以分为正规金融机构和非正规金融机构。前者包括三个层次：第一层次为银行，包括专业农业银行、商业银行以及省地方银行；第二层次为农民借贷所、合作金库；第三层次为合作社、农业仓库。② 而后者则主要是以高利贷为主的各种金融机构。这些正规金融机构在贯彻落实民国政府的政策方面具有一定的成效。表3.1显示了抗战时期农民借贷的来源。另据史料记载，仅仅是抗战时期，中国农业银行就在农田水利、农业生产、农业推广及其他农业生产方面发放了大量的贷款，这些贷款不仅在一定程度上解决了农民的生计问题，还提高了农业生产的科技含量，提高了农民生产的积极性，极大地促进了战时后方农业的发展。统计数据显示，截止到1944年底，累计发放水利贷款11亿多元，新修大型水利项目62处，受益田亩约328万余③；总体上看，国统区战时人均拥有原粮达644斤，超过了战前人均拥有原粮143斤。④ 遗憾的是，在这些正规金融机构发展的同时，大量高利贷的存在虽然在一定程度上可

---

① 参见马敏、彭南生《中国近现代史（1840—1949）》，高等教育出版社2009年版。
② 参见易棉阳《民国时期国家农贷中的农贷悖论解读》，《中国社会经济史研究》2011年第4期。
③ 参见郑家度《广西金融史稿》（上），广西民族出版社1984年版，第355—357页。
④ 参见王淑珍《中华民国实录》，吉林人民出版社1997年版，第4861页。

以满足农民的需求,但过高的利息也给农业生产带来了灾难。在这里需要特别说明的是,来自政府的贷款在缓解农民实际需求的同时,对于高利贷利率的打压具有明显的作用,可以在一定程度上减轻农民的高利贷负担。据史料记载,1934年,四川各种借贷利率中,2分到3分的比例为32.7%,3分以上为51.7%,其中5分以上也高达4.7%①;但是,到了1940年,随着国家农贷的大量发放,农户高利贷利率开始下滑,商人的平均借贷利率为20.3厘,地主平均为23.2厘。② 很显然,国家农贷的发放对于农户所面临的高利贷利率有明显的影响。

表3.1　　　　　1938—1949年农民借款来源百分比统计　　　　　(%)

	1938	1939	1940	1941	1942	1943	1944	1945
国家农贷	27	33	38	51	59	59	52	50
高利贷	73	67	62	49	41	41	48	50

资料来源:黄立人《论抗战时期国统区的农贷》,《近代史研究》1997年第6期。转引自易棉阳《民国时期国家农贷中的农贷悖论解读》,《中国社会经济史研究》2011年第4期。

(二) 革命根据地金融服务与新型农业经营主体发展关系的历史考察

与国统区不同的是,革命根据地面临着严酷的斗争环境,农业生产的发展不仅关系到根据地农民的生存问题,也直接决定着党领导下的革命队伍的生死存亡。因此,在根据地农业发展过程中,党对相关金融政策的把握尤为务实。一方面,要用有限的资金支持农户的融资诉求,切实解决贫困农户的现实需要(见表3.2);另一方面,受资金数量的限制,引导和鼓励地主阶级发挥作用,在一定程度上支持农民借贷的需要。从实际来看,发挥主要作用的除了边区银行外,还有各种农民合作组织,它们也采取措施鼓励地主阶级发挥作用。可以说,在革命根据地,为满足农户需求的金融机构形式各样,贷款方式和还款方式也因地制宜,完全依据农户的实际需要来采取相关的对策。据史料记载,边区

---

① 参见冯和法《中国农村经济资料续编》(下),台北华世出版社1978年版,第811页。
② 参见秦孝仪《中华民国史料丛编》,1976年10月,第357页。

银行就是革命政府具体金融政策的实施者,边区银行是真正的贫苦大众的银行。从表3.2中可以看出,边区银行的最主要服务对象是贫农。当然,在实际过程中,边区银行也会根据贫农的实际需要提供金融服务。比如,边区银行在安塞、志丹等县用一种实物贷出(发放镢头、犁、铧等农具),收回另一种实物(农产品);东三县的植棉贷款及安塞、志丹两县的部分贷款以现钱贷出,用棉花或粮食归还;安塞县还在青黄不接时放出小米,秋收后仍用小米归还。① 根据形势发展的需要,边区银行还开展了专项贷款。比如,在植棉贷款方面,1942年1月《陕甘宁边区银行奖励植棉贷款条例》②和1943年1月《陕甘宁边区奖励植棉条例》③中都明确规定:该贷款一概折合实物贷出,届时也必用实物偿还之;在青苗贷款方面,1943年1月《陕甘宁边区青苗贷款条例》规定,"本贷款的标准,至少以棉花二斤、米麦等一斗以上的时价折合现款或以实物贷出","用实物偿还之"④。也就是说,根据形势发展的需要,为了确保广大困难群众的生计,为了促进边区农业经济的发展,中国共产党领导的革命根据地创新性地采用了多种金融工具,在促进边区农业发展的同时,保障了困难群众的切身利益。

四 中国当代金融服务与新型农业经营主体发展的关系考察

如果以改革开放为界的话,可以把我国当代历史粗略地分为两个主要阶段,即改革开放前和改革开放后。对于改革开放以前的历史,如果以1956年社会主义"三大改造"的完成为界的话,又可以分为社会主义基本制度确立前和社会主义基本制度确立后两个重要的历史阶段;而对于改革开放以后的历史,依据中国共产党第十四次全国代表大会对社会主义市场经济体制的确立,又可以划分为不同的历史阶段。在不同的

---

① 参见《抗日战争时期陕甘宁边区财政经济史料摘编》第5编"金融",第435页。转引自阎庆生《抗战时期陕甘宁边区的农贷》,《抗日战争研究》1999年第4期。

② 参见魏协武《陕甘宁革命根据地银行编年纪事》,第68页。转引自阎庆生《抗战时期陕甘宁边区的农贷》,《抗日战争研究》1999年第4期。

③ 参见《抗日战争时期陕甘宁边区财政经济史料摘编》第5编"金融",第428—429页。转引自阎庆生《抗战时期陕甘宁边区的农贷》,《抗日战争研究》1999年第4期。

④ 参见《抗日战争时期陕甘宁边区财政经济史料摘编》第5编"金融",第429—430页。转引自阎庆生《抗战时期陕甘宁边区的农贷》,《抗日战争研究》1999年第4期。

表 3.2　　　　　　　　1943 年富县各区农贷发放调查

	贷款数（元）	户数（户）	成分				
			地主	富农	中农	贫农	难民
大升区	140000	123				123	
牛武区	95000	58			5	53	
交道区	130000	99				98	1
永平区	80000	99	1		29	69	
道德区	120000	105				105	
太乐区	100000	154			13	181	
张村驿	150000	219			8	210	1
直罗区	150000	200				200	
大义	90000	85			5	80	
城关区	130710	88			4	78	6
双龙区	60000	90				14	76
合计	1245710	1340	1		64	1194	84

资料来源：《富县四三年春季耕牛农具贷款发放报告》（1943 年 8 月 18 日），《史料摘编》第 5 编"金融"，第 427 页。转引自阎庆生《抗战时期陕甘宁边区的农贷》，《抗日战争研究》1999 年第 4 期。

历史阶段，国家对农业的发展都很重视，在金融方面也进行了相应的改革，竭力推进金融服务不同种类农业经营主体的发展，确保农业经济的增长。从总体上看，国家在金融领域所采取的相关政策都具有很强的时代性，一切以当时当地农业经营主体的发展为需要。当然，在不同的历史时期，基于国家对金融自身认识的差异，在相关金融政策方面也会体现出区别。

表 3.3　　中华人民共和国成立初期国家农贷、农村信用社和农村
　　　　　　私人借贷的比较

	国家农贷	农村信用社	农村私人借贷
组织形态	高度集中管理，依靠众多分支机构，业务分散化	受国家银行和当地政府的领导，管理比较松散	高度分散化，组织结构松散，众多供给者无序竞争

续表

	国家农贷	农村信用社	农村私人借贷
贷款对象	以农村合作经济组织为主，兼顾个体农户，重点照顾贫雇农	以合作社社员为主，兼顾非社员，面广	农村各阶层农户
贷款期限	一般农业生产贷款1年以下，设备贷款3年以下，周转性贷款半年以下	一般在半年以下，甚至更短	一般在1年及以上，甚至更长
贷款利率	较低	高于国家农贷，低于私人借贷正常利率	各种利率并存
贷款用途	生产占绝大比重	侧重生产，兼顾生活	消费、生产各个方面
贷款手续	烦琐，环节多	烦琐，环节多	简便快捷
信用方式	担保、契约	担保、契约	个人信用为主
贷款金额	相对较大	小额	小额
其他特征	忽视文化条件，重视社会、政治条件	忽视文化条件，重视社会、政治条件	重视地缘、社区和亲疏关系
经济作用	有助于经济的动态增长，但通常不能提供自我发展的启动资金	有助于经济的缓慢增长，一般能提供自我发展的启动资金	只提供自助贷款，主要维持缓慢的经济增长

资料来源：常明明《20世纪50年代前期中国乡村借贷方式比较研究：以中南区为中心》，《中国农史》2008年第3期。

表3.4　　1952—1954年湖北省12个乡国家农贷发放情况

阶级成分	1952年总户数（户）	1952年银行贷出				1954年总户数（户）	1954年银行贷出			
		户数（户）	占贷出总户数（%）	金额（元）	占贷出总数（%）		户数（户）	占贷出总户数（%）	金额（元）	占贷出总数（%）
雇贫农	1991	826	75.50	6147.11	75.86	944	323	30.73	3617.33	34.85
中农	1014	253	23.13	1898.07	23.42	2407	710	67.55	6673.12	64.28
其他劳动者	15	3	0.27	16.98	0.21	22	—			
富农	156	6	0.55	23.37	0.29	185	10	0.95	58.27	0.56
新富农	—	—		—		12	2	0.19	11.80	0.11
地主	128	2	0.18	10.66	0.13	135	4	0.38	14.35	0.14
其他剥削者	51	4	0.37	7.08	0.09	53	2	0.19	6.30	0.06
合计	3355	1094		8103.27		3758	1051		10381.17	

资料来源：湖北省委农工部《湖北省十二个典型乡调查统计表》（1955年），湖北省档案馆，SZ18-1-154。需要说明的是，1952年只有11个乡的数据。转引自常明明《建国初期国家农贷的历史考察：以中南区为中心》，《当代中国史研究》2007年第14卷第3期。

表3.5　1952—1953年鄂、湘、赣3省10个乡信用合作社信贷情况

	1952年					1953年				
	贷款户数（户）	占本阶层总户数比（%）	各阶层占比（%）	金额（元）	各阶层占比（%）	贷款户数（户）	占本阶层总户数比（%）	各阶层占比（%）	金额（元）	各阶层占比（%）
富裕中农	29	6.18	7.75	338.18	8.86	98	14.73	12.59	2237.96	13.68
一般中农	141	7.61	37.70	1291.58	33.83	367	17.82	47.17	6713.28	41.06
中农	170	7.32	45.45	1629.77	42.69	465	17.07	59.76	8951.24	54.74
贫农	202	9.96	54.01	2180.00	57.10	285	16.99	36.63	6909.43	42.24
其他劳动者	2	1.94	0.54	8.00	0.21	28	26.92	3.61	494.93	3.02

资料来源：中共中央中南局农村工作部《中南区1953年农村经济调查统计资料》（1954年7月），湖北省档案馆，SZ-J-517。转引自常明明《绩效与不足：建国初期农村信用合作社的借贷活动的历史考察：以鄂湘赣三省为中心》，《中国农史》2006年3月。

表3.6　　　　1953年湖北省10个乡农民私人借贷用途　　　　（%）

	生产资料	生活资料	婚丧	疾病	修补房屋	其他
合计	18.08	42.79	20.04	6.03	8.89	4.17
雇贫农	16.10	44.80	21.87	5.79	8.75	2.78
中农	25.29	33.19	16.41	7.00	10.29	7.87

资料来源：湖北省农委《农村借贷情况与活跃农村借贷问题》（1953年），湖北省档案馆，SZ18-1-40。转引自常明明《农村私人借贷与农民收入增长研究：以20世纪50年代前期鄂、湘、赣、粤4省为中心》，《中国经济史》2012年第4期。

（一）改革开放以前金融服务与新型农业经营主体发展关系的历史考察

从对历史资料的分析来看，1949年中华人民共和国成立到改革开放前，国家在金融方面对新型农业经营主体发展的支持，主要集中在1949年到1956年。进一步讲，中华人民共和国成立后，为了更好地发挥各级各类农业经营主体的作用，发展农业生产，稳定国民经济，国家对各级各类农业经营主体采取了大力扶持政策，在金融方面也做出了努力。1956年，随着社会主义三大改造的完成，社会主义制度在我国初步建立。1956—1978年，我国实施的是高度集中的计划经济体制，国有和集体的农业经营主体所有的金融需求从理论上讲都是可以得到政府

的有效满足的,民间私人借贷较为少见,且规模小,几乎可以忽略不计。因此,在高度集中的计划经济体制时期,金融机构的金融功能财政化趋向明显,以营利为目的的金融活动较少,服务于农业经营主体发展的金融政策不多。

对1949—1956年金融服务新型农业经营主体的相关情况,可以结合表3.3、表3.4、表3.5和表3.6来进行分析。在1950年前后,社会主义制度在我国还没有正式建立,农业领域存在多种经济成分,既有个体农户,也有农业企业,还有地主;为满足他们的金融需求,当时社会上存在的金融机构主要有国资背景的银行、集体背景的农村信用社以及私人背景的私人借贷。从表3.3来看,当时可用于满足不同种类农业经营主体金融需求的有国家农贷、农村信用社和私人借贷,每一种贷款都有其自身的特点,服务对象也存在很大的不同。进一步结合表3.4、表3.5和表3.6来看,在1950年以后,不同农业经营主体融资的情况是存在显著差别的,融资用途也截然不同。之所以存在这种情况,主要是因为当时社会主义制度并未建立,不同农业经营主体在经济社会中都起着重要的作用,成立初期一穷二白的中华人民共和国不可能采取过激的方式来实行社会主义,需要充分发挥不同类型农业经营主体的积极作用,为中华人民共和国的稳定和发展夯实基础;即便是地主阶层和其他剥削阶层,只要不影响社会稳定,对国家和群众有利,都应该充分团结他们,发挥他们的积极作用。很显然,对所有的农业经营主体的各方面金融需求,政府会从不同的渠道予以满足,也允许其他形式金融的发展,通过国有和私有等多种方式共同促进农业经济的发展。

(二) 改革开放以后金融服务与新型农业经营主体发展关系的历史考察[①]

20世纪80年代,随着家庭联产承包责任制的全面实施,农业经济

[①] 需要说明的是,虽然我国农业保险有几十年的试验历史,但也只是在近几年里才有了长足发展。从2004年以来,中共中央国务院在连续13年的"一号文件"里,对农业保险制度的建立和发展都提出了具体的政策要求;从2007年开始,将农业保险的保费补贴列入财政预算。基于此,在此处不单独对农业保险服务农业经营主体情况进行说明。具体参见庹国柱教授2016年5月9日在湖南长沙的演讲"中国农业保险:经验、问题和解决思路",https://wenku.baidu.com/view/c483634ef6ec4afe04a1b0717fd5360cba1a8d1b.html。

快速增长，个体农户金融需求日益扩大。与此同时，乡镇企业的快速发展，也对金融服务提出了更多的要求。对于个体农户来说，当时可以从农村信用合作社获得金融服务，也可以通过农户之间的借贷来满足自身对资金的需求；而与个体农户不同的是，乡镇企业的发展速度快，规模大，对金融服务的各方面需求强劲，需要多层次的金融服务。从当时的实际情况来看，为了促进乡镇企业的发展，国家和各地方政府将金融政策与财政政策有机结合起来，出台了促进乡镇企业发展的诸多措施，甚至在1997年1月1日实施了《中华人民共和国乡镇企业法》。该法首次明确了乡镇企业发展的资金来源。可以说，在改革开放后很长一段时间里，个体农户和乡镇企业是农村最主要的生产经营主体，是农村金融服务的最直接需求者。需要特别说明的是，随着改革开放步伐的加快，我国农村经济快速发展，农村多种金融需求开始出现。为了满足蓬勃发展的农村经济金融需求，20世纪80年代，除农村信用社外，其他多种农村金融组织、金融形式也应运而生。在一些地区，开始出现农村信托投资公司、乡镇金融服务机构、不同形式的合作基金会等。从根本上说，这是央行允许各专业银行打破分工、业务交叉的结果，这一时期由政府主导的国有金融组织体系在短时间内初步形成。1997—2005年，随着农业经济增长和农村经济的发展，农村不同种类农业经营主体金融服务需求越来越得不到满足，且非法金融机构和部分金融机构非法金融服务的开展，严重影响了农村金融经济发展。在此过程中，国家采取了一系列措施整顿金融市场，竭力保障农村不同农业经营体系的合法金融权益。2006年以来，针对经济金融的现实发展情况，为更好地促进多种农业经营主体的发展，国家进一步加快建立健全农村金融体系，推进农村金融组织创新，并适度调整和放宽农村地区金融机构准入政策，降低准入门槛，鼓励和支持发展适合农村需求特点的多种所有制金融组织。①

---

① 参见汪小亚《农村金融体系改革研究》，中国金融出版社2009年版。

第二节 现实视角下金融服务与新型农业经营主体发展关系的考察

为了全面了解金融服务创新与新型农业经营主体之间的关系,或者说为了解新型农业经营主体对金融服务创新的看法,在本书选题立项后,课题组于 2014 年 10—12 月开展了三个方面的工作:一是对部分金融机构进行访谈,了解金融机构通过金融服务创新促进新型农业经营主体方面的实际情况[①];二是对部分县级单位的农委进行实地访谈,了解农业主管部门在有效协调金融机构与新型农业经营主体之间关系方面的实际情况,通过农业主管部门来间接了解新型农业经营主体对金融机构金融服务创新的看法[②];三是对部分县级单位的新型农业经营主体(含种养殖专业大户、家庭农场、农民专业合作社和农业龙头企业)发放初步调查问卷,了解新型农业经营主体对金融机构金融服务创新的真实看法。[③] 需要说明的是,2014 年 10—12 月开展的研究工作,特别是对金融机构和部分县级农业主管部门的深度访谈,均是在课题组承诺不对外公开内容的情况下进行的,因此,在实际分析问题的过程中,不公开实地调研的银行机构和相关省市区县的具体名单。从总体上看,受访的 8 家金融机构有 7 家认为自身的金融服务创新不足,开展专门针对新型农业经营主体发展的业务不够,服务新型农业经营主体的主要还是既有的金融服务,服务新型农业经营主体的发展也不是它们的工作重点;受访

---

① 选择访谈的金融机构总共有8家,其中7家是西部地区的Q市农村商业银行和保险公司(3家,市区一家实力雄厚的农村商业银行的分行,城区周边一家保险公司的分理处和偏远山区一家农村商业银行的分行)、S省证券公司和农村信用合作社(2家,一家地级市证券公司的分公司,一家偏远地区农村信用合作社的分理处)、G省保险公司和农村信用合作社(2家,一家省会周边的保险公司分理处,一家地级市周边农村信用合作社的分理处)等。

② 对县级单位农业管理部门的调研,分别是Q市主城周边的5个县级单位,S省省会城市周边的3个县级单位以及G省黄河边上的2个县级单位。

③ 2014 年 10—12 月对新型农业经营主体发放的问卷主要集中在 Q 市主城周边的 5 个县级单位(发放问卷46份,其中,种养殖专业大户20份,家庭农场6份,农民专业合作社10份,农业龙头企业10份)、S省省会城市周边的3个县级单位(发放问卷47份,其中,种养殖专业大户30份,家庭农场6份,农民专业合作社5份,农业龙头企业6份)以及G省黄河边上的2个县级单位(发放问卷28份,其中,种养殖专业大户11份,家庭农场7份,农民专业合作社5份,农业龙头企业5份)。

的县农委表示，新型农业经营主体虽然发展迅速，但其金融服务方面的需求并没有得到有效解决，金融机构的既有金融服务直接制约了新型农业经营主体的发展；新型农业经营主体所填写的问卷也反映出，新型农业经营主体虽然能够在金融机构获得部分支持（120份问卷中仅有9份明确表示可以获得金融机构金融服务的支持），但这离实际需求仍然有较大的差距，且当前的金融服务严重脱离实际，金融服务对新型农业经营主体具有明显的制约作用。

基于上述分析，本书研究认为，当前的金融服务并不能够满足新型农业经营主体的实际金融服务需求，金融机构所提供的金融服务与新型农业经营主体的需求之间存在较大的差距，金融服务对新型农业经营主体的发展具有显著的制约作用。基于这一初步的研究结论，课题组于2015年1—8月对除西藏和新疆外的西部10个省级单位进行了全面的问卷调查。考虑到在区（县）层面，农委及相关机构最了解新型农业经营主体的融资困境，课题组在征求理论界和实务界专家意见的基础上制定调查问卷，并选择与各样本区（县）的农委及相关机构合作，问卷直接由样本区（县）种养殖专业大户、家庭农场、农民专业合作社和农业龙头企业负责人填写。课题组按照2012年、2013年和2014年西部地区各省级单位下属区（县）第一产业产值均值排名情况，选择第一产业产值均值排名居中的区（县）作为问卷发放区域。课题组在每一个省级单位发放问卷300份，总共发放问卷3000份，实际回收问卷2790份，剔除缺乏关键信息的问卷87份，实际回收有效问卷2703份，有效问卷占比为90.1%。还需要说明的是，在2703份有效问卷中，种养殖专业大户、家庭农场、农民专业合作社和农业龙头企业分别是653份、700份、725份和625份。本章分析和后面相关的实证研究，均以本次调查问卷数据为基础。

一 金融服务制约新型农业经营主体融资的现实表现

所谓的金融机构（Financial Institution），指的是从事金融服务业有关的金融中介机构，金融机构是金融体系的一部分。对于金融机构的分类，不同的学者从不同的角度提出了不同的观点。依据中国人民银行2010年发出的《金融机构编码规范》（以下简称"规范"），从宏观层面可以把我国金融机构划分为：货币当局（包括中国人民银行、国家外汇管理局）；监管当局（包括中国银行业监督管理委员会、中国证券监督管理委员会、中国保险监督管理委员会）；银行业存款类金融机构（包括银行、城市信用合作社、农村信用合作社、农村资金互助社、财务公司）；银行业非存款类金融机构（包括信托公司、金融资产管理公司、金融租赁公司、汽车金融公司、贷款公司、货币经纪公司）；证券业金融机构（包括证券公司、证券投资基金管理公司、期货公司、投资咨询公司）；保险业金融机构（包括财产保险公司、人身保险公司、再保险公司、保险资产管理公司、保险经纪公司、保险代理公司、保险公估公司、企业年金）；交易及结算类金融机构（包括交易所、登记结算类机构）；金融控股公司（包括中央金融控股公司、其他金融控股公司）；新兴金融企业（包括小额贷款公司、第三方理财公司、综合理财服务公司）。① 在这些金融机构中，与新型农业经营主体接触较多的主要是银行业存款类金融机构、银行业非存款类金融机构、证券业金融机构、保险业金融机构、新兴金融企业等。从实际来看，这些金融机构主要提供融资、投资以及其他相关的具体业务来影响新型农业经营主体的发展。基于此，本书研究拟从融资、投资以及其他相关的具体业务等维度来剖析金融服务对新型农业经营主体发展中的现实表现。

（一）抵押品制约着新型农业经营主体的融资诉求

抵押品是新型农业经营主体在融资过程中无法回避的问题，因此，为了研究抵押品对于新型农业经营主体的重要性，在调查问卷中，课题组总共设计了三个相关问题。第一个问题是："请问你在享受金融服务时，能否按照金融机构的规定提供符合要求的抵押品？A. 能；B. 不能"。第二个问题是："请问在享受金融服务时，你能提供什么样的抵押品（含能够提供的部分抵押品）？A. 土地；B. 房屋；C. 厂房；D. 机器设备；E. 其他"。第三个问题是："请问在你的抵押品出现问题时（不足值或难以变现），你还能否享受金融机构提供的金融服务？A. 能；B. 不能"。对于第一个问题，在 2703 份有效文件中，选择"能"的新型农业经营主体只有 15 份，其他的一律选择"不能"，这充

---

① 参见李心丹《金融市场与金融机构》，中国人民大学出版社 2013 年版。

分说明了新型农业经营主体自身的弱质性，与城镇第二、三产业经营主体相比，绝大多数新型农业经营主体并不能够按照金融机构的要求提供抵押品。当然，这也间接说明了当前金融机构服务的门槛对于新型农业经营主体来说还很高，要享受金融机构的金融服务还比较困难。同时，种养殖专业大户、家庭农场、农民专业合作社和农业龙头企业在该问题的回答方面存在非常明显的差别，选择"能"的全部都是农业龙头企业，说明农业龙头企业与其他类型新型农业经营主体相比拥有明显的优势，而样本区内的种养殖专业大户、家庭农场以及农民专业合作社的发展态势并不是十分理想。对第二个问题，在653份有效种养殖专业大户的问卷中，488份选择的是"房屋"，其他的则同时选择"土地"和"房屋"，这说明对于种养殖专业大户而言，房屋应该是其最主要的抵押品，除房屋外，可以用于抵押的物品并不多；在700份家庭农场问卷中，509份选择"房屋"，同时选择"土地"和"房屋"的有87份，其他的同时选择了"土地""房屋""机器设备"，这说明与种养殖专业大户相比，家庭农场的状况更好，除了拥有可以用于抵押的"房屋"外，还有部分群体可以用"土地""机器设备"进行抵押；在725份农民专业合作社问卷中，655份表示可以用"土地"做抵押，其他的分别选择用"厂房""机器设备"抵押，而明确表示可以用"房屋抵押"的只有10多户，这说明农民专业合作社还比较松散，集体的土地可以用于抵押，但"房屋"等私人产品很少有愿意拿出来抵押的；在625份农业龙头企业中，558份明确表示可以用"土地""房屋""厂房""机器设备"来抵押，只有极少数表示能用"房屋"做抵押，这说明从整体上看，农业龙头企业是新型农业经营主体中实力最强的群体，相对来说都拥有一定的经济实力。当然，有抵押品做抵押并不一定就能够享受金融机构所提供的金融服务。对于第三个问题，在2703份有效问卷中，只有19份明确表示没有抵押品或者是只需要提供部分抵押品就可以获得金融机构的金融服务，其他的都明确表示没有抵押品或者是抵押品不够因而无法获得金融机构的金融服务。在事后对问卷的回访中发现，这19份表示没有抵押品或者是只需要提供部分抵押品就可以获得金融机构的金融服务的企业，均是相关省级单位的大型农业企业，自身信誉状况良好，还有6家本身就是农业上市公司。

（二）融资规模大与信贷额度小之间的矛盾突出

前期的调研发现，金融机构对新型农业经营主体的信贷管制非常严格，不仅贷款的手续繁杂，而且贷款的规模都很小，难以满足新型农业经营主体发展的实际需要。为此，在正式的大规模问卷调查中，课题组设计了三个主要问题来分析新型农业经营主体的融资规模与金融机构信贷额度之间的矛盾问题。第一个问题是："请问你平均每次贷款的需求额度是多少？"第二个问题是："请问你每次可以从银行贷款的额度是多少？"第三个问题是："请问你对自身信贷需求与金融机构所能够提供的最大贷款额之间的看法？A. 很不满意；B. 不满意；C. 一般；D. 满意；E. 很满意"。对于第一个问题，种养殖专业大户、家庭农场、农民专业合作社和农业龙头企业的回答存在较大的差异，其中，653份种养殖专业大户答案的平均数是6875元（最小值是1500元，最大值是100000元），700份家庭农场答案的平均数是9987元（最小值是3000元，最大值是90000元），725份农民专业合作社答案的平均数是12225元（最小值是5000元，最大值是300000元），625份农业龙头企业答案的平均数是135995元（最小值是75000元，最大值是10000000元）；这说明不同种类新型农业经营主体对信贷资金的需求是存在差异的，特别是农业龙头企业对信贷资金的需求量最大。同时也不难看出，即便是同类型的新型农业经营主体，它们对信贷资金的需求量也是存在很大差异的。第二个问题与第一个问题相类似，种养殖专业大户、家庭农场、农民专业合作社和农业龙头企业的回答也存在较大的差异，其中，653份种养殖专业大户答案的平均数是2575元（最小值是0元，最大值是97000元），700份家庭农场答案的平均数是4550元（最小值是0元，最大值是75000元），725份农民专业合作社答案的平均数是8750元（最小值是0元，最大值是100000元），625份农业龙头企业答案的平均数是95000元（最小值是0元，最大值是5000000元）。这说明无论是对于种养殖专业大户、家庭农场，还是对于农民专业合作社、农业龙头企业来说，凡是自身条件比较差的都无法获得金融机构的信贷资金支持，且普遍来说，新型农业经营主体能够获得的资金量都较小，新型农业经营主体的融资需求很难获得满足。对于第三个问题，从总体上看，新型农业经营主体对自身信贷需求与金融机构所能够提供的最大贷款额不满意。具体来说，58%的种养殖专业大户、45.5%的家庭农场、53%的农民专业合作社和51%的农业龙头企业对金融机构所提供的信贷资金服务很不满意，35%的种养殖专业大户、42.5%的家庭农场、35%的农民专业合作社和37%的农业龙头企业对金融机构所提供的信贷资金服务不满意，只有极少数持满意态度。这说明对于新型农业经营主体而言，当前的金融机构信贷服务是存在问题的，它并不能够有效满足新型农业经营主体发展的实际需要。

(三) 需求种类多与可供选择服务少之间的矛盾突出

金融机构所能够提供的金融服务与新型农业经营主体实际需要之间到底存在多大的差距，或者是两者之间的矛盾到底有多尖锐，针对此问题，课题组设计了三个问题来进行剖析。第一个问题是："请问金融机构给你提供了几种金融服务？A. 1 种及以下；B. 2—3 种；C. 4 种；D. 5 种及以上"。第二个问题是："请问你觉得金融机构提供的服务种类是否涵盖了你的实际金融服务需求？A. 是；B. 否"。第三个问题是："请问你如何评价你所需要的金融服务与金融机构所能够提供的金融服务？A. 很不满意；B. 不满意；C. 一般；D. 满意；E. 很满意"。对第一个问题，85%的种养殖专业大户、80%的家庭农场、83%的农民专业合作社都选择了"2—3 种"，除 1.25%的种养殖专业大户、0.87%的家庭农场、2.23%的农民专业合作社选择"4 种"外，其他选的都是"1 种及以下"，这说明金融机构为种养殖专业大户、家庭农场和农民专业合作社所提供的金融服务品种很少，难以满足实际需要。与前三者不同的是，农业龙头企业选择"4 种"和"5 种及以上"的比例分别为 40%、42%，这说明金融机构"爱富嫌贫"的特征极为明显，更倾向于为农业龙头企业服务。对于第二个问题，90%的种养殖专业大户、91%的家庭农场、85%的农民专业合作社和91%的农业龙头企业认为，金融机构所提供的服务种类不能涵盖它们的实际金融服务需求，只有极少数的新型农业经营主体认为，金融机构所提供的金融服务满足了它们的实际需要。对于第三个问题，种养殖专业大户对金融机构所提供的金融服务"很不满意""不满意""一般""满意""很满意"的比例分别为 35%、30%、25%、7%和 3%，这说明从整体上看，绝大多数种养殖专业大户对金融机构所提供的服务不满意；家庭农场、农民专业合作社和农业龙头企业也与种养殖专业大户相类似，对于金融机构所提供的金融服务不满意，认为金融机构所能够提供的金融服务数量少、质量差、成本高、服务态度不好，在很多时候金融机构似乎更欢迎新型农业经营主体选择存款，而不是选择享受其所能够提供的相关金融服务。还需要说明的是，让各级各类新型农业经营主体非常反感的是部分金融机构在提供金融服务的同时，常常将不相关的金融业务与信贷服务挂钩，强迫新型农业经营主体在贷款的同时办理相关的业务，这是每一家新型农业经营主体都极为不满的，认为不应该将不同业务捆绑起来进行处理。

（四）融资周期多元与信贷限制严格之间的矛盾突出

在前期实际调研中，课题组发现，新型农业经营主体自身的融资周期具有多元化的特点，有些需要短期信贷资金，有些需要中长期信贷资金。而遗憾的是，金融机构在此方面做得并不好，贷款审批程序极为复杂，放款周期尤为漫长，信贷资金的使用条条框框限制很多。那么，两者之间的矛盾到底有多突出，课题组设计了3个问题来进行问卷调查。第一个问题是："请问你觉得贷款周期是多长时间？A. 3个月及以下；B. 3—6个月；C. 6—9个月；D. 9—12个月；E. 1年及以上"。第二个问题是："请问你能从金融机构获得多长时间的贷款？A. 3个月及以下；B. 3—6个月；C. 6—9个月；D. 9—12个月；E. 1年及以上"。第三个问题是："请问你如何评价你所需要的融资周期与金融机构所能够提供的信贷贷款期限？A. 很不满意；B. 不满意；C. 一般；D. 满意；E. 很满意"。对于第一个问题，种养殖专业大户选择"3个月及以下""3—6个月""6—9个月""9—12个月""1年及以上"的比例分别是7%、5%、18%、45%、25%，这说明种养殖专业大户相对来说比较倾向于9—12个月的贷款，这是符合正常的农业生产周期的，倾向于6个月以下的贷款并不多；家庭农场选择"3个月及以下""3—6个月""6—9个月""9—12个月""1年及以上"的比例分别是7%、5%、18%、35%、35%，这说明与种养殖专业大户相比，家庭农场更倾向于获得时间稍微长些的贷款，9个月以上贷款需求的比例高达70%；农民专业合作社选择"3个月及以下""3—6个月""6—9个月""9—12个月""1年及以上"的比例分别是7%、5%、18%、60%、20%，这说明农民专业合作社与种养殖专业大户相类似，更倾向于获得半年左右的贷款，而对于期限极短的贷款需求量并不多；与前三者不同的是，农业龙头企业更倾向于获得1年及以上的贷款，这一比例高达67%。之所以会出现这种情况，课题组经过调查发现：因为农业龙头企业所需要的贷款额度较大，金融机构在大额放贷方面比较谨慎，走程序花费的时间比较长，少则三五个月，多则一年以上才可以放款，所以，新型农业经营主体整体上对贷款时间期限的需求相对要求更长。对于第二个问题，85%以上的新型农业经营主体选择的是"3个月及以下"和"3—6个月"。这说明对于金融机构而言，它们更倾向于发放短期贷款，因为短期贷款不仅便于金融机构控制风险，还有利于资金的周转。对于第三个问题，各级各类新型农业经营主体对自身需要的融资周期与金融机构所能够提供的信贷贷款期限持负面态度的比较多。在2703份有效问卷中，持"满意"和"很满意"态度的种养殖专业大户、家庭农场、农民专业合作社、农业龙头企业问卷分别是22份、68份、75份和49份，这说明金融机构的金融服务还有很大的创新空间，要满足新型农业经营主体的需要，有必要全方位多角度地创新金融机构的金融服务。

（五）贷款意愿与还款能力之间的矛盾突出

围绕着金融服务制约新型农业经营主体融资问题，课题组还设计了专门的问题来考察新型农业经营主体的贷款意愿与还款能力之间的矛盾问题。其中，第一个问题是："请问你是否愿意按时足额归还贷款？A. 是；B. 否"。第二个问题是："请问你能否及时足额归还贷款？A. 能；B. 不能"。第三个问题是："如果你不能够按时足额归还贷款，请问你不能够按时足额归还贷款的原因是什么？A. 生产经营活动没赚到钱；B. 生产经营活动的实际成效还没有完全显现出来；C. 需要将赚到的钱用于再投资；D. 资金被上下游企业占有"[①]。对于第一个问题，653

[①] 需要说明的是，课题组在处理完调查问卷后，在与西部地区Q市农业主管部门交流的过程中，他们对第三个问题的问卷调查结果提出质疑，觉得课题组的问卷调查结果与Q市农业主管部门在Q市开展的相关问卷调查结果存在较大的出入。针对这种情况，课题组多次开会讨论，到底如何在研究报告中展示调查问卷结果，换句话说，是课题组的调查问卷结果存在问题，还是Q市农业主管部门的调查结果有问题？为什么调查问卷的结果存在较大的出入？最终，抱着实事求是的态度，课题组决定在研究报告中如实展示其自行调查的问卷结果。课题组的问卷调查结果之所以与Q市农业部门自行组织的相关调查问卷结果存在出入，可能是因为Q市在西部地区本身经济发展态势良好，经济发展速度快，而课题组调查的范围更为广泛，受其他省级单位相关经济发展状况的影响，课题组调查的问卷结果与Q市农业主管部门的相关问卷调查结果最终存在较大出入。

份新型农业经营主体问卷、700份家庭农场问卷、725份农民专业合作社问卷和625份农业龙头企业问卷100%选择的是愿意按时足额归还贷款，这充分说明不同种类的新型农业经营主体具有很强的道德意识，能够充分意识到按时足额还款的重要性，自身是愿意按时足额归还贷款的。对于第二个问题，72%的种养殖专业大户、65%的家庭农场、55%的农民专业合作社和66%的农业龙头企业表示能够按时足额归还贷款。这一统计数据似乎说明，不同种类新型农业经营主体的违约率并不是特别高，但与城镇第二、三产业经营主体相比，新型农业经营主体由于自身在抵押品方面大都存在问题，因此，一旦违约的话，这不仅是给金融机构带来风险，在绝大多数时候还会直接给金融机构带来损失，金融机构自然也就不愿意为新型农业经营主体提供金融服务。对于第三个问题，种养殖专业大户选择"生产经营活动没赚到钱""生产经营活动的实际成效还没有完全显现出来""需要将赚到的钱用于再投资""资金被上下游企业占有"的比例分别为35%、45%、6%、14%，这说明农业生产经营活动具有较长的周期性，短期内比较难回本，"有钱不还"的种养殖专业大户比较少，绝大多数均是因为外在原因造成的不能够按时足额还款。家庭农场选择"生产经营活动没赚到钱""生产经营活动的实际成效还没有完全显现出来""需要将赚到的钱用于再投资""资金被上下游企业占有"的比例分别为45%、38%、5%、12%，这说明我国西部家庭农场的发展态势并不好，相当部分家庭农场不能够及时营利，家庭农场的发展具有很强的弱质性，家庭农场自身不还款的意愿很小，绝大多数时候是因为客观原因而导致其不能够按时足额还款。农民专业合作社选择"生产经营活动没赚到钱""生产经营活动的实际成效还没有完全显现出来""需要将赚到的钱用于再投资""资金被上下游企业占有"的比例分别为30%、39%、9%、22%，这说明对于农民专业合作社而言，如果通过信贷资金来扩大生产规模的话，不一定能够获得丰厚的回报。同时，与种养殖专业大户和家庭农场相比，部分农民专业合作社在实际生产经营活动中可能会遭遇资金被其他企业占用的情况，这也间接说明了在农产品产—供—销一体化过程中，家庭农场仍然是处于弱势地位的。农业龙头企业选择"生产经营活动没赚到钱""生产经营活动的实际成效还没有完全显现出来""需要将赚到的钱用于再投资""资金被上下游企业占有"的比例分别为20%、30%、13%、37%,这说明与种养殖专业大户、家庭农场和农民专业合作社相比,农业龙头企业生产经营状况相对较好,但面临资金被占用的情况比较常见;且与前三者相比,农业龙头企业有比较明显的扩大生产规模的冲动,甚至在某些情况下会将多余的资金用于再投资。

二 金融服务制约新型农业经营主体投资的现实表现

对于新型农业经营主体而言,融资是其主要的金融服务需求;而在实际生活中,虽然新型农业经营主体的经济实力还有待进一步加强,但其自身或多或少还有闲置资金,有投资的需要。从农村来看,除了新型农业经营主体外,即便是普通农户,随着经济社会的发展,它们同样具有投资理财的金融服务需求。新型农业经营主体有投资需求,金融机构到底能否满足它们的投资需求呢?进一步来说,金融机构能在多大程度上满足新型农业经营主体的投资需求呢?对此,有必要通过调查问卷进行深入分析。基于研究的实际需要,本书将从五个层面进行分析。

(一)投资理念缺失与投资误导性之间的矛盾突出

虽然新型农业经营主体有投资的需求,但其自身是否具有正确的投资理念呢?它们自身的投资又是由哪些因素诱导的?对此,课题组在调查问卷中设计了5个相关的问题来进行研究。第一个问题是:"请问你会把你手上所有的闲钱拿去投资吗? A.会; B.不会"。第二个问题是:"请问你从哪些渠道获得投资的相关信息? A.朋友介绍; B.金融机构推荐; C.网络推介; D.广播电视; E.其他"。第三个问题是:"请问你有过去银行存款结果却买了保险产品的经历吗? A.有; B.没有"。第四个问题是:"请问你有过去银行存款结果却买了理财产品的经历吗? A.有; B.没有"。第五个问题是:"请问你享受金融服务时,碰到过要求强制买相关金融产品(如理财产品)的情况没? A.有; B.没有"。对于第一个问题,100%的种养殖专业大户、家庭农场、农民专业合作社和农业龙头企业均表示会将手上的闲钱用于投资,这说明随着经济社会的发展,投资理财的理念深入人心,实现手中财富的增值保值已经成为不同类型新型农业经营主体的重要目标。对于第二个问题,90%的种养殖专业大户、65%的家庭农场和70%的农民专业合作社获取投资的渠道主要依靠的是朋友介绍，而50%的农业龙头企业获取投资渠道依靠的是金融机构推荐，38%的农业龙头企业通过网络推介的方式来获得与投资相关的信息。这说明在农村地区，基于地缘和血缘等的裙带关系对新型农业经营主体的投资具有重要的影响，而对于各方面素质相对较高的农业龙头企业来说，它们则更倾向于通过专业机构推荐和自己综合分析的方式来获取投资信息。对于第三个问题，种养殖专业大户、家庭农场、农民专业合作社和农业龙头企业去银行存款而结果却买了保险的比例分别为41%、39%、37%、19%，这充分说明不同类型新型农业经营主体均存在对投资了解不够深入的情况，它们在投资过程中容易受到外在因素的误导性影响，因为从本质上来看，虽然存款可以获得收益，购买各种保险产品可能也会获得一定的收益，但存款可以看作无风险的，而购买保险产品则存在很大的风险。对于第四个问题，不同类型新型农业经营主体的反馈基本上与第三个问题相类似，相当部分新型农业经营主体都有去银行存款，结果却买成理财产品的经历，这不仅说明新型农业经营主体自身的素质还有待进一步提升，也说明了金融机构在提供金融服务过程中存在违纪违规的行为。因为从实际来看，相当部分新型农业经营主体对理财产品并不了解，只明白其中的收益，并不了解其中所隐藏的风险，金融机构在出售理财产品时往往并不会具体说明投资的风险收益，以致新型农业经营主体稀里糊涂购买了理财产品。对于第五个问题，种养殖专业大户、家庭农场、农民专业合作社和农业龙头企业被强制购买金融相关产品（如理财产品）的比例分别为13%、12%、19%、72%，这一比例与前文的分析是相吻合的，接受金融机构金融服务越多，越有可能被强制性地购买金融相关产品（如理财产品）；而对于长期游离于金融机构服务范围之外的新型农业经营主体，则被强制购买金融相关产品（如理财产品）的概率较小。从国家法律法规的角度来看，金融机构的这种行为显然是违纪违规的，但在实际操作的过程中，金融机构捆绑销售的方式还比较常见，短期内还难以得到彻底有效的根治。

(二) 投资需求强劲与投资渠道狭窄之间的矛盾突出

从实际对新型农业经营主体金融服务需求情况的调研来看，新型农业经营主体具有比较强烈的投资需求，同时，对金融机构所提供的相关金融服务并不满意。新型农业经营主体的投资需求与金融机构所提供的投资渠道之间的矛盾到底如何？对此，课题组在问卷中专门设计了3个问题来进行调查。第一个问题是："请问你有多余的资金用来投资吗？A. 有；B. 没有"。第二个问题是："请问你会通过其他渠道借钱来投资吗？A. 会；B. 不会"。第三个问题是："请问你有哪些可以投资的渠道？A. 商品房；B. 商铺；C. 股票基金；D. 原油期货及其他贵金属；E. 其他"。对于第一个问题，100%的种养殖专业大户、家庭农场、农民专业合作社和农业龙头企业都明确表示会将多余的资金用于投资，也就是说，在市场经济条件下，投资理财的理念已经在广大农村地区开始普及，不同种类的新型农业经营主体都对投资理财具有浓厚的兴趣，这也进一步说明了金融机构应该竭力拓展农村金融市场，不断创新金融服务来促进新型农业经营主体的发展。对于第二个问题，7%的种养殖专业大户、6.72%的家庭农场明确表示如有机会的话，会选择借钱的方式来进行投资，27.57%的农民专业合作社、39.45%的农业龙头企业均表示会选择通过其他渠道来借钱投资。这说明对于种养殖专业大户和家庭农场来说，因为债务承担的主体非常明确，它们绝大多数更倾向于过自给自足的生活，不愿意通过借款的方式来进行投资，不愿意承担额外的风险；而农民专业合作社涉及众多的农户，即便是发生风险，个体农户所承担的损失也不大，因此，在有条件的情况下，他们愿意通过借款的方式来进行投资；与前三者不同的是，农业龙头企业的自身实力一般都较大，也有比较多的投资渠道，因此，在条件具备的情况下，它们愿意借钱来进行投资。对于第三个问题，种养殖专业大户选择商品房投资的比例是91.25%，5.75%的种养殖专业大户表示会选择投资商铺，3%的表示会选择投资股票基金。这说明对于种养殖专业大户来说，房子成为它们的硬通货，更倾向于购买商品房，少量实力雄厚的会选择商铺，个别具有一定文化知识的，会选择投资股票基金等。家庭农场选择商品房和商铺投资的比例分别为88%和12%，这说明家庭农场与种养殖专业大户相类似，倾向于通过商品房和商铺来投资。农民专业合作社选择商铺投资的比例为95%，剩余5%的表示会选择投资商品房，说明与分散的农业经营主体相比，农民专业合作社确实可以抱团取暖，可以通过合伙的方式来进行投资。农业龙头企业选择"商品房""商铺""股票基金""原油期货及其他贵金属""其他"的比例分别是30%、28%、20%、18%、4%，这说明农业龙头企业投资渠道相对多元化，基于自身的知识水平和财力水平，它们倾向于多元化投资。需要特别说明的是，这里的"其他"对农业龙头企业来说，主要指的是投资于其他的具体产业。通过这些分析不难看出，新型农业经营主体投资的意愿是非常强烈的，但其自身的投资渠道却极为狭窄，尤其是前三类新型农业经营主体基本上选择投资房产，进一步讲，这说明金融机构在农村大有可为，可以竭力开拓农村金融市场。

（三）投资法律意识淡薄与盲目追求投资高收益之间的矛盾突出

为了全面了解新型农业经营主体的投资意识及其投资动机，课题组在调查问卷中专门设计了3个问题来进行判断分析。第一个问题是："请问你投资优先考虑的是什么？A．保本；B．更多的利润；C．保本的同时适当赚点儿小钱；D．其他"。第二个问题是："请问你熟悉投资相关的法律法规吗？A．熟悉；B．不熟悉"。第三个问题是："请问你曾经用法律法规保护自己的合法权益没有？A．有；B．没有"。对于第一个问题，种养殖专业大户选择"保本""更多的利润""保本的同时适当赚点儿小钱""其他"的比例分别为5.5%、74.5%、15%、5%，这说明种养殖户都是风险偏好者，都倾向于通过投资来获取更多的收益；实际上，这是与现实相违背的，现实中理想的投资应该是在保本的前提下追求更多的收益，如果本金都不能够保住的话，那么投资是没有任何意义的。家庭农场选择"保本""更多的利润""保本的同时适当赚点儿小钱""其他"的比例分别为3%、85%、10%、2%，这说明与种养殖专业大户相比，家庭农场的投资更倾向于追求更高的收益，甚至为了追求更高的收益，忽视金融服务，也忽视了最重要的投资准则，那就是首先需要保住的是本金。实际上，投资的收益与风险是成正比例关系的，高收益，高风险，低收益，低风险，过多地追求利润，往往会面临随时遭遇风险的可能。农民专业合作社选择"保本""更多的利润""保本的同时适当赚点儿小钱""其他"的比例分别为5%、90%、3%、2%，这说明与种养殖专业大户和家庭农场相类似的是，农民专业合作社对投资收益的偏好极其强烈，基本上投资只关注收益，不能够有效关注投资的现实风险，这说明家庭农场的投资意识是存在很大问题的。农业龙头企业选择"保本""更多的利润""保本的同时适当赚点儿小钱""其他"的比例分别为15%、60%、20%、5%,这说明与种养殖专业大户、家庭农场和农民专业合作社相比,农业龙头企业相对来说更为理性,虽然农业龙头企业也非常重视对利润的追求,但在追求利润的同时,开始考虑风险问题。对于第二个问题,90%的种养殖专业大户、92%的家庭农场、95%的农民专业合作社和56%的农业龙头企业表示不熟悉投资领域相关的法律,对于投资绝大多数是处于一种盲目跟风的状态,更多的是觉得投资有钱可赚便去投资,不清楚投资的内在风险,不清楚投资可能带来的后果,盲目冲动。对于第三个问题,7%的种养殖专业大户、6%的家庭农场、4%的农民专业合作社和79%的农业龙头企业表示会选择通过法律法规来切实维护自己的切身利益,这说明绝大多数的新型农业经营主体法制意识淡薄,当出现损失时,不知道如何采取法律的武器来保障自身的合法权益。与前三类新型农业经营主体相比,农业龙头企业相对来说法制意识比较强,这可能是由于其大多与法务工作者打过交道,知晓一些维护自身合法权益方面的常识,故面对风险时,可能大多会选择通过法律的方式来维权。

(四)投资自保方式缺失与投资损失巨大之间的矛盾突出

为了进一步了解新型农业经营主体对待投资的态度问题,课题组在问卷中专门设计了3个相关的问题。第一个问题是:"请问你有过投资失败的经历吗?A. 有;B. 没有"。第二个问题是:"请问你最大的投资损失额是多少?"。第三个问题是:"请问你觉得你投资失败的主要原因是什么?A. 运气不好;B. 政府政策突然变化;C. 对方突然变卦;D. 自己专业知识欠缺;E. 其他"。对于第一个问题,种养殖专业大户、家庭农场、农民专业合作社和农业龙头企业100%都表示有过投资失败的经历,这说明即便是在当前"大众创业、万众创新"的时代背景下,投资失败也是非常正常的事;也进一步说明投资有风险,投资需谨慎。对于第二个问题,有效问卷的统计数据显示:种养殖专业大户平均投资损失15000元(最大值500000元,最小值1500元),家庭农场平均投资损失20000元(最大值150000元,最小值3000元),农民专业合作社平均投资损失33000元(最大值75000元,最小值8500元),农业龙头企业平均投资损失150000元(最大值3500000元,最小值12000

元)。这些数据统计资料说明：投资虽然可能会为新型农业经营主体带来收益，但投资实际带来的损失也是需要引起高度重视的。结合前文对新型农业经营主体投资行为的分析不难看出：因为新型农业经营主体自身投资的盲目性，其自身遭受经济损失的可能性很大。对于第三个问题，种养殖专业大户选择"运气不好""政府政策突然变化""对方突然变卦""自己专业知识欠缺""其他"的比例分别为85%、3%、5%、5%、2%，也就是说，面对投资失败，85%的种养殖专业大户认为是自身的运气不好，而不是觉得因为自身的专业素质存在问题，这说明即便投资失败了，即便投资给种养殖专业大户带来了损失，种养殖专业大户仍然不能正确看待投资问题，始终将投资失败归为运气。家庭农场选择"运气不好""政府政策突然变化""对方突然变卦""自己专业知识欠缺""其他"的比例分别为90%、2%、3%、3%、2%，也就是说，面对投资失败，家庭农场更多的是将原因归结为运气不好，很少从自身层面寻找投资失败的原因。农民专业合作社选择"运气不好""政府政策突然变化""对方突然变卦""自己专业知识欠缺""其他"的比例分别为80%、2%、9%、4%、5%，很显然，与种养殖专业大户和家庭农场相类似，农民专业合作社也喜欢从运气层面来看待自身投资失败的原因。农业龙头企业选择"运气不好""政府政策突然变化""对方突然变卦""自己专业知识欠缺""其他"的比例分别为55%、15%、15%、12%、3%，这说明与种养殖专业大户、家庭农场和农民专业合作社相比，农业龙头企业部分能够从自身专业知识层面分析投资失败的原因，这是值得肯定的。但是，能从自身寻找失败原因的比例并不高，这说明农业龙头企业的素质还有待进一步提高。

(五) 新型投资方式与落后的投资知识之间的矛盾突出

除上述问题外，为了进一步了解新型农业经营主体实际掌握投资知识的问题，课题组也专门设计了两个问题。第一个问题是："请问你投资时如何避免风险损失？A. 同时多投资几种不同的项目；B. 花时间了解投资项目的实际情况；C. 听熟人朋友的介绍来规避风险；D. 听金融机构的介绍来规避风险；E. 其他"。第二个问题是："除房产外，请问你是否知道还有新的投资方式？A. 知道；B. 不知道"。对于第一个问题，种养殖专业大户选择"同时多投资几种不同的项目""花时间了解投资项目的实际情况""听熟人朋友的介绍来规避风险""听金融机构的介绍来规避风险""其他"的比例分别是2%、3%、85%、8%、2%，这说明在如何规避风险方面，种养殖专业大户盲目性比较强，过多地依赖基于血缘和地缘关系基础上的熟人帮忙，自身对于投资风险的基础知识尤为匮乏，没有掌握如何通过构建投资组合和寻求专业机构指导的方式来降低风险。家庭农场选择"同时多投资几种不同的项目""花时间了解投资项目的实际情况""听熟人朋友的介绍来规避风险""听金融机构的介绍来规避风险""其他"的比例分别是5%、5%、80%、9%、1%，这说明与种养殖专业大户相类似，家庭农场抵御风险的能力非常弱，过多地依赖熟人之间的关系来规避风险，金融机构对家庭农场的影响较弱，选择咨询金融机构的家庭农场不到10%。农民专业合作社选择"同时多投资几种不同的项目""花时间了解投资项目的实际情况""听熟人朋友的介绍来规避风险""听金融机构的介绍来规避风险""其他"的比例分别是10%、15%、75%、9%、1%，这说明与种养殖专业大户和家庭农场相比，农民专业合作社虽然也非常重视对熟人关系的依赖，但考虑到农民专业合作社所包含的群体比较多，他们开始越来越重视通过其他方式来规避风险。比如，重视构建投资组合来规避风险，重视对项目本身的分析来降低风险，从金融机构寻求相应的帮助来降低投资风险。农业龙头企业选择"同时多投资几种不同的项目""花时间了解投资项目的实际情况""听熟人朋友的介绍来规避风险""听金融机构的介绍来规避风险""其他"的比例分别是15%、15%、55%、13%、2%，这说明与前三者不同的是，农业龙头企业越来越重视规避投资风险，更倾向于从更多的渠道、从更广泛的视角来寻找规避风险的方法。对于第二个问题，85%以上的种养殖专业大户、家庭农场和农民专业合作社明确表示除房产外并无其他的投资方式，而30%的农业龙头企业认为，除了投资房产外并没有其他的投资方式。这说明对于新型农业经营主体来说，他们的投资理念存在问题，投资方式比较落后，难以跟上时代发展的需要；进一步讲，这也说明了农村地区的金融市场广阔，金融机构在农村地区大有可为。

三 金融服务制约新型农业经营主体发展的其他方面表现

前文的分析表明,金融机构针对新型农业经营主体所提供的金融服务,除了金融机构的融资服务和投资服务外,还有保险机构的保险服务和证券机构的证券服务。需要特别说明的是,虽然现在农村地区有关保险和证券的服务越来越多,但基于研究的实际需要,此处的保险服务指的是保险公司所提供的涉农保险服务,证券服务指的是证券公司支持农业龙头企业上市的相关服务。

(一)保险服务的不健全制约新型农业经营主体的发展

为了全面了解农业保险的具体开展情况及其对新型农业经营主体发展的影响,课题组在调查问卷中设计了3个相关的问题。第一个问题是:"请问你觉得农业保险的开展对你所从事的生产经营活动有影响吗?A. 影响非常大;B. 有影响但影响不大;C. 一般;D. 没什么影响;E. 完全没影响"。第二个问题是:"请问你所在的村庄开展过以下哪些保险?A. 农作物保险(如生长期农作物保险、收获期农作物保险);B. 林木保险(如林木保险、果树保险);C. 畜禽养殖保险(如牲畜保险、家禽保险);D. 水产养殖保险(如淡水养殖保险、海水养殖保险);E. 没开展保险"。第三个问题是:"请问你觉得保险公司应该在农村开展哪些保险?A. 农作物保险(如生长期农作物保险、收获期农作物保险);B. 林木保险(如林木保险、果树保险);C. 畜禽养殖保险(如牲畜保险、家禽保险);D. 水产养殖保险(如淡水养殖保险、海水养殖保险);E. 其他"。对于第一个问题,无论是种养殖专业大户、家庭农场,还是农民专业合作社、农业龙头企业,均100%表示农业保险的开展对其所从事的生产经营活动具有影响,2000份有效问卷表示"影响非常大",703份问卷表示"有影响但影响不大",这充分说明农业保险对于新型农业经营主体生产经营活动具有重要影响。课题组就此问题的答案,随机对留有联系方式的新型农业经营主体进行回访,他们均表示:禽流感、旱灾、水灾等各种各样不可控现象的发生,直接导致他们遭受灭顶之灾,认为买农业保险是规避灾害的重要前提。对于第二个问题,30%的新型农业经营主体表示农村没有开展保险,这说明可能是保险公司的工作不到位,保险服务覆盖面存在问题,他们并没有接触到农业保险；家庭农场和农民专业合作社分别有15%和11%的表示农村没有保险，对保险业务根本不了解；100%的农业龙头企业均表示了解农业保险，说明保险公司开展业务更倾向于"抓大放小"，对农业龙头企业相对来说比较重视。对于第三个问题，2703份有效问卷中，几乎100%都表示在农村应该开展农作物保险（如生长期农作物保险、收获期农作物保险）、林木保险（如林木保险、果树保险）、畜禽养殖保险（如牲畜保险、家禽保险）、水产养殖保险（如淡水养殖保险、海水养殖保险）。总体上说，保险公司在农村开展涉农保险业务还不够全面，存在保险无法满足实际需要的情况，保险公司在农村还有很大的发展空间。

（二）证券市场的不健全制约新型农业经营主体的发展

虽然课题组收回了有效调查问卷2703份，但遗憾的是，在2703份有效问卷中，仅有6份问卷由农业龙头企业填写，也就是由农业类上市公司填写。因为问卷的数量过少，因此，课题组采取访谈的形式了解了证券市场对这6家农业上市公司的具体影响。总体上说，这6家上市公司均明确表示，上市对于企业自身的发展具有显著的促进作用，公司品牌价值日益凸显，市场竞争力显著增强。但是，当前证券交易所的诸多规定限制了这些上市公司的进一步发展。比如，在股票增发方面相关限制极其严格，即便有好的市场机会，因为增发的手续烦琐，周期长，募集资金还存在一定的困难。

四 金融服务制约新型农业经营主体发展的现实特征

当前的金融服务对不同的新型农业经营主体的影响和作用并不一样，虽然极少数新型农业经营主体能够通过金融机构所提供的金融服务得到满足，但绝大多数的新型农业经营主体游离于金融机构服务范围外；而与之相反的是，在农村地区，各种各样的金融机构网点日益增多，但金融机构扮演更多的是"抽水机"的角色，更多的是通过金融机构的揽储业务将农村金融资源用于支持城市经济社会的发展，农村金融资源外流情况依然很严重，新型农业经营主体发展存在多方面的困难。课题组并不否认金融服务对新型农业经营主体所产生的正面效应，只是相对于正面效应来说，当前金融机构的金融服务还有很大的创新空间，这在某种程度上对新型农业经营主体的发展具有非常明显的制约作用。基于前文的分析，本节拟从新型农业经营主体和金融机构两个层面分析当前金融服务制约新型农业经营主体发展的现实特征。

（一）新型农业经营主体拥有强劲的金融服务需求

虽然新型农业经营主体具有农业弱质性的先天劣势，但在国家支农惠农政策的支持下，新型农业经营主体的发展极为迅速，已经成为带动当前农业经济增长和农村经济发展的"领头羊"，是农村经济体中绝对不可以忽视的力量。在新型农业经营主体快速发展的过程中，它们在融资、投资、保险等方面具有强劲的金融服务需求。虽然不同类型的新型农业经营主体在金融服务需求方面存在差别，但其对金融服务需求的本质不会改变。新型农业经营主体自身具有先天的劣势，但这不应该成为其被排斥在金融机构服务范围之外的理由，金融机构应该在国家大政方针的引导下，努力创新金融服务，更好地促进新型农业经营主体的发展。与城镇第二、三产业经营主体不同的是，新型农业经营主体在金融服务需求方面具有显著的自身特色，只有符合新型农业经营主体金融服务需求特色的金融服务创新才能够更好地促进新型农业经营主体的发展。

（二）金融机构创新金融服务还有很大的提升空间

前文的分析表明，种养殖专业大户、家庭农场、农民专业合作社以及农业龙头企业对于金融机构所提供的融资服务、投资服务、保险服务以及证券服务不是太满意，强烈要求金融机构能够根据不同类型新型农业经营主体的金融服务需求特征来改进其具体业务。在城镇地区，无论是哪种类型的金融机构竞争都十分激烈，在不久的将来，必定会有部分金融机构因为无法适应市场经济的激烈竞争而破产倒闭。要在未来激烈的市场竞争中赢得先机，开拓农村金融市场势在必行。作为农村地区最重要的代表，新型农业经营主体的发展对于金融机构开展农村金融市场至关重要。从某种意义上可以这样说，谁在服务新型农业经营主体方面取得了成功，谁就会在未来金融市场上立于不败之地。根据新型农业经营主体的金融服务需求来开展农村金融市场，需要金融机构真正将"顾客是上帝"的理念落到实处，逐步改变自身"嫌贫爱富"的本性，公正客观地看待新型农业经营主体，一分为二地看待新型农业经营主体自身的弱质性。

第四章 金融服务制约新型农业经营主体发展的原因

前文的分析表明,当前我国金融服务与新型农业经营主体之间的需求是存在差距的,金融服务的滞后性直接影响了新型农业经营主体的健康稳定可持续发展。在本书研究的理论分析部分,对新型农业经营主体的概念及其种类进行了分析;基于不同种类新型农业经营主体自身的特征,它们受金融服务滞后性的影响是存在差异的。也就是说,从原因的角度分析金融服务制约新型农业经营主体的发展,不能够一概而论,而应该就具体问题做出具体分析,应该立足于不同种类新型农业经营主体的特征来分析金融服务对其发展的影响。基于此,本章先从定性分析的角度出发,探究金融服务制约新型农业经营主体发展的原因;然后基于问卷调查数据,从实证的角度研究金融服务制约新型农业经营主体发展的原因。

第一节 金融服务制约新型农业经营主体发展的原因:定性视角

金融服务制约新型农业经营主体发展的原因到底有哪些?对此,需要从不同的角度进行深入分析。因为在整个经济体中,无论是金融服务的创新,还是新型农业经营主体的发展,都不是一蹴而就的,都是有其发展背景的。要分析金融服务制约新型农业经营主体的发展,就需要紧密结合金融服务和新型农业经营主体的发展背景来进行,要从历史和现实的角度进行多方面的思考。

一　宏观层面金融服务制约新型农业经营主体发展的原因

从本质上看，金融服务并不等于免费的服务，金融服务是资本依托服务追求利润的另外一种表现形式；而与资本逐利性相对的是，农业自身具有弱质性的特点，新型农业经营主体自身具有无法规避的弱点；资本逐利性与农业弱质性之间的矛盾是客观存在的现实。同时，在现实生活中，能够提供金融服务的既包括正规金融机构，也包括非正规金融机构，理论上两者是相互补充相互依存的关系，而在实际过程中两者不协调的关系并不利于新型农业经营主体的发展。当然，两者的关系不协调也是由中国金融改革不彻底不到位等多方面的原因导致的。此外，要扭转过去"农业支持工业，农村支援城市"的战略，实施"工业反哺农业，城市支持农村"的战略，需要时间的磨合。

（一）资本逐利性与农业弱质性的矛盾无法调和

逐利性是资本的重要属性，"钱生钱"是资本不断扩张的内在原因。马克思在《资本论》中明确表示：如果有10%的利润，资本会被保证到处使用；如果有20%的利润，资本会迅速活跃起来；如果有50%的利润，资本就会铤而走险；如果利润超过100%，资本就敢践踏人间的一切法律；如果利润有300%，资本就会犯任何罪行。进一步讲，资本的逐利性是天生的。从金融服务对象的角度来说，不管服务对象是哪种农业经营主体，只要能赚钱，能赚取更多的钱，金融就会对其提供服务。遗憾的是，无论是哪种农业经营主体，受农业弱质性的影响，绝大多数都无法与工商业相关的企业相比。也就是说，资本逐利性与农业弱质性是无法调和的矛盾，这从根本上解释了为什么金融服务会制约新型农业经营主体的发展。国外发达国家和地区的实践已经证明，农业的弱质性是天生的，是不可能避免的。正因为如此，政府及其主管部门要采取措施来扭转农业经营主体的不利方面，通过人为的方式强化农业经营主体的有利方面。比如，可以采取由政府或其主管部门为农业经营主体贷款提供担保的方式来确保农业经营主体获得贷款，也可以通过采取财政补贴的方式来确保农业经营主体获得不低于社会平均利润率的收益，进而为其从金融机构获得金融服务夯实基础。在某些地区，政府及其主管部门还会通过强制性保险的方式来切实保障农业经营主体的实际收益，增强农业经营主体抵御风险的能力，规避农业经营主体的弱质性，进而为其获得金融服务创造条件。进一步讲，金融机构不愿意为农业经营主体提供金融服务，最根本的原因是担心提供金融服务而无法得到相关的收益；基于对投资损失的考虑，金融机构不愿意为农业经营主体提供金融服务，转而为能够带来更多收益且风险性更小的其他行业主体提供服务。

（二）正规金融与非正规金融发展之间的矛盾并未得到有效解决

要弄清楚正规金融与非正规金融之间的矛盾及其对新型农业经营主体发展的影响，就需要分别弄清楚农村正规金融与农村非正规金融的概念内涵。从理论上说，农村正规金融指的是由政府及其主管部门批准成立、接受国家法律法规的严格控制并在其约束下开展金融活动的组织及其资金融通活动，也就是说，无论农村正规金融是国字号背景，还是民营背景，它们的成立与运营受国家的严格控制；而农村非正规金融则是指由市场经济主体自发组织成立，不受或较少受到国家金融管理部门的监管，从事相关金融活动的组织及其资金融通活动。从实际情况来看，农村正规金融的服务对象主要是农村具备相关资质的新型农业经营主体，而农村非正规金融则主要服务于农村资质不够完善的新型农业经营主体。实力雄厚的新型农业经营主体是农村正规金融和非正规金融努力争取的服务对象，而在抵押品方面存在问题的新型农业经营主体往往被农村正规金融机构所排斥，游离于农村正规金融机构的服务范围之外，他们更多地转向农村非正规金融机构寻求资金支持。在农村经济社会发展过程中，并不是每一家新型农业经营主体都具备从农村正规金融机构获得资金支持的能力，相当部分新型农业经营主体要生存和发展，必然会选择通过农村非正规金融机构来获得资金。进一步讲，在促进新型农业经营主体发展的过程中，农村正规金融与非正规金融是相互协作的，而不是孤立存在的。在实际过程中，由于国家及其政府主管部门对农村非正规金融的监管还不到位，部分农村非正规金融在服务新型农业经营主体发展过程中存在违法乱纪行为，不仅不能够很好地提供相关的金融服务，反而会直接影响新型农业经营主体的健康发展。从国外的实践来看，政府不仅要高度重视对农村正规金融的监管，还需要科学引导农村非正规金融的发展，充分发挥两者的各自优势，共同促进新型农业经营主体的发展。在政策制定过程中，需要国家加快农村金融改革的步伐，采取措施分别调动农村正规金融和非正规金融服务新型农业经营主体的积极性，切实保障新型农业经营主体的金融需求。

（三）两大发展战略的转换需要时间

按照经典发展经济学理论，在工业化的不同历史阶段，工业和农业的关系是不一样的。比如，在工业化的初级阶段，农业应该支持工业，农业资本的积累可以用于支持工业化建设，农村经济体也可以为工业经济体贡献力量；反过来，当工业化发展到一定程度，为避免城乡差距过大的现实问题，工业应该支持农业，城市应该支持农村。中华人民共和国成立前，我国属于典型的农业国，农业整体发展水平低，农业经济增长缓慢。统计资料显示，1949 年，我国工业产值仅占工农业产值的30%，其中，重工业只占 7.9%；不仅如此，工业体系残缺不全，设备十分落后。① 中华人民共和国成立后，特别是抗美援朝战争的爆发，工业特别是重工业的重要性进一步凸显。因此，国家确定了工业化发展战略，其中，重工业处于优先发展地位。考虑到当时国内经济社会的现实，工业基础薄弱，资本积累匮乏，为了集中全国的力量来发展工业，国家采取的是"农业支持工业，农村支援城市"的发展战略。在该战略的直接作用下，为了支持国家的工业化，支持城市经济的发展，农业和农村做出了巨大的牺牲。农业不仅确保了国家的粮食安全，为工业化的顺利进行夯实了基础，还为工业提供了原材料，农村为工业品提供了广阔的销售市场，工农业品价格剪刀差更是直接将农业和农村有限的资源最大限度地支持了工业和城市。在该战略的作用下，我国工业化进程显著加快，健全的工业体系建立起来，城市经济的发展成效显著。与此同时，农业发展越来越落后，农村经济发展日益迟缓，城乡差距开始引起广泛关注。针对这种情况，国家提出了"工业反哺农业，城市支援农村"的发展战略。农业经济如何增长，农村经济如何发展，新型农业经营主体的培育、发展、壮大至关重要。在当前形势下，新型农业经营主体的发展带动效应显著。要实现重工业化发展战略向"工业反哺农业，

---

① 参见张凤琦《重工业优先发展战略与工业化道路的探索》，第十一届国史学术年会论文，2014 年 11 月，http：//www.hprc.org.cn/gsyj/yjjg/zggsyjxh_1/gsnhlw_1/d11jgsxsnhlw/201411/t20141106_300715.html。

城市支援农村"发展战略的转变，需要注重新型农业经营主体的发展。战略的转变不可能在短期内完成，需要一定的转换时间；在这个过程中，新型农业经营主体的发展难免会出现问题，与新型农业经营主体发展相配合的或者说是可以直接促进新型农业经营主体发展的金融服务创新也需要时间，短期内难以发挥出立竿见影的作用。

二　中观层面金融服务制约新型农业经营主体发展的原因

从中观层面看，金融服务制约新型农业经营主体发展背后的原因主要体现在两个方面，即支农惠农政策的不完善性，金融服务创新自身的制度惰性。虽然国家为确保农业经济增长和农村经济发展采取了一系列政策，但是，相当部分政策不够完善，甚至存在片面性，影响金融服务新型农业经营主体的发展。同时，对金融机构来说，要创新金融服务，必然会涉及对既有利益格局的改变，改革的成本相对较高，且制度自身存在惰性，这并不利于新型农业经营主体的发展。

（一）支农惠农政策的不完善

农业是国民经济的基础，国家对农业的发展高度重视。特别是近些年来，随着经济实力的全面提升，国家对农业的投入进一步增加，各种支农惠农政策纷纷出台。从总体上看，这些支农惠农政策在增加农民收入，促进农业经济增长和繁荣农村社会方面起到了重要的作用。但是，由于支农惠农政策过多过杂，涉及支农惠农层面的政府机构太多，在实际执行的过程中，有些支农惠农政策的成效并未全面发挥。进一步讲，有些涉及促进新型农业经营主体发展方面的政策，由于宣传力度不够，或者是申报享受相关政策优惠的门槛过高，导致部分政策可操作性差，政策成效不够明显。据农业部产业政策与法规司统计，2016年，国家有关支农惠农方面的政策有54项①，即《农业支持保护补贴政策》《农机购置补贴政策》《农机报废更新补贴试点政策》《小麦、稻谷最低收购价政策》《新疆棉花、东北和内蒙古大豆目标价格政策》《产粮（油）大县奖励政策》《生猪（牛羊）调出大县奖励政策》《深入推进粮棉油

---

① 参见农业部产业政策与法规司《2016年国家最新惠农政策大全》，http://www.xinghua.gov.cn/art/2016/5/24/art_114_322020.html。

糖高产创建和粮食绿色增产模式攻关支持政策》《农机深松整地作业补助政策》《测土配方施肥补助政策》《耕地轮作休耕试点政策》《菜果茶标准化创建支持政策》《化肥、农药零增长支持政策》《耕地保护与质量提升补助政策》《加强高标准农田建设支持政策》《设施农用地支持政策》《种植业结构调整政策》《推进现代种植业发展支持政策》《农产品质量安全县创建支持政策》《"粮改饲"支持政策》《畜牧良种补贴政策》《畜牧标准化规模养殖支持政策》《草原生态保护补助奖励政策》《振兴奶业支持苜蓿发展政策》《退耕还林还草支持政策》《动物防疫补助政策》《渔业油价补贴综合性支持政策》《渔业资源保护补助政策》《海洋渔船更新改造补助政策》《农产品产地初加工补助政策》《发展休闲农业和乡村旅游项目支持政策》《种养业废弃物资源化利用支持政策》《农村沼气建设支持政策》《培育新型职业农民政策》《基层农技推广体系改革与建设补助政策》《培养农村实用人才政策》《扶持家庭农场发展政策》《扶持农民合作社发展政策》《扶持农业产业化发展政策》《农业电子商务支持政策》《发展多种形式适度规模经营政策》《政府购买农业公益性服务机制创新试点政策》《农村土地承包经营权确权登记颁证政策》《推进农村集体产权制度改革政策》《村级公益事业一事一议财政奖补政策》《农业保险支持政策》《财政支持建立全国农业信贷担保体系政策》《发展农村合作金融政策》《农垦危房改造补助政策》《农业转移人口市民化相关户籍政策》《农村改革试验区建设支持政策》《国家现代农业示范区建设支持政策》等。这些政策可以说是包罗万象，但是，这些政策在专门针对新型农业经营主体发展金融服务方面还不够明确具体。要促进新型农业经营主体的发展，满足新型农业经营主体的金融服务需求，需要专门的针对性政策，泛而多的政策并不能真正促进新型农业经营主体的发展。

(二) 金融服务创新存在明显的制度惰性

按照制度经济学的观点，所谓的制度是大家共同遵守的办事规程或行动准则，多是在一定的历史条件下逐步形成的。从理论上说，制度具有指导性和约束性、鞭策性和激励性、规范性和程序性等显著特点。[①]

---

① 参见罗必良《新制度经济学》，山西经济出版社2005年版。

从短期来看，制度不可能是反复变化的，应该是相对稳定的；而从长期来看，在外在条件发生变化的情况下，制度必然也会发生变化。从制度变迁的过程来看，制度变迁存在多方面的阻力，也就是说，任何制度不可能自动变迁，制度变迁需要内在和外在的动力，制度变迁存在惰性。涂晓春（2007）认为，制度惰性有三个方面的解释①：第一，从制度均衡的角度来看，制度的产生本来就是各方策略均衡的结果。当选择这种均衡的行为方式很普遍的时候，对其他参与人而言，同样选择这种行为方式在战略上最有利，从而使该制度作为一种自我约束机制被固定下来，而当被要求改变时，便体现出了惰性。第二，从供给与需求的角度来看，制度需求往往先于制度供给而产生，制度供给相对于需求而言总是滞后的。从现实来看，人们对于制度的需求会随着外在环境的变化而在较短时间内发生变化（如技术的进步、环境的变化和意识形态的调整等），但制度的供给却具有很强的惰性，不可能在制度需求出现时就获得迅速供给，从需求的出现到供给的产生需要一个过程。进一步讲，制度变迁是滞缓的、滞后的，其根源在于制度供给的复杂性。从某种意义上说，一种制度的供给，意味着既有利益格局被打破，在此过程中必然会面临其他群体的反对和阻挠，制度供给会存在困难。第三，根据马克思主义的观点，制度属于上层建筑的范畴，需要与一定的经济基础相适应。然而，经济基础在一定时间内是会发生变化的，不可能一成不变，上层建筑对其适应有一个漫长的磨合过程，制度惰性往往就产生在这个过程中。真正意义上的金融服务创新应该属于制度创新的范畴，金融服务创新并不等于对金融服务的小修小补，而是要根据新型农业经营主体发展的需要，对整个金融服务进行全新的流程再造，自然，这个过程不可能一帆风顺，在创新过程中会面临制度惰性。

三 微观层面金融服务制约新型农业经营主体发展的原因

从微观层面来看，金融服务制约新型农业经营主体发展的原因主要体现在两个方面，即金融机构自身的理念和新型农业经营主体自身的问题。前者决定着金融机构自身愿不愿意贷款，或者说以什么样的态度来

---

① 参见涂晓春《制度惰性与我国的体制改革》，《改革与开发》2007年第4期。

对待新型农业经营主体的贷款问题，而后者直接决定着能否从金融机构获得贷款，或者说新型农业经营主体自身的条件决定着能够从金融机构获得多少贷款。这两者的共同作用直接决定着金融服务新型农业经营主体的实际成效。

（一）金融机构的理念制约新型农业经营主体的发展

作为理性的经济人，金融机构在提供金融服务的同时，高度关注两个方面的内容：一是提供金融服务的实际收益；二是提供金融服务的实际风险。收益与风险正相关，高收益高风险，低收益低风险。受此影响，为了降低风险，减少不必要的损失，金融机构在对新型农业经营主体提供金融服务时，高度关注新型农业经营主体自身的发展状况，只有符合金融机构相关规定的，才会享受金融机构所提供的金融服务，否则，则会被排斥在金融机构的服务范围之外。以信贷为例，银行在提供贷款时，最为关注或者说新型农业经营主体能否顺利获得信贷资金，直接与其所拥有的抵押品相关，抵押品有无、是否足值、是否容易变现，这是获得信贷资金的关键所在。从实际来看，如果新型农业经营主体没有抵押品，单纯依靠信用的方式来获得贷款，这在绝大多数的时候是不可能的，金融机构不可能对没有任何抵押品的新型农业经营主体发放贷款；那么，如果新型农业经营主体拥有抵押品，是不是意味着就可以获得信贷资金呢？答案是否定的。有抵押品，还要涉及抵押品是否足值的问题。抵押品是否足值不以新型农业经营主体的判定为标准，需要以银行的评估为主，银行会对新型农业经营主体所提供的抵押品进行折价估值，就是说，新型农业经营主体提供的是1个亿的资产用于抵押贷款，银行也就是按照打七折或者是八折甚至是对折的方式来进行处理的。经过银行打折估价后的抵押品，才有可能作为是否发放信贷资金的重要标准。因为从现实来看，基于避险性考虑，如果信贷出现风险，新型农业经营主体提供的抵押品不能够及时变现，考虑到资金的时间价值问题，不能够及时变现的抵押品对于银行来说仍然是灾难。进一步讲，在评估新型农业经营主体的信贷申请时，除了考虑其所提供的抵押品有无问题，是否足值等外，还需要考虑抵押品的变现能力问题，就是说，如果需要变现的话，抵押品能否迅速变为现实的货币。只有在上述条件都得到满足的情况下，新型农业经营主体才会获得信贷资金。上文已经分析，新型农业经营主体属于涉农的经营主体，基于农业的弱质性考虑，新型农业经营主体自身也具有弱质性，在抵押品方面或多或少会存在问题，在很多时候，它们会直接被排斥在金融机构的服务范围外。

（二）新型农业经营主体自身方面的原因导致其被排除在正规金融机构服务范围外

从现实来看，新型农业经营主体被排斥在正规金融机构服务范围之外，这与新型农业经营主体自身存在的问题有关。以银行提供的信贷服务为例，针对每一笔信贷资金，银行均要求新型农业经营主体提供最近三年的财务报表以备查验（这是银行审贷的重要审查内容），而实际上，能够提供报表的新型农业经营主体很少。因为按照国家的税收政策，新型农业经营主体是税收优惠的主体，要么是减税，要么是免税，很多新型农业经营主体没有缴税的意识，或者是因为怕麻烦而不去纳税，更不会留存相关的纳税依据，这就给银行的审贷工作带来极大的困扰，最终的结果是其自身被排斥在银行的信贷服务范围外。从企业所得税的角度来看，从事以下项目的企业可以免征企业所得税：蔬菜、谷物、薯类、油料、豆类、棉花、麻类、糖料、水果、坚果的种植；农作物新品种的选育；中药材的种植；林木的培育和种植；牲畜、家禽的饲养；林产品的采集；灌溉、农产品初加工、兽医、农技推广、农机作业和维修等农、林、牧、渔服务业项目；远洋捕捞。同时，从事下列项目的企业所得税减半征收：花卉、茶以及其他饮料作物和香料作物的种植；海水养殖、内陆养殖。这还不包括个人所得税方面的减免以及相关地方政府对新型农业经营主体的税收优惠。很显然，从事上述项目的绝大多数都是新型农业经营主体。在此大背景下，新型农业经营主体不纳税或者是少纳税，在没有保留相关证据的前提下，很难从银行获得信贷资金。不仅如此，部分新型农业经营主体文化素质还有待进一步提高，自身获取国家相关政策文件的能力还有待进一步加强，自身各方面素质的落后也直接让其无法享受国家的优惠政策。特别是在金融服务方面，新型农业经营主体不了解政策精神，自然也就难以享受相关的政策红利。

第二节 金融服务制约新型农业经营主体发展的原因：定量视角

上一节已经从定性角度分析了金融服务制约新型农业经营主体发展的原因。考虑到种养殖专业大户、家庭农场、农民专业合作社和农业龙头企业具有不同的特征，对金融机构所提供的金融服务具有不同的需求，因此，要全方位多角度地分析金融服务对新型农业经营主体发展制约的原因，还有必要从定量的角度进行研究。基于此，以问卷调查数据为例，本书拟从定量分析的视角实证金融服务制约新型农业经营主体发展的原因。本书先分析金融服务制约新型农业经营主体发展的相关理论，以此为基础，实证金融服务制约新型农业经营主体发展的原因，最后提出相应的研究结论。

一 金融服务制约新型农业经营主体发展原因的理论分析

要从定量分析的视角剖析金融服务制约新型农业经营主体发展的原因，就需要从理论上弄清楚金融服务到底在哪些层面制约了新型农业经营主体的发展。在前面的章节中，本书研究已经论述了金融服务创新与新型农业经营主体发展之间的关系，以此为基础，本书将继续分析金融服务如何制约新型农业经营主体的发展。虽然新型农业经营主体包括种养殖专业大户、家庭农场、农民专业合作社和农业龙头企业，且不同类型新型农业经营主体有其自身的特点，但从总体上看，金融服务的不健全对其影响是大同小异的。基于此，本书对金融服务制约新型农业经营主体发展的分析从宏观层面展开。

（一）苛刻的融资服务

前面的章节已经介绍，金融机构所提供的金融服务难以满足新型农业经营主体的融资诉求。这种不满足不仅表现在对融资量的限制方面，还表现在对融资期限及所附带的相关条件的限制方面。比如，新型农业经营主体对资金的需求量相对较大，且在很多时候对资金的需求非常迫切，希望能够在短期内获得资金；而实际上，基于风险考虑，金融机构所能够提供的信贷资金量小，手续繁杂，放款限制多。从新型农业经营主体向金融机构提出贷款申请到最终可以使用贷款，少则三五个月，多则一年以上，甚至在很多时候，新型农业经营主体无法从金融机构获得信贷资金。以种养殖业为例，充分考虑到农业生产经营活动的周期性，新型农业经营主体或许可能就是在某些特定的季节需要资金，一旦错过了特定的季节，信贷资金对新型农业经营主体就不再那么重要了。而基于金融机构信贷流程的复杂性，新型农业经营主体往往是不能够在期望的时间里获得资金的。换句话说，金融机构的复杂办事流程直接影响了新型农业经营主体的发展。如果金融机构能够创新金融服务，根据新型农业经营主体的金融需求特征，设计出更有针对性的金融服务，必将会在很大程度上直接促进新型农业经营主体的发展。以枸杞的种植为例。在一年12个月中，4月下旬到5月上旬是播种期，6月中旬需要追加氮肥和钾肥，8月中旬需要追施速效性磷、钾肥。与此同时，枸杞子初期采摘时间为6月中旬至6月下旬，大约7—9天采摘一次；盛期为7月上旬至8月下旬，5—6天采摘一次；末期为9月中旬至10月下旬，8—10天采摘一次。也就是说，对种植枸杞的新型农业经营主体来说，一年中最需要资金支持的月份是4月和6月，前者因为枸杞种子需要资金支持，后者因为施肥和人工采摘需要资金支持。如果种植枸杞的新型农业经营主体不能够在4月得到资金支持的话，它们可能面临无法购买种子的现实困难。而如果在6月不能够获取相应的资金支持，不仅枸杞的施肥面临困难，枸杞的采摘也一样会存在问题。很显然，如果按照现行金融机构提供信贷资金的基本流程办理，其速度慢，手续复杂，放款限制条件多，种植枸杞的新型农业经营主体肯定会受到直接的影响。

（二）滞后的投资服务

虽然从总体上看，我国新型农业经营主体的发展水平还有待进一步提高，但是，这并不影响它们的投资需求。作为拉动经济增长的三驾马车之一，投资对国民经济增长具有十分重要的作用；对新型农业经营主体来说，投资的意义也很重要。一方面，新型农业经营主体通过投资，在一定程度上可以确保自身财富的增值保值。基于实际通货膨胀率的考虑，新型农业经营主体一般不愿意通过储蓄的方式来确保自身财富的增值保值，而是更倾向于通过能够带来更高收益的方式实现自身财富价值的最大化。当然，这只是一种假设，即投资是获利的，没有考虑投资风险及损失问题。另一方面，新型农业经营主体通过投资，可以确保对自身资源做出进一步科学配置。对部分拥有剩余资金的新型农业经营主体而言，通过对外投资的方式，可以实现自身资源的优化配置，确保自身能够获取更高的收益。前文的分析已经表明，当前金融机构所提供的金融服务与新型农业经营主体的投资需求是不相一致的，且部分金融机构在提供金融服务过程中的违法乱纪行为还严重损害了新型农业经营主体的合法权益。与国外发达国家和地区相比，国内金融机构所提供的滞后的投资服务在很大程度上直接阻碍了新型农业经营主体的发展。从课题组实地调研的情况来看，相当部分涉农金融机构所能够提供的投资渠道非常有限，只有各种储蓄和各种理财产品。从储蓄的角度来看，活期储蓄的利率很低，定期储蓄的利率也不高，如果考虑到利息税的话，储蓄所能够带来的收益确实是非常有限的，很多新型农业经营主体也不愿意将大笔的现金用于储蓄，反而会寻找新的投资渠道。从理财产品的角度来看，目前金融机构所提供的理财产品千差万别，鱼龙混杂，有些期限过长，有些风险过大，还有些对资金有着比较多的限制。从表面上看，购买理财产品似乎是可以给新型农业经营主体带来不错的收益，但从实际情况来看，相当多购买理财产品的新型农业经营主体都难以有效规避经济损失。也就是说，当前我国金融机构所能够提供的投资服务比较滞后，金融机构在此方面有较大的创新空间。对于新型农业经营主体而言，滞后的投资服务不仅影响它们财富的增值保值，也影响它们富余资金的投资战略。

（三）片面的保险服务

农业具有弱质性的特征，因此，与其他产业不同的是，保险对于农业来说具有极端重要性。作为农业生产经营活动的重要组织者，保险对于新型农业经营主体来说也极其重要。从理论上说，在我国广大农村地区，专门针对新型农业经营主体或者是与新型农业经营主体相关的主要保险有农作物保险、林木保险、畜禽养殖保险、水产养殖保险四大类。其中，农作物保险包括生长期农作物保险和收获期农作物保险，林木保险包括林木保险和果树保险，畜禽养殖保险包括牲畜保险和家禽保险，水产养殖保险包括淡水养殖保险和海水养殖保险。而实际上，问卷调查显示：无论是种养殖专业大户、家庭农场，还是农民专业合作社、农业龙头企业，均100%表示农业保险的开展对其所从事的生产经营活动具有影响。但实际上，30%的新型农业经营主体表示农村没有开展保险，这说明可能是保险公司的工作不到位，保险服务覆盖面存在问题，它们并没有接触到农业保险；家庭农场和农民专业合作社分别有15%和11%的表示农村没有保险，对保险业务根本不了解；100%的农业龙头企业均表示了解农业保险，说明保险公司开展业务更倾向于"抓大放小"，对农业龙头企业相对来说比较重视。与此同时，在2703份有效问卷中，几乎100%的都表示在农村应该开展农作物保险（如生长期农作物保险、收获期农作物保险）、林木保险（如林木保险、果树保险）、畜禽养殖保险（如牲畜保险、家禽保险）、水产养殖保险（如淡水养殖保险、海水养殖保险）。从总体上说，保险公司在农村开展涉农保险业务还不够全面，存在保险无法满足实际需要的情况，保险公司在农村还有很大的发展空间。课题组在实地调研访谈中发现：所有的家禽养殖户都对2013年的禽流感印象深刻，部分养殖户因为没有购买保险，在2013年禽流感的打击下，几乎全部破产；可能是受2013年禽流感的影响，实地调研发现，现在的家禽养殖户都购买了农业保险，真正明白了农业保险对于农业生产经营活动的极端重要性。遗憾的是，除家禽养殖户外，其他的很多新型农业经营主体并没有购买保险，主要由于保险公司并未能够在农村大规模提供相关的保险服务，保险公司的工作不到位，有些新型农业经营主体因为不能够及时购买保险而不敢开展相关的农业生产经营活动。对保险机构而言，农村地区还有很大的拓展空间，相关保险服务有待进一步创新。

二 金融服务制约新型农业经营主体发展原因的实证分析

上文的分析表明，金融服务制约新型农业经营主体发展的原因是多方面的。如果片面地看，苛刻的融资服务、滞后的投资服务和片面的保险服务均是金融机构层面的问题；但若深入分析则不难看出，这些原因既是金融公司自身的，也是与新型农业经营主体密切相关的，还与政府相关服务密不可分。也就是说，金融服务制约新型农业经营主体发展的原因是多方面的，是复杂的，是由多方面因素共同作用的。基于此，本书拟从定量分析的角度实证金融服务制约新型农业经营主体发展的原因。

(一) 数据来源

为了全方位多角度地开展研究，课题组先后进行了两次调研工作。第一次调研是在课题立项后的 2014 年 10—12 月，调研的对象是西部三个省级单位相关的金融机构（深度访谈）、相关的县级单位农业主管部门（深度访谈）以及部分新型农业经营主体（问卷调查）。第二次是 2015 年 1—8 月，主要针对西部地区除新疆和西藏地区以外的 10 个省级单位，采取的调查方式是问卷调查；2015 年的调研是以 2014 年的调研为基础的。为了确保实际所收集的数据资料具有代表性，在所发放问卷的省级单位内部，课题组依据近三年各地级市第一产业产值均值排名情况，选择排名居中的地级市作为研究样本。需要说明的是，如果某省级单位下属的地级市的个数是奇数的话，则选择排名居中的 3 个地级市为研究样本；如果某省级单位下属的地级市的个数是偶数的话，则选择排名居中的 4 个地级市作为研究样本。在确定了相应的地级市样本后，具体调研区县的确定亦采用相类似的办法来进行。由于乡镇层面的数据资料极其匮乏，因此，课题组在问卷发放的过程中只考虑到区县层面，未涉及乡镇层面。在问卷发放过程中，课题组在当地政府的帮助下，排除掉普通农户，要求问卷必须由种养殖专业大户户主、家庭农场主、农民专业合作社负责人和农业龙头企业负责人填写。在 10 个省级单位，对每个省级单位，课题组发放调查问卷 300 份，总共发放问卷 3000 份，实际回收问卷 2790 份，剔除缺乏关键信息的问卷 87 份，实际回收有效问卷 2703 份，有效率为 90.1%。还需要特别说明的是，在 2703 份有效问卷中，种养殖专业大户、家庭农场、农民专业合作社和农业龙头企业分别是 653 份、700 份、725 份和 625 份。

(二) 变量定义

要实证金融服务制约新型农业经营主体发展的原因，首先必须弄清楚新型农业经营主体发展如何界定这一现实问题。从我国新型农业经营主体发展的实际情况来看，无论是种养殖专业大户、家庭农场，还是农民专业合作社、农业龙头企业，它们都具备组织性、经济性、商品性、营利性和独立性等企业的基本特征，因此，本书研究采用测度企业发展的三大指标来测度它们的发展，具体来说，就是采用偿债能力、营运能力和营利能力来测度它们的发展。在实际操作过程中，本书研究分别为偿债能力、营运能力和营利能力赋值 -1、0 和 1，分别表示其相应能力的"减弱""一般"和"增强"，将其记为 Y_1、Y_2 和 Y_3。

其次，要实证金融服务制约新型农业经营主体发展的原因，还必须明晰核心解释变量，本书研究的核心解释变量是金融机构所提供的金融服务状况，或者说是新型农业经营主体对金融机构所提供的金融服务的真实评价。基于研究的实际需要，本书拟将下述问题的答案作为核心解释变量。该问题是"请问你在过去的一年里是否成功地获得过金融机构提供的金融服务（仅限顺利拿到贷款、购买到理想的理财产品和成功买到农业保险）？A. 是；B. 否"。需要说明的是，从现实情况来看，金融机构在农村所提供的金融服务种类较多，典型的有存款、贷款、保险、理财产品四大类，但存款服务不仅过于传统，还过于普遍，凡是能够开展储蓄业务的金融机构都会在农村网点开设相关的服务，新型农业经营主体对存款服务比较冷漠。因此，在评价新型农业经营主体对金融机构所提供的金融服务时，并未将存款服务纳入选项中，而是主要看新型农业经营主体对贷款、理财产品和保险的看法，考察金融机构在提供贷款、理财产品和保险方面的服务。

课题组在实际调研中发现，金融服务制约新型农业经营主体发展，既有新型农业经营主体自身的原因，也有新型农业经营主体所在家庭的原因，还与新型农业经营主体所在区域实际情况密切相关，是由多方面因素综合作用的结果。基于此，在问卷调查中，课题组专门设计了三组控制变量，分别是户主禀赋变量、家庭特征变量和区域特征变量。在户主禀赋变量方面，本课题研究设计的指标有性别（X_1）、年龄（X_2）、户籍状况（X_3）、婚姻状况（X_4）、健康状况（X_5）和文化程度（X_6）。在家庭特征变量方面，本课题研究设计的指标有新型农业经营主体获得金融服务的情况（X_7）、家庭整体氛围（X_8）、家中人口供养比例（X_9）和家庭社会资本情况（X_{10}）。在区域特征变量方面，本课题研究设计的指标有新型农业经营主体所在地区的基础设施状况（X_{11}）、物流体系健全状况（X_{12}）、农业机械化发展状况（X_{13}）、信息化建设满意度（X_{14}）、农业生产条件状况（X_{15}）、农业技术培训状况（X_{16}）、农技人员服务状况（X_{17}）、名优特产推介状况（X_{18}）、农产品加工包装水平

(X_{19})、产业结构合理状况（X_{20}）、电商平台发展状况（X_{21}）和农村治安实际状况（X_{22}）。各指标的具体赋值情况及其描述性统计分析结果如表 4.1 所示。

表 4.1　　　各指标的赋值情况及其描述性统计分析结果

变量	变量类型	变量赋值	均值	标准差
Y_1（新型主体的偿债能力）	因变量	减弱 = -1，一般 = 0，增强 = 1	0.7526	0.0321
Y_2（新型主体的营运能力）	因变量	减弱 = -1，一般 = 0，增强 = 1	0.6985	0.0527
Y_3（新型主体的营利能力）	因变量	减弱 = -1，一般 = 0，增强 = 1	0.8215	0.0197
X_1（性别）	户主禀赋变量	男 = 1，女 = 0	0.5527	0.2027
X_2（年龄）	户主禀赋变量	30 岁及以下 = 1，31—39 岁 = 2，40 岁及以上 = 3	2.2357	0.1027
X_3（户籍状况）	户主禀赋变量	城镇 = 1，农业和非城镇蓝印户籍 = 0	0.4957	0.1022
X_4（婚姻状况）	户主禀赋变量	未婚 = 1，已婚 = 2，丧偶 = 3，离异 = 4	2.0217	0.2027
X_5（健康状况）	户主禀赋变量	良好 = 1，一般 = 2，差 = 3	2.0017	0.1007
X_6（文化程度）	户主禀赋变量	小学及以下 = 1，初中 = 2，高中及以上 = 3	2.2987	0.1267
X_7（获得金融服务情况）	家庭特征变量	是 = 1，否 = 0	0.2762	0.0128
X_8（家庭整体氛围）	家庭特征变量	民主型 = 1，独裁型 = 0	0.5217	0.3227
X_9（家中人口供养比例）	家庭特征变量	1 个及以下 = 1，2—3 个 = 2，3 个以上 = 3	2.2357	0.1257
X_{10}（家庭社会资本情况）*	家庭特征变量	家庭全年礼金支出占家庭总收入的比重	0.2227	15.5627
X_{11}（基础设施状况）	区域特征变量	不满意 = 1，一般 = 2，满意 = 3	1.9857	0.0687
X_{12}（物流体系健全状况）	区域特征变量	不满意 = 1，一般 = 2，满意 = 3	1.6987	0.0687
X_{13}（农业机械化发展状况）	区域特征变量	不满意 = 1，一般 = 2，满意 = 3	2.0027	0.0215
X_{14}（信息化建设满意度）	区域特征变量	不满意 = 1，一般 = 2，满意 = 3	1.3657	0.0267
X_{15}（农业生产条件状况）	区域特征变量	不满意 = 1，一般 = 2，满意 = 3	0.5217	0.3037
X_{16}（农业技术培训状况）	区域特征变量	不满意 = 1，一般 = 2，满意 = 3	2.2025	0.2267
X_{17}（农技人员服务状况）	区域特征变量	不满意 = 1，一般 = 2，满意 = 3	1.9857	0.3657
X_{18}（名优特产推介状况）	区域特征变量	推介 = 1，不推介 = 0	0.5217	0.0026

续表

变量	变量类型	变量赋值	均值	标准差
X_{19}（农产品加工包装水平）	区域特征变量	不满意=1，一般=2，满意=3	1.9857	0.1257
X_{20}（产业结构合理状况）	区域特征变量	不满意=1，一般=2，满意=3	1.6258	0.3651
X_{21}（电商平台发展状况）	区域特征变量	不满意=1，一般=2，满意=3	1.9587	0.2129
X_{22}（农村治安实际状况）	区域特征变量	不满意=1，一般=2，满意=3	1.5217	0.0007

需要说明的是，在家庭社会资本方面，调查问卷设计了"家中是否有村民代表""亲戚中是否有公务员""是否有城市亲戚关系""是否有亲戚开办企业""家庭中是否有大学生""家中是否有人参加社会团体"以及"家庭全年礼金支出占家庭总收入的比重"等问题。在统计问卷的时候发现：99.85%的家中有村民代表，95.62%的家中有亲戚是公务员，99.65%的有城市亲戚关系，92.25%的有亲戚开办企业，94.65%的家中有大学生，93.68%的是党派、社团或其他团体的成员。也就是说，这些指标并无实质性的差异，新型农业经营主体已经成为农村重要的政治主体和主要的经济主体。充分考虑到尽管农村是集地缘、血缘和亲缘于一体的地区，但是，金钱关系仍然是农村社会成员之间来往的重要因素。因此，本书研究直接用家庭全年礼金支出占家庭总收入的比重测度家庭社会资本。问卷数据显示，家庭全年礼金支出占家庭总收入的比重最高的达56.87%，平均值仍然为22.27%，这一指标很好地反映了农村社会成员之间的往来，用其测度家庭社会资本是科学合理的。

（三）模型设定

在全面介绍相关变量的基础上，本书研究将金融服务制约新型农业经营主体发展原因的模型设定如下：

$$Y_i = \beta_0 + \beta_j \sum_{j=1}^{K} X_{ji} + Dummy_z + \varepsilon_i \quad (4-1)$$

在模型（4-1）中，Y 表示新型农业经营主体的发展。下标 i 表示第 i 个新型农业经营主体。下标 j 表示新型农业经营主体发展的三个维度；当 j 取1时，表示新型农业经营主体的偿债能力；当 j 取2时，表示新型农业经营主体的营运能力。当 K 取3时，表示新型农业经营主体的营利能力。K 为待估参数。X_{ji} 为虚拟变量，表示新型农业经营主体获得金融机构所提供的金融服务的真实状况。当 $Dummy$ 取0时，表示新型农业经营主体获得了金融机构提供的金融服务。当 i 取1时，表示新型农业经营主体没有获得金融机构提供的金融服务。下标 z 表示影响新型农业经营主体发展的第 i 个因素，z 的取值范围为1到 ε，$Y_i = \beta_0 +$

$\beta_j \sum_{j=1}^{K} X_{ji} + Dummy_z + \varepsilon_i$ 取正整数。Y 为控制变量，表示影响新型农业经营主体发展的其他因素。i 为地区虚拟变量，当 i 为西部民族地区新型农业经营主体时，j 取 1；当 j 为西部非民族地区新型农业经营主体时，j 取 2。K 为随机误差项。

(四) 实证结果

在对数据来源进行介绍的基础上，上文已经详细介绍了实证金融服务制约新型农业经营主体发展原因的相关变量指标，也设定了用于实证的模型。考虑到采用的是调查问卷数据，数据仅有一年，因此，本书拟运用最小二乘法（OLS）和两阶段最小二乘法（2SLS）来对数据进行处理，采用的软件是 STATA 13.0。

1. OLS 和 2SLS 估计结果及其解释

基于研究的实际需要，本书首先在不纳入任何控制变量的情况下对金融服务制约新型农业经营主体发展的原因进行回归分析，回归结果如表 4.2 所示。从表 4.2 中 OLS 的回归结果来看，无论被解释变量取的是新型农业经营主体的偿债能力、营运能力，还是营利能力，核心解释变量——新型农业经营主体所获得金融服务情况的系数在 1% 显著性水平上为正，这初步说明新型农业经营主体可以通过金融机构所提供的金融服务来有效促进自身的发展。当然，这一结论成立的前提条件是核心解释变量——新型农业经营主体获得金融服务的情况是非内生变量；如果不是非内生变量的话，则参数 OLS 估计量的无偏性和一致性是无法保证的，研究结论很有可能是不可信的。从实际来看，本书研究的核心解释变量确实是一个内生变量。一方面，金融机构所提供的金融服务在一定程度上可以满足新型农业经营主体的金融服务诉求，可以促进新型农业经营主体的发展；另一方面，新型农业经营主体的发展壮大，也可以为金融机构创新金融服务，拓展农村金融市场提供极大的便利。也就是说，本书研究的被解释变量与核心解释变量之间这种反向因果关系，必然会导致核心解释变量与随机扰动项相关。为了克服核心解释变量——新型农业经营主体获得金融服务情况的内生性问题，需要寻找工具变量。从理论上说，工具变量的选择，需要既与被替代变量密切相关，又要与随机扰动项以及模型中的其他解释变量不相关。基于本书研究的实际需要,通过对调查问卷中所有问题的梳理,本书拟采用调查问卷中新型农业经营主体为获得金融机构所提供的金融服务而实际开支的费用作为工具变量。之所以选择该工具变量,主要是因为在农村地区,新型农业经营主体要获得金融机构所提供的金融服务都有相应的支出成本。比如,银行在发放贷款之前,都会有贷前调查阶段。为了全面了解新型农业经营主体的生产经营状况,银行工作人员可能会多次进行实地调研;为了接待前来实地调研的银行工作人员,新型农业经营主体在此方面都会有相应的经费支出。在具体实证过程中,本书先后按照全样本视角、种养殖专业大户视角、家庭农场视角、农民专业合作社视角以及农业龙头企业视角来进行一一检验,最终结果表明:通过对 Wald 检验和 F 统计量(F 统计量大于 10)的判断发现,原模型中存在内生性问题且所选择的工具变量不是弱工具变量,工具变量的选择科学合理,工具变量是合适的。在确定了合适的工具变量后,本书研究拟采用 2SLS 方法对未纳入任何控制变量的金融服务制约新型农业经营主体发展的原因进行回归分析,结果如表 4.2 所示。与 OLS 回归结果相比,2SLS 回归结果进一步证实:新型农业经营主体可以通过金融机构所提供的金融服务来有效促进自身的发展;换句话说,金融服务的滞后性严重制约了新型农业经营主体的发展。

表 4.2 　 金融服务制约新型农业经营主体发展原因的回归结果
（未纳入控制变量）

	全样本视角下金融服务制约新型农业经营主体发展原因的回归结果					
	被解释变量:偿债能力		被解释变量:营运能力		被解释变量:营利能力	
	OLS	2SLS	OLS	2SLS	OLS	2SLS
X_7（获得金融服务情况）	0.1101***(0.0000)	0.1217***(0.0019)	0.1001***(0.0000)	0.1112***(0.0000)	0.1211***(0.0025)	0.1228***(0.0000)
地区变量	YES	YES	YES	YES	YES	YES
R^2	0.1765	0.1801	0.1821	0.1837	0.1702	0.1788
F 统计量	42.2345	55.5712	30.0322	51.2356	30.0087	59.9876
观测值	2703	2703	2703	2703	2703	2703

续表

金融服务制约新型农业经营主体发展原因的回归结果（种养殖专业大户）

	被解释变量：偿债能力		被解释变量：营运能力		被解释变量：营利能力	
	OLS	2SLS	OLS	2SLS	OLS	2SLS
X_7（获得金融服务情况）	0.0981*** (0.0035)	0.1011*** (0.0023)	0.0962*** (0.0009)	0.1028*** (0.0017)	0.1011*** (0.0026)	0.1227*** (0.0086)
地区变量	YES	YES	YES	YES	YES	YES
R^2	0.1732	0.1776	0.1687	0.1765	0.1654	0.1765
F 统计量	29.9872	33.9876	25.5256	48.8928	32.2987	55.7621
观测值	653	653	653	653	653	653

金融服务制约新型农业经营主体发展原因的回归结果（家庭农场）

	被解释变量：偿债能力		被解释变量：营运能力		被解释变量：营利能力	
	OLS	2SLS	OLS	2SLS	OLS	2SLS
X_7（获得金融服务情况）	0.1234*** (0.0012)	0.1332*** (0.0035)	0.1227*** (0.0037)	0.1301*** (0.0033)	0.1227*** (0.0000)	0.1356*** (0.0029)
地区变量	YES	YES	YES	YES	YES	YES
R^2	0.1765	0.1831	0.1786	0.1811	0.1822	0.1857
F 统计量	29.7876	41.2238	27.7825	50.0922	37.8715	53.1235
观测值	700	700	700	700	700	700

金融服务制约新型农业经营主体发展原因的回归结果（农民专业合作社）

	被解释变量：偿债能力		被解释变量：营运能力		被解释变量：营利能力	
	OLS	2SLS	OLS	2SLS	OLS	2SLS
X_7（获得金融服务情况）	0.1112*** (0.0009)	0.1203*** (0.0022)	0.1117*** (0.0067)	0.1157*** (0.0026)	0.1001*** (0.0012)	0.1128*** (0.0000)
地区变量	YES	YES	YES	YES	YES	YES
R^2	0.1786	0.1811	0.1822	0.1834	0.1819	0.1857
F 统计量	23.3421	36.6712	21.2211	39.0987	25.1127	49.0987
观测值	725	725	725	725	725	725

续表

金融服务制约新型农业经营主体发展原因的回归结果（农业龙头企业）

	被解释变量：偿债能力		被解释变量：营运能力		被解释变量：营利能力	
	OLS	2SLS	OLS	2SLS	OLS	2SLS
X_7（获得金融服务情况）	0.099*** (0.0004)	0.1011*** (0.0038)	0.1011*** (0.0000)	0.1132*** (0.0037)	0.1111*** (0.0031)	0.1247*** (0.0000)
地区变量	YES	YES	YES	YES	YES	YES
R^2	0.1766	0.1812	0.1811	0.1837	0.1822	0.1878
F 统计量	39.0987	45.1289	22.2347	36.6732	28.8921	54.2367
观测值	625	625	625	625	625	625

说明：① *、**、*** 分别表示 10%、5% 和 1% 的显著性水平。②括号中的数值是稳健性标准差，2SLS 估计中汇报的 R^2 指的是中心 R^2。

表4.2 中的结果为未纳入所有控制变量的回归结果。考虑到金融服务制约新型农业经营主体发展，既有金融机构自身的原因，又与其他的因素密不可分，因此，按照前面分析的思路，本书研究拟将所有控制变量都纳入模型中进行分步回归；先运用 OLS 做回归，紧接着沿袭前文的分析思路，在考虑工具变量的前提下，运用 2SLS 做回归，具体结果如表4.3 所示。同时，考虑到新型农业经营主体所包括的种养殖专业大户、家庭农场、农民专业合作社和农业龙头企业都有其自身的显著特点，因此，非常有必要对其进行一一回归，金融服务制约种养殖专业大户、家庭农场、农民专业合作社和农业龙头企业发展原因的回归结果分别见表4.4、表4.5、表4.6 和表4.7；回归的方法仍然是先采用 OLS 做回归，然后在考虑工具变量的情况下，再用 2SLS 做回归。

表4.3 全样本视角下金融服务制约新型农业经营主体发展原因的回归结果

	被解释变量：偿债能力		被解释变量：营运能力		被解释变量：营利能力	
	OLS	2SLS	OLS	2SLS	OLS	2SLS
X_1（性别）	0.1235 (0.2231)	0.2321 (0.1235)	0.2212 (0.3421)	0.1217 (0.2211)	0.1123 (0.1432)	0.0987 (0.2219)

续表

	被解释变量：偿债能力		被解释变量：营运能力		被解释变量：营利能力	
	OLS	2SLS	OLS	2SLS	OLS	2SLS
X_2（年龄）	0.0872*** (0.0000)	0.1011*** (0.0021)	0.1112*** (0.0003)	0.1211*** (0.0006)	0.1112*** (0.0032)	0.1267*** (0.0053)
X_3（户籍状况）	0.1211*** (0.0000)	0.1321*** (0.0032)	0.1321*** (0.0067)	0.1555*** (0.0006)	0.1347*** (0.0008)	0.1432*** (0.0006)
X_4（婚姻状况）	0.0012** (0.0328)	0.0025** (0.0337)	0.0022* (0.0544)	0.0039* (0.0543)	0.0021*** (0.0043)	0.0039*** (0.0067)
X_5（健康状况）	0.0098*** (0.0000)	0.0122*** (0.0027)	0.0123*** (0.0035)	0.0168*** (0.0022)	0.0118*** (0.0065)	0.0258*** (0.0056)
X_6（文化程度）	0.2112*** (0.0000)	0.2446*** (0.0019)	0.2087*** (0.0027)	0.2115*** (0.0072)	0.2322*** (0.0057)	0.2476*** (0.0037)
X_7（获得金融服务情况）	0.1245*** (0.0005)	0.1322*** (0.0012)	0.1236*** (0.0022)	0.1332*** (0.0015)	0.1237*** (0.0056)	0.1359*** (0.0045)
X_8（家庭整体氛围）	0.2325*** (0.0000)	0.2567*** (0.0008)	0.1568*** (0.0000)	0.1762*** (0.0000)	0.1217*** (0.0000)	0.1422*** (0.0016)
X_9（家中人口供养比例）	0.2321 (0.1128)	0.2239 (0.1237)	0.1987 (0.1098)	0.2021 (0.1467)	0.2111 (0.1433)	0.2547 (0.1643)
X_{10}（家庭社会资本情况）	0.0112*** (0.0013)	0.0126*** (0.0049)	0.0135*** (0.0034)	0.0154*** (0.0006)	0.0136*** (0.0045)	0.0165*** (0.0009)
X_{11}（基础设施状况）	0.1135 (0.1112)	0.1236 (0.1235)	0.1167 (0.3656)	0.1237 (0.5823)	0.1145 (0.1237)	0.1249 (0.3517)
X_{12}（物流体系健全状况）	0.1012*** (0.0021)	0.1121*** (0.0023)	0.1101*** (0.0035)	0.1217*** (0.0043)	0.1311*** (0.0025)	0.1412*** (0.0069)
X_{13}（农业机械化发展状况）	0.1011*** (0.0021)	0.1122*** (0.0034)	0.1123*** (0.0026)	0.1322*** (0.0039)	0.1424*** (0.0056)	0.1501*** (0.0001)
X_{14}（信息化建设满意度）	0.1121*** (0.0002)	0.1221*** (0.0002)	0.1232*** (0.0009)	0.1321*** (0.0000)	0.1123*** (0.0008)	0.1342*** (0.0037)
X_{15}（农业生产条件状况）	0.1321*** (0.0000)	0.1412*** (0.0000)	0.1122*** (0.0000)	0.1336*** (0.0000)	0.1142*** (0.0021)	0.1211*** (0.0043)

续表

	被解释变量：偿债能力		被解释变量：营运能力		被解释变量：营利能力	
	OLS	2SLS	OLS	2SLS	OLS	2SLS
X_{16}（农业技术培训状况）	0.0239*** (0.0000)	0.0332*** (0.0021)	0.0118*** (0.0045)	0.0123*** (0.0053)	0.0222*** (0.0027)	0.0432*** (0.0037)
X_{17}（农技人员服务状况）	0.1121*** (0.0007)	0.1321*** (0.0021)	0.1022*** (0.0037)	0.1138*** (0.0000)	0.1032*** (0.0033)	0.1123*** (0.0049)
X_{18}（名优特产推介状况）	0.1123*** (0.0000)	0.1345*** (0.0000)	0.1023*** (0.0012)	0.1121*** (0.0037)	0.1002*** (0.0042)	0.1232*** (0.0041)
X_{19}（农产品加工包装水平）	0.1212*** (0.0000)	0.1321*** (0.0000)	0.1011*** (0.0000)	0.1212*** (0.0002)	0.1432*** (0.0011)	0.1557*** (0.0016)
X_{20}（产业结构合理状况）	0.2121 (0.2367)	0.2432 (0.3235)	0.1976 (0.3421)	0.2011 (0.3211)	0.2121 (0.1232)	0.2321 (0.3321)
X_{21}（电商平台发展状况）	0.0012*** (0.0005)	0.0032*** (0.0007)	0.0026*** (0.0000)	0.0031*** (0.0000)	0.0027*** (0.0000)	0.0038*** (0.0032)
X_{22}（农村治安实际状况）	0.0122*** (0.0000)	0.0132*** (0.0005)	0.0111*** (0.0001)	0.0128*** (0.0000)	0.0121*** (0.0000)	0.0139*** (0.0000)
地区变量	YES	YES	YES	YES	YES	YES
R^2	0.1811	0.1825	0.1811	0.1828	0.1814	0.1856
F统计量	23.3421	35.1227	20.0987	31.2321	29.0987	39.0987
观测值	2703	2703	2703	2703	2703	2703

说明：①＊、＊＊、＊＊＊分别表示10%、5%和1%的显著性水平。②括号中的数值是稳健性标准差，2SLS估计中汇报的 R^2 指的是中心 R^2。

从表4.3中的回归结果来看，无论被解释变量取新型农业经营主体的偿债能力、营运能力还是营利能力，核心解释变量的系数在1%显著性水平上显著且为正，这充分说明了新型农业经营主体可以通过金融机构所提供的金融服务来有效促进自身的发展，金融服务的滞后性严重制约了新型农业经营主体的发展。不仅如此，2SLS回归结果明显优于OLS回归结果。进一步分析表4.3中的回归结果可以发现：除性别、家中人口供养比例、基础设施状况、产业结构合理状况等变量外，其他变量均是金融服务制约新型农业经营主体发展的原因。之所以如此，主要是因为金融机构在提供金融服务的过程中,更为关注的是新型农业经营主体自身的生产经营状况,考虑的是自身投入所能够带来的实实在在的利益,而不在乎新型农业经营主体自身的性别和家中人口供养比例。从理论上讲,基础设施状况是金融服务制约新型农业经营主体发展的原因,因为以路、水、电等为代表的基础设施不仅直接制约新型农业经营主体的发展,还在很大程度上直接影响金融机构在农村地区的网点布局,实证回归结果与理论不相吻合,可能是由于虽然基础设施非常重要,但在国家近些年来的大力支持下,城乡之间、区际的基础设施差距迅速缩小,不再成为制约新型农业经营主体发展和金融机构在农村布点的重要因素;产业结构不是金融服务制约新型农业经营主体发展的原因,是因为对任何一个区域而言,产业结构的转型升级具有显著的"制度惰性",难以在短期内发生质的变化,并不会对新型农业经营主体和金融机构创新金融服务产生直接的影响。

  本书研究认为,其他因素之所以成为金融服务制约新型农业经营主体发展的原因,主要是因为对金融机构而言,为健康的、处于中壮年期的新型农业经营主体提供金融服务更有保障,因为年幼的、年长的以及不健康的新型农业经营主体属于高风险群体,这些群体因为自身的身体原因而给金融机构带来损失的可能性更大。与农村户籍新型农业经营主体相比,城镇户籍新型农业经营主体整体实力较强,大多具有一定的财力,无论是作为金融消费者还是金融供给者,他们都更受金融机构的青睐;已婚的高素质新型农业经营主体更便于沟通,是金融机构比较看重的群体;而单身、离异以及文化素质比较低的新型农业经营主体,可能在享受金融服务方面会受到歧视;家庭氛围和谐、家庭社会资本充裕的新型农业经营主体,自身大多发展态势良好,是金融机构金融服务创新的重要目标群体;物流体系健全状况、农业机械化发展状况、信息化建设满意度、农业生产条件状况、农业技术培训状况、农技人员服务状况、名优特产推介状况、农产品加工包装水平、产业结构合理状况以及电商平台发展状况等指标对于新型农业经营主体的发展具有重要的制约作用,这些指标的好坏从某种意义上可以看作新型农业经营主体发展实际状况的风向标,因此,这些指标是金融服务制约新型农业经营主体发展的原因。此外,需要说明的是,农村治安实际状况也是金融服务制约新型农业经营主体发展的原因。随着城镇化进程的加快，农村富余劳动力大量流向城市，留守农村的大多是老、弱（妇女和儿童）、病、残。在这种情况下，近些年来，我国农村的社会治安形势比较严峻，这不仅影响了金融机构在农村开展相关的金融服务，还会直接影响新型农业经营主体的发展。概括来说，金融服务制约新型农业经营主体发展的原因是复杂的，除了金融机构自身的原因外，新型农业经营主体自身、新型农业经营主体的家庭以及新型农业经营主体所在区域各方面的情况也都会导致金融服务制约新型农业经营主体的发展。

表 4.4 金融服务制约新型农业经营主体发展原因的回归结果：种养殖专业大户

	被解释变量：偿债能力		被解释变量：营运能力		被解释变量：营利能力	
	OLS	2SLS	OLS	2SLS	OLS	2SLS
X_1（性别）	0.1211 (0.3211)	0.3876 (0.2321)	0.3222 (0.2234)	0.3221 (0.3543)	0.1212 (0.3237)	0.2321 (0.1237)
X_2（年龄）	0.1012*** (0.0011)	0.1132*** (0.0000)	0.1123*** (0.0000)	0.1225*** (0.0000)	0.1221*** (0.0091)	0.1298*** (0.0057)
X_3（户籍状况）	0.0987*** (0.0000)	0.1011*** (0.0000)	0.1012*** (0.0000)	0.1121*** (0.0000)	0.1154*** (0.0000)	0.1237*** (0.0003)
X_4（婚姻状况）	0.0032** (0.0321)	0.0039** (0.0443)	0.0023* (0.0721)	0.0025* (0.0711)	0.0021*** (0.0032)	0.0033*** (0.0000)
X_5（健康状况）	0.0126*** (0.0078)	0.0131*** (0.0000)	0.0111*** (0.0000)	0.0123*** (0.0000)	0.0234*** (0.0009)	0.0359*** (0.0000)
X_6（文化程度）	0.2012*** (0.0000)	0.2112*** (0.0007)	0.2002*** (0.0009)	0.2119*** (0.0000)	0.2135*** (0.0000)	0.2497*** (0.0000)
X_7（获得金融服务情况）	0.1126*** (0.0000)	0.1232*** (0.0000)	0.1122*** (0.0000)	0.1232*** (0.0025)	0.1123*** (0.0067)	0.1232*** (0.0045)
X_8（家庭整体氛围）	0.1222*** (0.0000)	0.1302*** (0.0000)	0.1125*** (0.0000)	0.1256*** (0.0000)	0.1018*** (0.0000)	0.1389*** (0.0098)
X_9（家中人口供养比例）	0.1236 (0.4543)	0.1322 (0.1322)	0.1019 (0.1221)	0.1227 (0.1345)	0.1332 (0.1778)	0.1432 (0.1222)

续表

	被解释变量：偿债能力		被解释变量：营运能力		被解释变量：营利能力	
	OLS	2SLS	OLS	2SLS	OLS	2SLS
X_{10}（家庭社会资本情况）	0.0112*** (0.0037)	0.0123*** (0.0000)	0.0132*** (0.0000)	0.0148*** (0.0000)	0.0136*** (0.0000)	0.0165*** (0.0000)
X_{11}（基础设施状况）	0.1211 (0.1211)	0.1323 (0.3241)	0.1245 (0.1256)	0.1265 (0.3423)	0.1122 (0.5537)	0.1335 (0.6517)
X_{12}（物流体系健全状况）	0.1201*** (0.0000)	0.1227*** (0.0004)	0.1103*** (0.0001)	0.1211*** (0.0000)	0.1311*** (0.0007)	0.1336*** (0.0000)
X_{13}（农业机械化发展状况）	0.1111*** (0.0000)	0.1132*** (0.0000)	0.1211*** (0.0000)	0.1232*** (0.0001)	0.1201*** (0.0001)	0.1311*** (0.0000)
X_{14}（信息化建设满意度）	0.3111*** (0.0000)	0.3221*** (0.0006)	0.3101*** (0.0005)	0.3212*** (0.0000)	0.3212*** (0.0001)	0.3245*** (0.0002)
X_{15}（农业生产条件状况）	0.0021*** (0.0000)	0.0028*** (0.0005)	0.0022*** (0.0009)	0.0034*** (0.0006)	0.0029*** (0.0000)	0.0035*** (0.0000)
X_{16}（农业技术培训状况）	0.1221*** (0.0000)	0.1302*** (0.0008)	0.1311*** (0.0001)	0.1432*** (0.0009)	0.1332*** (0.0000)	0.1417*** (0.0000)
X_{17}（农技人员服务状况）	0.1211*** (0.0037)	0.1245*** (0.0000)	0.1021*** (0.0000)	0.1123*** (0.0000)	0.1122*** (0.0000)	0.1231*** (0.0000)
X_{18}（名优特产推介状况）	0.2126*** (0.0000)	0.2321*** (0.0000)	0.1983*** (0.0000)	0.2211*** (0.0002)	0.1876*** (0.0007)	0.2022*** (0.0006)
X_{19}（农产品加工包装水平）	0.1222*** (0.0000)	0.1321*** (0.0001)	0.1126*** (0.0007)	0.1201*** (0.0005)	0.1124*** (0.0000)	0.1278*** (0.0000)
X_{20}（产业结构合理状况）	0.1232 (0.3432)	0.1222 (0.4234)	0.1122 (0.4675)	0.1235 (0.5444)	0.1432 (0.5766)	0.1567 (0.1321)
X_{21}（电商平台发展状况）	0.0251*** (0.0000)	0.0375*** (0.0007)	0.0026*** (0.0008)	0.0057*** (0.0002)	0.0043*** (0.0000)	0.0058*** (0.0000)
X_{22}（农村治安实际状况）	0.1012*** (0.0002)	0.1322*** (0.0000)	0.1122*** (0.0000)	0.1245*** (0.0000)	0.1327*** (0.0005)	0.1415*** (0.0001)
地区变量	YES	YES	YES	YES	YES	YES
R^2	0.1811	0.1825	0.1821	0.1845	0.1829	0.1879
F 统计量	19.9087	28.2832	20.0987	33.3321	23.3432	39.9876

续表

	被解释变量：偿债能力		被解释变量：营运能力		被解释变量：营利能力	
	OLS	2SLS	OLS	2SLS	OLS	2SLS
观测值	653	653	653	653	653	653

说明：① *、**、***分别表示10%、5%和1%的显著性水平。②括号中的数值是稳健性标准差，2SLS估计中汇报的 R^2 指的是中心 R^2。

表4.4中的结果为采用种养殖专业大户的数据进行实证的回归结果，样本数为653份。与前文的实证方法一样，也是先采用OLS进行回归，然后在考虑工具变量的情况下，采用2SLS进行实证的回归结果。将表4.4中的结果与表4.3中的结果进行对比不难发现：无论是被解释变量取种养殖专业大户的偿债能力、营运能力，还是营利能力，核心解释变量系数的正负号与显著性并没有发生质的变化，这说明对于种养殖专业大户而言，金融机构所提供的金融服务能够有效促进其自身发展，金融服务的滞后性严重限制了种养殖专业大户的发展。不仅如此，2SLS回归结果明显优于OLS回归结果。从控制变量来看，表4.4中全样本视角下各控制变量系数的正负号及其显著性并没有发生显著变化，这说明性别、家中人口供养比例、基础设施状况、产业结构合理状况等不是金融服务制约种养殖专业大户发展的原因，而其他变量则是金融服务制约种养殖专业大户发展的原因。

表4.5　金融服务制约新型农业经营主体发展原因的回归结果：家庭农场

	被解释变量：偿债能力		被解释变量：营运能力		被解释变量：营利能力	
	OLS	2SLS	OLS	2SLS	OLS	2SLS
X_1（性别）	0.2315 (0.4543)	0.2116 (0.3422)	0.1987 (0.1598)	0.2201 (0.2654)	0.1876 (0.3457)	0.2023 (0.3457)
X_2（年龄）	0.1017*** (0.0000)	0.1121*** (0.0009)	0.1211*** (0.0000)	0.1321*** (0.0000)	0.1115*** (0.0001)	0.1237*** (0.0000)

续表

	被解释变量：偿债能力		被解释变量：营运能力		被解释变量：营利能力	
	OLS	2SLS	OLS	2SLS	OLS	2SLS
X_3（户籍状况）	0.0011*** (0.0000)	0.0024*** (0.0000)	0.0012*** (0.0000)	0.0021*** (0.0000)	0.0015*** (0.0007)	0.0039*** (0.0005)
X_4（婚姻状况）	0.0016** (0.0361)	0.0025** (0.0456)	0.0019* (0.0713)	0.0028* (0.0628)	0.0015*** (0.0009)	0.0027*** (0.0002)
X_5（健康状况）	0.0111*** (0.0001)	0.0123*** (0.0006)	0.0112*** (0.0000)	0.0124*** (0.0002)	0.0121*** (0.0009)	0.0125*** (0.0000)
X_6（文化程度）	0.0025*** (0.0000)	0.0036*** (0.0000)	0.0032*** (0.0000)	0.0039*** (0.0000)	0.0065*** (0.0000)	0.0077*** (0.0005)
X_7（获得金融服务情况）	0.1223*** (0.0001)	0.1321*** (0.0000)	0.1222*** (0.0000)	0.1361*** (0.0023)	0.1311*** (0.0002)	0.1422*** (0.0000)
X_8（家庭整体氛围）	0.0001*** (0.0000)	0.0003*** (0.0028)	0.0002*** (0.0012)	0.0003*** (0.0000)	0.0007*** (0.0037)	0.0009*** (0.0013)
X_9（家中人口供养比例）	0.1245 (0.2322)	0.1238 (0.3432)	0.1128 (0.1169)	0.1227 (0.1534)	0.1011 (0.1657)	0.1237 (0.1679)
X_{10}（家庭社会资本情况）	0.0012*** (0.0017)	0.0021*** (0.0032)	0.0017*** (0.0036)	0.0032*** (0.0000)	0.0024*** (0.0000)	0.0056*** (0.0000)
X_{11}（基础设施状况）	0.2321 (0.1233)	0.2445 (0.2221)	0.2211 (0.1232)	0.2356 (0.2223)	0.2111 (0.3457)	0.2347 (0.7653)
X_{12}（物流体系健全状况）	0.1211*** (0.0000)	0.1229*** (0.0000)	0.1112*** (0.0000)	0.1156*** (0.0000)	0.1211*** (0.0000)	0.1266*** (0.0011)
X_{13}（农业机械化发展状况）	0.1211*** (0.0000)	0.1223*** (0.0000)	0.1113*** (0.0000)	0.1145*** (0.0001)	0.1211*** (0.0001)	0.1227*** (0.0000)
X_{14}（信息化建设满意度）	0.1121*** (0.0000)	0.1225*** (0.0000)	0.1317*** (0.0005)	0.1545*** (0.0005)	0.1211*** (0.0000)	0.2319*** (0.0002)
X_{15}（农业生产条件状况）	0.1121*** (0.0000)	0.1211*** (0.0005)	0.1211*** (0.0009)	0.1341*** (0.0006)	0.1123*** (0.0000)	0.1321*** (0.0000)
X_{16}（农业技术培训状况）	0.2121*** (0.0000)	0.2343*** (0.0008)	0.2346*** (0.0001)	0.2456*** (0.0009)	0.2125*** (0.0002)	0.2562*** (0.0000)

第四章 金融服务制约新型农业经营主体发展的原因

续表

	被解释变量：偿债能力		被解释变量：营运能力		被解释变量：营利能力	
	OLS	2SLS	OLS	2SLS	OLS	2SLS
X_{17}（农技人员服务状况）	0.2112***(0.0000)	0.2213***(0.0000)	0.2122***(0.0000)	0.2321***(0.0000)	0.2122***(0.0006)	0.2321***(0.0001)
X_{18}（名优特产推介状况）	0.2101***(0.0000)	0.2221***(0.0000)	0.2122***(0.0002)	0.2231***(0.0000)	0.2216***(0.0000)	0.2357***(0.0006)
X_{19}（农产品加工包装水平）	0.1212***(0.0000)	0.1321***(0.0001)	0.1257***(0.0007)	0.1315***(0.0005)	0.1227***(0.0000)	0.1337***(0.0000)
X_{20}（产业结构合理状况）	0.2123(0.2312)	0.2235(0.2235)	0.1987(0.2127)	0.2111(0.1547)	0.2011(0.1367)	0.2437(0.1598)
X_{21}（电商平台发展状况）	0.0011***(0.0005)	0.0014***(0.0000)	0.0012***(0.0008)	0.0016***(0.0000)	0.0011***(0.0007)	0.0019***(0.0000)
X_{22}（农村治安实际状况）	0.0123***(0.0000)	0.0135***(0.0000)	0.0145***(0.0001)	0.0158***(0.0002)	0.0123***(0.0005)	0.0156***(0.0000)
地区变量	YES	YES	YES	YES	YES	YES
R^2	0.1811	0.1845	0.1822	0.1887	0.1811	0.1835
F 统计量	10.0987	33.3322	24.4543	35.5643	23.3321	25.5322
观测值	700	700	700	700	700	700

说明：① *、**、*** 分别表示 10%、5% 和 1% 的显著性水平。②括号中的数值是稳健性标准差，2SLS 估计中的 R^2 指的是中心 R^2。

表 4.5 中的结果为采用家庭农场的数据进行实证的回归结果，样本数为 700 份。在表 4.5 中，分别介绍了采用 OLS 和 2SLS 的实证回归结果，这些回归结果均是纳入了所有控制变量的回归结果。将表 4.5 中的结果与表 4.3 中的结果对比，不难发现：无论是被解释变量取家庭农场的偿债能力、营运能力，还是营利能力，核心解释变量系数的正负号与显著性并没有发生质的变化，这说明对于家庭农场而言，金融机构所提供的金融服务能够有效促进其自身发展，金融服务的滞后性严重制约了家庭农场的发展。不仅如此，2SLS 回归结果明显优于 OLS 回归结果。从控制变量来看，表 4.5 中全样本视角下各控制变量系数的正负号及其显著性并没有发生显著变化，这说明性别、家中人口供养比例、基础设

施状况、产业结构合理状况等不是金融服务制约家庭农场发展的原因，而其他变量则是金融服务制约家庭农场发展的原因。

表 4.6　金融服务制约新型农业经营主体发展原因的回归结果：农民专业合作社

	被解释变量：偿债能力		被解释变量：营运能力		被解释变量：营利能力	
	OLS	2SLS	OLS	2SLS	OLS	2SLS
X_1（性别）	0.1222 (0.3456)	0.1298 (0.1233)	0.1211 (0.1456)	0.1321 (0.1222)	0.1432 (0.3038)	0.1562 (0.3325)
X_2（年龄）	0.1011*** (0.0000)	0.1112*** (0.0008)	0.1021*** (0.0009)	0.1123*** (0.0001)	0.1123*** (0.0001)	0.1234*** (0.0000)
X_3（户籍状况）	0.1121*** (0.0000)	0.1227*** (0.0000)	0.1521*** (0.0000)	0.1621*** (0.0000)	0.1126*** (0.0000)	0.1247*** (0.0005)
X_4（婚姻状况）	0.0016*** (0.0000)	0.0025** (0.0000)	0.0019*** (0.0000)	0.0038* (0.0628)	0.0015*** (0.0009)	0.0026*** (0.0002)
X_5（健康状况）	0.0122*** (0.0001)	0.0135*** (0.0006)	0.0116*** (0.0002)	0.0122*** (0.0002)	0.0151*** (0.0009)	0.0265*** (0.0008)
X_6（文化程度）	0.1125*** (0.0006)	0.1336*** (0.0007)	0.1232*** (0.0000)	0.1329*** (0.0000)	0.1365*** (0.0000)	0.1447*** (0.0005)
X_7（获得金融服务情况）	0.1221*** (0.0000)	0.1316*** (0.0000)	0.1412*** (0.0000)	0.1445*** (0.0000)	0.1513*** (0.0002)	0.1626*** (0.0007)
X_8（家庭整体氛围）	0.4721*** (0.0000)	0.4781*** (0.0008)	0.4321*** (0.0000)	0.4532*** (0.0000)	0.4217*** (0.0000)	0.4569*** (0.0005)
X_9（家中人口供养比例）	0.3112 (0.4321)	0.3223 (0.1236)	0.3031 (0.1179)	0.3454 (0.1587)	0.3628 (0.1654)	0.3851 (0.1776)
X_{10}（家庭社会资本情况）	0.0012*** (0.0005)	0.0029*** (0.0016)	0.0022*** (0.0000)	0.0037*** (0.0009)	0.0016*** (0.0000)	0.0024*** (0.0000)
X_{11}（基础设施状况）	0.1115*** (0.0000)	0.1219*** (0.0001)	0.1117*** (0.0000)	0.1254*** (0.0003)	0.1125*** (0.0000)	0.1217*** (0.0007)
X_{12}（物流体系健全状况）	0.1117*** (0.0006)	0.1222*** (0.0000)	0.1113*** (0.0000)	0.1217*** (0.0005)	0.1321*** (0.0000)	0.1356*** (0.0002)

续表

	被解释变量：偿债能力		被解释变量：营运能力		被解释变量：营利能力	
	OLS	2SLS	OLS	2SLS	OLS	2SLS
X_{13}（农业机械化发展状况）	0.1146*** (0.0000)	0.1175*** (0.0007)	0.1103*** (0.0006)	0.1227*** (0.0000)	0.1211*** (0.0000)	0.1365*** (0.0000)
X_{14}（信息化建设满意度）	0.3032*** (0.0000)	0.3227*** (0.0006)	0.3317*** (0.0005)	0.3567*** (0.0005)	0.3212*** (0.0000)	0.3323*** (0.0002)
X_{15}（农业生产条件状况）	0.1311*** (0.0000)	0.1329*** (0.0005)	0.1255*** (0.0009)	0.1326*** (0.0006)	0.1146*** (0.0001)	0.1319*** (0.0006)
X_{16}（农业技术培训状况）	0.2511*** (0.0000)	0.2623*** (0.0000)	0.1358*** (0.0001)	0.1678*** (0.0000)	0.1389*** (0.0002)	0.2356*** (0.0000)
X_{17}（农技人员服务状况）	0.2221*** (0.0000)	0.2227*** (0.0000)	0.2179*** (0.0005)	0.2546*** (0.0007)	0.2118*** (0.0000)	0.2636*** (0.0001)
X_{18}（名优特产推介状况）	0.1212*** (0.0005)	0.1325*** (0.0009)	0.1115*** (0.0000)	0.1227*** (0.0000)	0.1112*** (0.0007)	0.1378*** (0.0000)
X_{19}（农产品加工包装水平）	0.1211*** (0.0000)	0.1321*** (0.0007)	0.1028*** (0.0002)	0.1215*** (0.0007)	0.1421*** (0.0007)	0.1556*** (0.0005)
X_{20}（产业结构合理状况）	0.1123 (0.0000)	0.1233 (0.0006)	0.1123 (0.0002)	0.1256 (0.0007)	0.1321 (0.0002)	0.1456 (0.0007)
X_{21}（电商平台发展状况）	0.0012*** (0.0005)	0.0023*** (0.0007)	0.0011*** (0.0008)	0.0025*** (0.0002)	0.0031*** (0.0000)	0.0056*** (0.0000)
X_{22}（农村治安实际状况）	0.0101*** (0.0000)	0.0133*** (0.0000)	0.0125*** (0.0000)	0.0156*** (0.0002)	0.0156*** (0.0005)	0.0173*** (0.0000)
地区变量	YES	YES	YES	YES	YES	YES
R^2	0.1822	0.1885	0.1844	0.1889	0.1833	0.1867
F统计量	23.3322	39.9876	15.5432	18.8976	15.5543	50.0987
观测值	725	725	725	725	725	725

说明：① *、**、***分别表示10%、5%和1%的显著性水平。②括号中的数值是稳健性标准差，2SLS估计中的R^2指的是中心R^2。

表4.6中的结果为采用农民专业合作社的数据进行实证的回归结果，样本数为725份。与前文的实证方法一样，也是先采用OLS进行回

归，然后在考虑工具变量的情况下，采用 2SLS 进行实证的回归结果。将表 4.6 中的结果与表 4.3 中的结果进行对比不难发现：无论是被解释变量取农民专业合作社的偿债能力、营运能力，还是营利能力，核心解释变量系数的正负号与显著性并没有发生质的变化，这说明对于农民专业合作社而言，金融机构所提供的金融服务能够有效促进其自身发展，金融服务的滞后性严重限制了农民专业合作社的发展。不仅如此，2SLS 回归结果明显优于 OLS 回归结果。从控制变量来看，表 4.6 中全样本视角下各控制变量系数的正负号及其显著性并没有发生显著变化，这说明性别、家中人口供养比例、基础设施状况、产业结构合理状况等不是金融服务制约农民专业合作社发展的原因，而其他变量则是金融服务制约农民专业合作社发展的原因。

表 4.7 金融服务制约新型农业经营主体发展原因的回归结果：农业龙头企业

	被解释变量：偿债能力		被解释变量：营运能力		被解释变量：营利能力	
	OLS	2SLS	OLS	2SLS	OLS	2SLS
X_1（性别）	0.2333 (0.0001)	0.2322 (0.0005)	0.2021 (0.0000)	0.2125 (0.0000)	0.2356 (0.0000)	0.3356 (0.0006)
X_2（年龄）	0.1001*** (0.0047)	0.1125*** (0.0009)	0.1122*** (0.0006)	0.1232*** (0.0007)	0.1136*** (0.0001)	0.1267*** (0.0000)
X_3（户籍状况）	0.3021*** (0.0007)	0.3215*** (0.0000)	0.2307*** (0.0000)	0.2445*** (0.0000)	0.2112*** (0.0000)	0.2246*** (0.0005)
X_4（婚姻状况）	0.0031** (0.0375)	0.0039** (0.0325)	0.0021* (0.0757)	0.0033* (0.0633)	0.0021*** (0.0000)	0.0032*** (0.0028)
X_5（健康状况）	0.0126*** (0.0000)	0.0137*** (0.0006)	0.0112*** (0.0002)	0.0145*** (0.0000)	0.0157*** (0.0009)	0.0267*** (0.0000)
X_6（文化程度）	0.2012*** (0.0000)	0.2325*** (0.0000)	0.2121*** (0.0001)	0.2257*** (0.0000)	0.2312*** (0.0007)	0.2566*** (0.0000)
X_7（获得金融服务情况）	0.1234*** (0.0000)	0.1337*** (0.0000)	0.1411*** (0.0000)	0.1467*** (0.0008)	0.1501*** (0.0002)	0.1782*** (0.0000)

续表

	被解释变量：偿债能力		被解释变量：营运能力		被解释变量：营利能力	
	OLS	2SLS	OLS	2SLS	OLS	2SLS
X_8（家庭整体氛围）	0.2321*** (0.0006)	0.2556*** (0.0000)	0.2345*** (0.0000)	0.2551*** (0.0006)	0.2117*** (0.0007)	0.2268*** (0.0005)
X_9（家中人口供养比例）	0.2245 (0.1912)	0.3211 (0.1395)	0.2023 (0.1123)	0.2115 (0.1665)	0.2337 (0.6766)	0.2675 (0.4432)
X_{10}（家庭社会资本情况）	0.0145*** (0.0005)	0.0156*** (0.0000)	0.0135*** (0.0000)	0.0165*** (0.0000)	0.0145*** (0.0005)	0.0169*** (0.0000)
X_{11}（基础设施状况）	0.1022*** (0.0000)	0.1123*** (0.0001)	0.1114*** (0.0006)	0.1256*** (0.0000)	0.1342*** (0.0007)	0.1678*** (0.0000)
X_{12}（物流体系健全状况）	0.1112*** (0.0016)	0.1232*** (0.0000)	0.1134*** (0.0001)	0.1267*** (0.0000)	0.1331*** (0.0000)	0.1543*** (0.0002)
X_{13}（农业机械化发展状况）	0.1121*** (0.0005)	0.1234*** (0.0000)	0.1116*** (0.0000)	0.1265*** (0.0001)	0.1323*** (0.0000)	0.1556*** (0.0000)
X_{14}（信息化建设满意度）	0.2881*** (0.0000)	0.3125*** (0.0000)	0.3321*** (0.0000)	0.3522*** (0.0000)	0.3209*** (0.0000)	0.3519*** (0.0002)
X_{15}（农业生产条件状况）	0.1112*** (0.0000)	0.1245*** (0.0000)	0.1117*** (0.0000)	0.1225*** (0.0000)	0.1119*** (0.0001)	0.1327*** (0.0000)
X_{16}（农业技术培训状况）	0.2523*** (0.0000)	0.2722*** (0.0000)	0.2323*** (0.0001)	0.2675*** (0.0009)	0.2551*** (0.0002)	0.2678*** (0.0000)
X_{17}（农技人员服务状况）	0.1121*** (0.0000)	0.1245*** (0.0000)	0.1373*** (0.0005)	0.1745*** (0.0007)	0.1351*** (0.0000)	0.1732*** (0.0000)
X_{18}（名优特产推介状况）	0.2111*** (0.0000)	0.2247*** (0.0000)	0.2022*** (0.0000)	0.2323*** (0.0000)	0.2412*** (0.0007)	0.2565*** (0.0006)
X_{19}（农产品加工包装水平）	0.2232*** (0.0000)	0.2356*** (0.0000)	0.2212*** (0.0007)	0.2345*** (0.0005)	0.2532*** (0.0000)	0.2678*** (0.0006)
X_{20}（产业结构合理状况）	0.1911 (0.3012)	0.2251 (0.3134)	0.1877 (0.4635)	0.1956 (0.5546)	0.2111 (0.6368)	0.2456 (0.6556)
X_{21}（电商平台发展状况）	0.0112*** (0.0000)	0.0123*** (0.0007)	0.0321*** (0.0000)	0.0375*** (0.0000)	0.0117*** (0.0007)	0.0121*** (0.0000)

续表

	被解释变量：偿债能力		被解释变量：营运能力		被解释变量：营利能力	
	OLS	2SLS	OLS	2SLS	OLS	2SLS
X_{22}（农村治安实际状况）	0.0235*** (0.0000)	0.0342*** (0.0000)	0.0176*** (0.0000)	0.0235*** (0.0002)	0.0168*** (0.0005)	0.0278*** (0.0000)
地区变量	YES	YES	YES	YES	YES	YES
R^2	0.1801	0.1878	0.1811	0.1836	0.1867	0.1878
F 统计量	10.0987	38.3865	23.3211	38.8912	25.5632	50.0987
观测值	625	625	625	625	625	625

说明：① *、**、*** 分别表示 10%、5% 和 1% 的显著性水平。②括号中的数值是稳健性标准差，2SLS 估计中的 R^2 指的是中心 R^2。

表 4.7 中的结果为采用农业龙头企业的数据进行实证的回归结果，样本数为 625 份。与前文的实证方法一样，也是先采用 OLS 进行回归，然后在考虑工具变量的情况下，采用 2SLS 进行实证的回归结果。将表 4.7 中的结果与表 4.3 中的结果进行对比不难发现：无论是被解释变量取农业龙头企业的偿债能力、营运能力，还是营利能力，核心解释变量系数的正负号与显著性并没有发生质的变化，这说明对于农业龙头企业而言，金融机构所提供的金融服务能够有效促进其自身发展，金融服务的滞后性严重限制了农业龙头企业的发展。不仅如此，2SLS 回归结果明显优于 OLS 回归结果。从控制变量来看，表 4.7 中全样本视角下各控制变量系数的正负号及其显著性并没有发生显著变化，这说明性别、家中人口供养比例、基础设施状况、产业结构合理状况等不是金融服务制约农业龙头企业发展的原因，而其他变量则是金融服务制约农业龙头企业发展的原因。

2. 分地区样本估计结果及其解释

前文的分析已经表明，无论被解释变量取新型农业经营主体的偿债能力、营运能力，还是营利能力，核心解释变量的系数在 1% 显著性水平上显著且为正，这说明新型农业经营主体可以通过金融机构所提供的金融服务来有效促进自身的发展，金融服务的滞后性严重制约了新型农业经营主体的发展。虽然本书研究调查问卷发放范围是我国西部除新疆和西藏外的其他省级单位,但这些省级单位之间经济社会发展差距仍然是比较明显的,有必要分地区对金融服务制约新型农业经营主体发展的原因进行进一步的实证研究。宋洪远和赵海(2015)、马华和姬超(2015)的研究成果已经表明,基于制度惯性、资源禀赋差异以及区域相关支持政策的不同,不同省级单位的新型农业经营主体发展状况是不相同的,新型农业经营主体发展的竞争力也是存在显著差异的。① 对我国西部地区来说,民族地区与非民族地区经济社会发展的差距是尤为明显的,相应地,民族地区和非民族地区新型农业经营主体发展的差异也是较大的。总体而言,民族地区整体经济实力相对较弱,新型农业经营主体发展速度较慢,无论是规模还是效益,与非民族地区相比都存在较大的差距;而非民族地区工业化和城镇化水平相对较高,农业发展速度较快,新型农业经营主体都已经初具规模,发展较为成熟。金融服务制约新型农业经营主体发展的原因,是否具有区域差异性呢?对此,还有必要进行进一步的实证。从表4.8和表4.9中的回归结果来看,无论被解释变量取新型农业经营主体的偿债能力、营运能力,还是营利能力,核心解释变量的系数在1%显著性水平上显著且为正,这说明新型农业经营主体可以通过金融机构所提供的金融服务来有效促进自身的发展,金融服务的滞后性严重制约了新型农业经营主体的发展。这一结论无论是对民族地区,还是对非民族地区都是成立的。表4.8中的实证回归结果未纳入控制变量,而表4.9中的实证回归结果则纳入了控制变量。从表4.9中纳入控制变量的回归情况来看,除核心解释变量与表4.8相类似外,表4.9中核心解释变量的实证结果还与表4.3中的结果相类似。这就是说,无论对民族地区来说,还是对非民族地区来说,性别、家中人口供养比例、基础设施状况、产业结构合理状况等不是金融服务制约新型农业经营主体发展的原因,而其他变量则是金融服务制约新型农业经营主体发展的原因。

---

① 参见宋洪远、赵海《中国新型农业经营主体发展研究》,中国金融出版社2015年版;马华、姬超《中国式家庭农场的发展:理论与实践》,社会科学文献出版社2015年版。

表4.8 地区视角下金融服务制约新型农业经营主体发展原因的回归结果（未纳入控制变量）

变量	民族地区					
	被解释变量：偿债能力		被解释变量：营运能力		被解释变量：营利能力	
	OLS	2SLS	OLS	2SLS	OLS	2SLS
X_7（获得金融服务情况）	0.1453*** (0.0000)	0.1615*** (0.0000)	0.1356*** (0.0000)	0.1553*** (0.0000)	0.1423*** (0.0002)	0.1578*** (0.0000)
地区变量	YES	YES	YES	YES	YES	YES
R^2	0.1712	0.1811	0.1666	0.1789	0.1776	0.1885
F统计量	37.3765	68.8765	32.3425	55.5325	20.0987	40.0987

变量	非民族地区					
	被解释变量：偿债能力		被解释变量：营运能力		被解释变量：营利能力	
	OLS	2SLS	OLS	2SLS	OLS	2SLS
X_7（获得金融服务情况）	0.1323*** (0.0000)	0.1522*** (0.0000)	0.1423*** (0.0000)	0.1553*** (0.0000)	0.1523*** (0.0000)	0.1725*** (0.0012)
地区变量	YES	YES	YES	YES	YES	YES
R^2	0.1689	0.1753	0.1678	0.1758	0.1802	0.1812
F统计量	23.3432	35.5653	20.0987	43.3212	17.7654	40.0987

说明：① *、**、*** 分别表示10%、5%和1%的显著性水平。②括号中的数值是稳健性标准差，2SLS估计中的 R^2 指的是中心 R^2。

表4.9 地区视角下金融服务制约新型农业经营主体发展原因的回归结果（纳入控制变量）

变量	民族地区					
	被解释变量：偿债能力		被解释变量：营运能力		被解释变量：营利能力	
	OLS	2SLS	OLS	2SLS	OLS	2SLS
X_1（性别）	0.1001 (0.1234)	0.1213 (0.1243)	0.1323 (0.3432)	0.1412 (0.4321)	0.1221 (0.4223)	0.1321 (0.5111)
X_2（年龄）	0.0123*** (0.0001)	0.0135*** (0.0000)	0.0135*** (0.0009)	0.0147*** (0.0000)	0.0122*** (0.0000)	0.0154*** (0.0000)

续表

变量	民族地区					
	被解释变量：偿债能力		被解释变量：营运能力		被解释变量：营利能力	
	OLS	2SLS	OLS	2SLS	OLS	2SLS
X_3（户籍状况）	0.0112*** (0.0008)	0.0123*** (0.0000)	0.0124*** (0.0000)	0.0165*** (0.0000)	0.0142*** (0.0001)	0.0185*** (0.0007)
X_4（婚姻状况）	0.1112*** (0.0000)	0.1245*** (0.0000)	0.1032*** (0.0000)	0.1334*** (0.0000)	0.1315*** (0.0000)	0.1544*** (0.0007)
X_5（健康状况）	0.1115*** (0.0002)	0.1215*** (0.0000)	0.1113*** (0.0011)	0.1225*** (0.0000)	0.1211*** (0.0000)	0.1345*** (0.0007)
X_6（文化程度）	0.2211*** (0.0000)	0.2343*** (0.0000)	0.2221*** (0.0000)	0.2324*** (0.0000)	0.2161*** (0.0000)	0.2269*** (0.0007)
X_7（获得金融服务情况）	0.1233*** (0.0000)	0.1321*** (0.0006)	0.1115*** (0.0000)	0.1224*** (0.0006)	0.1321*** (0.0000)	0.1454*** (0.0000)
X_8（家庭整体氛围）	0.1127*** (0.0000)	0.1329*** (0.0006)	0.1217*** (0.0000)	0.1329*** (0.000)	0.1457*** (0.0000)	0.1659*** (0.0000)
X_9（家中人口供养比例）	0.1522 (0.1232)	0.1611 (0.2356)	0.1513 (0.2349)	0.1674 (0.3556)	0.1434 (0.5649)	0.1569 (0.1256)
X_{10}（家庭社会资本情况）	0.1211*** (0.0000)	0.1232*** (0.0000)	0.1132*** (0.0000)	0.1356*** (0.0000)	0.1232*** (0.0000)	0.1378*** (0.0000)
X_{11}（基础设施状况）	0.1112*** (0.0000)	0.1225*** (0.0000)	0.1101*** (0.0000)	0.1211*** (0.0000)	0.1121*** (0.0001)	0.1239*** (0.0009)
X_{12}（物流体系健全状况）	0.1345*** (0.0013)	0.1447*** (0.0009)	0.1312*** (0.0067)	0.1453*** (0.0000)	0.1355*** (0.0000)	0.1512*** (0.0000)
X_{13}（农业机械化发展状况）	0.1112*** (0.0000)	0.1345*** (0.0000)	0.1236*** (0.0000)	0.1378*** (0.0000)	0.1021*** (0.0001)	0.1345*** (0.000)
X_{14}（信息化建设满意度）	0.1124*** (0.0001)	0.1178*** (0.0006)	0.1212*** (0.0000)	0.1345*** (0.0000)	0.1021*** (0.0000)	0.1267*** (0.0000)
X_{15}（农业生产条件状况）	0.0321*** (0.0006)	0.0654*** (0.0000)	0.0125*** (0.0007)	0.0256*** (0.0047)	0.0231*** (0.0051)	0.0378*** (0.0029)
X_{16}（农业技术培训状况）	0.1123*** (0.0000)	0.1261** (0.0459)	0.1232** (0.0127)	0.1341*** (0.0000)	0.1331*** (0.0000)	0.1448*** (0.0000)

续表

变量	民族地区					
	被解释变量：偿债能力		被解释变量：营运能力		被解释变量：营利能力	
	OLS	2SLS	OLS	2SLS	OLS	2SLS
X_{17}（农技人员服务状况）	0.2123*** (0.0000)	0.2427*** (0.0000)	0.2017*** (0.0000)	0.2227*** (0.0000)	0.2211** (0.0257)	0.2365*** (0.0000)
X_{18}（名优特产推介状况）	0.1321*** (0.0005)	0.1435*** (0.0000)	0.1223*** (0.0001)	0.1311*** (0.0000)	0.1226*** (0.0000)	0.1358*** (0.0000)
X_{19}（农产品加工包装水平）	0.1211*** (0.0000)	0.1276*** (0.0007)	0.1121*** (0.0000)	0.1256*** (0.0000)	0.1322*** (0.0005)	0.1398*** (0.0000)
X_{20}（产业结构合理状况）	0.1311*** (0.0000)	0.1425*** (0.0000)	0.1315*** (0.0000)	0.1375** (0.0117)	0.1423*** (0.0000)	0.1498** (0.0311)
X_{21}（电商平台发展状况）	0.1112*** (0.0000)	0.1232*** (0.0000)	0.1111*** (0.0037)	0.1345** (0.0232)	0.1434*** (0.0000)	0.1467** (0.0312)
X_{22}（农村治安实际状况）	0.1334*** (0.0000)	0.1421*** (0.0033)	0.1334*** (0.0000)	0.1369** (0.0112)	0.1423*** (0.0000)	0.1567** (0.0219)
地区变量	YES	YES	YES	YES	YES	YES
R^2	0.1688	0.1725	0.1667	0.1811	0.1788	0.1878
F 统计量	33.2312	40.0987	12.2321	28.8965	15.5653	34.5643

变量	非民族地区					
	被解释变量：偿债能力		被解释变量：营运能力		被解释变量：营利能力	
	OLS	2SLS	OLS	2SLS	OLS	2SLS
X_1（性别）	0.2121 (0.9876)	0.2336 (0.1123)	0.1645 (0.1257)	0.1767 (0.1378)	0.1589 (0.2129)	0.1611 (0.9545)
X_2（年龄）	0.1211*** (0.0000)	0.1345*** (0.0003)	0.1021*** (0.0000)	0.1153*** (0.0000)	0.1141*** (0.0000)	0.1513*** (0.0000)
X_3（户籍状况）	0.0015*** (0.0000)	0.0021*** (0.0000)	0.0012*** (0.0000)	0.0015*** (0.0068)	0.0019*** (0.0000)	0.0021*** (0.0000)
X_4（婚姻状况）	0.1012*** (0.0000)	0.1211*** (0.0000)	0.1113*** (0.0005)	0.1213*** (0.0007)	0.1125*** (0.0000)	0.1326*** (0.0000)

续表

变量	非民族地区					
	被解释变量：偿债能力		被解释变量：营运能力		被解释变量：营利能力	
	OLS	2SLS	OLS	2SLS	OLS	2SLS
X_5（健康状况）	0.1112*** (0.0000)	0.1257*** (0.0000)	0.1162*** (0.0000)	0.1321*** (0.0000)	0.1225*** (0.0008)	0.1557*** (0.0017)
X_6（文化程度）	0.1121*** (0.0000)	0.1212*** (0.0000)	0.1116*** (0.0000)	0.1211*** (0.0007)	0.1211*** (0.000)	0.1432*** (0.000)
X_7（获得金融服务情况）	0.1511*** (0.0000)	0.1623*** (0.0000)	0.1532*** (0.0000)	0.1622*** (0.0006)	0.1567*** (0.0009)	0.1688*** (0.0000)
X_8（家庭整体氛围）	0.1511*** (0.0000)	0.1621*** (0.0006)	0.1512*** (0.0009)	0.1654*** (0.0000)	0.1556*** (0.0000)	0.1679*** (0.0000)
X_9（家中人口供养比例）	0.1322 (0.3422)	0.1413 (0.2256)	0.1112 (0.3225)	0.1223 (0.3457)	0.1011 (0.1368)	0.1235 (0.4321)
X_{10}（家庭社会资本情况）	0.1112*** (0.0000)	0.1213*** (0.0009)	0.1211*** (0.0000)	0.1322*** (0.0000)	0.1223*** (0.0003)	0.1337*** (0.0002)
X_{11}（基础设施状况）	0.1122 (0.1246)	0.1234 (0.2237)	0.1321 (0.3456)	0.1432 (0.1547)	0.1123 (0.2236)	0.1568 (0.3521)
X_{12}（物流体系健全状况）	0.1127*** (0.0000)	0.1203*** (0.0001)	0.1264*** (0.0009)	0.1501*** (0.0000)	0.1251*** (0.0002)	0.1329*** (0.0000)
X_{13}（农业机械化发展状况）	0.1211*** (0.0000)	0.1356*** (0.0000)	0.1133*** (0.0000)	0.1561*** (0.0000)	0.1657*** (0.0000)	0.2522*** (0.0002)
X_{14}（信息化建设满意度）	0.1212*** (0.0000)	0.1231*** (0.0001)	0.1225*** (0.0000)	0.1532*** (0.0000)	0.1529*** (0.0006)	0.1732*** (0.0000)
X_{15}（农业生产条件状况）	0.1612*** (0.0000)	0.1732*** (0.0000)	0.1711*** (0.0006)	0.1777*** (0.0000)	0.1711*** (0.0002)	0.1812*** (0.0001)
X_{16}（农业技术培训状况）	0.1211** (0.0001)	0.1321*** (0.0008)	0.1211*** (0.0000)	0.1322*** (0.0000)	0.1421*** (0.0000)	0.1512*** (0.0000)
X_{17}（农技人员服务状况）	0.1112*** (0.0009)	0.1232*** (0.0001)	0.1112*** (0.0002)	0.1216*** (0.0009)	0.1311*** (0.0000)	0.1567*** (0.0000)
X_{18}（名优特产推介状况）	0.3111** (0.0000)	0.3235*** (0.0000)	0.3115*** (0.0005)	0.3235*** (0.0001)	0.3112*** (0.0009)	0.3116*** (0.0000)

续表

变量	非民族地区					
	被解释变量：偿债能力		被解释变量：营运能力		被解释变量：营利能力	
	OLS	2SLS	OLS	2SLS	OLS	2SLS
X_{19}（农产品加工包装水平）	0.1011*** (0.0000)	0.1112*** (0.0000)	0.1222*** (0.0006)	0.1323*** (0.0009)	0.1024*** (0.0001)	0.1265*** (0.0000)
X_{20}（产业结构合理状况）	0.1661 (0.1211)	0.1726 (0.1236)	0.1565 (0.1222)	0.1721 (0.1545)	0.1602 (0.1156)	0.1711 (0.4578)
X_{21}（电商平台发展状况）	0.1442*** (0.0002)	0.1525*** (0.0009)	0.1545*** (0.0000)	0.1611*** (0.0000)	0.1632*** (0.0000)	0.1722*** (0.0008)
X_{22}（农村治安实际状况）	0.1611*** (0.0000)	0.1723*** (0.0009)	0.1516*** (0.0000)	0.1678*** (0.0000)	0.1622*** (0.0000)	0.1987*** (0.0000)
地区变量	YES	YES	YES	YES	YES	YES
R^2	0.1689	0.1833	0.1612	0.1768	0.1811	0.1868
F统计量	13.3432	33.3987	21.2322	25.5643	19.0987	33.3398

说明：① *、**、*** 分别表示 10%、5% 和 1% 的显著性水平。② 括号中的数值是稳健性标准差，2SLS 估计中的 R^2 指的是中心 R^2。

3. 稳健性检验及结果分析

从理论上看，学者或从数据出发，或从变量出发，或从计量方法出发，对实证结果进行稳健性检验。充分考虑到本书研究所采用的是问卷调查数据，基于研究的实际需要，本书研究拟从数据出发对前文的实证结果进行稳健性检验。如果以前文指标 X_3（也就是户籍状况）为依据，可以将所有的问卷填写者分为城镇户籍和农村户籍（也就是前文的农业和非城镇蓝印户籍）。基于此，可以分别用城镇户籍的数据和农村户籍的数据来对前文的实证结果进行稳健性检验。表 4.10 为全样本视角下的稳健性回归检验结果，表 4.11 为民族地区视角下的稳健性回归结果，表 4.12 为非民族地区视角下的稳健性回归结果。从表 4.10、表 4.11 和表 4.12 中的结果来看，无论被解释变量取新型农业经营主体的偿债能力、营运能力，还是营利能力，核心解释变量的系数在 1% 显著性水平上显著且为正，这说明新型农业经营主体可以通过金融机构所提供的金融服务来有效促进自身的发展，金融服务的滞后性严重制约了新型农业经营主体的发展。这进一步说明了本书研究所设定的模型和计量结果是稳健而有效的，本书实证所得的研究结论是可靠的。

表 4.10　全样本视角下金融服务制约新型农业经营主体发展原因的稳健性检验结果

金融服务制约新型农业经营主体发展原因的稳健性检验结果（新型农业经营主体系城镇户籍）

变量	被解释变量：偿债能力		被解释变量：营运能力		被解释变量：营利能力	
	OLS	2SLS	OLS	2SLS	OLS	2SLS
X_1（性别）	0.1334 (0.5678)	0.1523 (0.1212)	0.1332 (0.1323)	0.1467 (0.1765)	0.1112 (0.1215)	0.1568 (0.3421)
X_2（年龄）	0.1001*** (0.0000)	0.1145*** (0.0000)	0.1122*** (0.0000)	0.1354*** (0.0000)	0.1142*** (0.0009)	0.1185*** (0.0000)
X_3（户籍状况）	0.2123*** (0.0013)	0.2521*** (0.0023)	0.1529*** (0.0051)	0.1842*** (0.0000)	0.1723*** (0.0000)	0.1876*** (0.0002)
X_4（婚姻状况）	0.1211*** (0.0000)	0.1312*** (0.0007)	0.1217*** (0.0000)	0.1227*** (0.0000)	0.1312*** (0.0000)	0.1564*** (0.0000)
X_5（健康状况）	0.2123*** (0.0003)	0.2236*** (0.0000)	0.2321*** (0.0001)	0.2432*** (0.0000)	0.2021*** (0.0000)	0.2562*** (0.0000)
X_6（文化程度）	0.1011*** (0.0000)	0.1754*** (0.0007)	0.1632*** (0.0000)	0.1811*** (0.0000)	0.1021*** (0.0000)	0.1521*** (0.0009)
X_7（获得金融服务情况）	0.1654*** (0.0011)	0.1789*** (0.0000)	0.1563*** (0.0000)	0.1673*** (0.0000)	0.1653*** (0.0000)	0.1712*** (0.0006)
X_8（家庭整体氛围）	0.2123*** (0.0000)	0.2432*** (0.0000)	0.2031*** (0.0000)	0.2322*** (0.0000)	0.2341*** (0.0000)	0.2435*** (0.0006)
X_9（家中人口供养比例）	0.1415 (0.3211)	0.1525 (0.1345)	0.1511 (0.3329)	0.1623 (0.1232)	0.1512 (0.3211)	0.1673 (0.4321)
X_{10}（家庭社会资本情况）	0.1621*** (0.0000)	0.1712*** (0.0032)	0.1521*** (0.0015)	0.1632*** (0.0032)	0.1411*** (0.0001)	0.1567*** (0.0000)
X_{11}（基础设施状况）	0.1811*** (0.0000)	0.1921*** (0.0000)	0.1621*** (0.0000)	0.1732*** (0.0000)	0.1671*** (0.0000)	0.1725*** (0.0001)

续表

金融服务制约新型农业经营主体发展原因的稳健性检验结果（新型农业经营主体系城镇户籍）

变量	被解释变量：偿债能力		被解释变量：营运能力		被解释变量：营利能力	
	OLS	2SLS	OLS	2SLS	OLS	2SLS
X_{12}（物流体系健全状况）	0.1222*** (0.0000)	0.1342*** (0.0001)	0.1232*** (0.0009)	0.1567*** (0.0005)	0.1521*** (0.0002)	0.1782*** (0.0000)
X_{13}（农业机械化发展状况）	0.1222*** (0.0000)	0.1356*** (0.0000)	0.1132*** (0.0007)	0.1567*** (0.0001)	0.1652*** (0.0005)	0.1225*** (0.0000)
X_{14}（信息化建设满意度）	0.1523*** (0.0000)	0.1631*** (0.0000)	0.1425*** (0.0000)	0.1532*** (0.0000)	0.1329*** (0.0036)	0.1543*** (0.0000)
X_{15}（农业生产条件状况）	0.1213*** (0.0000)	0.1322*** (0.0006)	0.1211*** (0.0053)	0.1335*** (0.0000)	0.1435*** (0.0002)	0.1664*** (0.0061)
X_{16}（农业技术培训状况）	0.1024*** (0.0000)	0.1211*** (0.0000)	0.1123*** (0.0000)	0.1432*** (0.0000)	0.1021*** (0.0005)	0.1332*** (0.0001)
X_{17}（农技人员服务状况）	0.1325*** (0.0000)	0.1511*** (0.0001)	0.1337*** (0.0002)	0.1415*** (0.0000)	0.1312*** (0.0000)	0.1567*** (0.0009)
X_{18}（名优特产推介状况）	0.2123** (0.0146)	0.3112*** (0.0000)	0.2335*** (0.0000)	0.3185*** (0.0001)	0.3012*** (0.0000)	0.3765*** (0.0006)
X_{19}（农产品加工包装水平）	0.1511*** (0.0000)	0.1678*** (0.0009)	0.1411*** (0.0000)	0.1567*** (0.0009)	0.1421*** (0.0001)	0.1787*** (0.0000)
X_{20}（产业结构合理状况）	0.1611 (0.3421)	0.1734 (0.1129)	0.1569 (0.2312)	0.1701 (0.4565)	0.1645 (0.6656)	0.1876 (0.5412)
X_{21}（电商平台发展状况）	0.1512*** (0.0000)	0.1711*** (0.0000)	0.1556*** (0.0000)	0.1734*** (0.0005)	0.1621*** (0.0006)	0.1876*** (0.0002)
X_{22}（农村治安实际状况）	0.1602*** (0.0000)	0.2211*** (0.0009)	0.1567*** (0.0007)	0.1666*** (0.0000)	0.1543*** (0.0006)	0.2219*** (0.0008)
地区变量	YES	YES	YES	YES	YES	YES
R^2	0.1716	0.1886	0.1756	0.1803	0.1723	0.1847
F统计量	17.7654	43.3321	19.9876	35.5653	17.7654	28.8765

续表

金融服务制约新型农业经营主体发展原因的稳健性检验结果（新型农业经营主体系农村户籍）

变量	被解释变量：偿债能力		被解释变量：营运能力		被解释变量：营利能力	
	OLS	2SLS	OLS	2SLS	OLS	2SLS
X_1（性别）	0.1121 (0.1212)	0.1221 (0.2213)	0.1332 (0.1345)	0.1412 (0.1412)	0.1222 (0.3456)	0.1567 (0.7656)
X_2（年龄）	0.0212*** (0.0009)	0.0246*** (0.0000)	0.0229*** (0.0000)	0.0266*** (0.0000)	0.0212*** (0.0000)	0.0289*** (0.0000)
X_3（户籍状况）	0.0125*** (0.0000)	0.0221*** (0.0000)	0.0129*** (0.0000)	0.0141*** (0.0000)	0.0134*** (0.0000)	0.0155*** (0.0000)
X_4（婚姻状况）	0.1222*** (0.0000)	0.1312*** (0.0007)	0.1511*** (0.0005)	0.1834*** (0.0007)	0.1611*** (0.0000)	0.1987*** (0.0000)
X_5（健康状况）	0.1332*** (0.0000)	0.1557*** (0.0000)	0.1311*** (0.0001)	0.1422*** (0.0000)	0.1331*** (0.0000)	0.1611*** (0.0007)
X_6（文化程度）	0.1112*** (0.0000)	0.1223*** (0.0007)	0.1232*** (0.0000)	0.1321*** (0.0000)	0.1012*** (0.0000)	0.1432*** (0.0000)
X_7（获得金融服务情况）	0.1432*** (0.0000)	0.1523*** (0.0000)	0.1332*** (0.0000)	0.1425*** (0.0000)	0.1335*** (0.0009)	0.1557*** (0.0000)
X_8（家庭整体氛围）	0.2123*** (0.0000)	0.2325*** (0.0006)	0.2326*** (0.0009)	0.2667*** (0.0000)	0.2552*** (0.0000)	0.2669*** (0.0000)
X_9（家中人口供养比例）	0.1234 (0.7659)	0.1432 (0.3233)	0.1236 (0.3432)	0.1437 (0.1298)	0.1456 (0.1543)	0.1732 (0.1223)
X_{10}（家庭社会资本情况）	0.1117*** (0.0000)	0.1225*** (0.0000)	0.1321*** (0.0000)	0.1467*** (0.0000)	0.1321*** (0.0000)	0.1442*** (0.0002)
X_{11}（基础设施状况）	0.2022*** (0.0006)	0.2321*** (0.0000)	0.1987*** (0.0000)	0.2011*** (0.0000)	0.1899*** (0.0006)	0.2145*** (0.0000)
X_{12}（物流体系健全状况）	0.1221*** (0.0000)	0.1322*** (0.0001)	0.1256*** (0.0000)	0.1432*** (0.0000)	0.1112*** (0.0002)	0.1332*** (0.0000)
X_{13}（农业机械化发展状况）	0.3021*** (0.0000)	0.3112*** (0.0000)	0.3113*** (0.0000)	0.3233*** (0.0000)	0.3222*** (0.0000)	0.3653*** (0.0002)
X_{14}（信息化建设满意度）	0.1121*** (0.0005)	0.1331*** (0.0000)	0.1025*** (0.0000)	0.1132*** (0.0007)	0.1229*** (0.0000)	0.1632*** (0.0000)

续表

金融服务制约新型农业经营主体发展原因的稳健性检验结果（新型农业经营主体系农村户籍）

变量	被解释变量：偿债能力		被解释变量：营运能力		被解释变量：营利能力	
	OLS	2SLS	OLS	2SLS	OLS	2SLS
X_{15}（农业生产条件状况）	0.1622*** (0.0001)	0.1735*** (0.0000)	0.1711*** (0.0000)	0.1801*** (0.0000)	0.1612*** (0.0000)	0.1755*** (0.0000)
X_{16}（农业技术培训状况）	0.1511** (0.0151)	0.1678*** (0.0008)	0.1326*** (0.0000)	0.1524*** (0.0000)	0.1327*** (0.0000)	0.1556*** (0.0000)
X_{17}（农技人员服务状况）	0.1112*** (0.0009)	0.1312*** (0.0000)	0.1211*** (0.0000)	0.1312*** (0.0009)	0.1222*** (0.0000)	0.1567*** (0.0000)
X_{18}（名优特产推介状况）	0.3012** (0.0156)	0.3112*** (0.0000)	0.3023*** (0.0000)	0.3225*** (0.0001)	0.3543*** (0.0000)	0.3725*** (0.0000)
X_{19}（农产品加工包装水平）	0.1321*** (0.0012)	0.1455*** (0.0000)	0.1322*** (0.0006)	0.1523*** (0.0000)	0.1423*** (0.0001)	0.1675*** (0.0000)
X_{20}（产业结构合理状况）	0.1546 (0.267)	0.1622 (0.2232)	0.1523 (0.2312)	0.1767 (0.1445)	0.1621 (0.2332)	0.1867 (0.2378)
X_{21}（电商平台发展状况）	0.1615*** (0.0000)	0.1711*** (0.0000)	0.1535*** (0.0007)	0.1615*** (0.0005)	0.1623*** (0.0006)	0.1876*** (0.0000)
X_{22}（农村治安实际状况）	0.1611*** (0.0000)	0.1677*** (0.0000)	0.1435*** (0.0000)	0.1533*** (0.0007)	0.1444*** (0.0000)	0.1765*** (0.0000)
地区变量	YES	YES	YES	YES	YES	YES
R^2	0.1632	0.1801	0.1723	0.1856	0.1723	0.1887
F 统计量	12.2312	15.5632	28.8765	35.5655	23.3211	30.0987

说明：① *、**、***分别表示10%、5%和1%的显著性水平。②括号中的数值是稳健性标准差，2SLS 估计中的 R^2 指的是中心 R^2。

表 4.11 民族地区视角下金融服务制约新型农业经营主体发展原因的稳健性检验结果

金融服务制约新型农业经营主体发展原因的稳健性检验结果（新型农业经营主体系城镇户籍）

变量	被解释变量：偿债能力		被解释变量：营运能力		被解释变量：营利能力	
	OLS	2SLS	OLS	2SLS	OLS	2SLS
X_1（性别）	0.1221 (0.1678)	0.1321 (0.1322)	0.1332 (0.1432)	0.1432 (0.1543)	0.1112 (0.3345)	0.1223 (0.1223)

续表

金融服务制约新型农业经营主体发展原因的稳健性检验结果（新型农业经营主体系城镇户籍）

变量	被解释变量：偿债能力		被解释变量：营运能力		被解释变量：营利能力	
	OLS	2SLS	OLS	2SLS	OLS	2SLS
X_2（年龄）	0.0133*** (0.0014)	0.0156*** (0.0000)	0.0111*** (0.0000)	0.0145*** (0.0000)	0.0132*** (0.0000)	0.0176*** (0.0007)
X_3（户籍状况）	0.1123*** (0.0000)	0.1223*** (0.0008)	0.1129*** (0.0000)	0.1332*** (0.0000)	0.1139*** (0.0000)	0.1346*** (0.0000)
X_4（婚姻状况）	0.1651*** (0.0000)	0.1724*** (0.0007)	0.1522*** (0.0005)	0.1622*** (0.0007)	0.1522*** (0.0009)	0.1776*** (0.0007)
X_5（健康状况）	0.1125*** (0.0000)	0.1323*** (0.0000)	0.1212*** (0.0000)	0.1533*** (0.0000)	0.1522*** (0.0000)	0.1687*** (0.0000)
X_6（文化程度）	0.1112*** (0.0000)	0.1213*** (0.0000)	0.1332*** (0.0009)	0.1432*** (0.0007)	0.1232*** (0.0000)	0.1543*** (0.0000)
X_7（获得金融服务情况）	0.1556*** (0.0000)	0.1612*** (0.0000)	0.1512*** (0.0009)	0.1765*** (0.0000)	0.1412*** (0.0000)	0.1567*** (0.0000)
X_8（家庭整体氛围）	0.1453*** (0.0009)	0.1567*** (0.0006)	0.1432*** (0.0000)	0.1544*** (0.0000)	0.1423*** (0.0000)	0.1675*** (0.0000)
X_9（家中人口供养比例）	0.1557 (0.1222)	0.1669 (0.1432)	0.1557 (0.1368)	0.1669 (0.2245)	0.1557 (0.4567)	0.1669 (0.5432)
X_{10}（家庭社会资本情况）	0.1322*** (0.0002)	0.1432*** (0.0000)	0.1223*** (0.0005)	0.1337*** (0.0008)	0.1334*** (0.0000)	0.1543*** (0.0000)
X_{11}（基础设施状况）	0.1724 (0.2123)	0.1815 (0.3432)	0.1767 (0.1232)	0.1887 (0.3321)	0.1756 (0.3234)	0.1987 (0.4333)
X_{12}（物流体系健全状况）	0.1415*** (0.0006)	0.1567*** (0.0001)	0.1323*** (0.0000)	0.1788*** (0.0000)	0.1233*** (0.0000)	0.1786*** (0.0002)
X_{13}（农业机械化发展状况）	0.2323*** (0.0000)	0.2433*** (0.0009)	0.2123*** (0.0000)	0.2543*** (0.0000)	0.2156*** (0.0000)	0.2876*** (0.0002)
X_{14}（信息化建设满意度）	0.2112*** (0.0000)	0.2432*** (0.0001)	0.2223*** (0.0000)	0.2567*** (0.0000)	0.2221*** (0.0000)	0.2765*** (0.0007)
X_{15}（农业生产条件状况）	0.1332*** (0.0000)	0.14543*** (0.0000)	0.1223*** (0.0000)	0.1343*** (0.0001)	0.1256*** (0.0002)	0.1356*** (0.0000)

续表

金融服务制约新型农业经营主体发展原因的稳健性检验结果（新型农业经营主体系城镇户籍）

变量	被解释变量：偿债能力		被解释变量：营运能力		被解释变量：营利能力	
	OLS	2SLS	OLS	2SLS	OLS	2SLS
X_{16}（农业技术培训状况）	0.1223** (0.0000)	0.1432*** (0.0008)	0.1022*** (0.0006)	0.1332*** (0.0000)	0.1333*** (0.0000)	0.1789*** (0.0001)
X_{17}（农技人员服务状况）	0.2021*** (0.0000)	0.2502*** (0.0000)	0.2361*** (0.0002)	0.2652*** (0.0009)	0.2521*** (0.0000)	0.2556*** (0.0000)
X_{18}（名优特产推介状况）	0.2345*** (0.0000)	0.2962*** (0.0000)	0.2536*** (0.0000)	0.2781*** (0.0000)	0.2011*** (0.0000)	0.2662*** (0.0000)
X_{19}（农产品加工包装水平）	0.1124*** (0.0008)	0.1225*** (0.0000)	0.1325*** (0.0000)	0.1523*** (0.0000)	0.1024*** (0.0000)	0.1269*** (0.0000)
X_{20}（产业结构合理状况）	0.1662 (0.1232)	0.1725 (0.2321)	0.1568 (0.3231)	0.1725 (0.3237)	0.1601 (0.4243)	0.2029 (0.2347)
X_{21}（电商平台发展状况）	0.1634*** (0.0000)	0.1711*** (0.0009)	0.1511*** (0.0000)	0.1789*** (0.0000)	0.1622*** (0.0000)	0.1987*** (0.0000)
X_{22}（农村治安实际状况）	0.2121*** (0.0000)	0.2722*** (0.0009)	0.2561*** (0.0000)	0.2723*** (0.0000)	0.2623*** (0.0000)	0.2715*** (0.0000)
地区变量	YES	YES	YES	YES	YES	YES
R^2	0.1701	0.1821	0.1711	0.1887	0.1765	0.1878
F 统计量	16.6654	33.3432	20.0987	35.5543	32.2232	55.5654

金融服务制约新型农业经营主体发展原因的稳健性检验结果（新型农业经营主体系农村户籍）

变量	被解释变量：偿债能力		被解释变量：营运能力		被解释变量：营利能力	
	OLS	2SLS	OLS	2SLS	OLS	2SLS
X_1（性别）	0.1223 (0.1123)	0.1432 (0.1144)	0.1232 (0.1256)	0.1343 (0.1332)	0.1112 (0.2133)	0.1456 (0.9565)
X_2（年龄）	0.0111*** (0.0000)	0.0156*** (0.0000)	0.0134*** (0.0000)	0.0145*** (0.0000)	0.0134*** (0.0000)	0.0177*** (0.0000)
X_3（户籍状况）	0.0123*** (0.0000)	0.0131*** (0.0000)	0.0129*** (0.0001)	0.0145*** (0.0000)	0.0122*** (0.0000)	0.0143*** (0.0000)

续表

金融服务制约新型农业经营主体发展原因的稳健性检验结果（新型农业经营主体系农村户籍）

变量	被解释变量：偿债能力		被解释变量：营运能力		被解释变量：营利能力	
	OLS	2SLS	OLS	2SLS	OLS	2SLS
X_4（婚姻状况）	0.1115*** (0.0000)	0.1567*** (0.0000)	0.1235*** (0.0005)	0.1565*** (0.0007)	0.1423*** (0.0009)	0.1789*** (0.0000)
X_5（健康状况）	0.1412*** (0.0003)	0.1523*** (0.0000)	0.1311*** (0.0001)	0.1445*** (0.0000)	0.1501*** (0.0000)	0.1655*** (0.0000)
X_6（文化程度）	0.1342*** (0.0000)	0.1423*** (0.0000)	0.1224*** (0.0000)	0.1532*** (0.0007)	0.1323*** (0.0007)	0.1665*** (0.0009)
X_7（获得金融服务情况）	0.1567*** (0.0000)	0.1656*** (0.0000)	0.1321*** (0.0000)	0.1432*** (0.0006)	0.1234*** (0.0000)	0.1517*** (0.0000)
X_8（家庭整体氛围）	0.1112*** (0.0009)	0.1232*** (0.0000)	0.1222*** (0.0000)	0.1323*** (0.0006)	0.1112*** (0.0000)	0.1423*** (0.0000)
X_9（家中人口供养比例）	0.1332 (0.1234)	0.1423 (0.4567)	0.1334 (0.4568)	0.1567 (0.3657)	0.1339 (0.4342)	0.1578 (0.3234)
X_{10}（家庭社会资本情况）	0.1112*** (0.0000)	0.1322*** (0.0000)	0.1212*** (0.0000)	0.1346*** (0.0000)	0.1223*** (0.0000)	0.1432*** (0.0000)
X_{11}（基础设施状况）	0.1223*** (0.0000)	0.1332*** (0.0000)	0.1335*** (0.0000)	0.1456*** (0.0000)	0.1335*** (0.0006)	0.1567*** (0.0000)
X_{12}（物流体系健全状况）	0.1512*** (0.0000)	0.1645*** (0.0001)	0.1422*** (0.0000)	0.1687*** (0.0000)	0.1321*** (0.0000)	0.1654*** (0.0000)
X_{13}（农业机械化发展状况）	0.1221*** (0.0000)	0.1321*** (0.0000)	0.1112*** (0.0000)	0.1323*** (0.0000)	0.1322*** (0.0000)	0.1453*** (0.0000)
X_{14}（信息化建设满意度）	0.2345*** (0.0005)	0.3221*** (0.0001)	0.2567*** (0.0000)	0.3322*** (0.0000)	0.2123*** (0.0000)	0.3021*** (0.0000)
X_{15}（农业生产条件状况）	0.1221*** (0.0001)	0.1722*** (0.0000)	0.1252*** (0.0000)	0.1535*** (0.0000)	0.1425*** (0.0000)	0.1734*** (0.0000)
X_{16}（农业技术培训状况）	0.1211** (0.0000)	0.1332*** (0.0000)	0.1226*** (0.0006)	0.1456*** (0.0000)	0.1335*** (0.0000)	0.1567*** (0.0001)
X_{17}（农技人员服务状况）	0.1425*** (0.0000)	0.1556*** (0.0001)	0.1312*** (0.0002)	0.1522*** (0.0000)	0.1227*** (0.0000)	0.1554*** (0.0000)

续表

金融服务制约新型农业经营主体发展原因的稳健性检验结果（新型农业经营主体系农村户籍）

变量	被解释变量：偿债能力		被解释变量：营运能力		被解释变量：营利能力	
	OLS	2SLS	OLS	2SLS	OLS	2SLS
X_{18}（名优特产推介状况）	0.3121** (0.0146)	0.3234*** (0.0000)	0.3015*** (0.0000)	0.3125*** (0.0001)	0.3022*** (0.0009)	0.3239*** (0.0000)
X_{19}（农产品加工包装水平）	0.1222*** (0.0000)	0.1456*** (0.0000)	0.1375*** (0.0000)	0.1555*** (0.0000)	0.1621*** (0.0001)	0.1857*** (0.0000)
X_{20}（产业结构合理状况）	0.1322 (0.2323)	0.1433 (0.2559)	0.1511 (0.5617)	0.1603 (0.1545)	0.1556 (0.5426)	0.1599 (0.5678)
X_{21}（电商平台发展状况）	0.1342*** (0.0000)	0.1415*** (0.0000)	0.1312*** (0.0000)	0.1435*** (0.0000)	0.1301*** (0.0000)	0.1569*** (0.0000)
X_{22}（农村治安实际状况）	0.1621*** (0.0000)	0.1711*** (0.0009)	0.1543*** (0.0007)	0.1767*** (0.0000)	0.1656*** (0.0006)	0.1987*** (0.0000)
地区变量	YES	YES	YES	YES	YES	YES
R^2	0.1654	0.1735	0.1734	0.1856	0.1778	0.1902
F 统计量	12.2322	20.0987	23.3211	35.5432	29.9873	40.0984

说明：① *、**、*** 分别表示10%、5%和1%的显著性水平。② 括号中的数值是稳健性标准差，2SLS 估计中的 R^2 指的是中心 R^2。

表4.12 非民族地区视角下金融服务制约新型农业经营主体发展原因的稳健性检验结果

金融服务制约新型农业经营主体发展原因的稳健性检验结果（新型农业经营主体系城镇户籍）

变量	被解释变量：偿债能力		被解释变量：营运能力		被解释变量：营利能力	
	OLS	2SLS	OLS	2SLS	OLS	2SLS
X_1（性别）	0.1432 (0.3234)	0.1543 (0.3267)	0.1443 (0.4533)	0.1567 (0.1432)	0.1332 (0.3327)	0.1679 (0.3458)
X_2（年龄）	0.0136*** (0.0009)	0.0156*** (0.0003)	0.0112*** (0.0006)	0.0138*** (0.0000)	0.0123*** (0.0000)	0.0165*** (0.0000)
X_3（户籍状况）	0.0123*** (0.0003)	0.0142*** (0.0000)	0.0129*** (0.0001)	0.0145*** (0.0009)	0.0134*** (0.0000)	0.0156*** (0.0002)

续表

金融服务制约新型农业经营主体发展原因的稳健性检验结果（新型农业经营主体系城镇户籍）

变量	被解释变量：偿债能力		被解释变量：营运能力		被解释变量：营利能力	
	OLS	2SLS	OLS	2SLS	OLS	2SLS
X_4（婚姻状况）	0.1567*** (0.0000)	0.1722*** (0.0000)	0.1511*** (0.0005)	0.1673*** (0.0007)	0.1655*** (0.0009)	0.1876*** (0.0007)
X_5（健康状况）	0.1411*** (0.0013)	0.1565*** (0.0000)	0.1311*** (0.0091)	0.1435*** (0.0008)	0.1512*** (0.0000)	0.1769*** (0.0000)
X_6（文化程度）	0.1512*** (0.0000)	0.1625*** (0.0000)	0.1512*** (0.000)	0.1811*** (0.0007)	0.1821*** (0.0000)	0.1925*** (0.0000)
X_7（获得金融服务情况）	0.1589*** (0.0000)	0.1721*** (0.0000)	0.1563*** (0.0000)	0.1615*** (0.0000)	0.1511*** (0.0000)	0.1987*** (0.0000)
X_8（家庭整体氛围）	0.1512*** (0.0000)	0.1656*** (0.0000)	0.1123*** (0.0000)	0.1632*** (0.0006)	0.1522*** (0.0000)	0.1715*** (0.0000)
X_9（家中人口供养比例）	0.2212 (0.1321)	0.2662 (0.1456)	0.2553 (0.1235)	0.3611 (0.1158)	0.2512 (0.1567)	0.2695 (0.5678)
X_{10}（家庭社会资本情况）	0.1212*** (0.0000)	0.1315*** (0.0000)	0.1118*** (0.0000)	0.1235*** (0.0000)	0.1125*** (0.0003)	0.1456*** (0.0002)
X_{11}（基础设施状况）	0.2123*** (0.0000)	0.2422*** (0.0007)	0.2025*** (0.0000)	0.2325*** (0.0007)	0.2368*** (0.0000)	0.2471*** (0.0000)
X_{12}（物流体系健全状况）	0.1221*** (0.0006)	0.1634*** (0.0001)	0.1411*** (0.0009)	0.1567*** (0.0005)	0.1412*** (0.0002)	0.1553*** (0.0000)
X_{13}（农业机械化发展状况）	0.2501*** (0.0000)	0.3122*** (0.0001)	0.2423*** (0.0000)	0.3221*** (0.0000)	0.2329*** (0.0006)	0.3227*** (0.0007)
X_{14}（信息化建设满意度）	0.2017*** (0.0000)	0.2231*** (0.0001)	0.2025*** (0.0000)	0.2133*** (0.0007)	0.2129*** (0.0000)	0.2532*** (0.0000)
X_{15}（农业生产条件状况）	0.1678*** (0.0001)	0.1732*** (0.0000)	0.1723*** (0.0000)	0.1822*** (0.0000)	0.1737*** (0.0002)	0.1878*** (0.0001)
X_{16}（农业技术培训状况）	0.1035** (0.0137)	0.1227*** (0.0000)	0.1128*** (0.0006)	0.1278*** (0.0000)	0.1311*** (0.0005)	0.1467*** (0.0000)
X_{17}（农技人员服务状况）	0.1556*** (0.0022)	0.1676*** (0.0000)	0.1433*** (0.0002)	0.1567*** (0.0000)	0.1489*** (0.0000)	0.1768*** (0.0009)

续表

金融服务制约新型农业经营主体发展原因的稳健性检验结果（新型农业经营主体系城镇户籍）

变量	被解释变量：偿债能力		被解释变量：营运能力		被解释变量：营利能力	
	OLS	2SLS	OLS	2SLS	OLS	2SLS
X_{18}（名优特产推介状况）	0.3112** (0.0139)	0.3423*** (0.0002)	0.3221*** (0.0000)	0.3565*** (0.0000)	0.3542*** (0.0009)	0.3678*** (0.0000)
X_{19}（农产品加工包装水平）	0.1232*** (0.0000)	0.1322*** (0.0000)	0.1401*** (0.0006)	0.1553*** (0.0000)	0.1456*** (0.0001)	0.1675*** (0.0000)
X_{20}（产业结构合理状况）	0.1612*** (0.0003)	0.1711*** (0.0000)	0.1535*** (0.0000)	0.1653*** (0.0000)	0.1543*** (0.0006)	0.6532*** (0.0000)
X_{21}（电商平台发展状况）	0.1615*** (0.0000)	0.1735*** (0.0009)	0.1521*** (0.0007)	0.1717*** (0.0035)	0.1611*** (0.0036)	0.1876*** (0.0028)
X_{22}（农村治安实际状况）	0.1232*** (0.0000)	0.1512*** (0.0000)	0.11123*** (0.0000)	0.1234*** (0.0011)	0.1101*** (0.0000)	0.1325*** (0.0000)
地区变量	YES	YES	YES	YES	YES	YES
R^2	0.1623	0.1752	0.1732	0.1788	0.1656	0.1867
F 统计量	23.3425	33.2312	20.0321	44.2321	23.3432	55.5432

金融服务制约新型农业经营主体发展原因的稳健性检验结果（新型农业经营主体系农村户籍）

变量	被解释变量：偿债能力		被解释变量：营运能力		被解释变量：营利能力	
	OLS	2SLS	OLS	2SLS	OLS	2SLS
X_1（性别）	0.1321 (0.1212)	0.1423 (0.1234)	0.1123 (0.1543)	0.1233 (0.1223)	0.1543 (0.2543)	0.1432 (0.3212)
X_2（年龄）	0.0123*** (0.0043)	0.0137*** (0.0039)	0.0122*** (0.0041)	0.0135*** (0.0012)	0.0121*** (0.0021)	0.0156*** (0.0011)
X_3（户籍状况）	0.0212*** (0.0003)	0.0321*** (0.0000)	0.0122*** (0.0057)	0.0156*** (0.0025)	0.0121*** (0.0012)	0.0135*** (0.0000)
X_4（婚姻状况）	0.1231*** (0.0000)	0.1321*** (0.0027)	0.1433*** (0.0025)	0.1515*** (0.0067)	0.1601*** (0.0000)	0.1765*** (0.0007)
X_5（健康状况）	0.1122*** (0.0003)	0.1321*** (0.0007)	0.1113*** (0.0001)	0.1275*** (0.0000)	0.1123*** (0.0000)	0.1345*** (0.0000)

续表

金融服务制约新型农业经营主体发展原因的稳健性检验结果（新型农业经营主体系农村户籍）

变量	被解释变量：偿债能力		被解释变量：营运能力		被解释变量：营利能力	
	OLS	2SLS	OLS	2SLS	OLS	2SLS
X_6（文化程度）	0.1342*** (0.0000)	0.1543*** (0.0007)	0.1011*** (0.0007)	0.1234*** (0.0000)	0.1211*** (0.000)	0.1356*** (0.0009)
X_7（获得金融服务情况）	0.1512*** (0.0000)	0.1624*** (0.0000)	0.1569*** (0.0009)	0.1601*** (0.0006)	0.1511*** (0.0000)	0.1715*** (0.0000)
X_8（家庭整体氛围）	0.1211*** (0.0000)	0.1234*** (0.0000)	0.1023*** (0.0000)	0.1223*** (0.0000)	0.1032*** (0.0000)	0.1356*** (0.0000)
X_9（家中人口供养比例）	0.2321 (0.1323)	0.2356 (0.1235)	0.2025 (0.1657)	0.2322 (0.4322)	0.2112 (0.5643)	0.2567 (0.6754)
X_{10}（家庭社会资本情况）	0.1322*** (0.0000)	0.1454*** (0.0000)	0.1112*** (0.0005)	0.1236*** (0.0008)	0.1415*** (0.0003)	0.1678*** (0.0000)
X_{11}（基础设施状况）	0.1231*** (0.0000)	0.1453*** (0.0007)	0.1233*** (0.0006)	0.1546*** (0.0007)	0.1123*** (0.0000)	0.1457*** (0.0000)
X_{12}（物流体系健全状况）	0.1323*** (0.0000)	0.1401*** (0.0000)	0.1423*** (0.0000)	0.1645*** (0.0005)	0.1522*** (0.0002)	0.1677*** (0.0000)
X_{13}（农业机械化发展状况）	0.2341*** (0.0000)	0.2456*** (0.0000)	0.2127 (0.0000)	0.2232*** (0.0000)	0.2122*** (0.0021)	0.2256*** (0.0000)
X_{14}（信息化建设满意度）	0.2512*** (0.0012)	0.3011*** (0.0011)	0.2621*** (0.0006)	0.3101*** (0.0000)	0.2512*** (0.0006)	0.3149*** (0.0007)
X_{15}（农业生产条件状况）	0.1232*** (0.0000)	0.1321*** (0.0000)	0.1215*** (0.0000)	0.1335*** (0.0036)	0.1145*** (0.0000)	0.1321*** (0.0001)
X_{16}（农业技术培训状况）	0.1212** (0.0156)	0.1256*** (0.0000)	0.1123*** (0.0000)	0.1323*** (0.0004)	0.1345*** (0.0005)	0.1567*** (0.0031)
X_{17}（农技人员服务状况）	0.1356*** (0.0000)	0.1452*** (0.0000)	0.1312*** (0.0002)	0.1432*** (0.0009)	0.1332*** (0.0012)	0.1655*** (0.0029)
X_{18}（名优特产推介状况）	0.3121** (0.0186)	0.3567*** (0.0000)	0.3232*** (0.0000)	0.3565*** (0.0001)	0.3015*** (0.0009)	0.3332*** (0.0000)
X_{19}（农产品加工包装水平）	0.1112*** (0.0000)	0.1213*** (0.0000)	0.1223*** (0.0067)	0.1345*** (0.0000)	0.1021*** (0.0000)	0.1456*** (0.0000)

续表

金融服务制约新型农业经营主体发展原因的稳健性检验结果（新型农业经营主体系农村户籍）

变量	被解释变量：偿债能力		被解释变量：营运能力		被解释变量：营利能力	
	OLS	2SLS	OLS	2SLS	OLS	2SLS
X_{20}（产业结构合理状况）	0.1545 (0.2345)	0.1737 (0.3432)	0.1511 (0.6754)	0.1678 (0.4323)	0.1656 (0.1346)	0.1879 (0.1278)
X_{21}（电商平台发展状况）	0.1232*** (0.0000)	0.1415*** (0.0067)	0.1511*** (0.0023)	0.1623*** (0.0000)	0.1637*** (0.0000)	0.1786*** (0.0012)
X_{22}（农村治安实际状况）	0.1211*** (0.0000)	0.1345*** (0.0000)	0.1511*** (0.0000)	0.1677*** (0.0000)	0.1678*** (0.0000)	0.1987*** (0.0022)
地区变量	YES	YES	YES	YES	YES	YES
R^2	0.1712	0.1812	0.1715	0.1845	0.1702	0.1857
F 统计量	25.5467	35.5655	32.3432	39.9876	22.2321	39.9876

说明：① *、**、*** 分别表示10%、5%和1%的显著性水平。② 括号中的数值是稳健性标准差，2SLS 估计中的 R^2 指的是中心 R^2。

三 金融服务制约新型农业经营主体发展原因的实证结论

本书研究以我国西部地区除西藏和新疆外的10个省级单位、2703份有效调查问卷数据为基础，实证金融服务制约新型农业经营主体发展的原因。无论被解释变量取新型农业经营主体的偿债能力、营运能力，还是营利能力，核心解释变量的系数在1%显著性水平上显著且为正，这充分说明了新型农业经营主体可以通过金融机构所提供的金融服务来有效促进自身的发展，金融服务的滞后性严重制约了新型农业经营主体的发展。同时发现，性别、家中人口供养比例、基础设施状况、产业结构合理状况等变量不是金融服务制约新型农业经营主体发展的原因，而年龄、户籍状况、婚姻状况、健康状况、文化程度、家庭整体氛围、家庭社会资本情况、物流体系健全状况、农业机械化发展状况、信息化建设满意度、农业生产条件状况、农业技术培训状况、农技人员服务状况、名优特产推介状况、农产品加工包装水平、电商平台发展状况和农村治安实际状况则是金融服务制约新型农业经营主体发展的原因。概括来说，金融服务制约新型农业经营主体发展的原因是多方面的，既有金融机构自身的原因，也有新型农业经营主体自身的原因，还与新型农业经营主体所在区域的情况密切相关。

第五章　金融服务制约新型农业经营主体发展的影响

在前面的章节中，本书重点分析了金融服务制约新型农业经营主体发展的现实表现及其背后的多层次原因，在此基础上，继续以调查问卷为例，本章将探究金融服务制约新型农业经营主体发展的影响。从对调查问卷的初步处理来看，金融服务对四大类新型农业经营主体（种养殖专业大户、家庭农场、农民专业合作社和农业龙头企业）的影响虽然会存在差异，但是，相关核心变量指标的正负号及其显著性并未发生根本性变化。因此，本章从宏观视角出发，重点探究金融服务对新型农业经营主体增收效应、就业效应和幸福效应的影响。之所以选择这三种效应，主要是基于新型农业经营主体自身角度考虑的，通过调查问卷可以更为客观真实地反映新型农业经营主体的现实感受。事实上，在开展调查问卷之前，通过对新型农业经营主体的访谈发现，金融服务制约新型农业经营主体发展的影响也主要是在这三大方面，最终在问卷设计中课题组也侧重于此方面问题的设计。

第一节　金融服务对新型农业经营主体增收效应的影响

在前文的分析中，本书研究已经对金融服务创新与新型农业经营主体发展之间的关系进行了剖析；立足前文的研究基础，本节拟继续分析金融服务对新型农业经营主体增收效应的影响。在实际研究过程中，既需要从宏观层面考虑金融服务对所有新型农业经营主体增收效应的影响，也要充分考虑金融服务对不同种类新型农业经营主体增收效应影响的差异性。因此，在实际研究过程中，本书研究先从宏观视角出发实证金融服务对新型农业经营主体增收效应的影响，接着从种养殖专业大户、家庭农场、农民专业合作社、农业龙头企业等视角研究金融服务对其影响的差异性。当然，在实际研究的过程中，也会就不同地区金融服务对新型农业经营主体发展的影响进行实证分析。

一　指标选择与模型设定

要实证分析金融服务对新型农业经营主体增收效应的影响，必须首先界定被解释变量，也就是要弄清楚新型农业经营主体的增收效应。基于研究的实际需要，本书研究拟将下述问题的答案作为被解释变量。该问题是："请问金融机构所提供的金融服务对你去年家庭实际收入的影响情况如何？A. 没任何影响；B. 影响较小；C. 一般；D. 影响较大；E. 影响非常大。"在具体研究的过程中，为更好地捕捉金融服务对新型农业经营主体增收效应影响的动态效应，本书将"没任何影响""影响较小""一般""影响较大""影响非常大"分别赋值 -2、-1、0、1 和 2。

其次，要实证金融服务对新型农业经营主体增收效应的影响，除了需要明确界定被解释变量外，还需要科学界定核心解释变量。本书的核心解释变量是新型农业经营主体对金融服务的真实评价。基于研究的实际需要，本书拟将下述问题的答案作为核心解释变量。该问题是："请问你对金融机构所提供的金融服务到底怎么评价？A. 非常不满意；B. 不满意；C. 一般；D. 满意；E. 非常满意。"需要特别说明的是，在实证研究的过程中，为了更好地捕捉金融服务对新型农业经营主体增收效应影响的动态效应，本书拟对"非常不满意""不满意""一般""满意"和"非常满意"分别赋值 -2、-1、0、1 和 2。

在实地调研的过程中，课题组发现：影响金融服务制约新型农业经营主体增收效应的因素，除了核心解释变量——金融服务外，还有其他因素也会对新型农业经营主体的生产经营活动产生影响，进而直接制约新型农业经营主体的增收。概括来说，这些因素可以分为新型农业经营主体各方面的情况、新型农业经营主体家庭各方面的情况、新型农业经营主体所在区域各方面的情况。基于研究的需要，本书分别将这三方面的影响因素纳入三组控制变量中,并分别记为户主禀赋变量、家庭特征变量和区域特征变量。具体来说,户主禀赋变量包括 X_1(性别)、X_2(年龄)、X_3(户籍状况)、X_4(婚姻状况)、X_5(健康状况)和 X_6(文化程度);家庭特征变量包括 X_8(家庭整体氛围)、X_9(家中人口供养比例)以及 X_{10}(家庭社会资本情况);区域特征变量包括 X_{11}(基础设施状况)、X_{12}(物流体系健全状况)、X_{13}(农业机械化发展状况)、X_{14}(信息化建设满意度)、X_{15}(农业生产条件状况)、X_{16}(农业技术培训状况)、X_{17}(农技人员服务状况)、X_{18}(名优特产推介状况)、X_{19}(农产品加工包装水平)、X_{20}(产业结构合理状况)、X_{21}(电商平台发展状况)以及 X_{22}(农村治安实际状况)。相关指标的赋值情况及其描述性统计分析结果如表 5.1 所示。

在全面介绍上述相关变量的基础上,本书将金融服务影响新型农业经营主体增收效应的模型设定如下:

$$Y_i = \beta_0 + \beta_j \sum_{j=1}^{K} X_{ji} + Dummy_z + \varepsilon_i \qquad (5-1)$$

在模型(5-1)中,Y 为被解释变量,表示新型农业经营主体的增收效应。下标 i 表示第 i 个新型农业经营主体。下标 j 表示影响新型农业经营主体增收效应的第 j 个因素,j 的取值范围为 1 到 K,K 取正整数。X_{ji} 表示影响新型农业经营主体增收效应的所有因素。$Dummy$ 为地区虚拟变量,当 i 为西部民族地区新型农业经营主体时,z 取 1;当 i 为西部非民族地区新型农业经营主体时,z 取 2。ε 为随机误差项。

表 5.1　　　各指标的赋值情况及其描述性统计分析结果

变量	变量类型	变量赋值	均值	标准差
Y(新型农业经营主体的增收效应)	因变量	没有任何影响 = -2,影响较小 = -1,一般 = 0,影响较大 = 1,影响非常大 = 2	0.1087	0.1201
X_1(性别)	户主禀赋变量	男 = 1,女 = 0	0.5527	0.2027
X_2(年龄)	户主禀赋变量	30 岁及以下 = 1,31—39 岁 = 2,40 岁及以上 = 3	2.2357	0.1027

续表

变量	变量类型	变量赋值	均值	标准差
X_3（户籍状况）	户主禀赋变量	城镇=1，农业和非城镇蓝印户籍=0	0.4957	0.1022
X_4（婚姻状况）	户主禀赋变量	未婚=1，已婚=2，丧偶=3，离异=4	2.0217	0.2027
X_5（健康状况）	户主禀赋变量	良好=1，一般=2，差=3	2.0017	0.1007
X_6（文化程度）	户主禀赋变量	小学及以下=1，初中=2，高中及以上=3	2.2987	0.1267
X_7（新型农业经营主体对金融服务的评价）	家庭特征变量	非常不满意=-2，不满意=-1，一般=0，满意=1，非常满意=2	0.3762	0.1762
X_8（家庭整体氛围）	家庭特征变量	民主型=1，独裁型=0	0.5217	0.3227
X_9（家中人口供养比例）	家庭特征变量	1个及以下=1，2—3个=2，3个以上=3	2.2357	0.1257
X_{10}（家庭社会资本情况）	家庭特征变量	家庭全年礼金支出占家庭总收入的比重	0.2227	15.5627
X_{11}（基础设施状况）	区域特征变量	不满意=1，一般=2，满意=3	1.9857	0.0687
X_{12}（物流体系健全状况）	区域特征变量	不满意=1，一般=2，满意=3	1.6987	0.0687
X_{13}（农业机械化发展状况）	区域特征变量	不满意=1，一般=2，满意=3	2.0027	0.0215
X_{14}（信息化建设满意度）	区域特征变量	不满意=1，一般=2，满意=3	1.3657	0.0267
X_{15}（农业生产条件状况）	区域特征变量	不满意=1，一般=2，满意=3	0.5217	0.3037
X_{16}（农业技术培训状况）	区域特征变量	不满意=1，一般=2，满意=3	2.2025	0.2267
X_{17}（农技人员服务状况）	区域特征变量	不满意=1，一般=2，满意=3	1.9857	0.3657
X_{18}（名优特产推介状况）	区域特征变量	推介=1，不推介=0	0.5217	0.0026
X_{19}（农产品加工包装水平）	区域特征变量	不满意=1，一般=2，满意=3	1.9857	0.1257
X_{20}（产业结构合理状况）	区域特征变量	不满意=1，一般=2，满意=3	1.6258	0.3651
X_{21}（电商平台发展状况）	区域特征变量	不满意=1，一般=2，满意=3	1.9587	0.2129
X_{22}（农村治安实际状况）	区域特征变量	不满意=1，一般=2，满意=3	1.5217	0.0007

说明：有关变量 X_{10}（家庭社会资本情况）的情况与前面章节介绍的一样，此处不再做特别说明。

二 数据来源及实证分析思路

与前文一样，本节实证分析所使用的数据来源于课题组的调查问卷。虽然课题组在研究过程中进行过两次问卷调查，但基于研究的实际需要，本节数据来源于课题组的第二次调查问卷。这次问卷调查开展于2015年1—8月，调查的区域为西部地区除新疆和西藏以外的其他10个省级单位。为了确保实际收集的数据资料具有代表性，在所要发放问卷的省级单位内部，课题组依据近三年来各地级市第一产业产值均值排名情况，选择排名居中的地级市为研究样本。需要说明的是，如果某省级单位下属的地级市的个数是奇数的话，则选择排名居中的3个地级市为研究样本；如果某省级单位下属的地级市的个数是偶数的话，则选择排名居中的4个地级市为研究样本。在确定了相应的地级市样本后，具体调研区县的确定亦采用相类似的办法来进行。由于乡镇层面的数据资料极其匮乏，课题组在问卷发放的过程中只考虑到区县层面，未涉及乡镇层面。在问卷发放过程中，课题组在当地政府的帮助下，排除了普通农户，要求问卷必须由种养殖专业大户户主、家庭农场主、农民专业合作社负责人和农业龙头企业负责人填写。在10个省级单位，在每个省级单位，课题组发放调查问卷300份，总共发放问卷3000份，实际回收问卷2790份，剔除缺乏关键信息的问卷87份，实际回收有效问卷2703份，有效率为90.1%。还需要说明的是，在2703份有效问卷中，种养殖专业大户、家庭农场、农民专业合作社和农业龙头企业分别是653份、700份、725份和625份。

要实证分析金融服务对新型农业经营主体增收效应的影响，既需要从宏观层面予以把握，还需要充分考虑到不同种类新型农业经营主体自身的特点，也就是说，基于不同新型农业经营主体自身特点的差异，金融服务对其增收效应的影响可能会存在差异。此外，课题组在实际整理调查问卷的过程中发现，西部地区既有民族地区，也有非民族地区，不同地区经济社会发展的差异表现得比较突出，非常有必要从地区视角探究金融服务对新型农业经营主体增收效应的影响。当然，不同户籍新型农业经营主体的发展也存在差异，金融服务对城镇户籍和农村户籍新型农业经营主体的影响也有可能存在差异。基于此，在实证研究的过程中，本课题先从是否纳入控制变量的层面来实证金融服务对新型农业经营主体增收效应的影响；然后，基于民族地区和非民族地区视角，按照是否纳入控制变量的方式来实证金融服务对新型农业经营主体增收效应的影响。最后，按照是不是城镇户籍的判断标准来对金融服务影响新型农业经营主体发展的增收效应进行稳健性检验。

三 实证结果及相关解释

基于前文的分析，本节首先在不纳入任何控制变量的前提下进行OLS检验，然后在纳入控制变量的条件下进行OLS检验；基于对工具变量的考虑，本节继续分别采用2SLS实证分析不纳入控制变量和纳入控制变量条件下的金融服务对新型农业经营主体增收效应的影响。在考虑到民族地区和非民族地区经济社会发展实际差异的情况下，本节继续对不同地区金融服务对新型农业经营主体增收效应的影响进行实证分析。最后，基于城镇户籍与农村户籍考虑，本节对金融服务影响新型农业经营主体增收效应问题进行稳健性检验，以便进一步验证前文所实施的OLS和2SLS回归结果的可靠性。

（一）OLS和2SLS估计结果及其解释

基于研究的实际需要，本书首先就全样本视角下金融服务对新型农业经营主体增收效应进行实证分析，然后分别以种养殖专业大户、家庭农场、农民专业合作社和农业龙头企业为例，继续对金融服务影响新型农业经营主体增收效应进行回归分析。当然，在具体实证分析过程中，分不纳入控制变量和纳入控制变量两种情况来进行，实证结果如表5.2和表5.3所示。从表5.2和表5.3中OLS结果来看，无论是在全样本视角下，还是分别以种养殖专业大户、家庭农场、农民专业合作社和农业龙头企业为例，核心解释变量——新型农业经营主体对金融服务评价的系数在1%显著性水平上为正，这初步说明金融服务制约新型农业经营主体增收效应的效果是非常明显的。当然，这一结论成立的前提条件是核心解释变量——新型农业经营主体对金融服务评价是非内生变量；如果不是非内生变量的话，则参数OLS估计量的无偏性和一致性是无法保证的，研究结论很有可能是不可信的。从实际分析来看，本书研究的核心解释变量确实是一个内生变量。一方面，金融机构所提供的金融服务，在一定程度上可以促进新型农业经营主体的发展，实现新型农业经营主体增收的目标；另一方面，新型农业经营主体的进一步发展，可以为金融机构创新金融服务提供极大的便利，有利于金融机构的健康、稳定、可持续发展。也就是说，本书研究的被解释变量与核心解释变量之间的这种反向因果关系，必然会导致核心解释变量与随机扰动项相关。为了克服核心解释变量——新型农业经营主体对金融服务评价的内生性问题，需要寻找工具变量。从理论上说，工具变量的选择，需要既与被替代变量密切相关，又要与随机扰动项以及模型中的其他解释变量不相关。基于本书研究的实际需要，通过对调查问卷中所有问题的梳理，本书拟继续采用调查问卷中新型农业经营主体为获得金融机构所提供的金融服务而实际开支的费用作为工具变量。之所以选择该工具变量，主要是因为新型农业经营主体要获得金融机构所提供的金融服务，必然会产生相关的成本。比如，金融机构在专门开展针对新型农业经营主体的金融服务前，都会对新型农业经营主体展开相应的前期调查工作，新型农业经营主体要为此支付相应的成本。以银行放贷为例，同一笔贷款从申请到最终使用资金，中间会经过多个不同的环节，银行工作人员可能会三番五次对新型农业经营主体进行调查；为接待前来调研的银行工作人员，新型农业经营主体在此方面会有相应的经费开支。在具体实证分析的过程中，本书先后按照全样本视角、种养殖专业大户视角、家庭农场视角、农民专业合作社视角以及农业龙头企业视角来分别进行一一检验，最终结果表明：通过对 Wald 检验和 F 统计量（F 统计量明显大于 10）的判断发现，原模型中存在内生性问题且所选择的工具变量不是弱工具变量，工具变量的选择科学合理，工具变量是合适的。在确定了合适的工具变量后，本书研究拟采用 2SLS 方法对金融服务制约新型农业经营主体增收效应问题进行回归分析，结果如表 5.2 和表 5.3 所示。与 OLS 回归结果相比，2SLS 回归结果进一步证实：金融服务对新型农业经营主体增收效应的制约作用是非常明显的。

从表 5.3 中 OLS 和 2SLS 回归结果来看，除了可以得出金融服务对新型农业经营主体增收效应具有显著制约作用这一结论外，基于对相关控制变量系数正负和显著性的分析，还可以得出以下结论：性别、年龄、婚姻状况和产业结构合理程度等变量并不会显著影响新型农业经营主体的增收效应，而户籍状况、健康状况、文化程度、家庭氛围、家庭社会资本、基础设施状况、物流体系健全状况、农业机械化发展状况、信息化建设满意度、农业生产条件状况、农业技术培训状况、农技人员服务状况、名优特产推介状况、农产品加工包装水平、电商平台发展状况以及农村治安实际状况等变量则会显著影响新型农业经营主体的增收效应。之所以如此，主要是因为随着时代的发展，男女平等的理念深入人心，性别不再是新型农业经营主体能否成长壮大的决定性因素，自然也不是新型农业经营主体能否增收的重要影响因素。在新的时代背景下，国家退休年龄在延迟，对新型农业经营主体而言，年龄也不再是其能否增收的重要影响因素；是否结婚或者是不是单身，也不影响新型农业经营主体创业的成败，对其自身财富积累不会产生直接的影响；产业结构是否合理虽然能够在大的环境方面影响新型农业经营主体的发展，但它并不起决定作用，在开放的市场条件下，新型农业经营主体可以在全国范围内诚实劳动、合法经营，这并不受地域产业结构的影响和制约。与农村户籍新型农业经营主体相比，城镇户籍新型农业经营主体可以更便利地享受各种金融服务，可以有更多的发展机会；与身体不健康的新型农业经营主体相比，身体健康的新型农业经营主体可以集中精力专注于事业的发展，有利于其财富的积累；与文化层次低的新型农业经营主体相比，高素质新型农业经营主体拥有更强的知识获取能力，能够借助外界力量来发展壮大自身，有利于其财力的迅速增长；和谐的家庭氛围和雄厚的家庭社会资本，有利于新型农业经营主体又好又快地发展自己，有利于其经济实力的增长。基础设施状况、物流体系健全状况、农业机械化发展状况、信息化建设满意度、农业生产条件状况、农业技术培训状况、农技人员服务状况、名优特产推介状况、农产品加工包装水平、电商平台发展状况以及农村治安实际状况等属于新型农业经营主体发展的区域条件，这些条件的优化和完善可以为新型农业经营主体的发展壮大创造外部条件，对新型农业经营主体自身的增收具有重要影响。

(二) 分地区样本估计结果及其解释

前文的分析已经表明，无论是从全样本视角分析，还是从种养殖专业大户视角、家庭农场视角、农民专业合作社视角和农业龙头企业视角分析，金融服务对新型农业经营主体增收效应的制约作用都是十分明显的。当然，这种制约作用还会受到诸多控制变量的直接影响。虽然本书研究的样本区域为除新疆和西藏外的西部10个省级单位，但是，这10个省级单位自身经济社会发展差距仍然是比较明显的。如果以民族为划分标准的话，样本区域的西部10个省级单位又可以划分为民族地区和非民族地区。从总体上看，民族地区整体经济实力相对较弱，新型农业经营主体发展速度较慢，无论是规模还是效益，其与非民族地区相比都存在较大的差距；而非民族地区工业化和城镇化水平相对较高，农业发展速度较快，新型农业经营主体已经初具规模，发展较为成熟。金融服务对新型农业经营主体增收效应的制约，是否具有区域差异性呢？对此，还有必要进行进一步的实证分析，相关实证分析结果如表5.4和表5.5所示。从表5.4和表5.5中的回归结果中，不难得出两个结论：一方面，无论对民族地区还是对非民族地区来说，金融服务对新型农业经营主体增收效应的制约作用是十分明显的。另一方面，金融服务对民族地区的制约作用比对非民族地区的制约作用更明显。之所以如此，主要是因为民族地区整体经济实力较薄弱，对金融的依赖程度更高，金融服务对新型农业经营主体增收效应的影响更大；对非民族地区而言，其整体经济发展水平较好，金融业态多样化趋势明显，新型农业经营主体相对来说可以有更多的选择渠道，受金融机构金融服务的影响虽然较大，但相对于民族地区来说要好很多。此外，从相关控制变量的层面来看，各控制变量系数正负号及其显著性问题并未发生显著变化，上文中有关控制变量的相关论述依然成立。

（三）稳健性检验及结果分析

从理论上看，学者或从数据出发，或从变量出发，或从计量方法出发，对实证结果进行了稳健性检验。充分考虑到本书研究所采用的问卷调查数据，基于研究的实际需要，本书研究拟从数据出发对前文的实证结果进行稳健性检验。如果以前文指标X_3（也就是户籍状况）为依据，可以将所有的问卷填写者分为城镇户籍和农村户籍（也就是前文的农业和非城镇蓝印户籍）；基于此，可以分别用城镇户籍的数据和农村户籍的数据来对前文的实证结果进行稳健性检验，稳健性检验结果如表5.6和表5.7所示。充分考虑到前文在实证研究过程中从不同的视角分析了金融服务对新型农业经营主体增收效应的影响，因此，为了验证实证结

第五章 金融服务制约新型农业经营主体发展的影响

表5.2 金融服务对新型农业经营主体增收效应影响的回归结果（未纳入控制变量）

	全样本		种养殖专业大户		家庭农场		农民专业合作社		农业龙头企业	
	OLS	2SLS	OLS	2SLS	OLS	2SLS	OLS	2SLS	OLS	2SLS
X_7（新型农业经营主体对金融服务的评价）	0.4012*** (0.0037)	0.4122*** (0.0023)	0.4091*** (0.0019)	0.4125*** (0.0022)	0.4298*** (0.0039)	0.4327*** (0.0012)	0.4221*** (0.0034)	0.4432*** (0.0056)	0.4117*** (0.0008)	0.4325*** (0.0007)
地区变量	YES	YES	YES	YES	YES	YES	YES	YES	YES	YES
R^2	0.1678	0.1788	0.1701	0.1822	0.1762	0.1803	0.1727	0.1826	0.1772	0.1882
F统计量	20.0987	63.3987	19.9876	39.9876	22.0922	76.9878	29.9878	54.4432	30.0322	77.7835
观测值	2703		653		700		725		625	

说明：①*、**、***分别表示10%、5%和1%的显著性水平。②括号中的数值是稳健性标准差，2SLS估计中的R^2指的是中心R^2。

表5.3 金融服务对新型农业经营主体增收效应影响的回归结果（纳入所有的控制变量）

	全样本		种养殖专业大户		家庭农场		农民专业合作社		农业龙头企业	
	OLS	2SLS	OLS	2SLS	OLS	2SLS	OLS	2SLS	OLS	2SLS
X_1（性别）	0.1287 (0.2321)	0.1542 (0.9878)	0.1176 (0.2237)	0.1221 (0.1456)	0.1322 (0.1167)	0.1546 (0.4347)	0.1121 (0.9872)	0.1327 (0.3356)	0.1011 (0.4533)	0.1267 (0.4332)
X_2（年龄）	0.2012 (0.1123)	0.2332 (0.2123)	0.2013 (0.3222)	0.2324 (0.1567)	0.2098 (0.1222)	0.2212 (0.2324)	0.1987 (0.2432)	0.2011 (0.4544)	0.2212 (0.6542)	0.2456 (0.1225)

续表

	全样本		种养殖专业大户		家庭农场		农民专业合作社		农业龙头企业	
	OLS	2SLS	OLS	2SLS	OLS	2SLS	OLS	2SLS	OLS	2SLS
X_3（户籍状况）	0.1012*** (0.0023)	0.1122*** (0.0012)	0.1198*** (0.0056)	0.1322*** (0.0032)	0.1118*** (0.0056)	0.1322*** (0.0021)	0.1124*** (0.0012)	0.1345*** (0.0005)	0.1012*** (0.0007)	0.1223*** (0.0089)
X_4（婚姻状况）	0.3212 (0.5433)	0.3356 (0.2225)	0.3022 (0.1223)	0.3342 (0.2322)	0.3112 (0.5432)	0.3432 (0.3224)	0.3001 (0.1226)	0.3321 (0.2322)	0.3213 (0.3432)	0.3547 (0.4322)
X_5（健康状况）	0.0023*** (0.0012)	0.0039*** (0.0000)	0.0016*** (0.0036)	0.0022*** (0.0045)	0.0008*** (0.0055)	0.0012*** (0.0059)	0.0018*** (0.0042)	0.0022*** (0.0078)	0.0036*** (0.0011)	0.0057*** (0.0069)
X_6（文化程度）	0.1098*** (0.0011)	0.1325*** (0.0023)	0.1123*** (0.0043)	0.1243*** (0.0067)	0.1123*** (0.0022)	0.1453*** (0.0007)	0.1098*** (0.0003)	0.1122*** (0.0012)	0.1298*** (0.0008)	0.1355*** (0.0009)
X_7（新型农业经营主体对金融服务的评价）	0.4012*** (0.0012)	0.5125*** (0.0033)	0.4098*** (0.0037)	0.5125*** (0.0047)	0.5198*** (0.0067)	0.5627*** (0.0065)	0.4223*** (0.0022)	0.4522*** (0.0011)	0.3998*** (0.0038)	0.4522*** (0.0011)
X_8（家庭整体氛围）	0.1221*** (0.0015)	0.1322*** (0.0022)	0.1096*** (0.0003)	0.1122*** (0.0011)	0.2093*** (0.0045)	0.2122*** (0.0069)	0.1198*** (0.0023)	0.2322*** (0.0043)	0.1198*** (0.0078)	0.2021*** (0.0056)
X_9（家中人口供养比例）	0.2212 (0.1232)	0.2343 (0.5544)	0.1998 (0.6521)	0.2029 (0.1238)	0.2237 (0.6562)	0.2445 (0.5027)	0.1652 (0.4323)	0.1786 (0.3342)	0.1123 (0.1278)	0.1677 (0.3461)
X_{10}（家庭社会资本情况）	0.1112*** (0.0011)	0.1322*** (0.0022)	0.1211*** (0.0056)	0.1311*** (0.0017)	0.1498*** (0.0004)	0.1529*** (0.0000)	0.1308*** (0.0007)	0.1422*** (0.0005)	0.1098*** (0.0025)	0.1127*** (0.0000)

第五章　金融服务制约新型农业经营主体发展的影响　171

续表

	全样本		种养殖专业大户		家庭农场		农民专业合作社		农业龙头企业	
	OLS	2SLS	OLS	2SLS	OLS	2SLS	OLS	2SLS	OLS	2SLS
X_{11}（基础设施状况）	0.2356*** (0.0032)	0.2721*** (0.0011)	0.1998*** (0.0000)	0.2122*** (0.0003)	0.1235*** (0.0034)	0.1567*** (0.0067)	0.1123*** (0.0002)	0.1322*** (0.0005)	0.1198*** (0.0011)	0.1522*** (0.0007)
X_{12}（物流体系健全状况）	0.1122*** (0.0002)	0.1325*** (0.0043)	0.1098*** (0.0012)	0.1225*** (0.0065)	0.1198*** (0.0043)	0.1122*** (0.0000)	0.1238*** (0.0067)	0.1312*** (0.0012)	0.1058*** (0.0032)	0.1132*** (0.0007)
X_{13}（农业机械化发展状况）	0.2011*** (0.0011)	0.2222*** (0.0002)	0.1798*** (0.0056)	0.2123*** (0.0062)	0.1145*** (0.0013)	0.1232*** (0.0022)	0.1139*** (0.0021)	0.1327*** (0.0043)	0.1698*** (0.0044)	0.1822*** (0.0056)
X_{14}（信息化建设满意度）	0.3235*** (0.0001)	0.3522*** (0.0021)	0.2898*** (0.0065)	0.3123*** (0.0012)	0.1698*** (0.0047)	0.1822*** (0.0089)	0.1896*** (0.0011)	0.2124*** (0.0001)	0.1091*** (0.0065)	0.1123*** (0.0088)
X_{15}（农业生产条件状况）	0.1091*** (0.0000)	0.1122*** (0.0067)	0.1023*** (0.0000)	0.1101*** (0.0023)	0.0097*** (0.0000)	0.0101*** (0.0012)	0.0145*** (0.0012)	0.0167*** (0.0013)	0.1128*** (0.0000)	0.1356*** (0.0000)
X_{16}（农业技术培训状况）	0.1128*** (0.0000)	0.1223*** (0.0000)	0.1098*** (0.0000)	0.1125*** (0.0038)	0.1098*** (0.0012)	0.1123*** (0.0033)	0.1135*** (0.0013)	0.1232*** (0.0035)	0.1098*** (0.0009)	0.1322*** (0.0047)
X_{17}（农技人员服务状况）	0.3098*** (0.0065)	0.3122*** (0.0015)	0.2698*** (0.0076)	0.3122*** (0.0032)	0.1097*** (0.0054)	0.2121*** (0.0087)	0.1091*** (0.0091)	0.1123*** (0.0003)	0.1067*** (0.0001)	0.1123*** (0.0022)
X_{18}（名优特产推介状况）	0.1123*** (0.0000)	0.1322*** (0.0022)	0.1012*** (0.0016)	0.1132*** (0.0000)	0.1081*** (0.0032)	0.1122*** (0.0068)	0.1278*** (0.0013)	0.1322*** (0.0004)	0.1225*** (0.0006)	0.1312*** (0.0087)

续表

	全样本		种养殖专业大户		家庭农场		农民专业合作社		农业龙头企业	
	OLS	2SLS	OLS	2SLS	OLS	2SLS	OLS	2SLS	OLS	2SLS
X_{19}（农产品加工包装水平）	0.1123*** (0.0042)	0.1232*** (0.0034)	0.1356*** (0.0032)	0.1425*** (0.0012)	0.1057*** (0.0045)	0.1222*** (0.0076)	0.1045*** (0.0082)	0.1123*** (0.0032)	0.1321*** (0.0022)	0.1547*** (0.0056)
X_{20}（产业结构合理状况）	0.8766 (0.1215)	0.9091 (0.2321)	0.4387 (0.2765)	0.5512 (0.3238)	0.3237 (0.1227)	0.4025 (0.3317)	0.5351 (0.1685)	0.5876 (0.3239)	0.4119 (0.1129)	0.5561 (0.4417)
X_{21}（电商平台发展状况）	0.0034*** (0.0012)	0.0098*** (0.0056)	0.0111*** (0.0076)	0.0167*** (0.0037)	0.1125*** (0.0045)	0.1232*** (0.0069)	0.1023*** (0.0072)	0.1223*** (0.0058)	0.1123*** (0.0043)	0.1356*** (0.0056)
X_{22}（农村治安实际状况）	0.3423*** (0.0043)	0.3546*** (0.0068)	0.2234*** (0.0056)	0.3001*** (0.0089)	0.1898*** (0.0016)	0.2025*** (0.0072)	0.1145*** (0.0059)	0.1356*** (0.0007)	0.2323*** (0.0017)	0.2543*** (0.0035)
地区变量	YES	YES	YES	YES	YES	YES	YES	YES	YES	YES
R^2	0.1701	0.1822	0.1623	0.1789	0.1677	0.1823	0.1711	0.1789	0.1822	0.1887
F统计量	23.3422	55.5321	28.2876	33.3876	20.0987	35.5532	20.0987	28.8972	23.3432	34.4532
观测值	2703		653		700		725		625	

说明：① *、**、*** 分别表示10%、5%和1%的显著性水平。② 括号中的数值是稳健性标准差，2SLS 估计中的 R^2 指的是中心 R^2。

表 5.4 地区视角下金融服务对新型农业经营主体增收效应影响的回归结果（未纳入控制变量）

民族地区金融服务对新型农业经营主体增收效应影响的回归结果

	全样本		种养殖专业大户		家庭农场		农民专业合作社		农业龙头企业	
	OLS	2SLS	OLS	2SLS	OLS	2SLS	OLS	2SLS	OLS	2SLS
X_7（新型农业经营主体对金融服务的评价）	0.3212***	0.3523***	0.4198***	0.5112***	0.3667***	0.4235***	0.2234***	0.2661***	0.3112***	0.4235***
	(0.0003)	(0.0011)	(0.0002)	(0.0007)	(0.0017)	(0.0045)	(0.0034)	(0.0067)	(0.0023)	(0.0045)
地区变量	YES	YES	YES	YES	YES	YES	YES	YES	YES	YES
R^2	0.1702	0.1823	0.1678	0.1802	0.1711	0.1821	0.1677	0.1789	0.1605	0.1767
F 统计量	23.3321	35.5653	11.2346	38.7873	20.0982	53.2098	23.3212	46.6752	10.9876	29.9877

非民族地区金融服务对新型农业经营主体增收效应影响的回归结果

	全样本		种养殖专业大户		家庭农场		农民专业合作社		农业龙头企业	
	OLS	2SLS	OLS	2SLS	OLS	2SLS	OLS	2SLS	OLS	2SLS
X_7（新型农业经营主体对金融服务的评价）	0.6321***	0.7222***	0.5098***	0.6126***	0.4423***	0.5231***	0.4012***	0.5432***	0.4223***	0.5057***
	(0.0007)	(0.0000)	(0.0023)	(0.0015)	(0.0065)	(0.0012)	(0.0033)	(0.0013)	(0.0063)	(0.0001)
地区变量	YES	YES	YES	YES	YES	YES	YES	YES	YES	YES
R^2	0.1678	0.1775	0.1772	0.1887	0.1589	0.1701	0.1611	0.1768	0.1701	0.1823
F 统计量	23.3321	42.2312	19.9822	35.5561	17.7885	20.0876	28.8276	32.2287	12.0298	35.5621

说明：① *、**、***分别表示 10%、5% 和 1% 的显著性水平。② 括号中的数值是稳健性标准差，2SLS 估计中的 R^2 指的是中心 R^2。

表 5.5 民族地区金融服务对新型农业经营主体增收效应影响的回归结果(纳入所有的控制变量)地区视角下金融服务对新型农业经营主体增收效应影响的回归结果

	全样本		种养殖专业大户		家庭农场		农民专业合作社		农业龙头企业	
	OLS	2SLS	OLS	2SLS	OLS	2SLS	OLS	2SLS	OLS	2SLS
X_1(性别)	0.1123 (0.1225)	0.1226 (0.1321)	0.1082 (0.1456)	0.1231 (0.2321)	0.1225 (0.3453)	0.1321 (0.3326)	0.1198 (0.3098)	0.1336 (0.1332)	0.1336 (0.3456)	0.1425 (0.4345)
X_2(年龄)	0.2123 (0.1234)	0.2335 (0.3323)	0.2011 (0.2345)	0.2342 (0.3543)	0.2231 (0.1232)	0.2546 (0.3224)	0.1998 (0.2332)	0.2211 (0.3235)	0.2231 (0.4543)	0.2467 (0.1011)
X_3(户籍状况)	0.1125*** (0.0012)	0.1325*** (0.0000)	0.1023*** (0.0023)	0.1126*** (0.0066)	0.1076*** (0.0056)	0.1126*** (0.0012)	0.1145*** (0.0023)	0.1256*** (0.0005)	0.1324*** (0.0065)	0.1514*** (0.0078)
X_4(婚姻状况)	0.1011 (0.1098)	0.1212 (0.2322)	0.1982 (0.2321)	0.2321 (0.3211)	0.1019 (0.1209)	0.1321 (0.6557)	0.1221 (0.1126)	0.1321 (0.5432)	0.2231 (0.3326)	0.2456 (0.3222)
X_5(健康状况)	0.2325*** (0.0023)	0.2611*** (0.0000)	0.1598*** (0.0048)	0.1672*** (0.0013)	0.1198*** (0.0034)	0.1223*** (0.0018)	0.1223*** (0.0043)	0.1311*** (0.0012)	0.1121*** (0.0012)	0.1245*** (0.0035)
X_6(文化程度)	0.1128*** (0.0011)	0.1358*** (0.0001)	0.1098*** (0.0022)	0.1121*** (0.0065)	0.0095*** (0.0054)	0.1125*** (0.0056)	0.1123*** (0.0061)	0.1325*** (0.0005)	0.1128*** (0.0003)	0.1292*** (0.0001)
X_7(新型农业经营主体对金融服务的评价)	0.4598*** (0.0026)	0.4722*** (0.0000)	0.4998*** (0.0068)	0.5222*** (0.0043)	0.5521*** (0.0011)	0.5713*** (0.0055)	0.4298*** (0.0047)	0.5122*** (0.0024)	0.3898*** (0.0011)	0.4622*** (0.0086)
X_8(家庭整体氛围)	0.1134*** (0.0001)	0.1322*** (0.0011)	0.1098*** (0.0009)	0.1124*** (0.0036)	0.0997*** (0.0009)	0.1121*** (0.0001)	0.1221*** (0.0002)	0.1322*** (0.0043)	0.1421*** (0.0022)	0.1511*** (0.0001)

第五章 金融服务制约新型农业经营主体发展的影响 175

续表

民族地区金融服务对新型农业经营主体增收效应影响的回归结果

	全样本		种养殖专业大户		家庭农场		农民专业合作社		农业龙头企业	
	OLS	2SLS	OLS	2SLS	OLS	2SLS	OLS	2SLS	OLS	2SLS
X_9（家中人口供养比例）	0.2567 (0.1123)	0.3032 (0.2235)	0.1126 (0.5053)	0.2011 (0.2124)	0.1543 (0.4323)	0.3432 (0.5432)	0.1123 (0.1232)	0.2026 (0.2321)	0.1089 (0.3432)	0.1135 (0.4321)
X_{10}（家庭社会资本情况）	0.1121*** (0.0000)	0.1336*** (0.0000)	0.1221*** (0.0037)	0.1336*** (0.0003)	0.1121*** (0.0043)	0.1336*** (0.0012)	0.1098*** (0.0002)	0.1256*** (0.0001)	0.1321*** (0.0007)	0.1432*** (0.0043)
X_{11}（基础设施状况）	0.2325*** (0.0001)	0.2422*** (0.0056)	0.2198*** (0.0015)	0.2724*** (0.0006)	0.1889*** (0.0032)	0.1922*** (0.0012)	0.1298*** (0.0005)	0.1327*** (0.0003)	0.1432*** (0.0002)	0.1501*** (0.0003)
X_{12}（物流体系健全状况）	0.1356*** (0.0055)	0.1459*** (0.0001)	0.1121*** (0.0056)	0.1256*** (0.0001)	0.1322*** (0.0009)	0.1415*** (0.0067)	0.1156*** (0.0002)	0.1237*** (0.0015)	0.1454*** (0.0001)	0.1621*** (0.0001)
X_{13}（农业机械化发展状况）	0.0112*** (0.0017)	0.0136*** (0.0025)	0.0111*** (0.0012)	0.0147*** (0.0076)	0.0098*** (0.0035)	0.0101*** (0.0012)	0.0089*** (0.0039)	0.0135*** (0.0078)	0.0112*** (0.0056)	0.0189*** (0.0023)
X_{14}（信息化建设满意度）	0.1245*** (0.0035)	0.1342*** (0.0078)	0.1987*** (0.0043)	0.2122*** (0.0012)	0.1678*** (0.0033)	0.2125*** (0.0087)	0.2456*** (0.0056)	0.2765*** (0.0047)	0.1678*** (0.0032)	0.1999*** (0.0011)
X_{15}（农业生产条件状况）	0.1567*** (0.0000)	0.1765*** (0.0000)	0.1198*** (0.0011)	0.1322*** (0.0022)	0.1578*** (0.0015)	0.1662*** (0.0016)	0.1198*** (0.0045)	0.1322*** (0.0078)	0.1017*** (0.0056)	0.1232*** (0.0048)
X_{16}（农业技术培训状况）	0.3454*** (0.0000)	0.3622*** (0.0023)	0.2368*** (0.0012)	0.2561*** (0.0000)	0.1398*** (0.0077)	0.1522*** (0.0000)	0.1196*** (0.0000)	0.1422*** (0.0000)	0.1695*** (0.0000)	0.1721*** (0.0000)

续表

民族地区金融服务对新型农业经营主体增收效应影响的回归结果

	全样本 OLS	全样本 2SLS	种养殖专业大户 OLS	种养殖专业大户 2SLS	家庭农场 OLS	家庭农场 2SLS	农民专业合作社 OLS	农民专业合作社 2SLS	农业龙头企业 OLS	农业龙头企业 2SLS
X_{17}（农技人员服务状况）	0.1157***(0.0000)	0.1322***(0.0000)	0.2198***(0.0012)	0.2622***(0.0003)	0.2248***(0.0002)	0.2552***(0.0001)	0.0122***(0.0002)	0.0366***(0.0002)	0.0345***(0.0002)	0.0562***(0.0015)
X_{18}（名优特产推介状况）	0.2218***(0.0000)	0.2342***(0.0000)	0.2118***(0.0022)	0.2332***(0.0024)	0.1569***(0.0026)	0.1788***(0.0054)	0.1567***(0.0023)	0.1877***(0.0034)	0.1598***(0.0033)	0.2125***(0.0057)
X_{19}（农产品加工包装水平）	0.1256***(0.0000)	0.1445***(0.0000)	0.1211***(0.0032)	0.1356***(0.0002)	0.1412***(0.0001)	0.1567***(0.0013)	0.1127***(0.0012)	0.1367***(0.0033)	0.1099***(0.0077)	0.1234***(0.0078)
X_{20}（产业结构合理状况）	0.1876(0.1234)	0.1912(0.2123)	0.1765(0.2322)	0.1812(0.1222)	0.1713(0.1125)	0.1811(0.1445)	0.1612(0.1147)	0.1723(0.3222)	0.1877(0.2321)	0.1923(0.3235)
X_{21}（电商平台发展状况）	0.2325***(0.0000)	0.2622***(0.0000)	0.1098***(0.0024)	0.2122***(0.0091)	0.1567***(0.0002)	0.1825***(0.0018)	0.1123***(0.0045)	0.1322***(0.0001)	0.1098***(0.0087)	0.1322***(0.0002)
X_{22}（农村治安实际状况）	0.1223***(0.0000)	0.1422***(0.0017)	0.1198***(0.0033)	0.1311***(0.0032)	0.1215***(0.0012)	0.1325***(0.0002)	0.1125***(0.0045)	0.1222***(0.0001)	0.1267***(0.0067)	0.1347***(0.0055)
地区变量	YES	YES	YES	YES	YES	YES	YES	YES	YES	YES
R^2	0.1645	0.1723	0.1611	0.1778	0.1623	0.1801	0.1778	0.1823	0.1723	0.1889
F统计量	20.2987	26.7898	18.8901	29.2289	23.3212	28.8901	20.1123	38.8922	12.2312	56.2321

第五章 金融服务制约新型农业经营主体发展的影响

续表

非民族地区金融服务对新型农业经营主体增收效应影响的回归结果

	全样本		种养殖专业大户		家庭农场		农民专业合作社		农业龙头企业	
	OLS	2SLS	OLS	2SLS	OLS	2SLS	OLS	2SLS	OLS	2SLS
X_1（性别）	0.2324 (0.1222)	0.2543 (0.1432)	0.1235 (0.3432)	0.1542 (0.1236)	0.2021 (0.1122)	0.2235 (0.1654)	0.1988 (0.1655)	0.2231 (0.1432)	0.1223 (0.2322)	0.1456 (0.3432)
X_2（年龄）	0.1123 (0.2231)	0.1324 (0.1546)	0.1098 (0.1211)	0.1324 (0.1536)	0.1126 (0.1098)	0.1258 (0.1147)	0.2123 (0.1368)	0.2437 (0.2232)	0.1001 (0.1092)	0.1456 (0.9987)
X_3（户籍状况）	0.1124*** (0.0000)	0.1225*** (0.0022)	0.1137*** (0.0008)	0.1325*** (0.0078)	0.1129*** (0.0005)	0.1332*** (0.0086)	0.1128*** (0.0003)	0.1332*** (0.0067)	0.1123*** (0.0012)	0.1356*** (0.0002)
X_4（婚姻状况）	0.5651 (0.1256)	0.5876 (0.2322)	0.4223 (0.1223)	0.4345 (0.5654)	0.2322 (0.2322)	0.2567 (0.1223)	0.3233 (0.2322)	0.3546 (0.2343)	0.1123 (0.1222)	0.1567 (0.2321)
X_5（健康状况）	0.2212*** (0.0000)	0.2422*** (0.0023)	0.1291*** (0.0012)	0.1521*** (0.0057)	0.1191*** (0.0023)	0.1323*** (0.0007)	0.1246*** (0.0023)	0.1562*** (0.0056)	0.1124*** (0.0002)	0.1321*** (0.0005)
X_6（文化程度）	0.1223*** (0.0000)	0.1354*** (0.0012)	0.1432*** (0.0000)	0.1567*** (0.0079)	0.1123*** (0.0056)	0.1332*** (0.0012)	0.1432*** (0.0001)	0.1532*** (0.0005)	0.1125*** (0.0004)	0.1356*** (0.0006)
X_7（新型农业经营主体对金融服务的评价）	0.3325*** (0.0000)	0.4432*** (0.0000)	0.4011*** (0.0001)	0.4123*** (0.0022)	0.4322*** (0.0002)	0.4423*** (0.0001)	0.4221*** (0.0024)	0.4345*** (0.0044)	0.3267*** (0.0067)	0.4432*** (0.0008)
X_8（家庭整体氛围）	0.1123*** (0.0000)	0.1222*** (0.0000)	0.1398*** (0.0000)	0.1422*** (0.0067)	0.1391*** (0.0015)	0.1426*** (0.0046)	0.1232*** (0.0023)	0.1342*** (0.0001)	0.1128*** (0.0002)	0.1325*** (0.0008)

非民族地区金融服务对新型农业经营主体增收效应影响的回归结果

	全样本		种养殖专业大户		家庭农场		农民专业合作社		农业龙头企业	
	OLS	2SLS	OLS	2SLS	OLS	2SLS	OLS	2SLS	OLS	2SLS
X_9（家中人口供养比例）	0.3765 (0.2323)	0.4123 (0.1232)	0.2321 (0.2232)	0.2456 (0.3432)	0.3032 (0.3221)	0.3876 (0.6547)	0.2565 (0.7224)	0.2667 (0.7654)	0.2989 (0.7865)	0.3012 (0.1567)
X_{10}（家庭社会资本情况）	0.1321*** (0.0000)	0.1453*** (0.0000)	0.1198*** (0.0011)	0.1335*** (0.0023)	0.1223*** (0.0004)	0.1422*** (0.0025)	0.1192*** (0.0056)	0.1342*** (0.0087)	0.1222*** (0.0067)	0.1768*** (0.0054)
X_{11}（基础设施状况）	0.2321*** (0.0000)	0.2432*** (0.0000)	0.2433*** (0.0023)	0.2543*** (0.0022)	0.1998*** (0.0003)	0.2124*** (0.0035)	0.1897*** (0.0022)	0.2222*** (0.0001)	0.2291*** (0.0029)	0.2347*** (0.0044)
X_{12}（物流体系健全状况）	0.2123*** (0.0000)	0.2422*** (0.0000)	0.1898*** (0.0043)	0.2322*** (0.0012)	0.1678*** (0.0002)	0.1852*** (0.0011)	0.1568*** (0.0032)	0.1762*** (0.0004)	0.1668*** (0.0067)	0.18762*** (0.0033)
X_{13}（农业机械化发展状况）	0.1256*** (0.0000)	0.1422*** (0.0000)	0.1922*** (0.0022)	0.2122*** (0.0007)	0.2192*** (0.0002)	0.2422*** (0.0036)	0.1678*** (0.0006)	0.1781*** (0.0055)	0.1347*** (0.0043)	0.1825*** (0.0076)
X_{14}（信息化建设满意度）	0.1453*** (0.0000)	0.1543*** (0.0000)	0.1212*** (0.0023)	0.1422*** (0.0002)	0.1092*** (0.0001)	0.1123*** (0.0001)	0.1134*** (0.0003)	0.1225*** (0.0004)	0.1268*** (0.0000)	0.1372*** (0.0087)
X_{15}（农业生产条件状况）	0.1567*** (0.0036)	0.1721*** (0.0000)	0.1875*** (0.0045)	0.1921*** (0.0003)	0.1097*** (0.0011)	0.1221*** (0.0043)	0.1121*** (0.0002)	0.1343*** (0.0023)	0.1161*** (0.0066)	0.1371*** (0.0045)
X_{16}（农业技术培训状况）	0.2321*** (0.0000)	0.2433*** (0.0000)	0.2087*** (0.0001)	0.2123*** (0.0011)	0.3422*** (0.0001)	0.3876*** (0.0045)	0.1234*** (0.0001)	0.1526*** (0.0001)	0.1491*** (0.0001)	0.1655*** (0.0012)

续表

非民族地区金融服务对新型农业经营主体增收效应影响的回归结果

	全样本		种养殖专业大户		家庭农场		农民专业合作社		农业龙头企业	
	OLS	2SLS	OLS	2SLS	OLS	2SLS	OLS	2SLS	OLS	2SLS
X_{17}（农技人员服务状况）	0.1232*** (0.0000)	0.1442*** (0.0035)	0.1298*** (0.0002)	0.1322*** (0.0003)	0.1328*** (0.0021)	0.1572*** (0.0034)	0.1268*** (0.0027)	0.1382*** (0.0003)	0.1418*** (0.0022)	0.1562*** (0.0056)
X_{18}（名优特产推介状况）	0.2123*** (0.0000)	0.2422*** (0.0025)	0.2091*** (0.0001)	0.2322*** (0.0006)	0.2512*** (0.0002)	0.2722*** (0.0022)	0.1998*** (0.0078)	0.2224*** (0.0002)	0.1667*** (0.0003)	0.1878*** (0.0008)
X_{19}（农产品加工包装水平）	0.1565*** (0.0058)	0.1675*** (0.0057)	0.1123*** (0.0003)	0.1323*** (0.0036)	0.1225*** (0.0011)	0.1335*** (0.0011)	0.1543*** (0.0045)	0.1657*** (0.0001)	0.1323*** (0.0002)	0.1432*** (0.0008)
X_{20}（产业结构合理状况）	0.1232 (0.1211)	0.1421 (0.1432)	0.1123 (0.1256)	0.1256 (0.5654)	0.3232 (0.6766)	0.3432 (0.3322)	0.1128 (0.1232)	0.1321 (0.4532)	0.1432 (0.3321)	0.1546 (0.4532)
X_{21}（电商平台发展状况）	0.3212*** (0.0015)	0.4345*** (0.0012)	0.2498*** (0.0011)	0.3222*** (0.0002)	0.2398*** (0.0003)	0.2722*** (0.0022)	0.1998*** (0.0012)	0.2222*** (0.0034)	0.2128*** (0.0011)	0.2352*** (0.0054)
X_{22}（农村治安实际状况）	0.1232*** (0.0000)	0.1322*** (0.0000)	0.1543*** (0.0078)	0.1622*** (0.0056)	0.1118*** (0.0001)	0.1222*** (0.0012)	0.1192*** (0.0035)	0.1322*** (0.0012)	0.1158*** (0.0022)	0.1272*** (0.0022)
地区变量	YES	YES	YES	YES	YES	YES	YES	YES	YES	YES
R^2	0.1665	0.1723	0.1701	0.1823	0.1689	0.1856	0.1712	0.1823	0.1678	0.1876
F 统计量	23.3432	35.5632	12.2345	20.0987	18.8912	20.0989	23.3425	35.5643	20.0987	40.4489

说明：① *、**、*** 分别表示10%、5%和1%的显著性水平。② 括号中的数值是稳健性标准差，2SLS估计中的 R^2 指的是中心 R^2。

表 5.6 全样本视角下金融服务对新型农业经营主体增收效应影响的稳健性检验结果

	全样本		种养殖专业大户		家庭农场		农民专业合作社		农业龙头企业	
	OLS	2SLS	OLS	2SLS	OLS	2SLS	OLS	2SLS	OLS	2SLS
X_1（性别）	0.3521 (0.1221)	0.3637 (0.1322)	0.2548 (0.1432)	0.2667 (0.1365)	0.2231 (0.1245)	0.2432 (0.1126)	0.1123 (0.1345)	0.2321 (0.2322)	0.1238 (0.3422)	0.2231 (0.5643)
X_2（年龄）	0.1121 (0.1322)	0.1235 (0.2322)	0.1021 (0.1456)	0.1332 (0.1765)	0.1897 (0.3323)	0.2021 (0.2321)	0.2211 (0.1222)	0.2343 (0.1223)	0.1123 (0.2211)	0.1456 (0.1222)
X_3（户籍状况）	0.1123*** (0.0000)	0.1321*** (0.0078)	0.1129*** (0.0009)	0.1267*** (0.0069)	0.1432*** (0.0012)	0.1543*** (0.0001)	0.1556*** (0.0001)	0.1672*** (0.0043)	0.1098*** (0.0023)	0.1321*** (0.0067)
X_4（婚姻状况）	0.1211 (0.3211)	0.1322 (0.1232)	0.1012 (0.2211)	0.1225 (0.3422)	0.1432 (0.1234)	0.1567 (0.3232)	0.1222 (0.3422)	0.1345 (0.1567)	0.1011 (0.1223)	0.1346 (0.1345)
X_5（健康状况）	0.3432*** (0.0000)	0.3522*** (0.0025)	0.2898*** (0.0011)	0.3122*** (0.0076)	0.1897*** (0.0087)	0.2222*** (0.0097)	0.2456*** (0.0022)	0.2578*** (0.0043)	0.2568*** (0.0056)	0.272*** (0.0011)
X_6（文化程度）	0.2134*** (0.0078)	0.2533*** (0.0000)	0.2023*** (0.0037)	0.2323*** (0.0002)	0.2256*** (0.0001)	0.2547*** (0.0001)	0.1789*** (0.0056)	0.1911*** (0.0032)	0.1088*** (0.0014)	0.1256*** (0.0001)
X_7（新型农业经营主体对金融服务的评价）	0.3327*** (0.0045)	0.4422*** (0.0000)	0.4998*** (0.0001)	0.5125*** (0.0001)	0.4218*** (0.0002)	0.4322*** (0.0001)	0.3698*** (0.0054)	0.4123*** (0.0011)	0.3598*** (0.0032)	0.4222*** (0.0026)
X_8（家庭整体氛围）	0.0112*** (0.0001)	0.0156*** (0.0000)	0.0035*** (0.0002)	0.0098*** (0.0001)	0.0011*** (0.0011)	0.0032*** (0.0067)	0.0018*** (0.0075)	0.0082*** (0.0012)	0.0061*** (0.0001)	0.0085*** (0.0023)

全样本视角下金融服务对新型农业经营主体增收效应影响的稳健性检验结果（新型农业经营主体系城镇户籍）

续表

全样本视角下金融服务对新型农业经营主体增收效应影响的稳健性检验结果（新型农业经营主体系城镇户籍）

	全样本		种养殖专业大户		家庭农场		农民专业合作社		农业龙头企业	
	OLS	2SLS	OLS	2SLS	OLS	2SLS	OLS	2SLS	OLS	2SLS
X_9（家中人口供养比例）	0.2232 (0.1213)	0.2432 (0.3432)	0.1123 (0.1211)	0.1456 (0.1655)	0.1322 (0.3432)	0.1435 (0.2321)	0.1202 (0.3432)	0.1356 (0.3239)	0.1566 (0.2321)	0.1689 (0.1678)
X_{10}（家庭社会资本情况）	0.4321*** (0.0034)	0.4622*** (0.0011)	0.3698*** (0.0013)	0.4122*** (0.0001)	0.2378*** (0.0001)	0.3542*** (0.0001)	0.1658*** (0.0067)	0.1862*** (0.0003)	0.2398*** (0.0002)	0.2456*** (0.0017)
X_{11}（基础设施状况）	0.2567*** (0.0058)	0.3222*** (0.0079)	0.2358*** (0.0002)	0.2672*** (0.0002)	0.1998*** (0.0025)	0.2122*** (0.0002)	0.2338*** (0.0002)	0.2554*** (0.0002)	0.1118*** (0.0002)	0.1356*** (0.0011)
X_{12}（物流体系健全状况）	0.1232*** (0.0023)	0.1456*** (0.0011)	0.2123*** (0.0002)	0.2422*** (0.0034)	0.1191*** (0.0011)	0.2023*** (0.0056)	0.1123*** (0.0032)	0.1268*** (0.0059)	0.1456*** (0.0000)	0.1786*** (0.0013)
X_{13}（农业机械化发展状况）	0.2213*** (0.0012)	0.2522*** (0.0089)	0.2198*** (0.0007)	0.2622*** (0.0011)	0.1798*** (0.0025)	0.2122*** (0.0067)	0.1676*** (0.0085)	0.1825*** (0.0011)	0.1123*** (0.0015)	0.1456*** (0.0017)
X_{14}（信息化建设满意度）	0.3234*** (0.0000)	0.3522*** (0.0000)	0.2598*** (0.0012)	0.3122*** (0.0025)	0.1798*** (0.0055)	0.2333*** (0.0001)	0.1798*** (0.0001)	0.2324*** (0.0001)	0.3232*** (0.0001)	0.3522*** (0.0013)
X_{15}（农业生产条件状况）	0.1121*** (0.0000)	0.1231*** (0.0037)	0.1498*** (0.0021)	0.1522*** (0.0011)	0.1698*** (0.0054)	0.2122*** (0.0046)	0.1211*** (0.0035)	0.1325*** (0.0017)	0.1145*** (0.0001)	0.1246*** (0.0023)
X_{16}（农业技术培训状况）	0.3237*** (0.0000)	0.4122*** (0.0012)	0.2876*** (0.0022)	0.2788*** (0.0098)	0.2021*** (0.0011)	0.2325*** (0.0022)	0.2332*** (0.0001)	0.2556*** (0.0007)	0.2611*** (0.0094)	0.2788*** (0.0067)

续表

全样本视角下金融服务对新型农业经营主体增收应效效影响的稳健性检验结果（新型农业经营主体系城镇户籍）

	全样本		种养殖专业大户		家庭农场		农民专业合作社		农业龙头企业	
	OLS	2SLS	OLS	2SLS	OLS	2SLS	OLS	2SLS	OLS	2SLS
X_{17}（农技人员服务状况）	0.1122*** (0.0011)	0.1321*** (0.0089)	0.1156*** (0.0022)	0.1215*** (0.0043)	0.1098*** (0.0012)	0.1222*** (0.0067)	0.1232*** (0.0023)	0.1453*** (0.0056)	0.1121*** (0.0074)	0.1325*** (0.0087)
X_{18}（名优特产推介状况）	0.4322*** (0.0012)	0.4722*** (0.0067)	0.4591*** (0.0001)	0.4625*** (0.0001)	0.3998*** (0.0002)	0.4222*** (0.0003)	0.3323*** (0.0012)	0.3456*** (0.0045)	0.2332*** (0.0056)	0.3112*** (0.0078)
X_{19}（农产品加工包装水平）	0.1567*** (0.0002)	0.1876*** (0.0000)	0.1123*** (0.0045)	0.1256*** (0.0087)	0.1432*** (0.0006)	0.1567*** (0.0006)	0.1012*** (0.0043)	0.1223*** (0.0037)	0.1567*** (0.0043)	0.1712*** (0.0054)
X_{20}（产业结构合理状况）	0.3432 (0.1223)	0.3567 (0.3233)	0.1123 (0.1235)	0.2023 (0.2343)	0.1453 (0.3322)	0.1506 (0.2543)	0.2325 (0.1236)	0.2456 (0.6754)	0.2021 (0.4543)	0.2322 (0.4542)
X_{21}（电商平台发展状况）	0.2113*** (0.0001)	0.2453*** (0.0087)	0.2012*** (0.0001)	0.2345*** (0.0001)	0.1988*** (0.0034)	0.2211*** (0.0057)	0.2544*** (0.0078)	0.2678*** (0.0001)	0.2125*** (0.0001)	0.2456*** (0.0076)
X_{22}（农村治安实际状况）	0.2322*** (0.0001)	0.2432*** (0.0000)	0.1098*** (0.0034)	0.1322*** (0.0021)	0.1118*** (0.0022)	0.1322*** (0.0011)	0.1227*** (0.0001)	0.1345*** (0.0001)	0.1221*** (0.0001)	0.1422*** (0.0025)
地区变量	YES	YES	YES	YES	YES	YES	YES	YES	YES	YES
R^2	0.1601	0.1729	0.1723	0.1828	0.1689	0.1798	0.1611	0.1768	0.1678	0.1827
F 统计量	22.2321	35.5653	20.0987	36.6735	14.4532	29.0987	28.8976	68.8976	35.5432	55.5678

第五章 金融服务制约新型农业经营主体发展的影响 183

续表

全样本视角下金融服务对新型农业经营主体增收效应影响的稳健性检验结果（新型农业经营主体系农村户籍）

	全样本		种养殖专业大户		家庭农场		农民专业合作社		农业龙头企业	
	OLS	2SLS	OLS	2SLS	OLS	2SLS	OLS	2SLS	OLS	2SLS
X_1（性别）	0.3234 (0.2211)	0.3546 (0.2321)	0.2432 (0.1243)	0.2654 (0.2322)	0.2445 (0.1221)	0.2556 (0.1432)	0.2111 (0.3211)	0.2343 (0.3432)	0.2543 (0.1211)	0.2612 (0.1432)
X_2（年龄）	0.1232 (0.2321)	0.1311 (0.2125)	0.1124 (0.1226)	0.1456 (0.1167)	0.1011 (0.1222)	0.1211 (0.2322)	0.1211 (0.6786)	0.1321 (0.3321)	0.1462 (0.1211)	0.1565 (0.1129)
X_3（户籍状况）	0.1235*** (0.0000)	0.1422*** (0.0000)	0.1192*** (0.0000)	0.1237*** (0.0001)	0.1322*** (0.0011)	0.1543*** (0.0045)	0.1123*** (0.0043)	0.1333*** (0.0056)	0.1322*** (0.0022)	0.1457*** (0.0001)
X_4（婚姻状况）	0.2221 (0.1123)	0.2412 (0.1342)	0.1898 (0.2322)	0.2011 (0.2432)	0.1876 (0.2543)	0.1987 (0.2322)	0.2111 (0.1223)	0.2345 (0.4543)	0.2098 (0.1567)	0.2342 (0.1675)
X_5（健康状况）	0.1211*** (0.0001)	0.1322*** (0.0056)	0.1322*** (0.0011)	0.1422*** (0.0022)	0.1157*** (0.0012)	0.1357*** (0.0023)	0.1211*** (0.0043)	0.1346*** (0.0056)	0.1122*** (0.0067)	0.1357*** (0.0067)
X_6（文化程度）	0.2325*** (0.0011)	0.2465*** (0.0000)	0.1898*** (0.0012)	0.2222*** (0.0025)	0.2432*** (0.0001)	0.2767*** (0.0001)	0.2565*** (0.0001)	0.2777*** (0.0012)	0.2322*** (0.0023)	0.2543*** (0.0054)
X_7（新型农业经营主体对金融服务的评价）	0.4321*** (0.0001)	0.4546*** (0.0026)	0.4098*** (0.0032)	0.4322*** (0.0078)	0.4321*** (0.0056)	0.4567*** (0.0002)	0.4223*** (0.0003)	0.4433*** (0.0056)	0.4121*** (0.0023)	0.4432*** (0.0001)
X_8（家庭整体氛围）	0.1212*** (0.0013)	0.1322*** (0.0001)	0.1098*** (0.0011)	0.1422*** (0.0011)	0.1092*** (0.0035)	0.1122*** (0.0001)	0.1157*** (0.0001)	0.1345*** (0.0023)	0.1123*** (0.0003)	0.1347*** (0.0009)

全样本视角下金融服务对新型农业经营主体增收效应影响的稳健性检验结果（新型农业经营主体系农村户籍）

	全样本		种养殖专业大户		家庭农场		农民专业合作社		农业龙头企业	
	OLS	2SLS	OLS	2SLS	OLS	2SLS	OLS	2SLS	OLS	2SLS
X_9（家中人口供养比例）	0.2021 (0.1232)	0.2125 (0.1456)	0.1899 (0.2321)	0.1902 (0.2322)	0.2022 (0.1544)	0.2323 (0.4322)	0.2567 (0.2345)	0.3032 (0.6543)	0.2001 (0.3433)	0.2337 (0.5655)
X_{10}（家庭社会资本情况）	0.3432*** (0.0013)	0.3567*** (0.0067)	0.2556*** (0.0011)	0.2776*** (0.0035)	0.1988*** (0.0067)	0.2023*** (0.0054)	0.2323*** (0.0000)	0.2567*** (0.0001)	0.2125*** (0.0021)	0.2543*** (0.0034)
X_{11}（基础设施状况）	0.1125*** (0.0000)	0.1245*** (0.0001)	0.1123*** (0.0021)	0.1323*** (0.0011)	0.1322*** (0.0000)	0.1523*** (0.0078)	0.1098*** (0.0023)	0.1223*** (0.0007)	0.1125*** (0.0055)	0.1345*** (0.0017)
X_{12}（物流体系健全状况）	0.2321*** (0.0025)	0.3222*** (0.0011)	0.1123*** (0.0001)	0.2325*** (0.0033)	0.2097*** (0.0067)	0.2432*** (0.0024)	0.2111*** (0.0001)	0.2567*** (0.0011)	0.2322*** (0.0001)	0.2543*** (0.0002)
X_{13}（农业机械化发展状况）	0.1325*** (0.0037)	0.1432*** (0.0067)	0.1123*** (0.0001)	0.1323*** (0.0011)	0.1078*** (0.0056)	0.1122*** (0.0000)	0.1322*** (0.0022)	0.1415*** (0.0025)	0.1129*** (0.0001)	0.1453*** (0.0023)
X_{14}（信息化建设满意度）	0.2456*** (0.0000)	0.2621*** (0.0011)	0.1698*** (0.0001)	0.2312*** (0.0017)	0.1298*** (0.0001)	0.1342*** (0.0055)	0.1568*** (0.0000)	0.1782*** (0.0023)	0.1212*** (0.0022)	0.1567*** (0.0001)
X_{15}（农业生产条件状况）	0.1234*** (0.0001)	0.2125*** (0.0036)	0.1321*** (0.0001)	0.1543*** (0.0029)	0.1347*** (0.0001)	0.1543*** (0.0066)	0.1217*** (0.0002)	0.1312*** (0.0056)	0.1137*** (0.0000)	0.1298*** (0.0007)
X_{16}（农业技术培训状况）	0.1219*** (0.0001)	0.1344*** (0.0011)	0.1317*** (0.0001)	0.1456*** (0.0075)	0.1123*** (0.0016)	0.1239*** (0.0011)	0.1011*** (0.0001)	0.1237*** (0.0068)	0.1322*** (0.0071)	0.1567*** (0.0052)

续表

全样本视角下金融服务对新型农业经营主体增收效应影响的稳健性检验结果（新型农业经营主体系农村户籍）

	全样本		种养殖专业大户		家庭农场		农民专业合作社		农业龙头企业	
	OLS	2SLS	OLS	2SLS	OLS	2SLS	OLS	2SLS	OLS	2SLS
X_{17}（农技人员服务状况）	0.2321*** (0.0011)	0.2556*** (0.0011)	0.2021*** (0.0001)	0.2323*** (0.0012)	0.2021*** (0.0078)	0.2326*** (0.0012)	0.2009*** (0.0023)	0.2236*** (0.0036)	0.2098*** (0.0037)	0.2322*** (0.0022)
X_{18}（名优特产推介状况）	0.1786*** (0.0011)	0.1887*** (0.0067)	0.1554*** (0.0002)	0.1776*** (0.0024)	0.1667*** (0.0011)	0.1786*** (0.0011)	0.1768*** (0.0002)	0.1876*** (0.0065)	0.1866*** (0.0034)	0.3412*** (0.0059)
X_{19}（农产品加工包装水平）	0.2765*** (0.0001)	0.2998*** (0.0046)	0.2121*** (0.0003)	0.2543*** (0.0032)	0.2211*** (0.0011)	0.2565*** (0.0029)	0.2321*** (0.0011)	0.2436*** (0.0077)	0.2234*** (0.0000)	0.2567*** (0.0026)
X_{20}（产业结构合理状况）	0.1223 (0.3222)	0.1355 (0.1222)	0.1221 (0.2222)	0.1324 (0.3432)	0.1012 (0.2322)	0.1222 (0.1238)	0.1322 (0.3324)	0.1543 (0.1012)	0.1123 (0.1136)	0.1433 (0.2987)
X_{21}（电商平台发展状况）	0.1123*** (0.0000)	0.1342*** (0.0000)	0.1123*** (0.0001)	0.1322*** (0.0023)	0.1109*** (0.0011)	0.1321*** (0.0011)	0.1217*** (0.0045)	0.1415*** (0.0087)	0.1123*** (0.0002)	0.1543*** (0.0002)
X_{22}（农村治安实际状况）	0.2987*** (0.0000)	0.3098*** (0.0046)	0.2665*** (0.0000)	0.3012*** (0.0011)	0.2547*** (0.0023)	0.2667*** (0.0045)	0.2098*** (0.0011)	0.2322*** (0.0011)	0.2267*** (0.0054)	0.2567*** (0.0067)
地区变量	YES	YES	YES	YES	YES	YES	YES	YES	YES	YES
R^2	0.1611	0.1723	0.1722	0.1801	0.1689	0.1722	0.1633	0.1892	0.1801	0.1887
F 统计量	20.0987	28.8922	18.8912	28.8921	15.5678	25.5653	12.2321	20.0232	29.9087	39.9987

说明：① *、**、*** 分别表示 10%、5% 和 1% 的显著性水平。② 括号中的数值是稳健性标准差，2SLS 估计中的 R^2 指的是中心 R^2。

表 5.7 分样本视角下金融服务对新型农业经营主体增收效应影响的稳健性检验结果

民族地区金融服务对新型农业经营主体增收效应影响的稳健性检验结果（新型农业经营主体系城镇户籍）

	全样本		种养殖专业大户		家庭农场		农民专业合作社		农业龙头企业	
	OLS	2SLS	OLS	2SLS	OLS	2SLS	OLS	2SLS	OLS	2SLS
X_1（性别）	0.0121 (0.1232)	0.0129 (0.6765)	0.0111 (0.3322)	0.0135 (0.2234)	0.0101 (0.5432)	0.0136 (0.3325)	0.1001 (0.2345)	0.1122 (0.1657)	0.1023 (0.1223)	0.1089 (0.1655)
X_2（年龄）	0.2123 (0.3432)	0.2325 (0.1232)	0.1223 (0.2543)	0.1435 (0.1222)	0.1123 (0.2321)	0.1345 (0.2327)	01011 (0.1287)	0.1235 (0.4322)	0.1098 (0.4325)	0.1247 (0.2356)
X_3（户籍状况）	0.1002*** (0.0001)	0.1232*** (0.0011)	0.1017*** (0.0005)	0.1226*** (0.0004)	0.1876*** (0.0003)	0.2121*** (0.0001)	0.1213*** (0.0022)	0.1512*** (0.0065)	0.1668*** (0.0042)	0.1872*** (0.0003)
X_4（婚姻状况）	0.2098*** (0.1232)	0.2325*** (0.1225)	0.2234*** (0.1098)	0.2567*** (0.1145)	0.1145*** (0.2235)	0.1337*** (0.4345)	0.1022*** (0.3236)	0.1256*** (0.4546)	0.1332*** (0.3236)	0.1453*** (0.1566)
X_5（健康状况）	0.1765*** (0.0000)	0.2025*** (0.0000)	0.2324*** (0.0000)	0.2656*** (0.0011)	0.2329*** (0.0000)	0.2678*** (0.0013)	0.2111*** (0.0000)	0.2334*** (0.0032)	0.2009*** (0.0011)	0.2322*** (0.0058)
X_6（文化程度）	0.1312*** (0.0048)	0.1577*** (0.0000)	0.1123*** (0.0021)	0.1345*** (0.0082)	0.1324*** (0.0071)	0.1456*** (0.0022)	0.1234*** (0.0011)	0.1567*** (0.0012)	0.1343*** (0.0001)	0.1567*** (0.0061)
X_7（新型农业经营主体对金融服务的评价）	0.4122*** (0.0000)	0.4324*** (0.0011)	0.4345*** (0.0001)	0.4567*** (0.0057)	0.4322*** (0.0024)	0.4423*** (0.0022)	0.4534*** (0.0045)	0.4765*** (0.0011)	0.4322*** (0.0000)	0.4547*** (0.0011)
X_8（家庭整体氛围）	0.1121*** (0.0035)	0.1325*** (0.0025)	0.1127*** (0.0011)	0.1345*** (0.0011)	0.1223*** (0.0011)	0.1567*** (0.0001)	0.1023*** (0.0001)	0.1322*** (0.0001)	0.1223*** (0.0056)	0.1543*** (0.0012)

续表

民族地区金融服务对新型农业经营主体增收效应影响的稳健性检验结果（新型农业经营主体系城镇户籍）

	全样本		种养殖专业大户		家庭农场		农民专业合作社		农业龙头企业	
	OLS	2SLS	OLS	2SLS	OLS	2SLS	OLS	2SLS	OLS	2SLS
X_9（家中人口供养比例）	0.3321 (0.1233)	0.3522 (0.3222)	0.1987 (0.2433)	0.2211 (0.2544)	0.1123 (0.3544)	0.1323 (0.2535)	0.1543 (0.1267)	0.1628 (0.2366)	0.1128 (0.1221)	0.1435 (0.2766)
X_{10}（家庭社会资本情况）	0.2001*** (0.0000)	0.2232*** (0.0023)	0.2098*** (0.0000)	0.2322*** (0.0022)	0.2124*** (0.0001)	0.2547*** (0.0011)	0.2221*** (0.0098)	0.2435*** (0.0082)	0.2111*** (0.0081)	0.2345*** (0.0000)
X_{11}（基础设施状况）	0.1323*** (0.0000)	0.1543*** (0.0000)	0.1091*** (0.0000)	0.1126*** (0.0001)	0.1178*** (0.0011)	0.1236*** (0.0000)	0.1125*** (0.0045)	0.1432*** (0.0000)	0.1564*** (0.0000)	0.1612*** (0.0000)
X_{12}（物流体系健全状况）	0.1556*** (0.0001)	0.1765*** (0.0000)	0.1642*** (0.0000)	0.1849*** (0.0000)	0.1645*** (0.0000)	0.1833*** (0.0017)	0.1567*** (0.0000)	0.1765*** (0.0061)	0.1678*** (0.0000)	0.1898*** (0.0000)
X_{13}（农业机械化发展状况）	0.1198*** (0.0001)	0.1222*** (0.0000)	0.1358*** (0.0000)	0.1422*** (0.0007)	0.1226*** (0.0000)	0.1322*** (0.0007)	0.1421*** (0.0000)	0.1567*** (0.0000)	0.1168*** (0.0000)	0.1678*** (0.0000)
X_{14}（信息化建设满意度）	0.3434*** (0.0011)	0.3522*** (0.0036)	0.2698*** (0.0000)	0.2722*** (0.0022)	0.1878*** (0.0001)	0.2124*** (0.0000)	0.0677*** (0.0011)	0.0789*** (0.0000)	0.0234*** (0.0011)	0.0577*** (0.0000)
X_{15}（农业生产条件状况）	0.3211*** (0.0001)	0.4122*** (0.0000)	0.2398*** (0.0011)	0.3522*** (0.0011)	0.1198*** (0.0011)	0.2322*** (0.0046)	0.2398*** (0.0011)	0.2522*** (0.0011)	0.1298*** (0.0011)	0.1722*** (0.0000)
X_{16}（农业技术培训状况）	0.1198*** (0.0000)	0.1222*** (0.0000)	0.2198*** (0.0011)	0.2522*** (0.0001)	0.1498*** (0.0000)	0.2222*** (0.0000)	0.1298*** (0.0000)	0.1422*** (0.0000)	0.1698*** (0.0000)	0.2345*** (0.0000)

续表

民族地区金融服务对新型农业经营主体增收效应影响的稳健性检验结果（新型农业经营主体系城镇户籍）

	全样本		种养殖专业大户		家庭农场		农民专业合作社		农业龙头企业	
	OLS	2SLS	OLS	2SLS	OLS	2SLS	OLS	2SLS	OLS	2SLS
X_{17}（农技人员服务状况）	0.1234*** (0.0022)	0.2322*** (0.0000)	0.1238*** (0.0011)	0.1622*** (0.0001)	0.1098*** (0.0077)	0.1322*** (0.0056)	0.1398*** (0.0001)	0.1522*** (0.0082)	0.1298*** (0.0012)	0.2122*** (0.0000)
X_{18}（名优特产推介状况）	0.3237*** (0.0016)	0.4027*** (0.0000)	0.3292*** (0.0011)	0.3522*** (0.0001)	0.1191*** (0.0089)	0.2322*** (0.0027)	0.3593*** (0.0001)	0.4121*** (0.0026)	0.2398*** (0.0000)	0.2527*** (0.0000)
X_{19}（农产品加工包装水平）	0.2332*** (0.0035)	0.2564*** (0.0000)	0.1198*** (0.0011)	0.1322*** (0.0045)	0.1518*** (0.0001)	0.1622*** (0.0001)	0.1122*** (0.0011)	0.1322*** (0.0015)	0.1128*** (0.0011)	0.1323*** (0.0012)
X_{20}（产业结构合理状况）	0.1121 (0.2122)	0.1224 (0.2232)	0.1201 (0.2211)	0.1322 (0.3211)	0.1009 (0.1211)	0.1124 (0.1322)	0.1321 (0.1445)	0.1432 (0.1543)	0.1322 (0.3211)	0.1456 (0.2267)
X_{21}（电商平台发展状况）	0.1235*** (0.0002)	0.1346*** (0.0011)	0.1097*** (0.0011)	0.1122*** (0.0005)	0.1225*** (0.0007)	0.1322*** (0.0000)	0.1042*** (0.0000)	0.1122*** (0.0000)	0.1298*** (0.0000)	0.1322*** (0.0000)
X_{22}（农村治安实际状况）	0.1223*** (0.0001)	0.1334*** (0.0002)	0.1238*** (0.0011)	0.1544*** (0.0067)	0.1422*** (0.0000)	0.1537*** (0.0055)	0.1122*** (0.0000)	0.1332*** (0.0012)	0.1011*** (0.0000)	0.1225*** (0.0000)
地区变量	YES	YES	YES	YES	YES	YES	YES	YES	YES	YES
R^2	0.1702	0.1811	0.1678	0.1711	0.1811	0.1823	0.1789	0.1802	0.1777	0.1865
F统计量	19.7656	20.2987	22.2312	34.4321	28.2876	89.8976	12.2232	18.8976	20.0989	33.2327

续表

非民族地区金融服务对新型农业经营主体增收效应影响的稳健性检验结果（新型农业经营主体系农村户籍）

	全样本		种养殖专业大户		家庭农场		农民专业合作社		农业龙头企业	
	OLS	2SLS	OLS	2SLS	OLS	2SLS	OLS	2SLS	OLS	2SLS
X_1（性别）	0.3021 (0.1123)	0.3311 (0.1432)	0.2232 (0.1212)	0.2435 (0.1432)	0.1989 (0.3211)	0.2011 (0.5422)	0.1132 (0.2347)	0.1453 (0.2311)	0.1211 (0.5433)	0.1543 (0.2322)
X_2（年龄）	0.5422 (0.3222)	0.5554 (0.3432)	0.4233 (0.1236)	0.4532 (0.3234)	0.3233 (0.1234)	0.3547 (0.5433)	0.2233 (0.1423)	0.3544 (0.2322)	0.4022 (0.2311)	0.4532 (0.3427)
X_3（户籍状况）	0.1543*** (0.0000)	0.1622*** (0.0000)	0.1129*** (0.0000)	0.1321*** (0.0000)	0.1167*** (0.0000)	0.1256*** (0.0000)	0.1232*** (0.0000)	0.1543*** (0.0000)	0.1122*** (0.0000)	0.1323*** (0.0000)
X_4（婚姻状况）	0.1121 (0.1256)	0.1324 (0.5457)	0.1002 (0.5322)	0.1126 (0.1236)	0.1092 (0.3236)	01227 (0.3412)	0.1187 (0.1357)	0.1198 (0.4543)	0.1221 (0.1242)	0.1322 (0.1322)
X_5（健康状况）	0.1432*** (0.0000)	0.1521*** (0.0000)	0.1091*** (0.0000)	0.1122*** (0.0011)	0.1023*** (0.0011)	0.1127*** (0.0002)	0.1067*** (0.0002)	0.1122*** (0.0001)	0.1191*** (0.0001)	0.1227*** (0.0001)
X_6（文化程度）	0.2123*** (0.0001)	0.2422*** (0.0000)	0.1898*** (0.0000)	0.2122*** (0.0011)	0.1667*** (0.0001)	0.1822*** (0.0012)	0.1567*** (0.0011)	0.1623*** (0.0001)	0.1756*** (0.0000)	0.1822*** (0.0001)
X_7（新型农业经营主体对金融服务的评价）	0.5434*** (0.0056)	0.5623*** (0.0000)	0.4898*** (0.0000)	0.5122*** (0.0011)	0.4795*** (0.0000)	0.5022*** (0.0000)	0.3768*** (0.0001)	0.4233*** (0.0001)	0.3567*** (0.0023)	0.4654*** (0.0001)
X_8（家庭整体氛围）	0.1167*** (0.0076)	0.1325*** (0.0068)	0.1278*** (0.0000)	0.1356*** (0.0011)	0.1268*** (0.0000)	0.1309*** (0.0056)	0.1145*** (0.0000)	0.1215*** (0.0000)	0.1156*** (0.0001)	0.1432*** (0.0001)

续表

非民族地区金融服务对新型农业经营主体增收效应影响的稳健性检验结果（新型农业经营主体系农村户籍）

	全样本		种养殖专业大户		家庭农场		农民专业合作社		农业龙头企业	
	OLS	2SLS	OLS	2SLS	OLS	2SLS	OLS	2SLS	OLS	2SLS
X_9（家中人口供养比例）	0.2025 (0.1226)	0.2321 (0.1325)	0.1125 (0.6544)	0.1246 (0.3234)	0.2021 (0.2322)	0.2322 (0.1223)	0.1225 (0.3232)	0.3211 (0.1125)	0.1321 (0.1232)	0.1432 (0.3432)
X_{10}（家庭社会资本情况）	0.2321*** (0.0000)	0.2657*** (0.0000)	0.1678*** (0.0014)	0.2123*** (0.0011)	0.2654*** (0.0022)	0.2822*** (0.0056)	0.1698*** (0.0000)	0.2123*** (0.0035)	0.2291*** (0.0013)	0.2627*** (0.0011)
X_{11}（基础设施状况）	0.1543*** (0.0000)	0.1722*** (0.0000)	0.1298*** (0.0015)	0.1422*** (0.0035)	0.2192*** (0.0002)	0.2322*** (0.0000)	0.1123*** (0.0022)	0.1322*** (0.0056)	0.118*** (0.0078)	0.1321*** (0.0001)
X_{12}（物流体系健全状况）	0.1123*** (0.0034)	0.1235*** (0.0058)	0.1221*** (0.0046)	0.1337*** (0.0011)	0.1098*** (0.0001)	0.1322*** (0.0000)	0.1147*** (0.0011)	0.1225*** (0.0026)	0.1432*** (0.0087)	0.1678*** (0.0012)
X_{13}（农业机械化发展状况）	0.2133*** (0.0012)	0.2235*** (0.0001)	0.1698*** (0.0011)	0.1922*** (0.0035)	0.1221*** (0.0000)	0.1325*** (0.0011)	0.1311*** (0.0001)	0.1425*** (0.0045)	0.1227*** (0.0068)	0.1356*** (0.0002)
X_{14}（信息化建设满意度）	0.1235*** (0.0045)	0.1322*** (0.0011)	0.1118*** (0.0017)	0.1322*** (0.0023)	0.1012*** (0.0045)	0.1125*** (0.0011)	0.1291*** (0.0043)	0.1422*** (0.0033)	0.1312*** (0.0011)	0.1512*** (0.0023)
X_{15}（农业生产条件状况）	0.2325*** (0.0000)	0.2422*** (0.0078)	0.1898*** (0.0016)	0.2022*** (0.0025)	0.17789*** (0.0001)	0.1836*** (0.0012)	0.2127*** (0.0025)	0.2435*** (0.0022)	0.1698*** (0.0023)	0.1767*** (0.0054)
X_{16}（农业技术培训状况）	0.2321*** (0.0002)	0.2523*** (0.0032)	0.2543*** (0.0037)	0.2732*** (0.0001)	0.1268*** (0.0011)	0.2152*** (0.0023)	0.1458*** (0.0054)	0.1567*** (0.0067)	0.1121*** (0.0024)	0.1325*** (0.0013)

续表

非民族地区金融服务对新型农业经营主体增收效应影响的稳健性检验结果（新型农业经营主体系农村户籍）

	全样本		种养殖专业大户		家庭农场		农民专业合作社		农业龙头企业	
	OLS	2SLS	OLS	2SLS	OLS	2SLS	OLS	2SLS	OLS	2SLS
X_{17}（农技人员服务状况）	0.2135*** (0.0001)	0.2433*** (0.0002)	0.2111*** (0.0002)	0.2342*** (0.0079)	0.2126*** (0.0034)	0.2789*** (0.0000)	0.1878*** (0.0036)	0.2111*** (0.0013)	0.1787*** (0.0011)	0.2336*** (0.0022)
X_{18}（名优特产推介状况）	0.1234*** (0.0005)	0.1432*** (0.0000)	0.1121*** (0.0001)	0.1543*** (0.0002)	0.1119*** (0.0042)	0.1356*** (0.0000)	0.1332*** (0.0068)	0.1545*** (0.0011)	0.1543*** (0.0023)	0.2423*** (0.0017)
X_{19}（农产品加工包装水平）	0.1543*** (0.0011)	0.1765*** (0.0029)	0.1143*** (0.0002)	0.1345*** (0.0056)	0.1456*** (0.0057)	0.1643*** (0.0028)	0.1543*** (0.0011)	0.1711*** (0.0007)	0.1098*** (0.0002)	0.1122*** (0.0002)
X_{20}（产业结构合理状况）	0.1126 (0.1221)	0.1232 (0.2321)	0.1045 (0.3432)	0.1225 (0.2123)	0.1001 (0.3439)	0.1321 (0.1211)	0.1098 (0.2126)	0.1225 (0.4543)	0.1321 (0.5654)	0.1432 (0.7644)
X_{21}（电商平台发展状况）	0.1232*** (0.0009)	0.1422*** (0.0047)	0.1232*** (0.0011)	0.1432*** (0.0023)	0.1145*** (0.0053)	0.1348*** (0.0056)	0.1222*** (0.0043)	0.1389*** (0.0013)	0.1543*** (0.0087)	0.1766*** (0.0011)
X_{22}（农村治安实际状况）	0.3123*** (0.0007)	0.3322*** (0.0023)	0.2125*** (0.0045)	0.2327*** (0.0076)	0.2432*** (0.0054)	0.2672*** (0.0000)	0.1998*** (0.0056)	0.2122*** (0.0025)	0.2232*** (0.0011)	0.3211*** (0.0022)
地区变量	YES	YES	YES	YES	YES	YES	YES	YES	YES	YES
R^2	0.1645	0.1723	0.1711	0.1823	0.1678	0.1787	0.1801	0.1823	0.1678	0.1767
F 统计量	23.3422	35.5653	20.0989	36.6723	20.0998	29.9878	12.2323	20.9878	30.0822	39.9022

说明：①*、**、***分别表示10%、5%和1%的显著性水平。②括号中的数值是稳健性标准差，2SLS估计中的R^2指的是中心R^2。

果的稳健性，在稳健性检验过程中，本书研究也充分考虑到了不同种类新型农业经营主体、不同区域新型农业经营主体等现实问题，并对其进行了一一验证。从表5.6和表5.7的回归结果来看，本书研究的结论是稳健可靠的。也就是说，金融服务对新型农业经营主体增收效应的影响是显著的。

第二节　金融服务对新型农业经营主体就业效应的影响

从实地调研情况来看，金融服务对新型农业经营主体的就业效应具有显著的影响。与分散的个体农户相比，新型农业经营主体具有自身的优势。比如，新型农业经营主体组织化程度更高，规模更大，技术更强。一般来说，传统分散的个体农户基本上是自给自足的，雇用其他劳动者的可能性很小；即便有雇佣，也多是短期的行为；而新型农业经营主体基于自身的发展实力，绝大多数都会雇用相应的劳动者，并且相当多数是长期雇佣，而不是三两天的短期雇佣。特别是在金融机构所提供的金融服务能够得到满足时，新型农业经营主体将会扩大生产经营规模，对劳动者的雇佣往往会更多。

一　指标选择与模型设定

要实证分析金融服务对新型农业经营主体就业效应的影响，首先必须界定被解释变量，也就是要弄清楚什么是新型农业经营主体的就业效应，弄清楚新型农业经营主体发展过程中所可能雇用的劳动者人数问题。基于研究的实际需要，本书研究拟将下述问题的答案作为被解释变量。该问题是："你目前所从事的工作，为你家庭及周边群众所创造的工作岗位个数是多少？"对该问题的回答，本书研究对其赋值分别为1、2、3、4和5，分别对应问卷填写者回答的"1个及以下""2个""3个""4个"和"5个及以上"。实际上，之所以如此对应，主要是因为在实地调研的过程中课题组发现：虽然新型农业经营主体在生产经营过程中会大量雇用劳动力，但是，雇佣中短期的劳动力居多，新型农业经营主体雇用劳动力的季节性比较强；相对来说，雇佣期限在 1 年及以上的并不多；此处的就业岗位个数指的是工作期限在 1 年及以上的岗位数，这在问卷填写说明里有明确具体的交代。

其次，要实证分析金融服务对新型农业经营主体就业效应的影响，除了需要明确界定被解释变量外，还需要科学界定核心解释变量。本书研究的核心解释变量是新型农业经营主体对金融服务的真实评价。基于研究的实际需要，本书拟将下述问题的答案作为核心解释变量。该问题是"请问你对金融机构所提供的金融服务到底怎么评价？A. 非常不满意；B. 不满意；C. 一般；D. 满意；E. 非常满意。"需要特别说明的是，在实证研究的过程中，为了更好地捕捉金融服务对新型农业经营主体增收效应影响的动态效应，本书拟对"非常不满意""不满意""一般""满意"和"非常满意"分别赋值 -2、-1、0、1 和 2。

从实际情况来看，影响金融服务制约新型农业经营主体就业效应的因素，除了核心解释变量——金融服务外，其他因素也会对新型农业经营主体的生产经营活动产生影响，进而直接制约新型农业经营主体的就业效应。概括来说，这些因素可以分为新型农业经营主体自身各方面的情况、新型农业经营主体家庭各方面的情况、新型农业经营主体所在区域各方面的情况。基于研究的需要，本书研究分别将这三方面的影响因素纳入三组控制变量中，并分别记为户主禀赋变量、家庭特征变量和区域特征变量。具体来说，户主禀赋变量主要包括 X_1（性别）、X_2（年龄）、X_3（户籍状况）、X_4（婚姻状况）、X_5（健康状况）和 X_6（文化程度）；家庭特征变量包括 X_8（家庭整体氛围）、X_9（家中人口供养比例）以及 X_{10}（家庭社会资本情况）；区域特征变量包括 X_{11}（基础设施状况）、X_{12}（物流体系健全状况）、X_{13}（农业机械化发展状况）、X_{14}（信息化建设满意度）、X_{15}（农业生产条件状况）、X_{16}（农业技术培训状况）、X_{17}（农技人员服务状况）、X_{18}（名优特产推介状况）、X_{19}（农产品加工包装水平）、X_{20}（产业结构合理状况）、X_{21}（电商平台发展状况）以及 X_{22}（农村治安实际状况）。相关指标的赋值情况及其描述性统计分析结果如表 5.8 所示。

在全面介绍上述相关变量的基础上，本书研究将金融服务影响新型农业经营主体就业效应的模型设定如下：

$$Y_i = \beta_0 + \beta_j \sum_{j=1}^{K} X_{ji} + Dummy_z + \varepsilon_i \qquad (5-2)$$

在模型（5-2）中，Y 为被解释变量，表示新型农业经营主体的就业效应。下标 i 表示第 i 个新型农业经营主体。下标 j 表示影响新型农业经营主体就业效应的第 j 个因素，j 的取值范围为 1 到 K，K 取正整数。X_{ji} 表示影响新型农业经营主体就业效应的所有因素。$Dummy$ 为地区虚拟变量，当 i 为西部民族地区新型农业经营主体时，z 取 1；当 i 为西部非民族地区新型农业经营主体时，z 取 2。ε 为随机误差项。

表5.8　　各指标的赋值情况及其描述性统计分析结果

变量	变量类型	变量赋值	均值	标准差
Y（新型农业经营主体的就业效应）	因变量	1个及以下=1，2个=2，3个=3，4个=4，5个及以上=5	3.2113	0.2357
X_1（性别）	户主禀赋变量	男=1，女=0	0.5527	0.2027
X_2（年龄）	户主禀赋变量	30岁及以下=1，31—39岁=2，40岁及以上=3	2.2357	0.1027
X_3（户籍状况）	户主禀赋变量	城镇=1，农业和非城镇蓝印户籍=0	0.4957	0.1022
X_4（婚姻状况）	户主禀赋变量	未婚=1，已婚=2，丧偶=3，离异=4	2.0217	0.2027
X_5（健康状况）	户主禀赋变量	良好=1，一般=2，差=3	2.0017	0.1007
X_6（文化程度）	户主禀赋变量	小学及以下=1，初中=2，高中及以上=3	2.2987	0.1267
X_7（新型农业经营主体对金融服务的评价）	家庭特征变量	非常不满意=-2，不满意=-1，一般=0，满意=1，非常满意=2	0.3762	0.1762
X_8（家庭整体氛围）	家庭特征变量	民主型=1，独裁型=0	0.5217	0.3227
X_9（家中人口供养比例）	家庭特征变量	1个及以下=1，2—3个=2，3个以上=3	2.2357	0.1257
X_{10}（家庭社会资本情况）	家庭特征变量	家庭全年礼金支出占家庭总收入的比重	0.2227	15.5627
X_{11}（基础设施状况）	区域特征变量	不满意=1，一般=2，满意=3	1.9857	0.0687
X_{12}（物流体系健全状况）	区域特征变量	不满意=1，一般=2，满意=3	1.6987	0.0687

续表

变量	变量类型	变量赋值	均值	标准差
X_{13}（农业机械化发展状况）	区域特征变量	不满意=1，一般=2，满意=3	2.0027	0.0215
X_{14}（信息化建设满意度）	区域特征变量	不满意=1，一般=2，满意=3	1.3657	0.0267
X_{15}（农业生产条件状况）	区域特征变量	不满意=1，一般=2，满意=3	0.5217	0.3037
X_{16}（农业技术培训状况）	区域特征变量	不满意=1，一般=2，满意=3	2.2025	0.2267
X_{17}（农技人员服务状况）	区域特征变量	不满意=1，一般=2，满意=3	1.9857	0.3657
X_{18}（名优特产推介状况）	区域特征变量	推介=1，不推介=0	0.5217	0.0026
X_{19}（农产品加工包装水平）	区域特征变量	不满意=1，一般=2，满意=3	1.9857	0.1257
X_{20}（产业结构合理状况）	区域特征变量	不满意=1，一般=2，满意=3	1.6258	0.3651
X_{21}（电商平台发展状况）	区域特征变量	不满意=1，一般=2，满意=3	1.9587	0.2129
X_{22}（农村治安实际状况）	区域特征变量	不满意=1，一般=2，满意=3	1.5217	0.0007

说明：有关变量 X_{10}（家庭社会资本情况）的情况与前面章节所介绍的一样，此处不再做特别说明。

二 数据来源及实证分析思路

与前面的分析一样，本节实证分析所使用的数据来源于课题组的调查问卷。虽然课题组在研究过程中进行过两次问卷调查，但基于研究的实际需要，本节数据来源于课题组的第二次调查问卷。这次问卷调查开展于 2015 年 1—8 月，调查的区域为西部地区除新疆和西藏以外的其他 10 个省级单位。为了确保实际收集的数据资料具有代表性，在所要发放问卷的省级单位内部，课题组依据近三年来各地级市第一产业产值均值排名情况，选择排名居中的地级市为研究样本。需要特别说明的是，如果某省级单位下属的地级市的个数是奇数的话，则选择排名居中的 3 个地级市作为研究样本；如果某省级单位下属的地级市的个数是偶数的话，则选择排名居中的 4 个地级市为研究样本。在确定了相应的地级市样本后，具体调研区县的确定亦采用相类似的办法来进行。由于乡镇层面的数据资料极其匮乏，课题组在问卷发放的过程中只考虑到区县层面，未涉及乡镇层面。在问卷发放过程中，课题组在当地政府的帮助下，排除了普通农户，要求问卷必须由种养殖专业大户户主、家庭农场主、农民专业合作社负责人和农业龙头企业负责人填写。在10个省级单位中的每个省级单位，课题组发放调查问卷300份，总共发放问卷3000份，实际回收问卷2790份，剔除缺乏关键信息的问卷87份，实际回收有效问卷2703份，有效率为90.1%。还需要说明的是，在2703份有效问卷中，种养殖专业大户、家庭农场、农民专业合作社和农业龙头企业分别是653份、700份、725份和625份。

要实证分析金融服务对新型农业经营主体就业效应的影响，既需要从宏观的层面来予以把握，还需要充分考虑到不同种类新型农业经营主体自身的特点，也就是说，基于不同新型农业经营主体自身特点的差异，金融服务对其就业效应的影响可能会存在差异。此外，课题组在实际整理调查问卷的过程中发现，西部地区既有民族地区，也有非民族地区，不同地区经济社会发展的差异表现得比较突出，非常有必要从地区视角探究金融服务对新型农业经营主体就业效应的影响。当然，不同户籍新型农业经营主体发展也存在差异，金融服务对城镇户籍和农村户籍新型农业经营主体的影响也有可能存在差异。基于此，在实证研究的过程中，本课题先从是否纳入控制变量的层面来实证金融服务对新型农业经营主体就业效应的影响；然后，基于民族地区和非民族地区视角，按照是否纳入控制变量的方式来实证分析金融服务对新型农业经营主体就业效应的影响。最后，按照是不是城镇户籍的判断标准来对金融服务影响新型农业经营主体发展的就业效应进行稳健性检验。

三 实证分析结果及相关解释

沿袭前一节的基本分析思路，本节先在不纳入控制变量的情况下进行OLS检验，然后再纳入所有的控制变量来进行OLS检验；考虑到工具变量问题，本节在确定工具变量的基础上，继续采用2SLS实证分析不纳入控制变量和纳入控制变量条件下金融服务对新型农业经营主体就业效应的影响。由于样本区既存在民族地区的新型农业经营主体，也存在非民族地区的新型农业经营主体，在考虑到民族地区和非民族地区经济社会发展实际差异的情况下，本节继续对不同地区金融服务对新型农业经营主体就业效应的影响进行实证。最后，基于城镇户籍与农村户籍考虑，本节对金融服务影响新型农业经营主体就业效应问题进行稳健性检验，以便进一步验证前面 OLS 和 2SLS 回归结果的可靠性。

（一）OLS 和 2SLS 估计结果及其解释

为全面实证分析金融服务对新型农业经营主体就业效应的影响，在具体实证分析的过程中，本节拟从不同角度展开。基于研究的需要，本节首先对全样本视角下金融服务对新型农业经营主体的就业效应进行实证分析，然后分别实证分析种养殖专业大户视角下、家庭农场视角下、农民专业合作社视角下和农业龙头企业视角下金融服务对新型农业经营主体就业效应的影响。在具体实证分析过程中，本节仍然按照不纳入控制变量和纳入控制变量两种情况来进行操作，实证分析结果如表 5.9 和表 5.10 所示。从表 5.9 和表 5.10 中 OLS 回归结果来看，无论是全样本视角下，还是种养殖专业大户、家庭农场、农民专业合作社和农业龙头企业视角下，核心解释变量——新型农业经营主体对金融服务评价的系数在 1% 显著性水平上为正，这初步说明金融服务制约新型农业经营主体就业效应的效果是非常明显的。这一结论是否可靠呢？从目前情况来看还不一定。因为这一结论成立的前提条件是核心解释变量——新型农业经营主体对金融服务评价是非内生变量；如果不是非内生变量的话，则参数 OLS 估计量的无偏性和一致性是无法保证的，自然，由实证得出的结论很有可能是不可信的。一方面，从实际情况来看，本节研究的核心解释变量确实是一个内生变量。因为金融机构所提供的金融服务可以在很大程度上直接促进新型农业经营主体的发展，新型农业经营主体在快速成长的过程中，必然会加大对劳动力的需求，有利于在一定区域范围内提供更多的就业岗位；另一方面，快速扩张的新型农业经营主体也会为金融机构金融服务的创新提供条件，有利于促进金融服务机构自身的发展。很显然，本节的被解释变量与核心解释变量之间的这种反向因果关系，必然会导致核心解释变量与随机扰动项相关。为了克服核心解释变量——新型农业经营主体对金融服务评价的内生性问题，需要寻找工具变量。从理论上说，工具变量的选择，需要既与被替代变量密切相关，又要与随机扰动项以及模型中的其他解释变量不相关。基于本节研究的实际需要，通过对调查问卷中所有问题的梳理，本节拟继续采用调查问卷中新型农业经营主体为获得金融机构所提供的金融服务而实际开支的费用作为工具变量。之所以选择该工具变量，是因为新型农业经营主体要获得金融机构所提供的金融服务，必然会产生相关的成本。这种成本有可能是会产生直接效益的成本，也有可能是无法发挥效益的沉没成本。从实际情况来看，任何金融机构在开展金融业务的过程中，都会对新型农业经营主体进行实地调研，调研过程中以餐费为代表的支出是新型农业经营主体不得不承担的成本。在具体实证分析过程中，本课题先后按照全样本视角、种养殖专业大户视角、家庭农场视角、农民专业合作社视角以及农业龙头企业视角来分别进行一一检验，最终结果表明：通过对 Wald 检验和 F 统计量（F 统计量大于 10）的判断发现，原模型中存在内生性问题且所选择的工具变量不是弱工具变量，工具变量的选择科学合理，工具变量是合适的。在确定了合适的工具变量后，本节拟采用 2SLS 方法对金融服务制约新型农业经营主体的就业效应问题进行回归分析，结果如表 5.9 和表 5.10 所示。与 OLS 回归结果相比，2SLS 回归结果进一步证实：金融服务对新型农业经营主体就业效应的制约作用是非常明显的。

从表 5.9 和表 5.10 中 OLS 和 2SLS 回归结果来看，除了可以得出金融服务对新型农业经营主体就业效应具有显著制约作用这一结论外，基于对相关控制变量系数正负和显著性的分析，还可以得出以下结论：性别、婚姻状况、文化程度、基础设施状况、农村治安状况等变量并不会显著影响新型农业经营主体的就业效应，农业机械化发展状况与新型农业经营主体就业效应显著负相关，而年龄、户籍状况、健康状况、家庭整体氛围、家中人口供养比例、家庭社会资本情况、物流体系健全状况、信息化建设满意度、农业生产条件状况、农业技术培训状况、农技人员服务状况、名优特产推介状况、农产品加工包装水平、产业结构合理状况以及电商平台发展状况等变量则会显著影响新型农业经营主体的就业效应。之所以如此，主要是因为随着男女平等理念的普及，性别不再是决定就业的最主要因素；新型农业经营主体对劳动力的需求,更为看重的是劳动力个人的实际技能,关注的是劳动力个人能否按时保质保量完成工作任务,而不是劳动力个人的婚姻状况与文化程度,更不会关心劳动力个人居住区域的基础设施状况。同时,劳动力的个人就业问题也不会与农村治安状况相关。需要特别注意的是,随着农业机械化水平的提升,新型农业经营主体会减少对劳动力的实际需求,因为部分工作完全可以使用机器来代替。在新型农业经营主体招聘劳动力的过程中,会对年龄和健康状况提出明确的要求,健康的中壮年更容易获得新型农业经营主体的青睐;对于部分比较敏感的工作岗位,新型农业经营主体也会对劳动力的户籍提出明确的要求。和谐的家庭氛围、较小的家庭负担以及雄厚的家庭社会资本,更有利于新型农业经营主体为劳动力提供更多的就业岗位。物流体系健全状况、信息化建设满意度、农业生产条件状况、农业技术培训状况、农技人员服务状况、名优特产推介状况、农产品加工包装水平、产业结构合理状况以及电商平台发展状况等属于新型农业经营主体发展的区域条件,这些条件的优化和完善可以为新型农业经营主体的发展壮大创造外部条件,对新型农业经营主体就业效应的发挥具有重要影响。

(二)分地区样本估计结果及其解释

前面的分析已经表明,无论是从全样本视角,还是从种养殖专业大户视角、家庭农场视角、农民专业合作社视角和农业龙头企业视角来看,金融服务对新型农业经营主体就业效应的制约作用是十分明显的。当然,这种制约作用还会受到诸多控制变量的直接影响。虽然本书研究的样本区域为除新疆和西藏外的西部10个省级单位,但是,这10个省级单位自身经济社会发展差距仍然是比较明显的。如果以民族为划分标准的话,样本区域的西部10个省级单位又可以划分为民族地区和非民族地区。从总体上看,民族地区整体经济实力相对较弱,新型农业经营主体发展速度较慢,无论是规模还是效益,其与非民族地区相比都存在较大的差距;而非民族地区工业化和城镇化水平相对较高,农业发展速度较快,新型农业经营主体已经初具规模,发展较为成熟。金融服务对新型农业经营主体就业效应的制约,是否具有区域差异性呢?对此,还有必要进行进一步的实证分析,相关实证分析结果如表 5.11 和表 5.12 所示。从表 5.11 和表 5.12 中的回归结果，不难得出两个结论：一方面，无论对民族地区，还是对非民族地区来说，金融服务对新型农业经营主体就业效应的制约作用是十分明显的。另一方面，金融服务对民族地区的制约作用比对非民族地区的制约作用更明显。之所以如此，主要是因为民族地区整体经济实力较薄弱，对金融的依赖程度更高，金融服务对新型农业经营主体就业效应的影响更大；而非民族地区由于整体经济发展水平较好，金融业态多样化趋势明显，新型农业经营主体相对来说可以有更多的选择渠道，受金融机构金融服务的影响虽然较大，但相对于民族地区来说要好很多。此外，从相关控制变量的层面来看，各控制变量系数的正负号及其显著性问题并未发生显著变化，上文中有关控制变量的论述依然成立。

（三）稳健性检验及结果分析

从理论上看，学者或从数据出发，或从变量出发，或从计量方法出发，对实证结果进行了稳健性检验。充分考虑到本节研究所采用的问卷调查数据，基于研究的实际需要，这里拟从数据出发对前文的实证结果进行稳健性检验。如果以前文指标 X_3（也就是户籍状况）为依据，可以将所有的问卷填写者分为城镇户籍和农村户籍（也就是前文的农业和非城镇蓝印户籍）；基于此，可以分别用城镇户籍的数据和农村户籍的数据来对前文的实证结果进行稳健性检验，稳健性检验结果如表 5.13 和表 5.14 所示。充分考虑到前文在实证研究过程中从不同的视角分析了金融服务对新型农业经营主体就业效应的影响，因此，为了验证实证结果的稳健性，在稳健性检验过程中，本节研究也充分考虑到了不同种类新型农业经营主体、不同区域新型农业经营主体等现实问题，并对其进行一一验证。从表 5.13 和表 5.14 的回归结果来看，本节研究的结论是稳健可靠的。也就是说，金融服务对新型农业经营主体就业效应的影响是显著的。

第五章 金融服务制约新型农业经营主体发展的影响

表5.9 金融服务对新型农业经营主体就业效应影响的回归结果（未纳入控制变量）

	全样本		种养殖专业大户		家庭农场		农民专业合作社		农业龙头企业	
	OLS	2SLS	OLS	2SLS	OLS	2SLS	OLS	2SLS	OLS	2SLS
X_7（新型农业经营主体对金融服务的评价）	0.3112*** (0.0005)	0.3532*** (0.0032)	0.3098*** (0.0002)	0.3432*** (0.0045)	0.2987*** (0.0011)	0.3245*** (0.0000)	0.3112*** (0.0057)	0.3523*** (0.0001)	0.3017*** (0.0023)	0.4135*** (0.0012)
地区变量	YES	YES	YES	YES	YES	YES	YES	YES	YES	YES
R^2	0.1711	0.1821	0.1678	0.1786	0.1801	0.1812	0.1712	0.1822	0.1611	0.1821
F统计量	23.3422	32.2356	26.6754	39.0987	12.2345	39.0987	28.8767	39.9837	20.0987	39.9878
观测值	2703		653		700		725		625	

说明：①*、**、***分别表示10%、5%和1%的显著性水平。②括号中的数值是稳健性标准差，2SLS估计中的R^2指的是中心R^2。

表5.10 金融服务对新型农业经营主体就业效应影响的回归结果（纳入所有的控制变量）

	全样本		种养殖专业大户		家庭农场		农民专业合作社		农业龙头企业	
	OLS	2SLS	OLS	2SLS	OLS	2SLS	OLS	2SLS	OLS	2SLS
X_1（性别）	0.1232 (0.3432)	0.1325 (0.3367)	0.1012 (0.2321)	0.1321 (0.5432)	0.1222 (0.3322)	0.1346 (0.1265)	0.1101 (0.1368)	0.1323 (0.1547)	0.1287 (0.1216)	0.1321 (0.1678)
X_2（年龄）	0.3237*** (0.0035)	0.3412*** (0.0087)	0.3011*** (0.0012)	0.3223*** (0.0004)	0.2786*** (0.0007)	0.2987*** (0.0035)	0.3435*** (0.0000)	0.3765*** (0.0000)	0.3235*** (0.0000)	0.3437*** (0.0006)

续表

	全样本		种养殖专业大户		家庭农场		农民专业合作社		农业龙头企业	
	OLS	2SLS	OLS	2SLS	OLS	2SLS	OLS	2SLS	OLS	2SLS
X_3（户籍状况）	0.0786*** (0.0012)	0.0887*** (0.0025)	0.1022*** (0.0000)	0.1176*** (0.0023)	0.0965*** (0.0078)	0.0876*** (0.0035)	0.0123*** (0.0000)	0.0238*** (0.0000)	0.0656*** (0.0000)	0.0987*** (0.0076)
X_4（婚姻状况）	0.2125 (0.2124)	0.2231 (0.1356)	0.1989 (0.1126)	0.2022 (0.3212)	0.2876 (0.2325)	0.3567 (0.1256)	0.2128 (0.3212)	0.2656 (0.1236)	0.2128 (0.3223)	0.2545 (0.3222)
X_5（健康状况）	0.1022*** (0.0023)	0.1224*** (0.0008)	0.1123*** (0.0087)	0.1321*** (0.0045)	0.1287*** (0.0000)	0.1324*** (0.0023)	0.1654*** (0.0000)	0.1876*** (0.0000)	0.1765*** (0.0000)	0.1987*** (0.0075)
X_6（文化程度）	0.1212 (0.1202)	0.1322 (0.2321)	0.1012 (0.2239)	0.1232 (0.3222)	0.1123 (0.1236)	0.1332 (0.1567)	0.1222 (0.2323)	0.1524 (0.2635)	0.1101 (0.1239)	0.1376 (0.3212)
X_7（新型农业经营主体对金融服务的评价）	0.3212*** (0.0001)	0.3567*** (0.0012)	0.3539*** (0.0089)	0.3765*** (0.0023)	0.3137*** (0.0000)	0.3342*** (0.0067)	0.3138*** (0.0034)	0.3437*** (0.0056)	0.3234*** (0.0000)	0.3359*** (0.0052)
X_8（家庭整体氛围）	0.1221*** (0.0002)	0.1334*** (0.0001)	0.1018*** (0.0087)	0.1231*** (0.0021)	0.1432*** (0.0000)	0.1534*** (0.0035)	0.1322*** (0.0087)	0.1432*** (0.0046)	0.1289*** (0.0000)	0.1432*** (0.0056)
X_9（家中人口供养比例）	0.1276*** (0.0079)	0.1342*** (0.0001)	0.1125*** (0.0011)	0.1323*** (0.0001)	0.1223*** (0.0034)	0.1543*** (0.0000)	0.1023*** (0.0000)	0.1123*** (0.0000)	0.1321*** (0.0000)	0.1435*** (0.0087)
X_{10}（家庭社会资本情况）	0.1323*** (0.0005)	0.1456*** (0.0001)	0.1232*** (0.0007)	0.1324*** (0.0000)	0.1329*** (0.0098)	0.1523*** (0.0034)	0.1323*** (0.0035)	0.1543*** (0.0096)	0.1323*** (0.0000)	0.1456*** (0.0005)

续表

	全样本		种养殖专业大户		家庭农场		农民专业合作社		农业龙头企业	
	OLS	2SLS	OLS	2SLS	OLS	2SLS	OLS	2SLS	OLS	2SLS
X_{11}（基础设施状况）	0.1002 (0.2343)	0.1121 (0.2236)	0.1229 (0.1098)	0.1345 (0.1321)	0.1225 (0.2232)	0.1376 (0.3432)	0.1421 (0.1254)	0.1565 (0.1655)	0.1232 (0.3222)	0.1456 (0.2356)
X_{12}（物流体系健全状况）	0.1222*** (0.0000)	0.1432*** (0.0000)	0.1123*** (0.0000)	0.1654*** (0.0000)	0.1323*** (0.0000)	0.1654*** (0.0000)	0.1011*** (0.0000)	0.1345*** (0.0000)	0.1236*** (0.0000)	0.1765*** (0.0000)
X_{13}（农业机械化发展状况）	-0.2123*** (0.0012)	-0.2014*** (0.0036)	-0.3231*** (0.0035)	-0.2982*** (0.0000)	-0.3765*** (0.0000)	-0.2112*** (0.0000)	-0.3323*** (0.0000)	-0.2212*** (0.0046)	-0.3987*** (0.0000)	-0.2987*** (0.0000)
X_{14}（信息化建设满意度）	0.1029*** (0.0086)	0.1128*** (0.0001)	0.1221*** (0.0021)	0.1765*** (0.0032)	0.1287*** (0.0041)	0.1654*** (0.0000)	0.1287*** (0.0000)	0.1654*** (0.0011)	0.1625*** (0.0000)	0.1786*** (0.0000)
X_{15}（农业生产条件状况）	0.1322*** (0.0089)	0.1452*** (0.0001)	0.1022*** (0.0011)	0.1655*** (0.0035)	0.1726*** (0.0052)	0.1987*** (0.0000)	0.1765*** (0.0000)	0.1901*** (0.0000)	0.1276*** (0.0026)	0.1453*** (0.0000)
X_{16}（农业技术培训状况）	0.1225*** (0.0035)	0.1332*** (0.0001)	0.1002*** (0.0012)	0.1435*** (0.0011)	0.1562*** (0.0027)	0.1765*** (0.0000)	0.1876*** (0.0000)	0.1987*** (0.0000)	0.1762*** (0.0000)	0.1879*** (0.0000)
X_{17}（农技人员服务状况）	0.1345*** (0.0007)	0.1562*** (0.0057)	0.1176*** (0.0053)	0.1622*** (0.0042)	0.1523*** (0.0037)	0.1765*** (0.0000)	0.1562*** (0.0000)	0.1765*** (0.0000)	0.1876*** (0.0000)	0.1999*** (0.0000)
X_{18}（名优特产推介状况）	0.1012*** (0.0012)	0.1213*** (0.0011)	0.1211*** (0.0011)	0.1453*** (0.0011)	0.1011*** (0.0011)	0.1212*** (0.0000)	0.1317*** (0.0045)	0.1219*** (0.0000)	0.1222*** (0.0000)	0.1342*** (0.0000)

续表

	全样本		种养殖专业大户		家庭农场		农民专业合作社		农业龙头企业	
	OLS	2SLS	OLS	2SLS	OLS	2SLS	OLS	2SLS	OLS	2SLS
X_{19}（农产品加工包装水平）	0.1232*** (0.0022)	0.1321*** (0.0036)	0.1322*** (0.0087)	0.1543*** (0.0025)	0.1211*** (0.0022)	0.1315*** (0.0006)	0.1312*** (0.0000)	0.1562*** (0.0000)	0.1312*** (0.0000)	0.1765*** (0.0000)
X_{20}（产业结构合理状况）	0.1222*** (0.0067)	0.1567*** (0.0036)	0.1876*** (0.0025)	0.1988*** (0.0023)	0.1128*** (0.0011)	0.1322*** (0.0000)	0.1298*** (0.0000)	0.1346*** (0.0000)	0.1209*** (0.0057)	0.1876*** (0.0000)
X_{21}（电商平台发展状况）	0.1287*** (0.0022)	0.1436*** (0.0011)	0.1322*** (0.0000)	0.1765*** (0.0002)	0.1234*** (0.0002)	0.1356*** (0.0000)	0.1128*** (0.0012)	0.1567*** (0.0000)	0.1322*** (0.0000)	0.1678*** (0.0000)
X_{22}（农村治安实际状况）	0.1298 (0.1232)	0.1321 (0.1456)	0.1002 (0.3302)	0.1155 (0.3618)	0.1129 (0.1225)	0.1368 (0.2125)	0.1622 (0.3223)	0.1782 (0.1768)	0.1452 (0.3222)	0.1656 (0.5437)
地区变量	YES	YES	YES	YES	YES	YES	YES	YES	YES	YES
R^2	0.1678	0.1789	0.1801	0.1856	0.1655	0.1778	0.1779	0.1824	0.1723	0.1867
F统计量	18.7823	22.2321	20.0989	35.5654	15.5655	21.2211	18.8912	21.1229	20.0222	39.3921
观测值	2703		653		700		725		625	

说明：① *、**、*** 分别表示 10%、5% 和 1% 的显著性水平。② 括号中的数值是稳健性标准差，2SLS 估计中的 R^2 指的是中心 R^2。

第五章 金融服务制约新型农业经营主体发展的影响 205

表5.11 地区视角下金融服务对新型农业经营主体就业效应影响的回归结果（未纳入控制变量）

民族地区金融服务对新型农业经营主体就业效应影响的回归结果

	全样本		种养殖专业大户		家庭农场		农民专业合作社		农业龙头企业	
	OLS	2SLS	OLS	2SLS	OLS	2SLS	OLS	2SLS	OLS	2SLS
X_7（新型农业经营主体对金融服务的评价）	0.3223*** (0.0011)	0.3456*** (0.0048)	0.3423*** (0.0056)	0.3654*** (0.0067)	0.3012*** (0.0056)	0.3432*** (0.0000)	0.3116*** (0.0067)	0.3432*** (0.0000)	0.3238*** (0.0000)	0.3567*** (0.0000)
地区变量	YES	YES	YES	YES	YES	YES	YES	YES	YES	YES
R^2	0.1666	0.1802	0.1722	0.1827	0.1822	0.1889	0.1787	0.1823	0.1801	0.1887
F统计量	23.3421	29.9087	17.7823	20.0987	12.2322	24.4322	10.0987	23.3321	16.6765	25.5632

非民族地区金融服务对新型农业经营主体就业效应影响的回归结果

	全样本		种养殖专业大户		家庭农场		农民专业合作社		农业龙头企业	
	OLS	2SLS	OLS	2SLS	OLS	2SLS	OLS	2SLS	OLS	2SLS
X_7（新型农业经营主体对金融服务的评价）	0.3098*** (0.0002)	0.3226*** (0.0013)	0.3104*** (0.0001)	0.3567*** (0.0041)	0.4321*** (0.0001)	0.4543*** (0.0000)	0.3544*** (0.0000)	0.3768*** (0.0000)	0.3099*** (0.0000)	0.3349*** (0.0000)
地区变量	YES	YES	YES	YES	YES	YES	YES	YES	YES	YES
R^2	0.1622	0.1723	0.1668	0.1822	0.1523	0.1627	0.1611	0.1726	0.1722	0.1827
F统计量	21.2311	25.5625	19.0978	39.0988	22.2325	35.3787	20.0989	35.5657	13.3222	45.5643

说明：① *、**、*** 分别表示10%、5%和1%的显著性水平。② 括号中的数值是稳健性标准差，2SLS估计中的 R^2 指的是中心 R^2。

表 5.12　地区视角下金融服务对新型农业经营主体就业效应影响的回归结果（纳入所有的控制变量）

民族地区金融服务对新型农业经营主体就业效应影响的回归结果

	全样本		种养殖专业大户		家庭农场		农民专业合作社		农业龙头企业	
	OLS	2SLS	OLS	2SLS	OLS	2SLS	OLS	2SLS	OLS	2SLS
X_1（性别）	0.1009 (0.1287)	0.1232 (0.5647)	0.1422 (0.3235)	0.1451 (0.3447)	0.1123 (0.1879)	0.1235 (0.2328)	0.1098 (0.3239)	0.1223 (0.4234)	0.1229 (0.4656)	0.1352 (0.4565)
X_2（年龄）	0.3032*** (0.0011)	0.3531*** (0.0001)	0.3001*** (0.0002)	0.3235*** (0.0001)	0.2998*** (0.0011)	0.3021*** (0.0000)	0.3111*** (0.0000)	0.3211*** (0.0000)	0.3412*** (0.0000)	0.3562*** (0.0000)
X_3（户籍状况）	0.0673*** (0.0067)	0.0789*** (0.0011)	0.0127*** (0.0023)	0.0167*** (0.0001)	0.0786*** (0.0001)	0.0856*** (0.0000)	0.0891*** (0.0001)	0.0923*** (0.0000)	0.0567*** (0.0015)	0.0762*** (0.0000)
X_4（婚姻状况）	0.1321 (0.1222)	0.1432 (0.3222)	0.1323 (0.3435)	0.1439 (0.4542)	0.1125 (0.2326)	0.1356 (0.5456)	0.1239 (0.3432)	0.1546 (0.2345)	0.1762 (0.5658)	0.1879 (0.3456)
X_5（健康状况）	0.1022*** (0.0001)	0.1233*** (0.0012)	0.1128*** (0.0045)	0.1356*** (0.0023)	0.1202*** (0.0001)	0.1567*** (0.0000)	0.1321*** (0.0001)	0.1765*** (0.0000)	0.1211*** (0.0048)	0.1567*** (0.0000)
X_6（文化程度）	0.1225 (0.0001)	0.1338 (0.0023)	0.1219 (0.0067)	0.1367 (0.0056)	0.1101 (0.0001)	0.1292 (0.0000)	0.1232 (0.0011)	0.1324 (0.0011)	0.1225 (0.0000)	0.1335 (0.0000)
X_7（新型农业经营主体对金融服务的评价）	0.3029*** (0.0032)	0.3237*** (0.0002)	0.3211*** (0.0001)	0.3547*** (0.0011)	0.3123*** (0.0021)	0.3543*** (0.0011)	0.3122*** (0.0000)	0.3456*** (0.0000)	0.3012*** (0.0011)	0.3654*** (0.0000)
X_8（家庭整体氛围）	0.1222*** (0.0008)	0.1342*** (0.0001)	0.1222*** (0.0011)	0.1562*** (0.0021)	0.1322*** (0.0021)	0.1765*** (0.0000)	0.1123*** (0.0006)	0.1322*** (0.0000)	0.1422*** (0.0011)	0.1657*** (0.0000)

第五章 金融服务制约新型农业经营主体发展的影响 207

续表

民族地区金融服务对新型农业经营主体就业效应影响的回归结果

	全样本		种养殖专业大户		家庭农场		农民专业合作社		农业龙头企业	
	OLS	2SLS	OLS	2SLS	OLS	2SLS	OLS	2SLS	OLS	2SLS
X_9（家中人口供养比例）	0.1129*** (0.0012)	0.1222*** (0.0056)	0.1321*** (0.0024)	0.1532*** (0.0002)	0.1422*** (0.0001)	0.1652*** (0.0000)	0.1222*** (0.0035)	0.1342*** (0.0000)	0.1287*** (0.0000)	0.1567*** (0.0000)
X_{10}（家庭社会资本情况）	0.1321*** (0.0009)	0.1432*** (0.0001)	0.1011*** (0.0011)	0.1212*** (0.0001)	0.1123*** (0.0001)	0.1323*** (0.0000)	0.1432*** (0.0000)	0.1564*** (0.0047)	0.1435*** (0.0012)	0.1675*** (0.0000)
X_{11}（基础设施状况）	0.1221 (0.1232)	0.1321 (0.3222)	0.1002 (0.3432)	0.1235 (0.1126)	0.1298 (0.2321)	0.1367 (0.2987)	0.1128 (0.2334)	0.1323 (0.4323)	0.1129 (0.1128)	0.1387 (0.3432)
X_{12}（物流体系健全状况）	0.1211*** (0.0001)	0.1423*** (0.0012)	0.1223*** (0.0001)	0.1452*** (0.0001)	0.1542*** (0.0001)	0.1672*** (0.0000)	0.1123*** (0.0001)	0.1345*** (0.0000)	0.1432*** (0.0000)	0.1678*** (0.0000)
X_{13}（农业机械化发展状况）	-0.3763*** (0.0013)	-0.3222*** (0.0022)	-0.3432*** (0.0011)	-0.3221*** (0.0001)	-0.3211*** (0.0001)	-0.2987*** (0.0078)	-0.3598*** (0.0000)	-0.32211*** (0.0023)	-0.3877*** (0.0011)	-0.2256*** (0.0000)
X_{14}（信息化建设满意度）	0.1322*** (0.0001)	0.1523*** (0.0001)	0.1432*** (0.0001)	0.1623*** (0.0001)	0.1123*** (0.0001)	0.1543*** (0.0000)	0.1762*** (0.0000)	0.1898*** (0.0003)	0.1101*** (0.0000)	0.132*** (0.0000)
X_{15}（农业生产条件状况）	0.1123*** (0.0067)	0.1232*** (0.0005)	0.1129*** (0.0023)	0.1287*** (0.0001)	0.1128*** (0.0011)	0.1562*** (0.0000)	0.1134*** (0.0000)	0.1562*** (0.0002)	0.1242*** (0.0002)	0.1653*** (0.0068)
X_{16}（农业技术培训状况）	0.1315*** (0.002)	0.1453*** (0.0013)	0.1122*** (0.0001)	0.1322*** (0.0011)	0.1023*** (0.0076)	0.1322*** (0.0000)	0.1387*** (0.0000)	0.1562*** (0.0002)	0.1123*** (0.0000)	0.1876*** (0.0000)

续表

民族地区金融服务对新型农业经营主体就业效应影响的回归结果

	全样本		种养殖专业大户		家庭农场		农民专业合作社		农业龙头企业	
	OLS	2SLS	OLS	2SLS	OLS	2SLS	OLS	2SLS	OLS	2SLS
X_{17}（农技人员服务状况）	0.1237*** (0.0007)	0.1562*** (0.0044)	0.1123*** (0.0003)	0.1342*** (0.0002)	0.1562*** (0.0093)	0.1782*** (0.0000)	0.1123*** (0.0000)	0.1765*** (0.0000)	0.1567*** (0.0000)	0.1897*** (0.0000)
X_{18}（名优特产推介状况）	0.1654*** (0.0067)	0.1765*** (0.0000)	0.1002*** (0.0000)	0.1287*** (0.0000)	0.0998*** (0.0076)	0.1011*** (0.0000)	0.1219*** (0.0012)	0.1726*** (0.0000)	0.1298*** (0.0000)	0.1543*** (0.0000)
X_{19}（农产品加工包装水平）	0.1276*** (0.0016)	0.1335*** (0.0002)	0.1022*** (0.0011)	0.1287*** (0.0002)	0.1129*** (0.0000)	0.1322*** (0.0000)	0.1423*** (0.0045)	0.1523*** (0.0076)	0.1238*** (0.0000)	0.1786*** (0.0000)
X_{20}（产业结构合理状况）	0.1121*** (0.0000)	0.1367*** (0.0000)	0.1002*** (0.0000)	0.1128*** (0.0000)	0.1232*** (0.0002)	0.1325*** (0.0000)	0.1128*** (0.0011)	0.1326*** (0.0000)	0.1298*** (0.0024)	0.1567*** (0.0000)
X_{21}（电商平台发展状况）	0.1025*** (0.0003)	0.1365*** (0.0078)	0.1124*** (0.0002)	0.1356*** (0.0022)	0.1298*** (0.0092)	0.1543*** (0.0011)	0.1298*** (0.0011)	0.1567*** (0.0000)	0.1298*** (0.0011)	0.1456*** (0.0000)
X_{22}（农村治安实际状况）	0.1232 (0.2322)	0.1298 (0.2321)	0.1102 (0.1256)	0.1325 (0.3212)	0.1198 (0.1223)	0.1345 (0.2327)	0.1298 (0.1227)	0.1345 (0.3212)	0.1128 (0.2321)	0.1238 (0.2345)
地区变量	YES	YES	YES	YES	YES	YES	YES	YES	YES	YES
R^2	0.1625	0.1789	0.1701	0.1825	0.1678	0.1778	0.1623	0.1823	0.1801	0.1867
F统计量	22.3432	37.7656	15.5653	22.2378	20.0987	34.4456	10.0989	29.9987	27.5565	29.0978

续表

非民族地区金融服务对新型农业经营主体就业效应影响的回归结果

	全样本		种养殖专业大户		家庭农场		农民专业合作社		农业龙头企业	
	OLS	2SLS	OLS	2SLS	OLS	2SLS	OLS	2SLS	OLS	2SLS
X_1（性别）	0.1225 (0.1232)	0.1323 (0.1435)	0.1126 (0.1123)	0.1345 (0.2321)	0.1256 (0.1453)	0.1359 (0.2231)	0.1012 (0.1123)	0.1323 (0.5679)	0.1287 (0.3321)	0.1345 (0.6783)
X_2（年龄）	0.3652*** (0.0008)	0.3821*** (0.0023)	0.3022*** (0.0001)	0.3124*** (0.0034)	0.2989*** (0.0001)	0.3021*** (0.0000)	0.2786*** (0.0002)	0.2889*** (0.0000)	0.2789*** (0.0011)	0.3129*** (0.0000)
X_3（户籍状况）	0.0235*** (0.0016)	0.0345*** (0.0056)	0.0231*** (0.0087)	0.0339*** (0.0044)	0.0212*** (0.0012)	0.0763*** (0.0000)	0.0123*** (0.0068)	0.0243*** (0.0087)	0.0254*** (0.0037)	0.0276*** (0.0078)
X_4（婚姻状况）	0.1456 (0.4532)	0.1542 (0.1235)	0.1321 (0.3476)	0.1456 (0.2342)	0.1221 (0.5462)	0.1443 (0.3267)	0.1322 (0.1232)	0.1453 (0.4542)	0.1124 (0.3235)	0.1453 (0.3422)
X_5（健康状况）	0.1012*** (0.0000)	0.1123*** (0.0000)	0.1128*** (0.0000)	0.1321*** (0.0000)	0.1287*** (0.0000)	0.1345*** (0.0059)	0.1128*** (0.0057)	0.1543*** (0.0045)	0.1327*** (0.0012)	0.1672*** (0.0011)
X_6（文化程度）	0.1276 (0.1123)	0.1332 (0.7827)	0.1335 (0.3457)	0.1467 (0.4527)	0.1229 (0.4563)	0.1322 (0.3436)	0.1128 (0.3457)	0.1265 (0.3342)	0.1287 (0.2354)	0.1378 (0.3436)
X_7（新型农业经营主体对金融服务的评价）	0.3328*** (0.0076)	0.3673*** (0.0001)	0.3321*** (0.0011)	0.3429*** (0.0011)	0.3122*** (0.0001)	0.3427*** (0.0000)	0.3002*** (0.0000)	0.3187*** (0.0000)	0.3298*** (0.0011)	0.3576*** (0.0000)
X_8（家庭整体氛围）	0.1125*** (0.0011)	0.1322*** (0.0021)	0.1021*** (0.0001)	0.1654*** (0.0011)	0.1124*** (0.0056)	0.1321*** (0.0000)	0.1289*** (0.0000)	0.1353*** (0.0023)	0.1432*** (0.0011)	0.1876*** (0.0000)

续表

非民族地区金融服务对新型农业经营主体就业效应影响的回归结果

	全样本		种养殖专业大户		家庭农场		农民专业合作社		农业龙头企业	
	OLS	2SLS	OLS	2SLS	OLS	2SLS	OLS	2SLS	OLS	2SLS
X_9（家中人口供养比例）	0.1321*** (0.0033)	0.1527*** (0.0024)	0.1225*** (0.0001)	0.1611*** (0.0011)	0.1437*** (0.0002)	0.1656*** (0.0000)	0.1123*** (0.0011)	0.1432*** (0.0000)	0.1561*** (0.0000)	0.1765*** (0.0000)
X_{10}（家庭社会资本情况）	0.1321*** (0.0002)	0.1546*** (0.0003)	0.1443*** (0.0002)	0.1675*** (0.0001)	0.1276*** (0.0001)	0.1374*** (0.0002)	0.1128*** (0.0000)	0.1827*** (0.0011)	0.1625*** (0.0000)	0.1781*** (0.0000)
X_{11}（基础设施状况）	0.1282 (0.2348)	0.1321 (0.3432)	0.1221 (0.2346)	0.1356 (0.2343)	0.1025 (0.3546)	0.1126 (0.2345)	0.1256 (0.1244)	0.1323 (0.2345)	0.1545 (0.2343)	0.1646 (0.1232)
X_{12}（物流体系健全状况）	0.1003*** (0.0002)	0.1287*** (0.0002)	0.1221*** (0.0023)	0.1323*** (0.0001)	0.1425*** (0.0002)	0.1625*** (0.0000)	0.1232*** (0.0000)	0.1524*** (0.0009)	0.1425*** (0.0000)	0.1827*** (0.0017)
X_{13}（农业机械化发展状况）	-0.3221*** (0.0011)	-0.2876*** (0.0011)	-0.3387*** (0.0000)	-0.2245*** (0.0035)	-0.3543*** (0.0012)	-0.2322*** (0.0089)	-0.3543*** (0.0078)	-0.2238*** (0.0067)	-0.3536*** (0.0000)	-0.2221*** (0.0000)
X_{14}（信息化建设满意度）	0.1218*** (0.0008)	0.1311*** (0.0012)	0.1012*** (0.0001)	0.1542*** (0.0001)	0.1312*** (0.0002)	0.1561*** (0.0011)	0.1176*** (0.0000)	0.1265*** (0.0067)	0.1167*** (0.0000)	0.1785*** (0.0077)
X_{15}（农业生产条件状况）	0.1287*** (0.0001)	0.1356*** (0.0011)	0.1123*** (0.0001)	0.1562*** (0.0001)	0.1029*** (0.0002)	0.1342*** (0.0008)	0.1123*** (0.0058)	0.1562*** (0.0000)	0.1423*** (0.0000)	0.1672*** (0.0000)
X_{16}（农业技术培训状况）	0.1215*** (0.0011)	0.1345*** (0.0011)	0.1123*** (0.0024)	0.1652*** (0.0002)	0.1323*** (0.0002)	0.1627*** (0.0000)	0.1433*** (0.0000)	0.1765*** (0.0000)	0.1343*** (0.0000)	0.1789*** (0.0000)

续表

非民族地区金融服务对新型农业经营主体就业效应影响的回归结果

	全样本		种养殖专业大户		家庭农场		农民专业合作社		农业龙头企业	
	OLS	2SLS	OLS	2SLS	OLS	2SLS	OLS	2SLS	OLS	2SLS
X_{17}（农技人员服务状况）	0.1326*** (0.0006)	0.1452*** (0.0066)	0.1123*** (0.0045)	0.1567*** (0.0003)	0.1123*** (0.0056)	0.1453*** (0.0000)	0.1456*** (0.0000)	0.1654*** (0.0000)	0.1876*** (0.0000)	0.1998*** (0.0003)
X_{18}（名优特产推介状况）	0.0998*** (0.0001)	0.1211*** (0.0011)	0.1012*** (0.0011)	0.1314*** (0.0001)	0.1456*** (0.0002)	0.1671*** (0.0002)	0.1322*** (0.0003)	0.1566*** (0.0000)	0.1432*** (0.0011)	0.1657*** (0.0006)
X_{19}（农产品加工包装水平）	0.1235*** (0.0001)	0.1356*** (0.0077)	0.1001*** (0.0078)	0.1232*** (0.0001)	0.1123*** (0.0045)	0.1322*** (0.0011)	0.1222*** (0.0001)	0.1562*** (0.0000)	0.1222*** (0.0056)	0.1562*** (0.0000)
X_{20}（产业结构合理状况）	0.1002*** (0.0001)	0.1226*** (0.0011)	0.1022*** (0.0000)	0.1222*** (0.0000)	0.1011*** (0.0000)	0.1322*** (0.0000)	0.1276*** (0.0000)	0.1356*** (0.0011)	0.1128*** (0.0006)	0.1567*** (0.0006)
X_{21}（电商平台发展状况）	0.1289*** (0.0012)	0.1456*** (0.0011)	0.1223*** (0.0011)	0.1332*** (0.0001)	0.1001*** (0.0022)	0.1786*** (0.0016)	0.0997*** (0.0002)	0.1112*** (0.0023)	0.0969*** (0.0000)	0.1232*** (0.0007)
X_{22}（农村治安实际状况）	0.1232 (0.3435)	0.1332 (0.3567)	0.1002 (0.3478)	0.1376 (0.4543)	0.1128 (0.1237)	0.1323 (0.5653)	0.1287 (0.2345)	0.1345 (0.1237)	0.1202 (0.4564)	0.1311 (0.3456)
地区变量	YES	YES	YES	YES	YES	YES	YES	YES	YES	YES
R^2	0.1665	0.1821	0.1723	0.1822	0.1811	0.1878	0.1589	0.1789	0.1777	0.1887
F统计量	23.3222	100.0982	29.9887	39.9878	35.5655	67.6766	34.4458	55.5612	27.7876	39.9877

说明：①*、**、***分别表示10%、5%和1%的显著性水平。②括号中的数值是稳健性标准差，2SLS估计中的R^2指的是中心R^2。

表 5.13 全样本视角下金融服务对新型农业经营主体就业效应影响的稳健性检验结果

全样本视角下金融服务对新型农业经营主体就业效应影响的稳健性检验结果（新型农业经营主体系城镇户籍）

	全样本		种养殖专业大户		家庭农场		农民专业合作社		农业龙头企业	
	OLS	2SLS	OLS	2SLS	OLS	2SLS	OLS	2SLS	OLS	2SLS
X_1（性别）	0.1235 (0.2323)	0.1323 (0.2314)	0.1012 (0.2398)	0.1233 (0.8376)	0.1187 (0.2298)	0.1287 (0.2876)	0.1323 (0.2398)	0.1432 (0.3987)	0.1298 (0.2876)	0.1345 (0.2987)
X_2（年龄）	0.3098*** (0.0007)	0.3122*** (0.0001)	0.2876*** (0.0003)	0.3011*** (0.0003)	0.2876*** (0.0037)	0.3112*** (0.0000)	0.2987*** (0.0000)	0.3112*** (0.0018)	0.2879*** (0.0000)	0.3652*** (0.0057)
X_3（户籍状况）	0.0765*** (0.0002)	0.0889*** (0.0001)	0.0678*** (0.0001)	0.0786*** (0.0003)	0.0265*** (0.0007)	0.0765*** (0.0000)	0.0376*** (0.0025)	0.0781*** (0.0059)	0.0384*** (0.0065)	0.0987*** (0.0000)
X_4（婚姻状况）	0.1002 (0.1827)	0.1287 (0.2987)	0.1208 (0.2987)	0.1309 (0.8333)	0.1029 (0.3938)	0.1128 (0.8732)	0.1287 (0.2287)	0.1378 (0.3987)	0.1298 (0.2987)	0.1387 (0.2223)
X_5（健康状况）	0.1211*** (0.0001)	0.1345*** (0.0071)	0.1221*** (0.0012)	0.1337*** (0.0013)	0.1322*** (0.0011)	0.1765*** (0.0000)	0.1433*** (0.0000)	0.1562*** (0.0000)	0.1654*** (0.0000)	0.1898*** (0.0000)
X_6（文化程度）	0.1625 (0.9878)	0.1762 (0.2298)	0.1287 (0.2298)	0.1387 (0.2287)	0.1213 (0.3393)	0.1398 (0.2987)	0.1211 (0.3398)	0.1329 (0.3873)	0.1201 (0.3221)	0.1298 (0.2833)
X_7（新型农业经营主体对金融服务的评价）	0.3432*** (0.0002)	0.3635*** (0.0001)	0.3231*** (0.0002)	0.3562*** (0.0000)	0.3011*** (0.0000)	0.3267*** (0.0000)	0.3422*** (0.0000)	0.3766*** (0.0011)	0.3422*** (0.0000)	0.3679*** (0.0000)
X_8（家庭整体氛围）	0.1322*** (0.0023)	0.1426*** (0.0002)	0.1123*** (0.0002)	0.1422*** (0.0001)	0.1023*** (0.0033)	0.1245*** (0.0000)	0.1127*** (0.0000)	0.1522*** (0.0000)	0.1522*** (0.0021)	0.1826*** (0.0000)

续表

全样本视角下金融服务对新型农业经营主体就业效应影响的稳健性检验结果（新型农业经营主体系城镇户籍）

	全样本		种养殖专业大户		家庭农场		农民专业合作社		农业龙头企业	
	OLS	2SLS	OLS	2SLS	OLS	2SLS	OLS	2SLS	OLS	2SLS
X_9（家中人口供养比例）	0.1412*** (0.0002)	0.1612*** (0.0011)	0.1218*** (0.0045)	0.1526** (0.0067)	0.1322*** (0.0003)	0.1722*** (0.0000)	0.1287*** (0.0000)	0.1655*** (0.0000)	0.1274** (0.0024)	0.1643*** (0.0000)
X_{10}（家庭社会资本情况）	0.1512*** (0.0023)	0.1762*** (0.0008)	0.1265*** (0.0001)	0.1652*** (0.0079)	0.1128*** (0.0002)	0.1562*** (0.0000)	0.1322*** (0.0056)	0.1622*** (0.0000)	0.1264*** (0.0000)	0.1777*** (0.0000)
X_{11}（基础设施状况）	0.0982 (0.1123)	0.1023 (0.3933)	0.0123 (0.3383)	0.0187 (0.2987)	0.0998 (0.2983)	0.1122 (0.9384)	0.1011 (0.2987)	0.1145 (0.3834)	0.1101 (0.3986)	0.1232 (0.3395)
X_{12}（物流体系健全状况）	0.1543*** (0.0008)	0.1876*** (0.0067)	0.1123*** (0.0045)	0.1524*** (0.0011)	0.1622*** (0.0012)	0.1767*** (0.0000)	0.1128*** (0.0000)	0.1622*** (0.0000)	0.1522*** (0.0000)	0.1876*** (0.0000)
X_{13}（农业机械化发展状况）	−0.3876*** (0.0012)	−0.3112*** (0.0045)	−0.2876*** (0.0035)	−0.2211*** (0.0012)	−0.3233*** (0.0012)	−0.2876*** (0.0000)	−0.3765*** (0.0025)	−0.3031*** (0.0000)	−0.3536*** (0.0000)	−0.3001*** (0.0000)
X_{14}（信息化建设满意度）	0.1322*** (0.0001)	0.1435*** (0.0011)	0.1223*** (0.0011)	0.1522*** (0.0022)	0.1128*** (0.0021)	0.1433*** (0.0000)	0.1329*** (0.0076)	0.1542*** (0.0000)	0.1532*** (0.0000)	0.1722*** (0.0000)
X_{15}（农业生产条件状况）	0.1434*** (0.0005)	0.1562*** (0.0002)	0.1112*** (0.0002)	0.1322*** (0.0001)	0.1265*** (0.0001)	0.1522*** (0.0000)	0.1726*** (0.0076)	0.1982*** (0.0012)	0.1232*** (0.0000)	0.1524*** (0.0000)
X_{16}（农业技术培训状况）	0.1229*** (0.0001)	0.1332*** (0.0067)	0.1532*** (0.0056)	0.1728** (0.0001)	0.1128*** (0.0000)	0.1276*** (0.0056)	0.1023*** (0.0000)	0.1287*** (0.0000)	0.1765*** (0.0000)	0.1827*** (0.0000)

续表

全样本视角下金融服务对新型农业经营主体就业效应影响的稳健性检验结果（新型农业经营主体系城镇户籍）

	全样本		种养殖专业大户		家庭农场		农民专业合作社		农业龙头企业	
	OLS	2SLS	OLS	2SLS	OLS	2SLS	OLS	2SLS	OLS	2SLS
X_{17}（农技人员服务状况）	0.1323*** (0.0087)	0.1454*** (0.0023)	0.1012*** (0.0023)	0.1322*** (0.0011)	0.1433*** (0.0022)	0.1567*** (0.0000)	0.1222*** (0.0000)	0.1322*** (0.0000)	0.1422*** (0.0000)	0.1625*** (0.0000)
X_{18}（名优特产推介状况）	0.1564*** (0.0002)	0.1765*** (0.0001)	0.1123*** (0.0011)	0.1323*** (0.0058)	0.1023*** (0.0015)	0.1456*** (0.0023)	0.1345*** (0.0000)	0.1654*** (0.0000)	0.1298*** (0.0000)	0.1565*** (0.0000)
X_{19}（农产品加工包装水平）	0.1298*** (0.0011)	0.1423*** (0.0011)	0.1011*** (0.0001)	0.1213*** (0.0001)	0.1432*** (0.0001)	0.1563*** (0.0011)	0.1123*** (0.0000)	0.1432*** (0.0022)	0.1235*** (0.0000)	0.1567*** (0.0000)
X_{20}（产业结构合理状况）	0.1298*** (0.0011)	0.1398*** (0.0001)	0.1232*** (0.0011)	0.1546*** (0.0012)	0.1234*** (0.0001)	0.1432*** (0.0000)	0.1128*** (0.0000)	0.1356*** (0.0001)	0.1321*** (0.0001)	0.1567*** (0.0000)
X_{21}（电商平台发展状况）	0.1287*** (0.0001)	0.1456*** (0.0002)	0.1222*** (0.0000)	0.1332*** (0.0011)	0.1276*** (0.0001)	0.1234*** (0.0000)	0.1287*** (0.0011)	0.1766*** (0.0011)	0.1001*** (0.0011)	0.1765*** (0.0000)
X_{22}（农村治安实际状况）	0.1232 (0.2837)	0.1323 (0.2287)	0.1129 (0.2298)	0.1237 (0.3876)	0.1302 (0.2239)	0.1534 (0.2298)	0.1223 (0.3946)	0.1392 (0.4893)	0.1129 (0.8356)	0.1298 (0.2035)
地区变量	YES	YES	YES	YES	YES	YES	YES	YES	YES	YES
R^2	0.1625	0.1823	0.1721	0.1878	0.1623	0.1889	0.1722	0.1823	0.1623	0.1829
F统计量	20.0978	35.5655	10.2098	23.3432	23.3878	45.5432	20.2987	67.8973	28.8977	49.0923

全样本视角下金融服务对新型农业经营主体就业效应影响的稳健性检验结果（新型农业经营主体系农村户籍）

	全样本		种养殖专业大户		家庭农场		农民专业合作社		农业龙头企业	
	OLS	2SLS	OLS	2SLS	OLS	2SLS	OLS	2SLS	OLS	2SLS
X_1（性别）	0.1322 (0.2872)	0.1422 (0.1298)	0.1012 (0.2321)	0.1323 (0.3938)	0.1298 (0.3876)	0.1345 (0.3938)	0.1029 (0.3398)	0.1228 (0.4322)	0.1101 (0.2298)	0.1298 (0.5367)
X_2（年龄）	0.3028*** (0.0078)	0.3239*** (0.0068)	0.3132*** (0.0000)	0.3547*** (0.0092)	0.3112*** (0.0000)	0.3676*** (0.0000)	0.3002*** (0.0000)	0.3562*** (0.0000)	0.3329*** (0.0000)	0.3675*** (0.0000)
X_3（户籍状况）	0.0265*** (0.0023)	0.0387*** (0.0028)	0.0112*** (0.0000)	0.0328*** (0.0000)	0.0232*** (0.0000)	0.0347*** (0.0000)	0.0786*** (0.0000)	0.0989*** (0.0000)	0.0454*** (0.0000)	0.0687*** (0.0000)
X_4（婚姻状况）	0.1028 (0.1287)	0.1223 (0.1387)	0.1129 (0.1287)	0.1283 (0.1302)	0.1001 (0.2928)	0.1128 (0.2928)	0.1328 (0.1129)	0.1549 (0.1298)	0.1627 (0.2293)	0.1728 (0.2289)
X_5（健康状况）	0.1217*** (0.0009)	0.1345*** (0.0057)	0.1123*** (0.0000)	0.1765*** (0.0000)	0.1003*** (0.0000)	0.1123*** (0.0000)	0.1432*** (0.0000)	0.1567*** (0.0000)	0.1333*** (0.0000)	0.1675*** (0.0000)
X_6（文化程度）	0.1128 (0.2928)	0.1229 (0.2367)	0.1287 (0.2197)	0.1302 (0.2008)	0.1202 (0.1298)	0.1322 (0.2228)	0.1287 (0.2827)	0.1302 (0.3029)	0.1402 (0.2916)	0.1602 (0.2287)
X_7（新型农业经营主体对金融服务的评价）	0.3532*** (0.0000)	0.3736*** (0.0032)	0.3232*** (0.0056)	0.3437*** (0.0000)	0.3567*** (0.0000)	0.3876*** (0.0000)	0.3123*** (0.0011)	0.3345*** (0.0000)	0.3287*** (0.0000)	0.3876*** (0.0067)
X_8（家庭整体氛围）	0.1287*** (0.0027)	0.1322*** (0.0001)	0.1123*** (0.0012)	0.1432*** (0.0000)	0.1466*** (0.0000)	0.1655*** (0.0000)	0.1254*** (0.0000)	0.1532*** (0.0000)	0.1723*** (0.0000)	0.1982*** (0.0000)

续表

全样本视角下金融服务对新型农业经营主体就业效应影响的稳健性检验结果（新型农业经营主体系农村户籍）

	全样本 OLS	全样本 2SLS	种养殖专业大户 OLS	种养殖专业大户 2SLS	家庭农场 OLS	家庭农场 2SLS	农民专业合作社 OLS	农民专业合作社 2SLS	农业龙头企业 OLS	农业龙头企业 2SLS
X_9（家中人口供养比例）	0.1315*** (0.0000)	0.1512*** (0.0011)	0.1323*** (0.0011)	0.1465*** (0.0000)	0.1234*** (0.0000)	0.1543*** (0.0001)	0.1522*** (0.0011)	0.1786*** (0.0000)	0.1623*** (0.0045)	0.1872*** (0.0000)
X_{10}（家庭社会资本情况）	0.1211*** (0.0000)	0.1323*** (0.0011)	0.1423*** (0.0001)	0.1527*** (0.0000)	0.1223*** (0.0000)	0.1656*** (0.0011)	0.1332*** (0.0000)	0.1453*** (0.0000)	0.1767*** (0.0000)	0.1989*** (0.0000)
X_{11}（基础设施状况）	0.1021 (0.9384)	0.1287 (0.2827)	0.1282 (0.3389)	0.1393 (0.2298)	0.1022 (0.2298)	0.1222 (0.2938)	0.1298 (0.9387)	0.1382 (0.2029)	0.1102 (0.2212)	0.1398 (0.2377)
X_{12}（物流体系健全状况）	0.1323*** (0.0024)	0.1414*** (0.0000)	0.1223*** (0.0011)	0.1432*** (0.0000)	0.1202*** (0.0000)	0.1333*** (0.0000)	0.1672*** (0.0000)	0.1876*** (0.0012)	0.1611*** (0.0000)	0.1987*** (0.0000)
X_{13}（农业机械化发展状况）	-0.3938*** (0.0019)	-0.3238*** (0.0011)	-0.4232*** (0.0016)	-0.2789*** (0.0003)	-0.4233*** (0.0003)	-0.3534*** (0.0000)	-0.3321*** (0.0000)	-0.2425*** (0.0036)	-0.3987*** (0.0000)	-0.2118*** (0.0028)
X_{14}（信息化建设满意度）	0.1434*** (0.0096)	0.1567*** (0.0000)	0.1232*** (0.0000)	0.1544*** (0.0000)	0.1523*** (0.0000)	0.1672*** (0.0000)	0.1239*** (0.0000)	0.1623*** (0.0000)	0.1126*** (0.0000)	0.1432*** (0.0000)
X_{15}（农业生产条件状况）	0.1221*** (0.0002)	0.1335*** (0.0000)	0.1221*** (0.0000)	0.1423*** (0.0000)	0.1324*** (0.0000)	0.1567*** (0.0000)	0.1232*** (0.0000)	0.1543*** (0.0054)	0.1125*** (0.0023)	0.1672*** (0.0000)
X_{16}（农业技术培训状况）	0.1176*** (0.0001)	0.1232*** (0.0000)	0.1022*** (0.0000)	0.1127*** (0.0046)	0.1321*** (0.0000)	0.1672*** (0.0000)	0.1124*** (0.0011)	0.1321*** (0.0000)	0.1672*** (0.0000)	0.1976*** (0.0000)

第五章 金融服务制约新型农业经营主体发展的影响 217

续表

全样本视角下金融服务对新型农业经营主体就业效应影响的稳健性检验结果（新型农业经营主体系农村户籍）

	全样本		种养殖专业大户		家庭农场		农民专业合作社		农业龙头企业	
	OLS	2SLS	OLS	2SLS	OLS	2SLS	OLS	2SLS	OLS	2SLS
X_{17}（农技人员服务状况）	0.1335*** (0.0001)	0.1433*** (0.0021)	0.1221*** (0.0000)	0.1562*** (0.0035)	0.1123*** (0.0000)	0.1335*** (0.0056)	0.1221*** (0.0022)	0.1765*** (0.0000)	0.1567*** (0.0000)	0.1876*** (0.0000)
X_{18}（名优特产推介状况）	0.1228*** (0.0001)	0.1335*** (0.0012)	0.1012*** (0.0000)	0.1221*** (0.0087)	0.1232*** (0.0016)	0.1456*** (0.0000)	0.1124*** (0.0057)	0.1354*** (0.0000)	0.1232*** (0.0000)	0.1287*** (0.0000)
X_{19}（农产品加工包装水平）	0.1028*** (0.0001)	0.1123*** (0.0012)	0.1128*** (0.0043)	0.1239*** (0.0008)	0.1232*** (0.0012)	0.1765*** (0.0016)	0.1656*** (0.0077)	0.1987*** (0.0087)	0.1011*** (0.0000)	0.1524*** (0.0000)
X_{20}（产业结构合理状况）	0.0983*** (0.0001)	0.1112*** (0.0000)	0.1822*** (0.0032)	0.1987*** (0.0047)	0.1123*** (0.0019)	0.1345*** (0.0000)	0.1432*** (0.0000)	0.1567*** (0.0022)	0.1287*** (0.0000)	0.1876*** (0.0000)
X_{21}（电商平台发展状况）	0.1287*** (0.0001)	0.1432*** (0.0017)	0.1124*** (0.0000)	0.1323*** (0.0000)	0.1287*** (0.0000)	0.1543*** (0.0087)	0.1127*** (0.0001)	0.1338*** (0.0022)	0.1298*** (0.0000)	0.1898*** (0.0000)
X_{22}（农村治安实际状况）	0.1876 (0.9282)	0.1987 (0.2293)	0.1298 (0.2834)	0.1302 (0.3985)	0.1209 (0.4322)	0.1322 (0.2879)	0.1405 (0.2876)	0.1551 (0.3032)	0.1209 (0.2827)	0.1302 (0.1223)
地区变量	YES	YES	YES	YES	YES	YES	YES	YES	YES	YES
R^2	0.1615	0.1802	0.1723	0.1829	0.1611	0.1789	0.1722	0.1889	0.1589	0.1878
F 统计量	87.7832	100.0987	23.3432	38.8902	34.4832	68.8976	20.0978	38.8921	29.9987	39.0987

说明：① *、**、*** 分别表示10%、5%和1%的显著性水平。② 括号中的数值是稳健性标准差，2SLS 估计中的 R^2 指的是中心 R^2。

表 5.14 分样本视角下金融服务对新型农业经营主体就业效应影响的稳健性检验结果

民族地区金融服务对新型农业经营主体就业效应影响的稳健性检验结果（新型农业经营主体系城镇户籍）

	全样本		种养殖专业大户		家庭农场		农民专业合作社		农业龙头企业	
	OLS	2SLS	OLS	2SLS	OLS	2SLS	OLS	2SLS	OLS	2SLS
X_1（性别）	0.1021 (0.9823)	0.1123 (0.2928)	0.1128 (0.7836)	0.1323 (0.5627)	0.1002 (0.1287)	0.1223 (0.2398)	0.1023 (0.2827)	0.1229 (0.3938)	0.1289 (0.4582)	0.1392 (0.5722)
X_2（年龄）	0.3562*** (0.0005)	0.3765*** (0.0011)	0.3021*** (0.0023)	0.3327*** (0.0000)	0.3111*** (0.0007)	0.3543*** (0.0000)	0.3432*** (0.0054)	0.3562*** (0.0015)	0.3234*** (0.0000)	0.3538*** (0.0009)
X_3（户籍状况）	0.0562*** (0.0002)	0.0786*** (0.0002)	0.0231*** (0.0007)	0.0354*** (0.0006)	0.0376*** (0.0089)	0.0678*** (0.0006)	0.0453*** (0.0011)	0.0887*** (0.0000)	0.0238*** (0.0065)	0.0673*** (0.0007)
X_4（婚姻状况）	0.1287 (0.2928)	0.1322 (0.2886)	0.1122 (0.1287)	0.1234 (0.2287)	0.1023 (0.1928)	0.1298 (0.2398)	0.1001 (0.2967)	0.1287 (0.3837)	0.1281 (0.2876)	0.1372 (0.1203)
X_5（健康状况）	0.1322*** (0.0015)	0.1445*** (0.0007)	0.1002*** (0.0002)	0.1221*** (0.0036)	0.1323*** (0.0001)	0.1425*** (0.0000)	0.1128*** (0.0000)	0.1523*** (0.0000)	0.1323*** (0.0000)	0.1786*** (0.0000)
X_6（文化程度）	0.1002 (0.5763)	0.1282 (0.3837)	0.1233 (0.3876)	0.1382 (0.2239)	0.1289 (0.2938)	0.1309 (0.3202)	0.1422 (0.9878)	0.1562 (0.2233)	0.1398 (0.2984)	0.1528 (0.2287)
X_7（新型农业经营主体对金融服务的评价）	0.3276*** (0.0087)	0.3435*** (0.0007)	0.3112*** (0.0016)	0.3436*** (0.0011)	0.3657*** (0.0013)	0.3837*** (0.0000)	0.3012*** (0.0000)	0.3223*** (0.0000)	0.3452*** (0.0000)	0.3837*** (0.0000)
X_8（家庭整体氛围）	0.1028*** (0.0058)	0.1123*** (0.0012)	0.1123*** (0.0045)	0.1524*** (0.0011)	0.1323*** (0.0000)	0.1435*** (0.0000)	0.1232*** (0.0000)	0.1432*** (0.0000)	0.1652*** (0.0000)	0.1827*** (0.0000)

第五章 金融服务制约新型农业经营主体发展的影响 219

续表

民族地区金融服务对新型农业经营主体就业效应影响的稳健性检验结果（新型农业经营主体系城镇户籍）

	全样本		种养殖专业大户		家庭农场		农民专业合作社		农业龙头企业	
	OLS	2SLS	OLS	2SLS	OLS	2SLS	OLS	2SLS	OLS	2SLS
X_9（家中人口供养比例）	0.1222*** (0.0002)	0.1387*** (0.0067)	0.1001*** (0.0023)	0.1129*** (0.0000)	0.1128*** (0.0000)	0.1562*** (0.0000)	0.1287*** (0.0000)	0.1762*** (0.0000)	0.1526*** (0.0000)	0.1773*** (0.0000)
X_{10}（家庭社会资本情况）	0.1315*** (0.0013)	0.1512*** (0.0002)	0.1312*** (0.0011)	0.1516*** (0.0003)	0.1102*** (0.0001)	0.1321*** (0.0000)	0.1102*** (0.0000)	0.1323*** (0.0000)	0.1432*** (0.0000)	0.1675*** (0.0000)
X_{11}（基础设施状况）	0.1672 (0.2323)	0.1723 (0.2232)	0.1565 (0.2876)	0.1676 (0.2322)	0.1601 (0.2289)	0.1678 (0.3765)	0.1678 (0.2765)	0.1782 (0.1128)	0.1665 (0.2726)	0.1787 (0.1387)
X_{12}（物流体系健全状况）	0.1423*** (0.0002)	0.1623*** (0.0015)	0.1232*** (0.0001)	0.1425*** (0.0011)	0.1123*** (0.0035)	0.1562*** (0.0000)	0.1767*** (0.0000)	0.1889*** (0.0000)	0.1223*** (0.0001)	0.1786*** (0.0000)
X_{13}（农业机械化发展状况）	-0.4242*** (0.0000)	-0.3035*** (0.0011)	-0.3032*** (0.0001)	-0.2728*** (0.0000)	-0.3234*** (0.0042)	-0.2998*** (0.0000)	-0.3239*** (0.0000)	-0.2787*** (0.0067)	-0.2876*** (0.0000)	-0.2111*** (0.0011)
X_{14}（信息化建设满意度）	0.1523*** (0.0000)	0.1675*** (0.0032)	0.1002*** (0.0012)	0.1123*** (0.0007)	0.1321*** (0.0067)	0.1562*** (0.0000)	0.1123*** (0.0023)	0.1452*** (0.0011)	0.1525*** (0.0000)	0.1787*** (0.0000)
X_{15}（农业生产条件状况）	0.1612*** (0.0000)	0.1712*** (0.0002)	0.1213*** (0.0000)	0.1562*** (0.0005)	0.1432*** (0.0001)	0.1767*** (0.0011)	0.1123*** (0.0056)	0.1543*** (0.0000)	0.1456*** (0.0011)	0.1876*** (0.0000)
X_{16}（农业技术培训状况）	0.1423*** (0.0078)	0.1556*** (0.0001)	0.1223*** (0.0000)	0.1332*** (0.0000)	0.1123*** (0.0059)	0.1324*** (0.0000)	0.1002*** (0.0078)	0.1322*** (0.0000)	0.1432*** (0.0000)	0.1675*** (0.0011)

续表

民族地区金融服务对新型农业经营主体就业效应影响的稳健性检验结果（新型农业经营主体系城镇户籍）

	全样本		种养殖专业大户		家庭农场		农民专业合作社		农业龙头企业	
	OLS	2SLS	OLS	2SLS	OLS	2SLS	OLS	2SLS	OLS	2SLS
X_{17}（农技人员服务状况）	0.1512*** (0.0000)	0.1765*** (0.0000)	0.1123*** (0.0000)	0.1425*** (0.0011)	0.1023*** (0.0001)	0.1323*** (0.0067)	0.1376*** (0.0000)	0.1567*** (0.0000)	0.1552*** (0.0011)	0.1789*** (0.0000)
X_{18}（名优特产推介状况）	0.1212*** (0.0056)	0.1452*** (0.0000)	0.1021*** (0.0000)	0.1323*** (0.0000)	0.1432*** (0.0001)	0.1765*** (0.0011)	0.1222*** (0.0000)	0.1567*** (0.0056)	0.1222*** (0.0016)	0.1665*** (0.0000)
X_{19}（农产品加工包装水平）	0.0998*** (0.0033)	0.1287*** (0.0003)	0.1011*** (0.0015)	0.1321*** (0.0001)	0.1121*** (0.0001)	0.1321*** (0.0011)	0.1198*** (0.0002)	0.1678*** (0.0022)	0.1654*** (0.0000)	0.1985*** (0.0000)
X_{20}（产业结构合理状况）	0.0981*** (0.0005)	0.1232*** (0.0005)	0.1001*** (0.0017)	0.1181*** (0.0003)	0.1765*** (0.0000)	0.1987*** (0.0011)	0.1023*** (0.0045)	0.1287*** (0.0000)	0.1321*** (0.0012)	0.1786*** (0.0016)
X_{21}（电商平台发展状况）	0.1232*** (0.0058)	0.1432*** (0.0022)	0.1023*** (0.0045)	0.1123*** (0.0014)	0.1128*** (0.0000)	0.1654*** (0.0078)	0.1423*** (0.0000)	0.1765*** (0.0000)	0.1728*** (0.0000)	0.1987*** (0.0015)
X_{22}（农村治安实际状况）	0.0123 (0.1232)	0.0145 (0.1257)	0.0099 (0.1342)	0.0121 (0.4527)	0.0102 (0.3359)	0.0132 (0.2346)	0.0167 (0.2325)	0.0189 (0.2339)	0.0112 (0.3435)	0.0156 (0.3458)
地区变量	YES	YES	YES	YES	YES	YES	YES	YES	YES	YES
R^2	0.1611	0.1822	0.1712	0.1876	0.1656	0.1723	0.1723	0.1823	0.1602	0.1823
F统计量	23.3422	35.5676	28.8922	39.9878	20.2287	29.9878	23.3322	40.0989	28.8977	78.9822

第五章　金融服务制约新型农业经营主体发展的影响

续表

非民族地区金融服务对新型农业经营主体就业效应影响的稳健性检验结果（新型农业经营主体系农村户籍）

	全样本		种养殖专业大户		家庭农场		农民专业合作社		农业龙头企业	
	OLS	2SLS	OLS	2SLS	OLS	2SLS	OLS	2SLS	OLS	2SLS
X_1（性别）	0.1287 (0.2223)	0.1253 (0.1127)	0.1128 (0.2389)	0.1276 (0.2327)	0.1101 (0.6765)	0.1287 (0.4543)	0.1129 (0.4323)	0.1267 (0.2325)	0.1321 (0.3321)	0.1435 (0.1354)
X_2（年龄）	0.3229*** (0.0001)	0.3536*** (0.0001)	0.3012*** (0.0011)	0.3323*** (0.0011)	0.3412*** (0.0032)	0.3762*** (0.0011)	0.3012*** (0.0000)	0.3334*** (0.0001)	0.3321*** (0.0067)	0.3876*** (0.0023)
X_3（户籍状况）	0.0673*** (0.0085)	0.0786*** (0.0002)	0.0365*** (0.0001)	0.0675*** (0.0011)	0.0435*** (0.0002)	0.0675*** (0.0027)	0.0123*** (0.0087)	0.0376*** (0.0011)	0.0333*** (0.0001)	0.0786*** (0.0011)
X_4（婚姻状况）	0.2321 (0.2322)	0.2432 (0.2435)	0.1989 (0.1235)	0.2022 (0.4323)	0.2121 (0.2322)	0.2423 (0.1232)	0.1899 (0.2238)	0.2209 (0.1128)	0.2278 (0.1675)	0.2665 (0.3236)
X_5（健康状况）	0.1214*** (0.0035)	0.1423*** (0.0007)	0.1121*** (0.0011)	0.1542*** (0.0003)	0.1028*** (0.0047)	0.1562*** (0.0067)	0.1022*** (0.0013)	0.1566*** (0.0012)	0.1228*** (0.0089)	0.1543*** (0.0023)
X_6（文化程度）	0.1276 (0.1245)	0.1365 (0.3234)	0.1126 (0.3236)	0.1232 (0.3435)	0.1098 (0.1235)	0.1232 (0.4323)	0.1248 (0.3237)	0.1321 (0.1239)	0.1028 (0.3328)	0.1128 (0.4328)
X_7（新型农业经营主体对金融服务的评价）	0.3227*** (0.0076)	0.3567*** (0.0001)	0.3021*** (0.0012)	0.3323*** (0.0011)	0.3432*** (0.0011)	0.3654*** (0.0001)	0.3112*** (0.0001)	0.3765*** (0.0000)	0.3222*** (0.0011)	0.3567*** (0.0011)
X_8（家庭整体氛围）	0.1432*** (0.0012)	0.1654*** (0.0024)	0.1123*** (0.0012)	0.1323*** (0.0011)	0.1456*** (0.0001)	0.1652*** (0.0000)	0.1121*** (0.0011)	0.1524*** (0.0000)	0.1522*** (0.0000)	0.1876*** (0.0000)

续表

非民族地区金融服务对新型农业经营主体就业效应影响的稳健性检验结果（新型农业经营主体系农村户籍）

	全样本		种养殖专业大户		家庭农场		农民专业合作社		农业龙头企业	
	OLS	2SLS	OLS	2SLS	OLS	2SLS	OLS	2SLS	OLS	2SLS
X_9（家中人口供养比例）	0.1515*** (0.0076)	0.1876*** (0.0068)	0.1333*** (0.0026)	0.1654*** (0.0022)	0.1422*** (0.0001)	0.1567*** (0.0000)	0.1922*** (0.0000)	0.2123*** (0.0011)	0.1287*** (0.0000)	0.1764*** (0.0000)
X_{10}（家庭社会资本情况）	0.1542*** (0.0022)	0.1876*** (0.0011)	0.1211*** (0.0012)	0.1562*** (0.0002)	0.1023*** (0.0001)	0.1654*** (0.0000)	0.1423*** (0.0002)	0.1672*** (0.0056)	0.1287*** (0.0026)	0.1678*** (0.0000)
X_{11}（基础设施状况）	0.1123 (0.2357)	0.1236 (0.2356)	0.1265 (0.2327)	0.1357 (0.3265)	0.1098 (0.1245)	0.1345 (0.2321)	0.1123 (0.1232)	0.1252 (0.3225)	0.1129 (0.3235)	0.1347 (0.1224)
X_{12}（物流体系健全状况）	0.1423*** (0.0011)	0.1512*** (0.0067)	0.1321*** (0.0045)	0.1542*** (0.0023)	0.1121*** (0.0001)	0.1565*** (0.0002)	0.1023*** (0.0000)	0.1165*** (0.0001)	0.1243*** (0.0000)	0.1562*** (0.0001)
X_{13}（农业机械化发展状况）	-0.3232*** (0.0032)	-0.3001*** (0.0001)	-0.3938*** (0.0001)	-0.3111*** (0.0011)	-0.3786*** (0.0011)	-0.3112*** (0.0000)	-0.3767*** (0.0000)	-0.3222*** (0.0000)	-0.3762*** (0.0000)	-0.3298*** (0.0000)
X_{14}（信息化建设满意度）	0.1214*** (0.0035)	0.1322*** (0.0002)	0.1022*** (0.0009)	0.1546*** (0.0011)	0.1332*** (0.0021)	0.1765*** (0.0000)	0.1562*** (0.0000)	0.1876*** (0.0000)	0.1443*** (0.0000)	0.1565*** (0.0000)
X_{15}（农业生产条件状况）	0.1322*** (0.0045)	0.1433*** (0.0056)	0.1321*** (0.0001)	0.1543*** (0.0001)	0.1622*** (0.0067)	0.1876*** (0.0001)	0.1287*** (0.0000)	0.1672*** (0.0001)	0.1523*** (0.0000)	0.1876*** (0.0000)
X_{16}（农业技术培训状况）	0.1287*** (0.0002)	0.1345*** (0.0002)	0.1211*** (0.0001)	0.1432*** (0.0088)	0.1501*** (0.0022)	0.1672*** (0.0011)	0.1445*** (0.0000)	0.1552*** (0.0023)	0.1402*** (0.0000)	0.1675*** (0.0000)

续表

非民族地区金融服务对新型农业经营主体就业效应影响的稳健性检验结果（新型农业经营主体系农村户籍）

	全样本		种养殖专业大户		家庭农场		农民专业合作社		农业龙头企业	
	OLS	2SLS	OLS	2SLS	OLS	2SLS	OLS	2SLS	OLS	2SLS
X_{17}（农技人员服务状况）	0.1433*** (0.0011)	0.1521*** (0.0002)	0.1232*** (0.0002)	0.1243*** (0.0076)	0.1012*** (0.0001)	0.1125*** (0.0001)	0.1002*** (0.0000)	0.1765*** (0.0034)	0.1323*** (0.0000)	0.1567*** (0.0012)
X_{18}（名优特产推介状况）	0.0875*** (0.0009)	0.1121*** (0.0011)	0.1212*** (0.0003)	0.1321*** (0.0003)	0.1127*** (0.0011)	0.1323*** (0.0001)	0.1453*** (0.0098)	0.1765*** (0.0000)	0.1023*** (0.0000)	0.1276*** (0.0077)
X_{19}（农产品加工包装水平）	0.1211*** (0.0008)	0.1345*** (0.0001)	0.1222*** (0.0009)	0.1321*** (0.0018)	0.1287*** (0.0001)	0.1546*** (0.0001)	0.1287*** (0.0067)	0.1543*** (0.0000)	0.1023*** (0.0000)	0.1765*** (0.0087)
X_{20}（产业结构合理状况）	0.1101*** (0.0011)	0.1567*** (0.0001)	0.1011*** (0.0012)	0.1122*** (0.0022)	0.1321*** (0.0002)	0.1567*** (0.0036)	0.1232*** (0.0000)	0.1556*** (0.0075)	0.1287*** (0.0023)	0.1876*** (0.0034)
X_{21}（电商平台发展状况）	0.1562*** (0.0007)	0.1765*** (0.0011)	0.1222*** (0.0006)	0.1332*** (0.0016)	0.1876*** (0.0004)	0.1987*** (0.0078)	0.1292*** (0.0037)	0.1456*** (0.0087)	0.1123*** (0.0067)	0.1657*** (0.0098)
X_{22}（农村治安实际状况）	0.1323 (0.2232)	0.1878 (0.3236)	0.1425 (0.2321)	0.1566 (0.2346)	0.1232 (0.1232)	0.1356 (0.2325)	0.1123 (0.4542)	0.1546 (0.2345)	0.1098 (0.1238)	0.1278 (0.3432)
地区变量	YES	YES	YES	YES	YES	YES	YES	YES	YES	YES
R^2	0.1711	0.1822	0.1678	0.1801	0.1602	0.1828	0.1676	0.1801	0.1723	0.1878
F统计量	22.2356	57.7655	12.2237	36.6675	19.0989	28.8976	23.3329	36.3787	29.9987	78.8767

说明：①*、**、***分别表示10%、5%和1%的显著性水平。②括号中的数值是稳健性标准差，2SLS估计中的R^2指的是中心R^2。

第三节　金融服务对新型农业经营主体幸福感效应的影响

从学术史的角度来看，幸福感最早是被心理学家所关注的。20世纪60年代晚期到80年代中期，心理学家开始对人的主观幸福感进行测量。随后，社会学家和经济学家开始加入对幸福感的研究中。作为农村经济体中最重要的生产经营主体，新型农业经营主体的幸福感值得重点关注。虽然学者都认为影响个体幸福感的因素多种多样，既有个体自身的内在原因，也有个体自身的外在原因；本书研究拟从内部原因和外部原因着手，除了研究金融服务对新型农业经营主体幸福感的影响外，还深入分析其他因素对新型农业经营主体幸福感的影响。从理论上说，金融服务对新型农业经营主体幸福感的影响是全面的，既会影响新型农业经营主体能否获得金融服务的内在感受，也会影响新型农业经营主体通过金融机构所提供的金融服务来发展壮大自身，实现其人生价值的真实体会。

一　指标选择与模型设定

要实证分析金融服务对新型农业经营主体幸福感效应的影响，首先必须界定被解释变量，也就是要弄清楚如何测度新型农业经营主体幸福感效应问题。基于研究的实际需要，本书研究拟将下述问题的答案作为被解释变量。该问题是："请问你所在区域金融机构所提供的金融服务对你个人幸福感有什么影响？A. 没任何影响；B. 影响较小；C. 一般；D. 影响较大；E. 影响非常大。"在具体研究的过程中，为更好地捕捉金融服务对新型农业经营主体增收影响的动态效应，本书研究对"没任何影响""影响较小""一般""影响较大""影响非常大"分别赋值-2、-1、0、1和2。

其次，要实证分析金融服务对新型农业经营主体幸福感效应的影响，除了需要明确界定被解释变量外，还需要科学界定核心解释变量。本书研究的核心解释变量是新型农业经营主体对金融服务的真实评价。基于研究的实际需要，本书拟将下述问题的答案作为核心解释变量。该问题是："请问你对金融机构所提供的金融服务到底怎么评价？A. 非常不满意；B. 不满意；C. 一般；D. 满意；E. 非常满意。"需要说明的是，在实证研究的过程中，为了更好地捕捉金融服务对新型农业经营主体增收影响的动态效应，本书拟对"非常不满意""不满意""一般""满意"和"非常满意"分别赋值-2、-1、0、1和2。

在实地调研的过程中，课题组发现：影响金融服务制约新型农业经营主体幸福感效应的因素，除了核心解释变量——金融服务外，其他因素也会对新型农业经营主体的生产经营活动产生影响，进而直接制约新型农业经营主体的幸福感。概括来说，这些因素可以分为新型农业经营主体自身各方面的情况、新型农业经营主体家庭各方面的情况、新型农业经营主体所在区域各方面的情况。基于研究的需要，本书研究将这三方面的影响因素纳入三组控制变量中，并分别记为户主禀赋变量、家庭特征变量和区域特征变量。具体来说，户主禀赋变量主要包括 X_1（性别）、X_2（年龄）、X_3（户籍状况）、X_4（婚姻状况）、X_5（健康状况）和 X_6（文化程度）；家庭特征变量包括 X_8（家庭整体氛围）、X_9（家中人口供养比例）以及 X_{10}（家庭社会资本情况）；区域特征变量包括 X_{11}（基础设施状况）、X_{12}（物流体系健全状况）、X_{13}（农业机械化发展状况）、X_{14}（信息化建设满意度）、X_{15}（农业生产条件状况）、X_{16}（农业技术培训状况）、X_{17}（农技人员服务状况）、X_{18}（名优特产推介状况）、X_{19}（农产品加工包装水平）、X_{20}（产业结构合理状况）、X_{21}（电商平台发展状况）以及 X_{22}（农村治安实际状况）。相关指标的赋值情况及其描述性统计分析结果如表 5.15 所示。

在全面介绍上述相关变量的基础上，本书研究将金融服务影响新型农业经营主体幸福感效应的模型设定如下：

$$Y_i = \beta_0 + \beta_j \sum_{j=1}^{K} X_{ji} + Dummy_z + \varepsilon_i \quad (5-3)$$

在模型（5-3）中，Y 为被解释变量，表示新型农业经营主体的幸福感效应。下标 i 表示第 i 个新型农业经营主体。下标 j 表示影响新型农业经营主体幸福感效应的第 j 个因素，j 的取值范围为 1 到 K，K 取正整数。X_{ji} 表示影响新型农业经营主体幸福感效应的所有因素。$Dummy$ 为地区虚拟变量，当 i 为西部民族地区新型农业经营主体时，z 取 1；当 i 为西部非民族地区新型农业经营主体时，z 取 2。ε 为随机误差项。

表5.15　　各指标的赋值情况及其描述性统计分析结果

变量	变量类型	变量赋值	均值	标准差
Y（新型农业经营主体的幸福感效应）	因变量	没任何影响 = -2，影响较小 = -1，一般 = 0，影响较大 = 1，影响非常大 = 2	0.1027	0.1156
X_1（性别）	户主禀赋变量	男 = 1，女 = 0	0.5527	0.2027
X_2（年龄）	户主禀赋变量	30岁及以下 = 1，31—39岁 = 2，40岁及以上 = 3	2.2357	0.1027
X_3（户籍状况）	户主禀赋变量	城镇 = 1，农业和非城镇蓝印户籍 = 0	0.4957	0.1022
X_4（婚姻状况）	户主禀赋变量	未婚 = 1，已婚 = 2，丧偶 = 3，离异 = 4	2.0217	0.2027
X_5（健康状况）	户主禀赋变量	良好 = 1，一般 = 2，差 = 3	2.0017	0.1007
X_6（文化程度）	户主禀赋变量	小学及以下 = 1，初中 = 2，高中及以上 = 3	2.2987	0.1267
X_7（新型农业经营主体对金融服务的评价）	家庭特征变量	非常不满意 = -2，不满意 = -1，一般 = 0，满意 = 1，非常满意 = 2	0.3762	0.1762
X_8（家庭整体氛围）	家庭特征变量	民主型 = 1，独裁型 = 0	0.5217	0.3227
X_9（家中人口供养比例）	家庭特征变量	1个及以下 = 1，2—3个 = 2，3个以上 = 3	2.2357	0.1257
X_{10}（家庭社会资本情况）	家庭特征变量	家庭全年礼金支出占家庭总收入的比重	0.2227	15.5627
X_{11}（基础设施状况）	区域特征变量	不满意 = 1，一般 = 2，满意 = 3	1.9857	0.0687
X_{12}（物流体系健全状况）	区域特征变量	不满意 = 1，一般 = 2，满意 = 3	1.6987	0.0687
X_{13}（农业机械化发展状况）	区域特征变量	不满意 = 1，一般 = 2，满意 = 3	2.0027	0.0215
X_{14}（信息化建设满意度）	区域特征变量	不满意 = 1，一般 = 2，满意 = 3	1.3657	0.0267
X_{15}（农业生产条件状况）	区域特征变量	不满意 = 1，一般 = 2，满意 = 3	0.5217	0.3037
X_{16}（农业技术培训状况）	区域特征变量	不满意 = 1，一般 = 2，满意 = 3	2.2025	0.2267
X_{17}（农技人员服务状况）	区域特征变量	不满意 = 1，一般 = 2，满意 = 3	1.9857	0.3657

续表

变量	变量类型	变量赋值	均值	标准差
X_{18}（名优特产推介状况）	区域特征变量	推介=1，不推介=0	0.5217	0.0026
X_{19}（农产品加工包装水平）	区域特征变量	不满意=1，一般=2，满意=3	1.9857	0.1257
X_{20}（产业结构合理状况）	区域特征变量	不满意=1，一般=2，满意=3	1.6258	0.3651
X_{21}（电商平台发展状况）	区域特征变量	不满意=1，一般=2，满意=3	1.9587	0.2129
X_{22}（农村治安实际状况）	区域特征变量	不满意=1，一般=2，满意=3	1.5217	0.0007

说明：有关变量 X_{10}（家庭社会资本情况）的情况与前面章节所介绍的一样，此处不再做特别说明。

二 数据来源及实证分析思路

与前文一样，本节实证所使用的数据来源于课题组的调查问卷。虽然课题组在研究过程中进行过两次问卷调查，但基于研究的实际需要，本节数据来源于课题组的第二次调查问卷。这次问卷调查开展于2015年1—8月，调查的区域为西部地区除新疆和西藏以外的其他10个省级单位。为了确保实际收集的数据资料具有代表性，在所要发放问卷的省级单位内部，课题组依据近三年来各地级市第一产业产值均值排名情况，选择排名居中的地级市为研究样本。需要特别说明的是，如果某省级单位下属的地级市的个数是奇数的话，则选择排名居中的3个地级市作为研究样本；如果某省级单位下属的地级市的个数是偶数的话，则选择排名居中的4个地级市作为研究样本。在确定了相应的地级市样本后，具体调研区县的确定亦采用相类似的办法来进行。由于乡镇层面的数据资料极其匮乏，课题组在问卷发放的过程中只考虑到区县层面，未涉及乡镇层面。在问卷发放过程中，课题组在当地政府的帮助下，排除了普通农户，要求问卷必须由种养殖专业大户户主、家庭农场主、农民专业合作社负责人和农业龙头企业负责人填写。在10个省级单位，对每个省级单位，课题组发放调查问卷300份，总共发放问卷3000份，实际回收问卷2790份，剔除缺乏关键信息的问卷87份，实际回收有效问卷2703份，有效率为90.1%。还需要特别说明的是，在2703份有效问卷中，种养殖专业大户、家庭农场、农民专业合作社和农业龙头企业分别是653份、700份、725份和625份。

要实证分析金融服务对新型农业经营主体幸福感效应的影响，既需要从宏观的层面予以把握，还需要充分考虑到不同种类新型农业经营主体自身的特点，也就是说，基于不同新型农业经营主体自身的特点，金融服务对其增收效应的影响可能会存在差异。此外，课题组在实际整理调查问卷的过程中发现，西部地区既有民族地区，也有非民族地区，不同地区经济社会发展的差异表现得比较突出，非常有必要从地区视角探究金融服务对新型农业经营主体幸福感效应的影响。当然，不同户籍新型农业经营主体发展也存在差异，金融服务对城镇户籍和农村户籍新型农业经营主体的影响也有可能存在差异。基于此，在实证研究的过程中，本课题先从是否纳入控制变量的层面来实证金融服务对新型农业经营主体幸福感效应的影响；然后，基于民族地区和非民族地区视角，按照是否纳入控制变量的方式来实证金融服务对新型农业经营主体幸福感效应的影响。最后，按照是不是城镇户籍的判断标准来对金融服务影响新型农业经营主体发展的幸福感效应进行稳健性检验。

三 实证分析结果及相关解释

沿袭前两节的分析思路，本节首先在不纳入任何控制变量的前提下进行 OLS 检验，然后在纳入控制变量的条件下进行 OLS 检验。通过 OLS 检验，可以初步得出相关的研究结论。考虑到本节研究采取的是一年期的问卷调查数据，为强化对研究结果可靠性的认识，拟考虑引入工具变量，然后再采用 2SLS 进行实证分析；同样，本节也会分不纳入控制变量和纳入控制变量两种情况来进行实证分析。在考虑到民族地区和非民族地区经济社会发展实际差异的情况下，本节继续对不同地区金融服务对新型农业经营主体幸福感效应的影响进行实证分析。最后，基于城镇户籍与农村户籍考虑，本节对金融服务影响新型农业经营主体幸福感效应问题进行稳健性检验，以便进一步验证前文所实施的 OLS 和 2SLS 回归结果的可靠性。

（一）OLS 和 2SLS 估计结果及其解释

基于研究的实际需要，本节先对全样本视角下金融服务影响新型农业经营主体幸福感效应问题进行实证分析，然后依次以种养殖专业大户、家庭农场、农民专业合作社和农业龙头企业为例，实证分析金融服务对新型农业经营主体幸福感的影响。在具体实证分析过程中，本节分不纳入控制变量和纳入控制变量两种情况来进行，实证结果如表5.16和表5.17所示。从表5.16和表5.17中OLS结果来看，无论是从全样本视角，还是分别从种养殖专业大户、家庭农场、农民专业合作社和农业龙头企业视角来看，核心解释变量——新型农业经营主体对金融服务评价的系数在1%显著性水平上为正，这初步说明金融服务对新型农业经营主体幸福感效应的制约效果是非常明显的。当然，这一结论成立的前提条件是核心解释变量——新型农业经营主体对金融服务评价是非内生变量；如果不是非内生变量的话，则参数OLS估计量的无偏性和一致性是无法保证的，研究结论很有可能是不可信的。从实际情况来看，本节研究的核心解释变量确实是一个内生变量。一方面，金融机构所提供的金融服务，在一定程度上可以促进新型农业经营主体的发展，有利于提升新型农业经营主体的幸福感；另一方面，新型农业经营主体幸福感的提升，有利于促进新型农业经营主体的进一步发展，可以为金融机构金融服务最大效益的发挥创造条件。很显然，本节研究的被解释变量与核心解释变量之间的这种反向因果关系，必然会导致核心解释变量与随机扰动项相关。为了克服核心解释变量——新型农业经营主体对金融服务评价的内生性问题，需要寻找工具变量。从理论上说，工具变量的选择，需要既与被替代变量密切相关，又要与随机扰动项以及模型中的其他解释变量不相关。基于本节研究的实际需要，通过对调查问卷中所有问题的梳理，本书拟继续采用调查问卷中新型农业经营主体为获得金融机构所提供的金融服务而实际开支的费用作为工具变量。之所以选择该工具变量，主要是因为新型农业经营主体要获得金融机构所提供的金融服务，必然会产生相关的成本。比如，金融机构在专门开展针对新型农业经营主体的金融服务前，会对新型农业经营主体展开相应的前期调查工作，新型农业经营主体要为此支付相应的成本。这种成本开支是新型农业经营主体获得金融机构金融服务的重要条件。工具变量能否通过检验呢？在具体实证分析过程中，本书先后按照全样本视角、种养殖专业大户视角、家庭农场视角、农民专业合作社视角以及农业龙头企业视角来分别进行一一检验，最终结果表明：通过对Wald检验和F统计量（F统计量大于10）的判断发现，原模型中存在内生性问题且所选择的工具变量不是弱工具变量，工具变量的选择科学合理，工具变量是合适的。在确定了合适的工具变量后，本节研究拟采用 2SLS 方法对未纳入任何控制变量的金融服务制约新型农业经营主体幸福感效应问题进行回归分析，结果如表 5.16 和表 5.17 所示。与 OLS 回归结果相比，2SLS 回归结果进一步证实：金融服务对新型农业经营主体幸福感效应的制约作用是非常明显的。

从表 5.16 和表 5.17 中 OLS 和 2SLS 回归结果来看，除了可以得出金融服务对新型农业经营主体增收效应具有显著制约作用这一结论外，基于对相关控制变量系数正负和显著性的分析，还可以得出以下结论：性别、年龄、文化程度、基础设施状况、名优特产推介状况、农产品加工包装水平以及产业结构合理状况等变量对新型农业经营主体幸福感的影响并不显著，而户籍状况、婚姻状况、健康状况、家庭整体氛围、家中人口供养比例、家庭社会资本情况、物流体系健全状况、农业机械化发展状况、信息化建设满意度、农业生产条件状况、农业技术培训状况、农技人员服务状况、电商平台发展状况以及农村治安实际状况等变量则会直接影响新型农业经营主体的幸福感。之所以如此，主要是因为年龄、性别和文化程度并不会影响新型农业经营主体的幸福感，幸福感更多的是个体的主观感受。随着近些年来国家对基础设施建设投入力度的加大，各地基础设施有了显著的改善，基础设施建设不再是影响新型农业经营主体幸福感的重要因素；地方政府对名优特产的推介和地方农产品加工包装水平的提升，虽然有利于新型农业经营主体的发展，但这些只对大型的新型农业经营主体才有效，对一般的新型农业经营主体的影响效应并不显著；区域产业结构是否合理，可能在一定程度上反映出区域内部新型农业经营主体的发展状态，不会直接影响新型农业经营主体的发展。与农村户籍的新型农业经营主体相比，城镇户籍的新型农业经营主体整体经济实力较强，解决问题的能力也较强，相对来说幸福感更高。与未婚、单身的相比，已婚的新型农业经营主体因为有家庭的温暖，幸福感也会更高。健康的体魄、和谐的家庭氛围、更少的家庭负担以及雄厚的家庭社会资本，有利于提高新型农业经营主体的幸福感。物流体系健全状况、农业机械化发展状况、信息化建设满意度、农业生产条件状况、农业技术培训状况、农技人员服务状况、电商平台发展状况以及农村治安实际状况等属于新型农业经营主体发展的区域条件，这些条件的优化和完善可以为新型农业经营主体的发展壮大创造外部条件，对新型农业经营主体自身的幸福感具有正向影响。

（二）分地区样本估计结果及其解释

前文的分析已经表明，无论是从全样本视角，还是从种养殖专业大户视角、家庭农场视角、农民专业合作社视角和农业龙头企业视角来看，金融服务对新型农业经营主体幸福感效应的制约作用是十分明显的。当然，这种制约作用还会受到诸多控制变量的直接影响。虽然本书研究的样本区域为除新疆和西藏外的西部10个省级单位，但是，这10个省级单位自身经济社会发展的差距仍然是比较明显的。如果以民族为划分标准的话，样本区域西部10个省级单位又可以划分为民族地区和非民族地区。从总体上看，民族地区整体经济实力相对较弱，新型农业经营主体发展速度较慢，无论是规模还是效益，其与非民族地区相比都存在较大的差距；而非民族地区工业化和城镇化水平相对较高，农业发展速度较快，新型农业经营主体已经初具规模，发展较为成熟。金融服务对新型农业经营主体幸福感效应的制约，是否具有区域差异性呢？对此，还有必要进行进一步的实证，相关实证结果如表5.18和表5.19所示。从表5.18和表5.19的回归结果中，不难得出两个结论：一方面，无论对民族地区，还是对非民族地区来说，金融服务对新型农业经营主体幸福感效应的制约作用是十分明显的。另一方面，金融服务对民族地区的制约作用比对非民族地区的制约作用更明显。之所以如此，主要是因为民族地区整体经济实力较薄弱，对金融的依赖程度更高，金融服务对新型农业经营主体幸福感效应的影响更大；对非民族地区而言，整体经济发展水平较好，金融业态多样化趋势明显，新型农业经营主体相对来说可以有更多的选择渠道，受金融机构金融服务的影响虽然较大，但相对于民族地区来说要好很多。此外，从相关控制变量的层面来看，各控制变量系数的正负号及其显著性问题并未发生显著变化，上文中有关控制变量的相关论述依然成立。

（三）稳健性检验及结果分析

从理论上看，学者或从数据出发，或从变量出发，或从计量方法出发，对实证结果进行了稳健性检验。充分考虑到本书研究所采用的问卷

表5.16 金融服务对新型农业经营主体幸福感效应影响的回归结果（未纳入控制变量）

	全样本		种养殖专业大户		家庭农场		农民专业合作社		农业龙头企业	
	OLS	2SLS	OLS	2SLS	OLS	2SLS	OLS	2SLS	OLS	2SLS
X_7（新型农业经营主体对金融服务的评价）	0.3232*** (0.0000)	0.3431*** (0.0021)	0.3898*** (0.0052)	0.3938*** (0.0011)	0.3012*** (0.0023)	0.3321*** (0.0078)	0.3231*** (0.0022)	0.3357*** (0.0001)	0.3312*** (0.0029)	0.3356*** (0.0001)
地区变量	YES	YES	YES	YES	YES	YES	YES	YES	YES	YES
R^2	0.1678	0.1802	0.1711	0.1823	0.1678	0.1887	0.1723	0.1829	0.1602	0.1887
F统计量	21.2387	38.8766	21.8976	78.3987	20.0987	66.3765	12.2287	38.9876	29.0987	123.3876
观测值	2703		653		700		725		625	

说明：① *、**、*** 分别表示10%、5%和1%的显著性水平。② 括号中的数值是稳健性标准差，2SLS估计中的 R^2 指的是中心 R^2。

表5.17 金融服务对新型农业经营主体幸福感效应影响的回归结果（纳入所有的控制变量）

	全样本		种养殖专业大户		家庭农场		农民专业合作社		农业龙头企业	
	OLS	2SLS	OLS	2SLS	OLS	2SLS	OLS	2SLS	OLS	2SLS
X_1（性别）	0.2321 (0.9287)	0.2429 (0.1565)	0.2009 (0.9839)	0.2322 (0.1987)	0.2327 (0.2308)	0.2549 (0.2928)	0.2398 (0.2876)	0.2511 (0.3987)	0.2012 (0.3987)	0.2422 (0.3938)
X_2（年龄）	0.2387 (0.2879)	0.2019 (0.1827)	0.2118 (0.1298)	0.2328 (0.3874)	0.2009 (0.1298)	0.2398 (0.2298)	0.2412 (0.5672)	0.2622 (0.3987)	0.2398 (0.3387)	0.2498 (0.1287)

续表

	全样本		种养殖专业大户		家庭农场		农民专业合作社		农业龙头企业	
	OLS	2SLS	OLS	2SLS	OLS	2SLS	OLS	2SLS	OLS	2SLS
X_3（户籍状况）	0.1211*** (0.0000)	0.1322*** (0.0000)	0.1124*** (0.0000)	0.1218*** (0.0000)	0.1002*** (0.0016)	0.1123*** (0.0028)	0.1321*** (0.0000)	0.1762*** (0.0056)	0.1652*** (0.0006)	0.1987*** (0.0000)
X_4（婚姻状况）	0.1011*** (0.0067)	0.1123*** (0.0098)	0.1232*** (0.0000)	0.1402*** (0.0011)	0.1356*** (0.0000)	0.1543*** (0.0017)	0.1129*** (0.0011)	0.1345*** (0.0000)	0.1232*** (0.0047)	0.1546*** (0.0000)
X_5（健康状况）	0.1287*** (0.0000)	0.1345*** (0.0025)	0.1332*** (0.0023)	0.1456*** (0.0023)	0.1387*** (0.0000)	0.1456*** (0.0029)	0.1402*** (0.0011)	0.1572*** (0.0000)	0.1393*** (0.0043)	0.1675*** (0.0000)
X_6（文化程度）	0.2029 (0.3878)	0.2299 (0.1287)	0.2237 (0.1287)	0.2876 (0.1298)	0.2011 (0.2987)	0.2329 (0.2987)	0.2378 (0.2987)	0.2576 (0.2298)	0.2598 (0.2298)	0.2735 (0.2876)
X_7（新型农业经营主体对金融服务的评价）	0.3229*** (0.0000)	0.3431*** (0.0000)	0.3012*** (0.0000)	0.3223*** (0.0011)	0.3119*** (0.0023)	0.3229*** (0.0078)	0.3323*** (0.0009)	0.3412*** (0.0065)	0.3345*** (0.0015)	0.3447*** (0.0089)
X_8（家庭整体氛围）	0.1128*** (0.0000)	0.1215*** (0.0025)	0.1182*** (0.0000)	0.1278*** (0.0000)	0.1321*** (0.0000)	0.1562*** (0.0000)	0.1172*** (0.0023)	0.1654*** (0.0054)	0.1562*** (0.0048)	0.1876*** (0.0098)
X_9（家中人口供养比例）	0.1278*** (0.0008)	0.1432*** (0.0036)	0.1322*** (0.0078)	0.1562*** (0.0001)	0.1022*** (0.0011)	0.1378*** (0.0056)	0.1028*** (0.0000)	0.1987*** (0.0000)	0.1382*** (0.0004)	0.1438*** (0.0027)
X_{10}（家庭社会资本情况）	0.1322*** (0.0093)	0.1542*** (0.0021)	0.1128*** (0.0000)	0.1367*** (0.0011)	0.1324*** (0.0024)	0.1425*** (0.0008)	0.1411*** (0.0000)	0.1562*** (0.0011)	0.1429*** (0.0056)	0.1786*** (0.0045)

续表

	全样本		种养殖专业大户		家庭农场		农民专业合作社		农业龙头企业	
	OLS	2SLS	OLS	2SLS	OLS	2SLS	OLS	2SLS	OLS	2SLS
X_{11}（基础设施状况）	0.1298 (0.2287)	0.1322 (0.9384)	0.1029 (0.9848)	0.1287 (0.3983)	0.1129 (0.3987)	0.1322 (0.2987)	0.1432 (0.2287)	0.1672 (0.3873)	0.1543 (0.2983)	0.1726 (0.3221)
X_{12}（物流体系健全状况）	0.1202*** (0.0019)	0.1312*** (0.0022)	0.1127*** (0.0011)	0.1432*** (0.0023)	0.1198*** (0.0052)	0.1452*** (0.0022)	0.1187*** (0.0025)	0.1287*** (0.0062)	0.1215*** (0.0000)	0.1546*** (0.0000)
X_{13}（农业机械化发展状况）	0.1001*** (0.0000)	0.1329*** (0.0012)	0.1128*** (0.0025)	0.1546*** (0.0011)	0.1522*** (0.0000)	0.1622*** (0.0011)	0.1287*** (0.0011)	0.1542*** (0.0025)	0.1276*** (0.0000)	0.1656*** (0.0000)
X_{14}（信息化建设满意度）	0.1229*** (0.0011)	0.1376*** (0.0078)	0.1322*** (0.0009)	0.1654*** (0.0016)	0.1276*** (0.0001)	0.1654*** (0.0000)	0.1876*** (0.0011)	0.1987*** (0.0056)	0.1002*** (0.0000)	0.1768*** (0.0000)
X_{15}（农业生产条件状况）	0.0998*** (0.0098)	0.1127*** (0.0000)	0.2128*** (0.0067)	0.2542*** (0.0002)	0.1827*** (0.0046)	0.2021*** (0.0075)	0.1827*** (0.0000)	0.2127*** (0.0076)	0.1878*** (0.0000)	0.2213*** (0.0000)
X_{16}（农业技术培训状况）	0.1254*** (0.0000)	0.1333*** (0.0000)	0.1276*** (0.0000)	0.1567*** (0.0011)	0.1128*** (0.0014)	0.1328*** (0.0011)	0.1654*** (0.0000)	0.1787*** (0.0066)	0.1987*** (0.0087)	0.2213*** (0.0003)
X_{17}（农技人员服务状况）	0.1011*** (0.0037)	0.1542*** (0.0000)	0.1222*** (0.0000)	0.1432*** (0.0004)	0.1546*** (0.0068)	0.1765*** (0.0012)	0.1128*** (0.0057)	0.1524*** (0.0035)	0.1287*** (0.0000)	0.1566*** (0.0019)
X_{18}（名优特产推介状况）	0.2938 (0.1287)	0.3012 (0.2873)	0.2025 (0.2778)	0.2111 (0.3387)	0.2239 (0.3387)	0.2432 (0.2287)	0.2543 (0.2298)	0.2678 (0.2211)	0.2119 (0.1987)	0.2938 (0.2298)

续表

	全样本		种养殖专业大户		家庭农场		农民专业合作社		农业龙头企业	
	OLS	2SLS	OLS	2SLS	OLS	2SLS	OLS	2SLS	OLS	2SLS
X_{19}（农产品加工包装水平）	0.2983 (0.1336)	0.3112 (0.2876)	0.3001 (0.2298)	0.3228 (0.1298)	0.3112 (0.2287)	0.3222 (0.1287)	0.3023 (0.1298)	0.3229 (0.1287)	0.3111 (0.9812)	0.3222 (0.2298)
X_{20}（产业结构合理状况）	0.1298 (0.2787)	0.1322 (0.2298)	0.1223 (0.3987)	0.1324 (0.1129)	0.1129 (0.2298)	0.1245 (0.1322)	0.1239 (0.2987)	0.1427 (0.2987)	0.1598 (0.1918)	0.1721 (0.1982)
X_{21}（电商平台发展状况）	0.1432*** (0.0089)	0.1567*** (0.0068)	0.1218*** (0.0045)	0.1316*** (0.0011)	0.1287*** (0.0007)	0.1672*** (0.0043)	0.1123*** (0.0011)	0.1432*** (0.0001)	0.1526*** (0.0006)	0.1723*** (0.0076)
X_{22}（农村治安实际状况）	0.1287*** (0.0000)	0.1311*** (0.0024)	0.1423*** (0.0092)	0.1625*** (0.0000)	0.1012*** (0.0059)	0.1323*** (0.0054)	0.1524*** (0.0023)	0.1862*** (0.0011)	0.1127*** (0.0065)	0.1562*** (0.0076)
地区变量	YES	YES	YES	YES	YES	YES	YES	YES	YES	YES
R^2	0.1611	0.1823	0.1723	0.1878	0.1801	0.1878	0.1767	0.1828	0.1667	0.1878
F 统计量	12.2987	29.9878	20.0987	35.5655	29.0989	39.0988	19.9878	28.8976	28.8927	39.0987
观测值	2703		653		700		725		625	

说明：① *、**、*** 分别表示 10%、5% 和 1% 的显著性水平。② 括号中的数值是稳健性标准差，2SLS 估计中的 R^2 指的是中心 R^2。

表5.18 地区视角下金融服务对新型农业经营主体幸福感效应影响的回归结果（未纳入控制变量）

民族地区金融服务对新型农业经营主体幸福感效应影响的回归结果

	全样本		种养殖专业大户		家庭农场		农民专业合作社		农业龙头企业	
	OLS	2SLS	OLS	2SLS	OLS	2SLS	OLS	2SLS	OLS	2SLS
X_7（新型农业经营主体对金融服务的评价）	0.2898*** (0.0003)	0.2945*** (0.0000)	0.3012*** (0.0089)	0.3122*** (0.0000)	0.3238*** (0.0000)	0.3356*** (0.0023)	0.3001*** (0.0011)	0.3112*** (0.0002)	0.3113*** (0.0000)	0.3257*** (0.0007)
地区变量	YES	YES	YES	YES	YES	YES	YES	YES	YES	YES
R^2	0.1645	0.1801	0.1721	0.1826	0.1711	0.1836	0.1698	0.1801	0.1821	0.1878
F统计量	19.0987	28.9876	29.0987	33.3987	48.8976	100.0987	11.9876	99.9878	220.0987	299.0987

非民族地区金融服务对新型农业经营主体幸福感效应影响的回归结果

	全样本		种养殖专业大户		家庭农场		农民专业合作社		农业龙头企业	
	OLS	2SLS	OLS	2SLS	OLS	2SLS	OLS	2SLS	OLS	2SLS
X_7（新型农业经营主体对金融服务的评价）	0.3228*** (0.0029)	0.3767*** (0.0000)	0.2899*** (0.0098)	0.3011*** (0.0029)	0.3113*** (0.0000)	0.3239*** (0.0000)	0.3239*** (0.0000)	0.3543*** (0.0000)	0.3011*** (0.0000)	0.3211*** (0.0038)
地区变量	YES	YES	YES	YES	YES	YES	YES	YES	YES	YES
R^2	0.1623	0.1811	0.1701	0.1887	0.1601	0.1878	0.1678	0.1876	0.1801	0.1825
F统计量	22.3222	28.8976	15.5543	38.7833	29.9876	50.0987	23.3229	45.5433	29.2987	64.4987

说明：①*、**、***分别表示10%、5%和1%的显著性水平。②括号中的数值是稳健性标准差，2SLS估计中的R^2指的是中心R^2。

第五章 金融服务制约新型农业经营主体发展的影响 237

表 5.19 地区视角下金融服务对新型农业经营主体幸福感效应影响的回归结果（纳入所有的控制变量）

民族地区金融服务对新型农业经营主体幸福感效应影响的回归结果

	全样本		种养殖专业大户		家庭农场		农民专业合作社		农业龙头企业	
	OLS	2SLS	OLS	2SLS	OLS	2SLS	OLS	2SLS	OLS	2SLS
X_1（性别）	0.1989 (0.1223)	0.2021 (0.1223)	0.1876 (0.2123)	0.1987 (0.2398)	0.2021 (0.1232)	0.2021 (0.1298)	0.2023 (0.1298)	0.2325 (0.2298)	0.2321 (0.1987)	0.2329 (0.2298)
X_2（年龄）	0.2012 (0.2834)	0.2213 (0.2398)	0.2123 (0.1002)	0.2232 (0.1132)	0.2002 (0.9828)	0.2134 (0.2298)	0.1901 (0.3298)	0.2021 (0.2987)	0.2322 (0.1987)	0.2129 (0.1298)
X_3（户籍状况）	0.1212*** (0.0007)	0.1345*** (0.0000)	0.1121*** (0.0023)	0.1337*** (0.0011)	0.1023*** (0.0000)	0.1321*** (0.0087)	0.1223*** (0.0067)	0.1337*** (0.0035)	0.1232*** (0.0022)	0.1567*** (0.0001)
X_4（婚姻状况）	0.1311*** (0.0012)	0.1425*** (0.0000)	0.1012*** (0.0000)	0.1123*** (0.0035)	0.1132*** (0.0000)	0.1456*** (0.0077)	0.1562*** (0.0045)	0.1672*** (0.0078)	0.1423*** (0.0000)	0.1556*** (0.0000)
X_5（健康状况）	0.1425*** (0.0035)	0.1555*** (0.0000)	0.1123*** (0.0000)	0.1425*** (0.0001)	0.1072*** (0.0000)	0.1328*** (0.0013)	0.1232*** (0.0000)	0.1456*** (0.0065)	0.1322*** (0.0025)	0.1765*** (0.0000)
X_6（文化程度）	0.2321 (0.2983)	0.2412 (0.2293)	0.2021 (0.2012)	0.2213 (0.1987)	0.2322 (0.1298)	0.2411 (0.1129)	0.1898 (0.1672)	0.1982 (0.1029)	0.2122 (0.1287)	0.2329 (0.1298)
X_7（新型农业经营主体对金融服务的评价）	0.3211*** (0.0023)	0.3322*** (0.0009)	0.3022 (0.0013)	0.3112*** (0.0000)	0.3002*** (0.0087)	0.3239*** (0.0000)	0.3009*** (0.0009)	0.3212*** (0.0000)	0.3329*** (0.0000)	0.3417*** (0.0028)
X_8（家庭整体氛围）	0.1121*** (0.0000)	0.1232*** (0.0000)	0.1023*** (0.0000)	0.1325*** (0.0032)	0.1121*** (0.0036)	0.1545*** (0.0087)	0.1176*** (0.0000)	0.1345*** (0.0000)	0.1276*** (0.0007)	0.1678*** (0.0000)

续表

民族地区金融服务对新型农业经营主体幸福感效应影响的回归结果

	全样本		种养殖专业大户		家庭农场		农民专业合作社		农业龙头企业	
	OLS	2SLS	OLS	2SLS	OLS	2SLS	OLS	2SLS	OLS	2SLS
X_9（家中人口供养比例）	0.1098*** (0.0032)	0.1123*** (0.0000)	0.1321*** (0.0000)	0.1567*** (0.0002)	0.1329*** (0.0047)	0.1506*** (0.0011)	0.1203*** (0.0022)	0.1367*** (0.0011)	0.1412*** (0.0000)	0.1567*** (0.0006)
X_{10}（家庭社会资本情况）	0.1222*** (0.0067)	0.1345*** (0.0025)	0.1287*** (0.0011)	0.1562*** (0.0069)	0.1654*** (0.0001)	0.1786*** (0.0001)	0.1011*** (0.0056)	0.1287*** (0.0000)	0.1542*** (0.0000)	0.1876*** (0.0006)
X_{11}（基础设施状况）	0.1322 (0.1287)	0.1411 (0.2122)	0.1129 (0.2872)	0.1228 (0.1028)	0.1322 (0.2287)	0.1433 (0.2987)	0.1298 (0.2987)	0.1387 (0.2962)	0.1298 (0.2298)	0.1423 (0.2988)
X_{12}（物流体系健全状况）	0.1654*** (0.0027)	0.1876*** (0.0001)	0.1127*** (0.0011)	0.1321*** (0.0098)	0.1433*** (0.0012)	0.1526*** (0.0002)	0.1222*** (0.0001)	0.1567*** (0.0001)	0.1287*** (0.0032)	0.1672*** (0.0000)
X_{13}（农业机械化发展状况）	0.1121*** (0.0000)	0.1321*** (0.0000)	0.1002*** (0.0000)	0.1675*** (0.0046)	0.1322*** (0.0000)	0.1567*** (0.0000)	0.1245*** (0.0076)	0.1457*** (0.0000)	0.1276*** (0.0000)	0.1565*** (0.0000)
X_{14}（信息化建设满意度）	0.1567*** (0.0009)	0.1765*** (0.0000)	0.1323*** (0.0011)	0.1565*** (0.0063)	0.1229*** (0.0000)	0.1423*** (0.0000)	0.1127*** (0.0046)	0.1333*** (0.0000)	0.1228*** (0.0001)	0.1656*** (0.0000)
X_{15}（农业生产条件状况）	0.1128*** (0.0015)	0.1367*** (0.0024)	0.1226*** (0.0000)	0.1345*** (0.0023)	0.1187*** (0.0000)	0.1347*** (0.0000)	0.1009*** (0.0098)	0.1321*** (0.0000)	0.1432*** (0.0001)	0.1678*** (0.0000)
X_{16}（农业技术培训状况）	0.1189*** (0.0098)	0.1276*** (0.0002)	0.1221*** (0.0000)	0.1332*** (0.0033)	0.1332*** (0.0000)	0.1435*** (0.0000)	0.1023*** (0.0067)	0.1232*** (0.0011)	0.1228*** (0.0001)	0.1654*** (0.0000)

续表

民族地区金融服务对新型农业经营主体幸福感效应影响的回归结果

	全样本		种养殖专业大户		家庭农场		农民专业合作社		农业龙头企业	
	OLS	2SLS	OLS	2SLS	OLS	2SLS	OLS	2SLS	OLS	2SLS
X_{17}（农技人员服务状况）	0.1376*** (0.0037)	0.1675*** (0.0001)	0.1227*** (0.0011)	0.1342*** (0.0000)	0.1127*** (0.0000)	0.1367*** (0.0000)	0.1023*** (0.0045)	0.1128*** (0.0023)	0.1287*** (0.0000)	0.1456*** (0.0000)
X_{18}（名优特产推介状况）	0.2122 (0.2219)	0.2323 (0.1009)	0.2022 (0.1022)	0.2322 (0.1123)	0.2326 (0.1207)	0.2435 (0.1276)	0.2329 (0.1022)	0.2401 (0.2987)	0.2098 (0.1208)	0.2238 (0.1298)
X_{19}（农产品加工包装水平）	0.1989 (0.1002)	0.2011 (0.1122)	0.1898 (0.1002)	0.2012 (0.1989)	0.2022 (0.1298)	0.2321 (0.1322)	0.1989 (0.1287)	0.2322 (0.1129)	0.2029 (0.2298)	0.2398 (0.3298)
X_{20}（产业结构合理状况）	0.2123 (0.1298)	0.2324 (0.1398)	0.2129 (0.2098)	0.2329 (0.1298)	0.2039 (0.2298)	0.2119 (0.2298)	0.2987 (0.2981)	0.3022 (0.2987)	0.2098 (0.1002)	0.2392 (0.1287)
X_{21}（电商平台发展状况）	0.1098*** (0.0003)	0.1126*** (0.0000)	0.1112*** (0.0000)	0.1542*** (0.0000)	0.1321*** (0.0000)	0.1672*** (0.0000)	0.1354*** (0.0000)	0.1526*** (0.0000)	0.1332*** (0.0000)	0.1675*** (0.0000)
X_{22}（农村治安实际状况）	0.1287*** (0.0007)	0.1335*** (0.0000)	0.1011*** (0.0000)	0.1325*** (0.0000)	0.1321*** (0.0000)	0.1452*** (0.0000)	0.1523*** (0.0000)	0.1677*** (0.0000)	0.1322*** (0.0000)	0.1726*** (0.0000)
地区变量	YES	YES	YES	YES	YES	YES	YES	YES	YES	YES
R^2	0.1622	0.1811	0.1712	0.1829	0.1617	0.1878	0.1712	0.1821	0.1722	0.1878
F 统计量	20.0987	39.8976	16.6543	49.0098	23.3398	129.0983	28.8961	87.8732	20.0987	223.0965

续表

非民族地区金融服务对新型农业经营主体幸福感效应影响的回归结果

	全样本		种养殖专业大户		家庭农场		农民专业合作社		农业龙头企业	
	OLS	2SLS	OLS	2SLS	OLS	2SLS	OLS	2SLS	OLS	2SLS
X_1（性别）	0.2098 (0.1298)	0.2134 (0.1222)	0.2125 (0.1222)	0.2223 (0.1322)	0.2329 (0.2322)	0.2412 (0.3873)	0.2105 (0.3987)	0.2252 (0.3987)	0.2327 (0.4532)	0.2425 (0.4498)
X_2（年龄）	0.2001 (0.1287)	0.2321 (0.1387)	0.2021 (0.3398)	0.2123 (0.5987)	0.2325 (0.5987)	0.2765 (0.6987)	0.2021 (0.6987)	0.2123 (0.5968)	0.2329 (0.1298)	0.2424 (0.4876)
X_3（户籍状况）	0.1232*** (0.0000)	0.1423*** (0.0000)	0.1132*** (0.0000)	0.1354*** (0.0000)	0.1003*** (0.0000)	0.1128*** (0.0000)	0.1323*** (0.0000)	0.1567*** (0.0000)	0.1423*** (0.0000)	0.1675*** (0.0000)
X_4（婚姻状况）	0.1128*** (0.0000)	0.1223*** (0.0000)	0.1122*** (0.0000)	0.1342*** (0.0000)	0.1023*** (0.0000)	0.1123*** (0.0000)	0.1324*** (0.0000)	0.1543*** (0.0000)	0.1123*** (0.0000)	0.1387*** (0.0000)
X_5（健康状况）	0.1322*** (0.0000)	0.1562*** (0.0000)	0.1323*** (0.0000)	0.1562*** (0.0000)	0.1123*** (0.0000)	0.1543*** (0.0000)	0.1202*** (0.0000)	0.1337*** (0.0000)	0.1125*** (0.0000)	0.1654*** (0.0000)
X_6（文化程度）	0.2123 (0.9878)	0.2324 (0.2232)	0.2012 (0.4876)	0.2322 (0.1298)	0.2327 (0.3298)	0.2565 (0.4982)	0.2022 (0.1232)	0.2287 (0.3873)	0.2122 (0.5987)	0.2324 (0.6985)
X_7（新型农业经营主体对金融服务的评价）	0.3321*** (0.0098)	0.3321*** (0.0092)	0.3211*** (0.0067)	0.3532*** (0.0011)	0.3112*** (0.0000)	0.3667*** (0.0000)	0.3212*** (0.0087)	0.3534*** (0.0043)	0.3236*** (0.0000)	0.3567*** (0.0000)
X_8（家庭整体氛围）	0.1547*** (0.0000)	0.1711*** (0.0005)	0.1212*** (0.0000)	0.1542*** (0.0067)	0.1287*** (0.0011)	0.1762*** (0.0000)	0.1222*** (0.0065)	0.1342*** (0.0032)	0.1023*** (0.0076)	0.1223*** (0.0045)

第五章 金融服务制约新型农业经营主体发展的影响 241

非民族地区金融服务对新型农业经营主体幸福感效应影响的回归结果

	全样本		种养殖专业大户		家庭农场		农民专业合作社		农业龙头企业	
	OLS	2SLS	OLS	2SLS	OLS	2SLS	OLS	2SLS	OLS	2SLS
X_9（家中人口供养比例）	0.1623*** (0.0000)	0.1877*** (0.0001)	0.1233*** (0.0000)	0.1772*** (0.0000)	0.1342*** (0.0000)	0.1762*** (0.0000)	0.1432*** (0.0023)	0.1622*** (0.0012)	0.1434*** (0.0012)	0.1653*** (0.0000)
X_{10}（家庭社会资本情况）	0.1432*** (0.0000)	0.1562*** (0.0001)	0.1222*** (0.0000)	0.1526*** (0.0000)	0.1221*** (0.0000)	0.1323*** (0.0000)	0.1123*** (0.0045)	0.1323*** (0.0098)	0.1432*** (0.0000)	0.1672*** (0.0000)
X_{11}（基础设施状况）	0.2127 (0.1232)	0.2321 (0.1209)	0.2021 (0.1023)	0.2326 (0.1567)	0.2212 (0.1356)	0.2456 (0.1678)	0.2292 (0.1237)	0.2546 (0.1322)	0.2012 (0.2332)	0.2367 (0.2877)
X_{12}（物流体系健全状况）	0.1232*** (0.0087)	0.1398*** (0.0000)	0.1002*** (0.0000)	0.1387*** (0.0000)	0.1876*** (0.0000)	0.2012*** (0.0000)	0.1562*** (0.0000)	0.1762*** (0.0000)	0.1298*** (0.0000)	0.1389*** (0.0000)
X_{13}（农业机械化发展状况）	0.1112*** (0.0000)	0.1524*** (0.0000)	0.1245*** (0.0000)	0.1567*** (0.0000)	0.1222*** (0.0000)	0.1565*** (0.0000)	0.1354*** (0.0000)	0.1567*** (0.0000)	0.1127*** (0.0000)	0.1567*** (0.0000)
X_{14}（信息化建设满意度）	0.1322*** (0.0000)	0.1456*** (0.0059)	0.1128*** (0.0001)	0.1354*** (0.0000)	0.1128*** (0.0000)	0.1565*** (0.0000)	0.1376*** (0.0000)	0.1498*** (0.0000)	0.1987*** (0.0000)	0.2231*** (0.0000)
X_{15}（农业生产条件状况）	0.1287*** (0.0007)	0.1372*** (0.0069)	0.1232*** (0.0000)	0.1433*** (0.0000)	0.1123*** (0.0000)	0.1322*** (0.0000)	0.1128*** (0.0000)	0.1329*** (0.0000)	0.1546*** (0.0000)	0.1742*** (0.0000)
X_{16}（农业技术培训状况）	0.1009*** (0.0000)	0.1229*** (0.0000)	0.1124*** (0.0000)	0.1345*** (0.0000)	0.1564*** (0.0000)	0.1765*** (0.0000)	0.1456*** (0.0000)	0.1654*** (0.0000)	0.1287*** (0.0000)	0.1657*** (0.0000)

续表

续表

非民族地区金融服务对新型农业经营主体幸福感效应影响的回归结果

	全样本		种养殖专业大户		家庭农场		农民专业合作社		农业龙头企业	
	OLS	2SLS	OLS	2SLS	OLS	2SLS	OLS	2SLS	OLS	2SLS
X_{17}（农技人员服务状况）	0.0988*** (0.0000)	0.1288*** (0.0000)	0.1328*** (0.0000)	0.1567*** (0.0000)	0.1476*** (0.0000)	0.1675*** (0.0000)	0.1565*** (0.0000)	0.1678*** (0.0000)	0.0956*** (0.0000)	0.1526*** (0.0000)
X_{18}（名优特产推介状况）	0.2123 (0.1287)	0.2323 (0.1029)	0.2021 (0.2098)	0.2223 (0.1022)	0.2329 (0.1234)	0.2765 (0.1256)	0.2321 (0.1347)	0.2562 (0.1238)	0.2123 (0.3211)	0.2567 (0.1023)
X_{19}（农产品加工包装水平）	0.2021 (0.1008)	0.2321 (0.1298)	0.2022 (0.2111)	0.2322 (0.1021)	0.2123 (0.3322)	0.2432 (0.3111)	0.2329 (0.1202)	0.2678 (0.3422)	0.2122 (0.1298)	0.2398 (0.1287)
X_{20}（产业结构合理状况）	0.2321 (0.3987)	0.2354 (0.1298)	0.2011 (0.2321)	0.2876 (0.2432)	0.2321 (0.3432)	0.2324 (0.3223)	0.2432 (0.3422)	0.2765 (0.3322)	0.2322 (0.3211)	0.2765 (0.2387)
X_{21}（电商平台发展状况）	0.1322*** (0.0000)	0.1556*** (0.0089)	0.1123*** (0.0056)	0.1415*** (0.0001)	0.1524*** (0.0001)	0.1672*** (0.0013)	0.1212*** (0.0000)	0.1625*** (0.0034)	0.1612*** (0.0076)	0.1987*** (0.0023)
X_{22}（农村治安实际状况）	0.1128*** (0.0000)	0.1334*** (0.0056)	0.1227*** (0.0000)	0.1367*** (0.0000)	0.1543*** (0.0000)	0.1765*** (0.0087)	0.1011*** (0.0054)	0.1123*** (0.0011)	0.1322*** (0.0022)	0.1876*** (0.0000)
地区变量	YES	YES	YES	YES	YES	YES	YES	YES	YES	YES
R^2	0.1672	0.1811	0.1723	0.1876	0.1622	0.1829	0.1701	0.1802	0.1623	0.1878
F统计量	20.0987	38.8932	19.0982	39.9876	32.2323	45.5432	39.9878	45.5432	23.9876	56.5633

说明：① *、**、*** 分别表示10%、5%和1%的显著性水平。② 括号中的数值是稳健性标准差，2SLS估计中的 R^2 指的是中心 R^2。

表5.20 全样本视角下金融服务对新型农业经营主体幸福感效应影响的稳健性检验结果

	全样本视角下金融服务对新型农业经营主体幸福感效应影响的稳健性检验结果（新型农业经营主体系城镇户籍）									
	全样本		种养殖专业大户		家庭农场		农民专业合作社		农业龙头企业	
	OLS	2SLS	OLS	2SLS	OLS	2SLS	OLS	2SLS	OLS	2SLS
X_1（性别）	0.2328 (0.2098)	0.2876 (0.2232)	0.2124 (0.3298)	0.2311 (0.2212)	0.2028 (0.1202)	0.2322 (0.1211)	0.2129 (0.1321)	0.2325 (0.2321)	0.2125 (0.2322)	0.2329 (0.2387)
X_2（年龄）	0.2321 (0.1298)	0.2456 (0.1298)	0.2122 (0.2876)	0.2398 (0.2234)	0.2021 (0.3432)	0.2325 (0.3567)	0.2001 (0.4543)	0.2233 (0.4543)	0.2323 (0.4565)	0.2545 (0.6545)
X_3（户籍状况）	0.1022*** (0.0000)	0.1233*** (0.0000)	0.1122*** (0.0000)	0.1625*** (0.0000)	0.1322*** (0.0000)	0.1562*** (0.0003)	0.1762*** (0.0001)	0.1872*** (0.0001)	0.1001*** (0.0001)	0.1128*** (0.0000)
X_4（婚姻状况）	0.1287*** (0.0001)	0.1345*** (0.0001)	0.1321*** (0.0002)	0.1532*** (0.0002)	0.1423*** (0.0001)	0.1623*** (0.0011)	0.1543*** (0.0007)	0.1678*** (0.0076)	0.1452*** (0.0000)	0.1728*** (0.0000)
X_5（健康状况）	0.1129*** (0.0000)	0.1234*** (0.0011)	0.1322*** (0.0011)	0.1542*** (0.0023)	0.1765*** (0.0001)	0.1872*** (0.0001)	0.1423*** (0.0000)	0.1562*** (0.0032)	0.1567*** (0.0000)	0.1876*** (0.0000)
X_6（文化程度）	0.2198 (0.1209)	0.2322 (0.1298)	0.2022 (0.3876)	0.2312 (0.4874)	0.2145 (0.5987)	0.2398 (0.4856)	0.2543 (0.4492)	0.2876 (0.3873)	0.2322 (0.2344)	0.2432 (0.1298)
X_7（新型农业经营主体对金融服务的评价）	0.3232*** (0.0098)	0.3421*** (0.0076)	0.3112*** (0.0000)	0.3435*** (0.3219)	0.3032*** (0.0000)	0.3239*** (0.0003)	0.3123*** (0.0000)	0.3323*** (0.0023)	0.3235*** (0.0098)	0.3457*** (0.0029)
X_8（家庭整体氛围）	0.1228*** (0.0000)	0.1331*** (0.0000)	0.1001*** (0.0000)	0.1123*** (0.0000)	0.1232*** (0.0000)	0.1342*** (0.0000)	0.1654*** (0.0011)	0.1876*** (0.0000)	0.1382*** (0.0077)	0.1782*** (0.0007)

续表

全样本视角下金融服务对新型农业经营主体幸福感效应影响的稳健性检验结果（新型农业经营主体系城镇户籍）

	全样本		种养殖专业大户		家庭农场		农民专业合作社		农业龙头企业	
	OLS	2SLS	OLS	2SLS	OLS	2SLS	OLS	2SLS	OLS	2SLS
X_9（家中人口供养比例）	0.1322*** (0.0000)	0.1452*** (0.0001)	0.1123*** (0.0046)	0.1322*** (0.0000)	0.1654*** (0.0000)	0.1782*** (0.0000)	0.1898*** (0.0024)	0.1997*** (0.0006)	0.1123*** (0.0045)	0.1567*** (0.0007)
X_{10}（家庭社会资本情况）	0.1432*** (0.0078)	0.1652*** (0.0000)	0.1342*** (0.0089)	0.1765*** (0.0009)	0.1123*** (0.0008)	0.1672*** (0.0002)	0.1765*** (0.0000)	0.1876*** (0.0000)	0.1102*** (0.0000)	0.1827*** (0.0000)
X_{11}（基础设施状况）	0.2321 (0.1232)	0.2435 (0.1002)	0.2012 (0.1202)	0.2321 (0.4576)	0.2129 (0.2108)	0.2337 (0.1209)	0.2129 (0.1298)	0.2321 (0.1345)	0.2029 (0.2129)	0.2329 (0.2345)
X_{12}（物流体系健全状况）	0.1165*** (0.0007)	0.1225*** (0.0000)	0.1227*** (0.0000)	0.1323*** (0.0000)	0.1542*** (0.0000)	0.1654*** (0.0000)	0.1127*** (0.0000)	0.1328*** (0.0000)	0.1028*** (0.0000)	0.1329*** (0.0000)
X_{13}（农业机械化发展状况）	0.0087*** (0.0000)	0.1021*** (0.0037)	0.1625*** (0.0011)	0.1786*** (0.0000)	0.1128*** (0.0000)	0.1543*** (0.0000)	0.1287*** (0.0000)	0.1562*** (0.0000)	0.1128*** (0.0000)	0.1453*** (0.0000)
X_{14}（信息化建设满意度）	0.1265*** (0.0025)	0.1387*** (0.0054)	0.1122*** (0.0034)	0.1328*** (0.0045)	0.1278*** (0.0000)	0.1567*** (0.0000)	0.1023*** (0.0000)	0.1287*** (0.0000)	0.1121*** (0.0000)	0.1562*** (0.0000)
X_{15}（农业生产条件状况）	0.1289*** (0.0000)	0.1425*** (0.0013)	0.1012*** (0.0098)	0.1321*** (0.0078)	0.1128*** (0.0000)	0.1328*** (0.0000)	0.1387*** (0.0000)	0.1445*** (0.0000)	0.1565*** (0.0000)	0.1786*** (0.0000)
X_{16}（农业技术培训状况）	0.1543*** (0.0000)	0.1767*** (0.0000)	0.1323*** (0.0047)	0.1565*** (0.0011)	0.1468*** (0.0021)	0.1676*** (0.0054)	0.1232*** (0.0004)	0.1765*** (0.0005)	0.1123*** (0.0035)	0.1545*** (0.0067)

续表

全样本视角下金融服务对新型农业经营主体幸福感效应影响的稳健性检验结果（新型农业经营主体系城镇户籍）

	全样本		种养殖专业大户		家庭农场		农民专业合作社		农业龙头企业	
	OLS	2SLS	OLS	2SLS	OLS	2SLS	OLS	2SLS	OLS	2SLS
X_{17}（农技人员服务状况）	0.1657***(0.0036)	0.1768***(0.0000)	0.1121***(0.0000)	0.1323***(0.0000)	0.1025***(0.0087)	0.1325***(0.0055)	0.1232***(0.0023)	0.1453***(0.0012)	0.1657***(0.0000)	0.1876***(0.0000)
X_{18}（名优特产推介状况）	0.2002(0.2098)	0.2321(0.1298)	0.2321(0.1002)	0.2543(0.3456)	0.2229(0.2129)	0.2347(0.1987)	0.2332(0.1228)	0.2543(0.2129)	0.2089(0.1276)	0.2335(0.2312)
X_{19}（农产品加工包装水平）	0.2128(0.2098)	0.2239(0.2287)	0.2012(0.1234)	0.2314(0.3216)	0.2129(0.2129)	0.2456(0.2398)	0.2128(0.2398)	0.2356(0.5643)	0.2423(0.1287)	0.2567(0.2398)
X_{20}（产业结构合理状况）	0.2387(0.2293)	0.2576(0.1029)	0.2021(0.1287)	0.2321(0.2387)	0.2321(0.1298)	0.2567(0.4543)	0.2323(0.2398)	0.2657(0.3876)	0.2023(0.2398)	0.2435(0.7654)
X_{21}（电商平台发展状况）	0.1232***(0.0000)	0.1322***(0.0028)	0.1211***(0.0022)	0.1415***(0.0000)	0.1213***(0.0000)	0.1654***(0.0056)	0.1312***(0.0022)	0.1542***(0.0000)	0.1321***(0.0011)	0.1625***(0.0084)
X_{22}（农村治安实际状况）	0.1334***(0.0000)	0.1445***(0.0000)	0.1432***(0.0000)	0.1562***(0.0000)	0.1571***(0.0011)	0.1876***(0.0067)	0.1202***(0.0000)	0.1432***(0.0000)	0.1342***(0.0011)	0.1567***(0.0078)
地区变量	YES	YES	YES	YES	YES	YES	YES	YES	YES	YES
R^2	0.1621	0.1872	0.1701	0.1878	0.1728	0.1811	0.1678	0.1801	0.1589	0.1789
F 统计量	32.2877	78.3987	29.9987	30.0987	12.2877	39.9876	15.5876	23.3322	39.9879	50.0978

续表

全样本视角下金融服务对新型农业经营主体幸福感效应影响的稳健性检验结果（新型农业经营主体系农村户籍）

	全样本 OLS	全样本 2SLS	种养殖专业大户 OLS	种养殖专业大户 2SLS	家庭农场 OLS	家庭农场 2SLS	农民专业合作社 OLS	农民专业合作社 2SLS	农业龙头企业 OLS	农业龙头企业 2SLS
X_1（性别）	0.2323 (0.1029)	0.2546 (0.2321)	0.2021 (0.4554)	0.2321 (0.4532)	0.2231 (0.5498)	0.2435 (0.5698)	0.2023 (0.6054)	0.2432 (0.1002)	0.2221 (0.4874)	0.2543 (0.4432)
X_2（年龄）	0.2129 (0.1298)	0.2321 (0.1321)	0.2021 (0.3398)	0.2235 (0.5987)	0.2321 (0.5598)	0.2654 (0.5876)	0.2235 (0.5109)	0.2567 (0.4509)	0.2321 (0.3456)	0.2726 (0.6732)
X_3（户籍状况）	0.1221*** (0.0000)	0.1337*** (0.0000)	0.1129*** (0.0000)	0.1238*** (0.0000)	0.1201*** (0.0076)	0.1328*** (0.0054)	0.1402*** (0.0026)	0.1523*** (0.0015)	0.1442*** (0.0000)	0.1627*** (0.0005)
X_4（婚姻状况）	0.1311*** (0.0000)	0.1522*** (0.0000)	0.1102*** (0.0000)	0.1322*** (0.0000)	0.1327*** (0.0053)	0.1562*** (0.0024)	0.1276*** (0.0002)	0.1398*** (0.0067)	0.1122*** (0.0000)	0.1672*** (0.0078)
X_5（健康状况）	0.1422*** (0.0000)	0.1562*** (0.0000)	0.1123*** (0.0000)	0.1329*** (0.0000)	0.1423*** (0.0014)	0.1523*** (0.0000)	0.1627*** (0.0016)	0.1887*** (0.0087)	0.1223*** (0.0035)	0.1665*** (0.0032)
X_6（文化程度）	0.2321 (0.2387)	0.2432 (0.2287)	0.2021 (0.3212)	0.2232 (0.4235)	0.2111 (0.3278)	0.2322 (0.4543)	0.2324 (0.4786)	0.2523 (0.5655)	0.2326 (0.5789)	0.2654 (0.6785)
X_7（新型农业经营主体对金融服务的评价）	0.3876*** (0.0000)	0.3987*** (0.0012)	0.2125*** (0.0032)	0.3356*** (0.0054)	0.3632*** (0.0012)	0.3345*** (0.0087)	0.3456*** (0.0012)	0.3783*** (0.0034)	0.3021*** (0.0076)	0.3587*** (0.0000)
X_8（家庭整体氛围）	0.1433*** (0.0035)	0.1661*** (0.0078)	0.1223*** (0.0023)	0.1435*** (0.0011)	0.1223*** (0.0000)	0.1387*** (0.0035)	0.1221*** (0.0000)	0.1543*** (0.0000)	0.1332*** (0.0000)	0.1665*** (0.0000)

续表

全样本视角下金融服务对新型农业经营主体幸福感效应影响的稳健性检验结果（新型农业经营主体系农村户籍）

	全样本		种养殖专业大户		家庭农场		农民专业合作社		农业龙头企业	
	OLS	2SLS	OLS	2SLS	OLS	2SLS	OLS	2SLS	OLS	2SLS
X_9（家中人口供养比例）	0.1322*** (0.0008)	0.1532*** (0.0077)	0.1121*** (0.0035)	0.1332*** (0.0076)	0.1432*** (0.0082)	0.1782*** (0.0045)	0.1123*** (0.0000)	0.1432*** (0.0000)	0.1232*** (0.0000)	0.1543*** (0.0000)
X_{10}（家庭社会资本情况）	0.1253*** (0.0033)	0.1345*** (0.0012)	0.1432*** (0.0032)	0.1654*** (0.0022)	0.1333*** (0.0011)	0.1562*** (0.0012)	0.1222*** (0.0000)	0.1762*** (0.0000)	0.1452*** (0.0000)	0.1928*** (0.0000)
X_{11}（基础设施状况）	0.2321 (0.2387)	0.2432 (0.1239)	0.2011 (0.1023)	0.2324 (0.2124)	0.2235 (0.4567)	0.2556 (0.5546)	0.2011 (0.3457)	0.2119 (0.5674)	0.2235 (0.4356)	0.2786 (0.4456)
X_{12}（物流体系健全状况）	0.1121*** (0.0000)	0.1324*** (0.0000)	0.1543*** (0.0000)	0.1634*** (0.0000)	0.1021*** (0.0003)	0.1232*** (0.0000)	0.1433*** (0.0032)	0.1534*** (0.0066)	0.1127*** (0.0087)	0.1768*** (0.0000)
X_{13}（农业机械化发展状况）	0.1365*** (0.0000)	0.1452*** (0.0000)	0.1276*** (0.0000)	0.1542*** (0.0000)	0.1127*** (0.0057)	0.1367*** (0.0087)	0.0978*** (0.0057)	0.1023*** (0.0076)	0.1345*** (0.0056)	0.1543*** (0.0000)
X_{14}（信息化建设满意度）	0.1129*** (0.0065)	0.1238*** (0.0056)	0.1321*** (0.0002)	0.1654*** (0.0011)	0.1322*** (0.0023)	0.1675*** (0.0076)	0.1127*** (0.0065)	0.1437*** (0.0043)	0.1287*** (0.0000)	0.1765*** (0.0000)
X_{15}（农业生产条件状况）	0.1265*** (0.0000)	0.1356*** (0.0000)	0.1123*** (0.0078)	0.1342*** (0.0023)	0.1128*** (0.0000)	0.1652*** (0.0000)	0.1328*** (0.0015)	0.1478*** (0.0022)	0.1322*** (0.0000)	0.1563*** (0.0000)
X_{16}（农业技术培训状况）	0.1322*** (0.0000)	0.1456*** (0.0032)	0.1123*** (0.0000)	0.1342*** (0.0012)	0.1453*** (0.0001)	0.1654*** (0.0000)	0.1232*** (0.0054)	0.1452*** (0.0000)	0.1672*** (0.0000)	0.1823*** (0.0000)

续表

全样本视角下金融服务对新型农业经营主体幸福感效应影响的稳健性检验结果（新型农业经营主体系农村户籍）

	全样本 OLS	全样本 2SLS	种养殖专业大户 OLS	种养殖专业大户 2SLS	家庭农场 OLS	家庭农场 2SLS	农民专业合作社 OLS	农民专业合作社 2SLS	农业龙头企业 OLS	农业龙头企业 2SLS
X_{17}（农技人员服务状况）	0.1432*** (0.0000)	0.1524*** (0.0000)	0.1623*** (0.0000)	0.1872*** (0.0011)	0.1123*** (0.0000)	0.1337*** (0.0087)	0.1543*** (0.0032)	0.1764*** (0.0000)	0.1879*** (0.0035)	0.2212*** (0.0000)
X_{18}（名优特产推介状况）	0.2129 (0.1298)	0.2232 (0.1322)	0.2123 (0.1298)	0.2324 (0.1022)	0.2325 (0.1223)	0.2567 (0.1367)	0.2129 (0.9876)	0.2339 (0.3467)	0.2322 (0.4543)	0.2433 (0.5435)
X_{19}（农产品加工包装水平）	0.2012 (0.1276)	0.2321 (0.2876)	0.2122 (0.2321)	0.2323 (0.2298)	0.2432 (0.1235)	0.2532 (0.3312)	0.2002 (0.3398)	0.2321 (0.3989)	0.2734 (0.3948)	0.2567 (0.3222)
X_{20}（产业结构合理状况）	0.2002 (0.1298)	0.2321 (0.2321)	0.2123 (0.2321)	0.2324 (0.1129)	0.2023 (0.1245)	0.2312 (0.3421)	0.2343 (0.3987)	0.2522 (0.3432)	0.2329 (0.1232)	0.2673 (0.3432)
X_{21}（电商平台发展状况）	0.1122*** (0.0000)	0.1223*** (0.0000)	0.1524*** (0.0000)	0.1876*** (0.0000)	0.1119*** (0.0000)	0.1277*** (0.0000)	0.1322*** (0.0000)	0.1543*** (0.0000)	0.1129*** (0.0000)	0.1329*** (0.0000)
X_{22}（农村治安实际状况）	0.1322*** (0.0005)	0.1523*** (0.0065)	0.1123*** (0.0023)	0.1329*** (0.0000)	0.1298*** (0.0011)	0.1564*** (0.0000)	0.1128*** (0.0000)	0.1434*** (0.0000)	0.1534*** (0.0000)	0.1726*** (0.0000)
地区变量	YES	YES	YES	YES	YES	YES	YES	YES	YES	YES
R^2	0.1589	0.1798	0.1567	0.1822	0.1702	0.1878	0.1802	0.1867	0.1765	0.1878
F统计量	29.0987	38.9878	20.0989	39.9987	30.3098	48.0987	12.2098	39.9987	40.0987	97.3987

说明：① *、**、***分别表示10%、5%和1%的显著性水平。② 括号中的数值是稳健性标准差，2SLS估计中的 R^2 指的是中心 R^2。

表 5.21　分样本视角下金融服务对新型农业经营主体幸福感效应影响的稳健性检验结果

民族地区金融服务对新型农业经营主体幸福感效应影响的稳健性检验结果（新型农业经营主体系城镇户籍）

	全样本		种养殖专业大户		家庭农场		农民专业合作社		农业龙头企业	
	OLS	2SLS	OLS	2SLS	OLS	2SLS	OLS	2SLS	OLS	2SLS
X_1（性别）	0.2123 (0.2837)	0.2235 (0.3322)	0.2322 (0.3398)	0.2432 (0.1298)	0.2398 (0.4987)	0.2567 (0.4453)	0.2123 (0.3235)	0.2329 (0.4987)	0.2433 (0.4987)	0.2517 (0.1232)
X_2（年龄）	0.2328 (0.2321)	0.2562 (0.2167)	0.2122 (0.3876)	0.2325 (0.4498)	0.2329 (0.5987)	0.2567 (0.4543)	0.2292 (0.4987)	0.2675 (0.4987)	0.2128 (0.1256)	0.2329 (0.4322)
X_3（户籍状况）	0.1322*** (0.0059)	0.1523*** (0.0000)	0.1123*** (0.0043)	0.1443*** (0.0003)	0.1228*** (0.0003)	0.1765*** (0.0006)	0.1323*** (0.0054)	0.1435*** (0.0023)	0.1562*** (0.0059)	0.1876*** (0.0063)
X_4（婚姻状况）	0.1211*** (0.0000)	0.1322*** (0.0057)	0.1422*** (0.0012)	0.1654*** (0.0016)	0.1622*** (0.0098)	0.1879*** (0.0025)	0.1123*** (0.0000)	0.1432*** (0.0035)	0.1762*** (0.0058)	0.1999*** (0.0027)
X_5（健康状况）	0.1132*** (0.0000)	0.1322*** (0.0000)	0.1011*** (0.0000)	0.1325*** (0.0000)	0.1128*** (0.0000)	0.1376*** (0.0000)	0.1128*** (0.0000)	0.1323*** (0.0000)	0.1423*** (0.0000)	0.1786*** (0.0000)
X_6（文化程度）	0.1234 (0.2287)	0.1368 (0.1298)	0.1298 (0.2125)	0.1321 (0.1346)	0.1201 (0.1002)	0.1322 (0.2321)	0.1222 (0.3321)	0.1432 (0.3432)	0.1298 (0.4487)	0.1623 (0.2212)
X_7（新型农业经营主体对金融服务的评价）	0.3298*** (0.0000)	0.3321*** (0.0000)	0.3322*** (0.0056)	0.3455*** (0.0078)	0.3032*** (0.0098)	0.3239*** (0.0034)	0.3287*** (0.0000)	0.3876*** (0.0000)	0.3124*** (0.0000)	0.3542*** (0.0000)
X_8（家庭整体氛围）	0.0786*** (0.0053)	0.0887*** (0.0000)	0.0712*** (0.0011)	0.0987*** (0.0000)	0.0675*** (0.0000)	0.0768*** (0.0087)	0.0356*** (0.0000)	0.0665*** (0.0000)	0.0459*** (0.0000)	0.0876*** (0.0000)

续表

民族地区金融服务对新型农业经营主体幸福感效应影响的稳健性检验结果（新型农业经营主体系城镇户籍）

	全样本		种养殖专业大户		家庭农场		农民专业合作社		农业龙头企业	
	OLS	2SLS	OLS	2SLS	OLS	2SLS	OLS	2SLS	OLS	2SLS
X_9（家中人口供养比例）	0.1125*** (0.0000)	0.1322** (0.0012)	0.1023*** (0.0022)	0.1322*** (0.0000)	0.1424*** (0.0056)	0.1523*** (0.0000)	0.1367*** (0.0000)	0.1425*** (0.0000)	0.1625*** (0.0000)	0.1787*** (0.0000)
X_{10}（家庭社会资本情况）	0.1239*** (0.0032)	0.1312*** (0.0067)	0.1222*** (0.0045)	0.1567*** (0.0023)	0.1026*** (0.0066)	0.1322*** (0.0000)	0.1125*** (0.0000)	0.1245*** (0.0000)	0.1332*** (0.0000)	0.1562*** (0.0000)
X_{11}（基础设施状况）	0.1298 (0.1002)	0.1312 (0.8739)	0.1215 (0.4329)	0.1325 (0.3456)	0.1215 (0.5436)	0.1346 (0.4543)	0.1445 (0.5647)	0.1567 (0.5647)	0.1228 (0.4557)	0.1762 (0.5676)
X_{12}（物流体系健全状况）	0.1121*** (0.0000)	0.1321*** (0.0087)	0.1227*** (0.0054)	0.1453*** (0.0023)	0.1127*** (0.0078)	0.1322*** (0.0046)	0.1423*** (0.0044)	0.1672*** (0.0000)	0.1523*** (0.0011)	0.1762*** (0.0000)
X_{13}（农业机械化发展状况）	0.1023*** (0.0007)	0.1126*** (0.0000)	0.1322*** (0.0056)	0.1434*** (0.0000)	0.1223*** (0.0000)	0.1434*** (0.0043)	0.1435*** (0.0000)	0.1536*** (0.0002)	0.1546*** (0.0001)	0.1765*** (0.0006)
X_{14}（信息化建设满意度）	0.1322*** (0.0007)	0.1547*** (0.0056)	0.1434*** (0.0012)	0.1563*** (0.0023)	0.1323*** (0.0027)	0.1423*** (0.0038)	0.1128*** (0.0022)	0.1276*** (0.0022)	0.1324*** (0.0001)	0.1567*** (0.0002)
X_{15}（农业生产条件状况）	0.1254*** (0.0002)	0.1376*** (0.0078)	0.1128*** (0.0056)	0.1323*** (0.0011)	0.1432*** (0.0000)	0.1567*** (0.0011)	0.1533*** (0.0000)	0.1876*** (0.0000)	0.1453*** (0.0005)	0.1638*** (0.0000)
X_{16}（农业技术培训状况）	0.1153*** (0.0012)	0.1322*** (0.0001)	0.1228*** (0.0000)	0.1542*** (0.0011)	0.1287*** (0.0000)	0.1434*** (0.0000)	0.1322*** (0.0000)	0.1543*** (0.0000)	0.1423*** (0.0004)	0.1672*** (0.0000)

续表

民族地区金融服务对新型农业经营主体幸福感效应影响的稳健性检验结果（新型农业经营主体系城镇户籍）

	全样本		种养殖专业大户		家庭农场		农民专业合作社		农业龙头企业	
	OLS	2SLS	OLS	2SLS	OLS	2SLS	OLS	2SLS	OLS	2SLS
X_{17}（农技人员服务状况）	0.1354*** (0.0009)	0.1447*** (0.0000)	0.1128*** (0.0000)	0.1326*** (0.0000)	0.1228*** (0.0011)	0.1387*** (0.0000)	0.1456*** (0.0000)	0.1687*** (0.0007)	0.1128*** (0.0009)	0.1654*** (0.0002)
X_{18}（名优特产推介状况）	0.2123 (0.2398)	0.2323 (0.2398)	0.2021 (0.1232)	0.2329 (0.1229)	0.2329 (0.3876)	0.2435 (0.4435)	0.2311 (0.5533)	0.2427 (0.4532)	0.2009 (0.4487)	0.2312 (0.3387)
X_{19}（农产品加工包装水平）	0.2321 (0.2328)	0.2432 (0.2876)	0.2112 (0.3387)	0.2334 (0.2387)	0.2003 (0.3876)	0.2332 (0.3345)	0.2187 (0.3345)	0.2432 (0.3349)	0.2198 (0.2298)	0.2675 (0.1129)
X_{20}（产业结构合理状况）	0.2098 (0.1287)	0.2122 (0.1023)	0.2021 (0.3987)	0.2324 (0.4987)	0.2025 (0.8476)	0.2329 (0.5876)	0.2129 (0.4987)	0.2001 (0.4987)	0.2212 (0.4987)	0.2317 (0.1239)
X_{21}（电商平台发展状况）	0.1277*** (0.0000)	0.1322*** (0.0000)	0.1123*** (0.0000)	0.1329*** (0.0000)	0.1012*** (0.0000)	0.1322*** (0.0000)	0.1122*** (0.0000)	0.1322*** (0.0000)	0.1325*** (0.0000)	0.1654*** (0.0000)
X_{22}（农村治安实际状况）	0.1432*** (0.0000)	0.1548*** (0.0011)	0.1012*** (0.0011)	0.1456*** (0.0001)	0.1123*** (0.0000)	0.1564*** (0.0024)	0.1221*** (0.0000)	0.1652*** (0.0000)	0.1656*** (0.0000)	0.1987*** (0.0000)
地区变量	YES	YES	YES	YES	YES	YES	YES	YES	YES	YES
R²	0.1615	0.1728	0.1701	0.1878	0.1589	0.1789	0.1667	0.1798	0.1801	0.1898
F统计量	43.3322	98.9587	23.3983	58.8976	20.9387	39.0988	23.3324	49.9877	20.2728	49.4987

续表

非民族地区金融服务对新型农业经营主体幸福感效应影响的稳健性检验结果（新型农业经营主体系农村户籍）

	全样本		种养殖专业大户		家庭农场		农民专业合作社		农业龙头企业	
	OLS	2SLS	OLS	2SLS	OLS	2SLS	OLS	2SLS	OLS	2SLS
X_1（性别）	0.2012 (0.3876)	0.2213 (0.1232)	0.2329 (0.1208)	0.2439 (0.1232)	0.2029 (0.3987)	0.2328 (0.4321)	0.2129 (0.3872)	0.2457 (0.3129)	0.2098 (0.3398)	0.2228 (0.1287)
X_2（年龄）	0.2234 (0.1298)	0.2432 (0.2287)	0.2098 (0.3398)	0.2129 (0.1287)	0.2129 (0.2235)	0.2329 (0.2567)	0.2129 (0.3987)	0.2389 (0.2045)	0.2387 (0.2398)	0.2457 (0.3485)
X_3（户籍状况）	0.1009*** (0.0000)	0.1123*** (0.0000)	0.1124*** (0.0011)	0.1276*** (0.0000)	0.1001*** (0.0000)	0.1322*** (0.0000)	0.1522*** (0.0000)	0.1782*** (0.0001)	0.1323*** (0.0000)	0.1678*** (0.0000)
X_4（婚姻状况）	0.1187*** (0.0032)	0.1322*** (0.0006)	0.1223*** (0.0067)	0.1672*** (0.0012)	0.1298*** (0.0086)	0.1434*** (0.0000)	0.1023*** (0.0000)	0.1456*** (0.0011)	0.1128*** (0.0065)	0.1876*** (0.0000)
X_5（健康状况）	0.1321*** (0.0002)	0.1415*** (0.0075)	0.1012*** (0.0043)	0.1123*** (0.0000)	0.1323*** (0.0098)	0.1726*** (0.0000)	0.1003*** (0.0011)	0.1123*** (0.0000)	0.1434*** (0.0000)	0.1676*** (0.0000)
X_6（文化程度）	0.1021 (0.2876)	0.1211 (0.2209)	0.1289 (0.1298)	0.1456 (0.1345)	0.1321 (0.1287)	0.1432 (0.3398)	0.1287 (0.4043)	0.1321 (0.4487)	0.1228 (0.3398)	0.1567 (0.4498)
X_7（新型农业经营主体对金融服务的评价）	0.3021*** (0.0001)	0.3232*** (0.0002)	0.3032*** (0.0011)	0.3232*** (0.0025)	0.3033*** (0.0052)	0.3567*** (0.0056)	0.3376*** (0.0000)	0.3787*** (0.0000)	0.3432*** (0.0017)	0.3876*** (0.0077)
X_8（家庭整体氛围）	0.1027*** (0.0001)	0.1322*** (0.0011)	0.1134*** (0.0011)	0.1328*** (0.0000)	0.1002*** (0.0023)	0.1228*** (0.0012)	0.1112*** (0.0079)	0.1323*** (0.0000)	0.1135*** (0.0035)	0.1327*** (0.0065)

续表

非民族地区金融服务对新型农业经营主体幸福感效应影响的稳健性检验结果（新型农业经营主体系农村户籍）

	全样本		种养殖专业大户		家庭农场		农民专业合作社		农业龙头企业	
	OLS	2SLS	OLS	2SLS	OLS	2SLS	OLS	2SLS	OLS	2SLS
X_9（家中人口供养比例）	0.1311*** (0.0001)	0.1456*** (0.0011)	0.1299*** (0.0000)	0.1435*** (0.0056)	0.1129*** (0.0065)	0.1876*** (0.0036)	0.1323*** (0.0000)	0.1562*** (0.0076)	0.1226*** (0.0057)	0.1447*** (0.0078)
X_{10}（家庭社会资本情况）	0.1432*** (0.0055)	0.1512*** (0.0000)	0.1323*** (0.0023)	0.1478*** (0.0076)	0.1123*** (0.0067)	0.1328*** (0.0000)	0.1524*** (0.0033)	0.1876*** (0.0052)	0.1023*** (0.0076)	0.1284*** (0.0046)
X_{11}（基础设施状况）	0.1782 (0.1209)	0.1862 (0.2298)	0.1897 (0.1222)	0.1998 (0.1198)	0.2021 (0.3876)	0.2321 (0.4235)	0.1902 (0.2398)	0.2021 (0.3456)	0.2129 (0.4567)	0.2329 (0.4987)
X_{12}（物流体系健全状况）	0.0897*** (0.0023)	0.1223*** (0.0002)	0.1321*** (0.0002)	0.1543*** (0.0065)	0.1423*** (0.0047)	0.1562*** (0.0000)	0.1323*** (0.0000)	0.1456*** (0.0055)	0.1562*** (0.0076)	0.1672*** (0.0085)
X_{13}（农业机械化发展状况）	0.1232*** (0.0039)	0.1432*** (0.0036)	0.1222*** (0.0021)	0.1435*** (0.0000)	0.1128*** (0.0034)	0.1453*** (0.0016)	0.1029*** (0.0000)	0.1126*** (0.0032)	0.1232*** (0.0000)	0.1546*** (0.0004)
X_{14}（信息化建设满意度）	0.1228*** (0.0000)	0.1345*** (0.0023)	0.1122*** (0.0011)	0.1342*** (0.0057)	0.1543*** (0.0011)	0.1672*** (0.0034)	0.1328*** (0.0000)	0.1565*** (0.0000)	0.1298*** (0.0000)	0.1678*** (0.0000)
X_{15}（农业生产条件状况）	0.1277*** (0.0011)	0.1423*** (0.0022)	0.1127*** (0.0057)	0.1524*** (0.0078)	0.1328*** (0.0062)	0.1625*** (0.0012)	0.1287*** (0.0000)	0.1433*** (0.0000)	0.1562*** (0.0000)	0.1876*** (0.0000)
X_{16}（农业技术培训状况）	0.1323*** (0.0011)	0.1526*** (0.0011)	0.1298*** (0.0045)	0.1387*** (0.0056)	0.1432*** (0.0004)	0.1562*** (0.0000)	0.1762*** (0.0000)	0.1987*** (0.0000)	0.1332*** (0.0000)	0.1672*** (0.0000)

续表

非民族地区金融服务对新型农业经营主体幸福感效应影响的稳健性检验结果（新型农业经营主体系农村户籍）

	全样本		种养殖专业大户		家庭农场		农民专业合作社		农业龙头企业	
	OLS	2SLS	OLS	2SLS	OLS	2SLS	OLS	2SLS	OLS	2SLS
X_{17}（农技人员服务状况）	0.1432*** (0.0000)	0.1627*** (0.0011)	0.1021*** (0.0054)	0.1238*** (0.0029)	0.1342*** (0.0000)	0.1543*** (0.0015)	0.1127*** (0.0000)	0.1562*** (0.0000)	0.1342*** (0.0000)	0.1732*** (0.0000)
X_{18}（名优特产推介状况）	0.2021 (0.1987)	0.2321 (0.1287)	0.2232 (0.1229)	0.2389 (0.2987)	0.2021 (0.5498)	0.2116 (0.3987)	0.2128 (0.4398)	0.2239 (0.2234)	0.2298 (0.3387)	0.2387 (0.4378)
X_{19}（农产品加工包装水平）	0.1298 (0.1222)	0.1324 (0.2234)	0.1022 (0.2232)	0.1233 (0.3432)	0.1324 (0.1235)	0.1345 (0.2345)	0.1287 (0.1023)	0.1398 (0.1298)	0.1229 (0.1346)	0.1498 (0.1247)
X_{20}（产业结构合理状况）	0.2029 (0.1229)	0.2123 (0.2287)	0.2288 (0.2123)	0.2398 (0.2432)	0.2021 (0.3226)	0.2239 (0.3987)	0.2239 (0.3987)	0.2565 (0.2398)	0.2098 (0.1245)	0.2287 (0.3987)
X_{21}（电商平台发展状况）	0.0985*** (0.0058)	0.1012*** (0.0022)	0.1323*** (0.0012)	0.1425*** (0.0000)	0.1523*** (0.0011)	0.1765*** (0.0023)	0.1123*** (0.0000)	0.1434*** (0.0024)	0.1562*** (0.0000)	0.1782*** (0.0035)
X_{22}（农村治安实际状况）	0.1222*** (0.0001)	0.1332*** (0.0011)	0.1128*** (0.0012)	0.1323*** (0.0001)	0.1028*** (0.0075)	0.1322*** (0.0067)	0.1452*** (0.0000)	0.1562*** (0.0046)	0.1223*** (0.0077)	0.1723*** (0.0008)
地区变量	YES	YES	YES	YES	YES	YES	YES	YES	YES	YES
R^2	0.1628	0.1787	0.1721	0.1835	0.1776	0.1848	0.1601	0.1879	0.1621	0.1887
F统计量	22.2321	35.5653	18.8927	28.8976	19.0978	39.9878	20.0987	28.8912	23.3229	46.6763

说明：①*、**、***分别表示10%、5%和1%的显著性水平。②括号中的数值是稳健性标准差，2SLS估计中的R^2指的是中心R^2。

调查数据，基于研究的实际需要，本书研究拟从数据出发对前文的实证分析结果进行稳健性检验。如果以前文指标 X_3（也就是户籍状况）为依据，可以将所有的问卷填写者分为城镇户籍和农村户籍（也就是前文的农业和非城镇蓝印户籍）；基于此，可以分别用城镇户籍的数据和农村户籍的数据来对前文的实证结果进行稳健性检验，稳健性检验结果如表 5.20 和表 5.21 所示。充分考虑到前文在实证研究过程中从不同的视角分析了金融服务对新型农业经营主体幸福感效应的影响，因此，为了验证实证结果的稳健性，在稳健性检验过程中，本书研究也充分考虑到了不同种类新型农业经营主体、不同区域新型农业经营主体等现实问题，并对其进行了一一验证。从表 5.20 和表 5.21 的回归结果来看，本节研究的结论是稳健可靠的。也就是说，金融服务对新型农业经营主体幸福感效应的影响是显著的。

第六章　金融服务创新促进新型农业经营主体发展的长效机制

前面的章节已经对金融服务制约新型农业经营主体发展的现实表现进行了阐述,分析了金融服务制约新型农业经营主体发展背后的多方面原因,也对金融服务制约新型农业经营主体发展的影响进行了实证;在此基础上,要进一步研究金融服务创新如何促进新型农业经营主体的发展问题,还必须构建金融服务创新促进新型农业经营主体发展的长效机制。在结合理论与现实的基础上,本书研究认为,金融服务创新促进新型农业经营主体发展的长效机制应该包括预期目标机制、监测预警机制、应急处理机制、信息引导机制、奖励惩罚机制以及法律保障机制。

第一节　金融服务创新促进新型农业经营主体发展的预期目标机制

要研究金融服务创新促进新型农业经营主体发展的预期目标机制,首先必须搞清楚该机制的概念内涵,也就是要弄清楚金融服务创新促进新型农业经营主体的预期目标机制,以及这种机制的特征;同时,还需要弄清楚构建金融服务创新促进新型农业经营主体发展预期目标,到底应该坚持哪些原则;最后,还有必要对构建金融服务创新促进新型农业经营主体发展的路径进行分析。

一　金融服务创新促进新型农业经营主体发展预期目标机制的概念内涵

所谓金融服务创新促进新型农业经营主体发展的预期目标机制,指的是在通过金融服务创新促进新型农业经营主体发展的过程中,要明确金融服务创新和新型农业经营主体发展的具体的阶段性目标,设置金融服务创新促进新型农业经营主体发展的长期愿景,并根据实际情况的变化不断调整金融服务创新和新型农业经营主体发展的目标,力求最终建立实现愿景的机制。很显然,这一目标预期机制,应该包括金融服务创新目标、新型农业经营主体发展目标、金融服务创新促进新型农业经营主体发展目标以及为达成愿景而不断调整的相关发展目标等具体内容。从金融服务创新促进新型农业经营主体发展预期目标机制的概念来看,其至少应该包括以下几个方面的特点。

(一) 超前性

从字面上理解,所谓的超前就是要超越当前的正常条件,一方面要立足于现实,另一方面要超越现实,超前性是对未来愿景的一种预期。金融服务创新促进新型农业经营主体发展的预期目标机制,需要在立足金融服务新型农业经营主体现状的基础上,科学分析金融服务和新型农业经营主体的发展趋势,并对前者的服务创新可能对后者的发展所带来的影响进行预测。同时,还要对国家有关金融服务和新型农业经营主体发展政策进行科学研判,力求基于现状来准确预测金融服务创新促进新型农业经营主体发展的目标。从我国不同地区经济社会发展的现实差距来看,对金融服务创新促进新型农业经营主体发展的目标预测,既要从宏观层面进行把握,也需要从地区层面进行思考;宏观层面的预测目标,可以从大的方面指引金融服务创新,以便更好地促进新型农业经营主体的发展;而从地区层面进行预测,是要在以宏观层面目标为指引的情况下,充分考虑到地区自身经济社会发展的现实,制定出更为符合地区层面发展需要的目标。

(二) 可达性

对于什么是可达性,不同学科有不同的观点。按照图论的观点,可达性通常指的是在图中从一个顶点到另外一个顶点的难度。按照管理学的观点,可达性通常指的是个体通过自身努力能够达到目标的难易程度。金融服务创新促进新型农业经营主体发展的预期目标机制,显然具有可达性的特点。准确地讲,金融服务创新促进新型农业经营主体应该达到的预期目标,既不能过高,也不能过低。如果目标过高的话,无论金融机构如何努力都无法实现促进新型农业经营主体的发展，必然会直接影响金融机构的积极性；与其努力创新金融服务来追求无法实现的目标，不如不创新金融服务以维持原状。如果目标过低的话，金融机构不需要创新金融服务，或者说只需要简单地做些调整就可以实现促进新型农业经营主体发展的目标，这同样对金融机构没有任何的激励作用。那么什么样的目标才是合适的目标呢？按照管理学的激励理论，合适的、恰当的预期目标应该是金融机构通过付出相当的努力，完全可以实现促进新型农业经营主体发展的目标。很显然，这个目标既不能过高，也不能过低。也就是说，这个目标应该具有可达性这一显著特征。

（三）协调性

金融服务创新促进新型农业经营主体发展预期目标机制具有非常明显的协调性特点，其具有三层含义：一是金融机构的金融服务创新要前后协调。金融机构创新金融服务，不能为了创新而创新，要具有明确的创新目标，为达成特定的目标而从各方面进行创新；同时，创新并不等于对以往金融服务加以完全彻底的否定，而是要在现实的基础上进行创新，要高度重视金融机构在创新过程中的前后协调，尽量减少创新过程中出现的不必要的利益纠纷。二是新型农业经营主体的发展要前后协调。在国家支农惠农政策密集出台的宏观背景下，新型农业经营主体的发展越来越受到各级政府的重视，其发展步伐显著加快，个别地区甚至出现拔苗助长的现象。从企业成长的规律来看，企业都有从萌芽、发展到壮大再到衰落直至倒闭的发展轨迹，以人为方式助推企业的发展从长远来看并不利于企业成长，对新型农业经营主体的发展也需要遵循企业成长的规律，注重不同发展阶段的衔接。三是金融服务创新对新型农业经营主体发展的促进要前后协调。要通过金融服务创新来促进新型农业经营主体的发展，金融服务创新要与新型农业经营主体的发展相配合，不能超前，也不能滞后，超前或者滞后都会影响前者对后者促进作用的发挥。

二 构建金融服务创新促进新型农业经营主体发展预期目标机制的原则

在弄清楚金融服务创新促进新型农业经营主体发展预期目标机制概

念的基础上，还需要进一步研究金融服务创新促进新型农业经营主体发展预期目标机制构建的原则。只有从理论上弄清楚这些具体的原则，才能够更科学、更高效地构建金融服务创新促进新型农业经营主体发展的长效机制。基于我国金融服务和新型农业经营主体发展的实际情况，本书研究认为，构建预期目标机制需要坚持实事求是的原则、高瞻远瞩的原则、客观公正的原则。

（一）实事求是的原则

对于什么是实事求是，毛泽东做过专门的解释。毛泽东在《改造我们的学习》中指出："实事"就是客观存在着的一切事物，"是"就是客观事物的内部联系，即规律性，"求"就是我们去研究。毛泽东认为，"是"就是事物的规律，"求是"就是认真追求、研究事物的发展规律，找出周围事物的内部联系。① 金融服务创新促进新型农业经营主体发展的预期目标机制，必须坚持实事求是的原则。一方面，要实事求是地分析金融服务创新的程度。金融服务创新需要科学客观的衡量标准，关于如何创新、创新程度如何以及创新要达到的目标等，需要实事求是地对待。不仅要严厉打击金融机构将金融服务改头换面以冒充创新的行为，也要严格禁止金融机构为业绩而过高地、不切实际地创新金融服务的行为，要确保金融机构的金融服务创新满足新型农业经营主体发展的实际需要，金融服务创新要"接地气"。另一方面要实事求是地分析新型农业经营主体的发展状况。前文的分析已经表明，新型农业经营主体包括种养殖专业大户、家庭农场、农民专业合作社和农业龙头企业四大类，每一类均有自身的显著特点。要科学认识新型农业经营主体的发展，需要本着实事求是的原则来对其进行分析，不能拔高或者降低对新型农业经营主体发展的评价，因为新型农业经营主体不同的发展状况所实际需要的金融服务创新程度是不一样的，或者是会存在显著差异的。另外，还需要实事求是地看待金融服务创新对新型农业经营主体的促进作用。关于金融服务创新是否促进了新型农业经营主体的发展，需要实事求是地看待，需要全方位多角度地进行评判。从现实来看，金融

---

① 参见毛泽东《改造我们的学习》，人民网，http://www.people.com.cn/item/sj/sdlldr/mzd/c107.html。

服务创新不一定能够促进新型农业经营主体的发展，只有抱着实事求是的原则来进行创新的金融服务才能够更科学合理地促进新型农业经营主体的发展。

(二) 高瞻远瞩的原则

随着时代的快速发展，无论是金融机构的金融服务，还是新型农业经营主体，都会与时俱进地调整自身的发展战略；适应时代发展需要的金融机构才能够不被时代所淘汰，适应时代发展的新型农业经营主体才能够进一步发展壮大。在金融机构所提供的金融服务与新型农业经营主体均发生快速变化的背景下，要科学地判断金融服务创新对新型农业经营主体发展的促进作用，需要具备高瞻远瞩的眼光。进一步讲，就是要用发展的眼光看待金融服务创新对新型农业经营主体发展的促进作用。一方面，要充分认识到当前形势下金融机构所提供的金融服务并未能有效促进新型农业经营主体的发展，这是由多方面原因造成的；这既与当前金融机构发展战略密切相关，又与新型农业经营主体自身发展的实际状况有关。另一方面，金融机构创新金融服务并不断促进新型农业经营主体的发展是一种必然的趋势。因为城镇金融市场毕竟有限，要获得更大的发展，金融机构必然要进一步拓展农村金融市场。也就是说，在金融机构和新型农业经营主体都在不断发生变化的情况下，要构建金融服务创新促进新型农业经营主体发展的预期目标机制，需要坚持高瞻远瞩的原则。

(三) 客观公正的原则

从理论上看，不同学科对客观公正有不同的解释。其中，以法学学科的解释最为详尽。按照法学学科的解释，所谓客观公正原则，指的是对检察官的考核必须严格依据考核标准，实事求是、公平合理地确定考核结果，考核结果应该是对事不对人。借鉴法学学科对客观公正的解释，本书研究认为，对金融服务创新促进新型农业经营主体发展预期目标机制的客观和公正可以做如下理解：这里的"客观"，是指从金融机构金融服务创新和新型农业经营主体发展的实际表现出发，对前者促进后者发展的实际成效给予实事求是的评价，既不能够夸大成绩或者忽视成绩，也不能夸大出现的问题或者刻意掩饰缺点、问题；应当对前者促进后者发展的实际成效做出评价，而不能凭主观的看法随意做出评价。

这里的"公正",是指在同一区域内部,对金融服务创新促进新型农业经营主体发展成效进行考核时,不能因外在的主观因素而考核尺度不一,必须一视同仁,不偏不倚,做到在实际考核标准面前人人平等。坚持客观公正的原则,无论是从短期还是从长远来看,都是有利于确保金融服务创新促进新型农业经营主体发展的。

三 构建金融服务创新促进新型农业经营主体发展预期目标机制的路径

在明晰金融服务创新促进新型农业经营主体发展预期目标机制概念内涵及其构建原则的基础上,既要将具体的机制落到实处,还需要从路径选择的角度进行进一步的深入分析。在紧密结合我国实际的情况下,要构建金融服务创新促进新型农业经营主体发展预期目标机制,还需要分别构建科学的实况分析机制、完善的上传下达机制、高效的试错创新机制。不仅要高度重视对金融服务促进新型农业经营主体发展的现实表现进行科学认识,还需要高度重视新型农业经营主体与上下级主管部门和具体负责部门之间的协作,同时还不能因循守旧,要敢于试错,敢于创新。

(一)构建科学的实况分析机制

从我国的实际情况来看,金融机构和新型农业经营主体分别属于不同的政府主管部门管理,如果没有更高一层级政府介入的话,两者之间的沟通和协调并不顺利。同时,金融机构和新型农业经营主体都属于独立的经济实体,都具有自主经营、自担风险、自负盈亏、自我约束的特征,政府及其主管部门对其也只能进行宏观上的引导,对其具体的实际发展状况难以做到全面彻底的了解。要构建金融服务创新促进新型农业经营主体发展的实况分析机制,一方面需要强化金融机构主管部门对其相关运营情况的全面了解,要确保金融机构严格执行国家的法律法规,督促金融机构如实汇报经营过程中所出现的现实问题;另一方面要强化政府及其主管部门对新型农业经营主体发展状况的把握。由于新型农业经营主体具有税收减免或优惠的权利,其自身真实的生产经营状况难以为外人所了解,这就为金融机构创新金融服务促进新型农业经营主体的发展带来了麻烦。为此,可以在农村地区建立严格的涉农税收先纳后返系统，要求无论是否具有税收减免或优惠的经济主体一律先纳税，然后由政府将应该返回的税款专款专用，一律按时足额返还给相关的经济主体。

（二）构建完善的上传下达机制

从金融机构层面来说，"一委一行两会"除了要发挥对金融机构经营业务的监管外，还需要对金融机构具体的服务对象进行监管，确保金融机构能够严格贯彻落实国家的政策方针；银保监会要高度重视对金融机构相关保险业务开展情况的督查，特别是要高度重视对金融机构开展涉农保险业务的检查，强化国家涉农保险政策的全面贯彻落实；证监会要对涉农上市公司强化监管，在高度重视涉农类上市公司发展的同时，要对过度追求利润、过多偏离主营业务的涉农上市公司进行严厉打击，切实发挥涉农上市公司的作用。同时，"一委一行两会"需要强化沟通合作，不能够孤立地开展工作，通过信息共享来有效督查金融机构创新金融服务以促进新型农业经营主体的发展。从新型农业经营主体发展层面来说，一方面要强化国家涉农政策在农村地区的贯彻落实，发挥国家支农惠农政策在确保新型农业经营主体发展方面的促进作用；另一方面还需要强化对新型农业经营主体发展的监管，确保新型农业经营主体能够诚实劳动、合法经营；同时，不同层次的政府要注意信息的共享，了解区域范围内新型农业经营主体发展的实际情况和具体困难，及时将新型农业经营主体发展中的困难反馈到更高一级政府主管部门，还需要将新型农业经营主体的金融服务需求反馈给金融机构。

（三）构建高效的试错创新机制

改革开放以来，我国经济持续高速增长。近些年来，经济发展进入新常态。换句话说，我国的改革已经步入深水区，会面临啃骨头、打硬仗的难题，且解决这些难题并没有现成的经验可以借鉴，创新变得尤为重要。国内外经济社会发展的实践已经证明，创新与试错是紧密相连的，没有试错就没有创新，创新是试错的理想结果；许多地区、领域的创新、改革、发展，其动力来自先试先行的勇气，以及对改革试错者免责的体制和机制。有了这种体制和机制，才能使改革者不畏首畏尾、缩手缩脚，而是大胆迈开双腿，勇往直前。当然，试错并不等于无视法律法规，随心所欲，试错是有边界的，这个边界就是宪法和法律的边界。

进一步讲，法治不仅能有效防止有人打着改革、创新的"旗号"谋私利，也能在制度上对改革创新进行最有效的保护和支持①。从实际来看，无论是金融机构的金融服务创新，还是新型农业经营主体的发展，在我国都是新事物，要通过金融服务创新促进新型农业经营主体的发展更是没有先例的。因此，要允许部分金融机构根据经济社会发展的实际需要，创新金融服务的供给方式，还要允许新型农业经营主体基于自身发展的实际，在合理合法的前提条件下，通过新型的金融服务来促进自身的长远发展。

第二节 金融服务创新促进新型农业经营主体发展的监测预警机制

要通过金融服务创新来促进新型农业经营主体的发展，需要构建金融服务创新促进新型农业经营主体发展的监测预警机制。无论是对于金融服务创新，还是对于新型农业经营主体的发展来说，要确保金融服务创新促进新型农业经营主体的发展，就必须构建监测预警机制。一方面，要确保金融服务能够满足新型农业经营主体发展的需要，从金融服务供给的角度实现金融服务对新型农业经营主体发展的促进作用；另一方面，要有条不紊地引导新型农业经营主体的发展，科学地引导新型农业经营主体高效务实地使用金融服务，从金融服务需求的角度实现金融服务对新型农业经营主体发展的促进作用。实践已经证明，过于超前或滞后的金融服务供给不能够有效促进新型农业经营主体的发展。

一 金融服务创新促进新型农业经营主体发展监测预警机制的概念内涵

所谓的金融服务创新促进新型农业经营主体发展的监测预警机制，指的是在金融服务创新促进新型农业经营主体发展的过程中，无论是对金融服务创新，还是对新型农业经营主体的发展，抑或是对金融服务创新促进新型农业经营主体发展的实际效果来说，都要根据实际情况的发

---

① 参见王建珂《尊重试错，鼓励创新》，《青年记者》2016年第6期。

展变化，建立可以随时对风险进行监测的机制。也就是说，在金融服务创新促进新型农业经营主体发展的过程中，不可能是一帆风顺的，可能会存在两者并不协调的状态，甚至会出现金融服务创新阻碍新型农业经营主体发展的现象，对此需要有监测预警机制。通过监测预警机制，随时确保金融服务创新处于促进新型农业经营主体发展的可控状态中。从金融服务创新促进新型农业经营主体发展的监测预警机制的概念来看，它具有以下几个方面的显著特征。

（一）快速性

金融服务创新促进新型农业经营主体发展监测预警机制的首要特征是快速性。监测预警机制的最主要目的是能够在问题出现之前就发现苗头，能够根据出现的苗头提出针对性的对策建议，以便将问题扼杀在萌芽状态中，或者是将问题发生所产生的损失降低到最小程度。对于金融服务创新促进新型农业经营主体发展监测预警机制而言，无论是在金融机构层面出现问题，还是新型农业经营主体出现问题，都要求在第一时间将信息反馈给政府及其主管部门。对金融机构来说，如果在金融服务创新过程中出现问题，单纯依靠金融机构可能难以彻底有效地解决，如果对问题不加以及时解决的话，它极有可能迅速蔓延，发展成为严重的金融危机，进而直接冲击整个国民经济的健康发展。之所以如此，主要是因为经济决定金融，金融服务经济，金融层面出现的问题必然会直接影响经济发展。反之，如果相关问题能够得到及时有效的反馈，政府及其主管部门可以综合运用不同的政策工具，有效抑制问题的蔓延，直接解决问题或者是最大限度地减少问题的发生对于经济发展的负面影响。对新型农业经营主体的发展来说亦是如此，农业是国民经济的基础，新型农业经营主体发展所出现的问题得不到有效解决，必然会影响农业经济增长和国民经济的持续发展。监测预警机制的构建，可以快速反馈金融服务创新促进新型农业经营主体发展中所存在的问题，无论是从短期还是从长期来看，都有利于确保农业经济增长和国民经济发展。

（二）准确性

对金融服务创新促进新型农业经营主体发展监测预警机制来说，准确性是至关重要的。准确性要求金融服务创新促进新型农业经营主体发展过程中所出现的问题，能够在第一时间反馈给政府及其主管部门，以便政府及其主管部门能够根据问题的发展，出台专门的有针对性的政策来予以解决。按照组织行为学的观点，信息在传递过程中存在非常严重的过滤现象，就是说，随着信息传递路径的延伸，信息会在组织的不同层级传递过程中逐步被过滤，基层最重要的信息可能由于外在原因的直接影响而无法传达给相关的政府及其主管部门，最后的结果可能是政府及其主管部门出台的问题解决方案没有实际成效。新型农业经营主体包括种养殖专业大户、家庭农场、农民专业合作社和农业龙头企业四大类，每一类新型农业经营主体都有其显著特征，它们对金融服务的需求也存在差异，这就要求金融机构在创新金融服务促进新型农业经营主体发展的过程中，要充分体现出差异性；一旦发现已经开始实施的金融服务并不能够促进新型农业经营主体发展，或者是存在其他的问题，就需要及时向政府及其主管部门反映，以便政府及其主管部门从宏观层面进行调控。

（三）连贯性

金融服务创新促进新型农业经营主体发展监测预警机制的重要特征之一是连贯性，这要求无论是哪个层面出现问题，都应该有始有终地及时反馈相关信息；在政府及其主管部门彻底解决问题之前，要对所有可能出现问题的机构和环境进行全面彻底的监控。比如，如果是金融机构层面出现问题，某一家金融机构因为违规操作，其所开展的金融服务虽然可以给金融机构带来丰厚的回报，但不能够促进新型农业经营主体的发展，甚至会直接阻碍新型农业经营主体的发展，这就要求及时将相关信息反馈给政府及其主管部门，由其决定如何解决；否则，在羊群效应的影响下，将会出现更多的金融机构违规操作，这必然会在更大程度上直接影响新型农业经营主体的发展，对于农业经济增长和国民经济发展也是不利的。在反馈信息的过程中，不仅要对问题发生的背景、进展情况、影响对象等加以如实反馈，对后续的、可能不断出现的问题也要及时反馈，力求将问题发生的来龙去脉进行逐一反馈，最终目的是确保问题能够得到妥善解决，也就是金融服务创新能够促进新型农业经营主体健康、稳定、可持续发展。

二 构建金融服务创新促进新型农业经营主体发展监测预警机制的原则

国内外的实践已经证明,金融服务创新促进新型农业经营主体的发展,不可能一帆风顺,可能会受到多方面因素的影响和制约。因此,在金融服务创新促进新型农业经营主体发展的过程中,需要重视监测预警机制建设,力求将所有的问题在萌芽状态就予以解决。构建监测预警机制,需要坚持正确的原则。基于现实考虑,本书研究认为,构建金融服务创新促进新型农业经营主体发展需要坚持科学性的原则、系统性的原则、及时性的原则、高效性的原则。进一步讲,就是要及早发现问题,能够及时将问题出现的苗头予以反馈,从全局的角度对其加以解决。

(一) 系统性的原则

无论是金融机构,还是新型农业经营主体,其自身的活动都是集经济、技术、管理、组织等各方面于一体的综合性社会活动,基于外界环境变动的影响,金融机构和新型农业经营主体的经济活动存在着很大的不确定性。构建金融服务创新促进新型农业经营主体发展的监测预警机制,其根本目的就在于通过建立科学合理的风险评估体系,进行风险控制,化解风险,在可能的情况下,将风险所造成的损失降到最低限度。单纯从某一个金融机构或某一家新型农业经营主体来看,其自身的生产经营活动从投入到产出就是一个系统性的过程,某一方面出现问题都极有可能直接影响其最终所获得的实际经济效益。进一步讲,金融服务创新促进新型农业经营主体发展监测预警机制,必须坚持系统性的原则。一方面,要将金融机构、新型农业经营主体作为单独的系统来进行研究,研究到底哪些因素会直接制约金融机构、新型农业经营主体的发展。另一方面,需要分别对由众多金融机构和新型农业经营主体所组成的金融系统和农业经济系统进行分析,从整体的角度把握影响金融服务创新和新型农业经营主体发展的因素。在此基础上,将金融服务创新所可能面临的问题与新型农业经营主体发展所需要的金融服务需求问题相对接,从社会大系统的角度寻求破解对策。

(二) 及时性的原则

及时性的原则对于金融服务创新促进新型农业经营主体发展的监测预警机制来说至关重要。金融服务创新促进新型农业经营主体发展的机制，涉及众多经济主体的切身利益。从现实来看，要促进新型农业经营主体的发展，有效解决新型农业经营主体的金融服务需求，需要整个金融系统的共同努力，单靠某一家金融机构的努力是远远不够的。同样，要让金融系统真正为新型农业经营主体发展专门创新金融服务，所有的新型农业经营主体也要稳步提升自身的竞争力。在纷繁复杂的经济体中，要确保金融服务创新有条不紊地促进新型农业经营主体的发展，尽量减少直至杜绝其他外在影响对金融机构和新型农业经营主体的影响，需要快速高效地收集并处理金融服务创新过程中可能出现的问题，还需要高度重视新型农业经营主体发展过程中所出现的问题；只有及时收集处理各方面的问题，才能够确保金融服务创新不偏离服务新型农业经营主体的轨道，新型农业经营主体的发展才有可能得到保障。此外，及时性的原则还要求，当金融服务创新和新型农业经营主体在发展中出现问题时，政府及其主管部门需要对各种情况进行科学研究，并及时拿出解决问题的有效措施。

(三) 高效性的原则

构建金融服务创新促进新型农业经营主体发展的监测预警机制，必须坚持高效性的原则。金融服务创新能否促进新型农业经营主体的发展，金融服务创新能在多大程度上促进新型农业经营主体的发展，这些与高效性的原则密不可分。一方面，金融机构和金融系统在出现风险苗头时，不仅需要自身及时采取措施加以解决，还需要将风险问题及时上报，便于政府及其主管部门及早对风险进行判断分析，为以后类似风险的发生提供应对措施。另一方面，新型农业经营主体的发展在复杂的社会环境下可能面临多方面的风险，有些风险事先会出现苗头，有些风险可能会突然发生；无论是事先出现苗头的，还是突然发生的，对于风险问题都需要强化其应急处理能力，还需要强化与上级政府及其主管部门的沟通，为全方位多角度彻底有效解决风险问题创造条件。需要特别说明的是，高效性的原则要求政府及其主管部门做好随时应对各方面风险的准备，需要金融机构和新型农业经营主体各个主管部门的密切合作，不推卸责任，面对风险问题，群策群力，真正为金融服务创新促进新型农业经营主体的发展提供坚实的保障。

三 构建金融服务创新促进新型农业经营主体发展监测预警机制的路径

前文已经对金融服务创新促进新型农业经营主体发展的监测预警机制的概念内涵进行了剖析，也对如何构建金融服务创新促进新型农业经营主体发展的监测预警机制的原则进行了研究。到底应该从哪些方面构建金融服务创新促进新型农业经营主体发展的监测预警机制呢？本书研究认为，需要构建科学的信息收集机制、完善的信息处理机制、高效的信息反馈机制。在监测预警机制构建过程中，需要高度重视对信息的收集、处理与反馈。因为从本质上说，监测预警的基础就是信息；没有充分可靠准确的信息做保障，监测预警机制就无法建立；即便建立了，也是无法正常发挥作用的。

（一）构建科学的风险识别机制

识别风险是构建监测预警机制的第一步，是风险管理的基础；只有准确识别了金融服务创新和新型农业经营主体发展中的风险，才有可能通过金融服务创新来促进新型农业经营主体的健康、稳定、可持续发展。从理论上说，对金融服务创新和新型农业经营主体发展过程中的风险识别，是发生在金融服务影响新型农业经营主体发展之前，政府及其主管部门可以运用各种方法系统地、连续地认识所面临的各种风险以及分析风险事故发生的潜在原因。通常来说，识别风险可以从三个方面做出努力，分别是筛选、监测和诊断。从筛选的角度看，要对金融服务创新和新型农业经营主体发展中的问题进行逐步筛选，并不是所有的问题最终都会演变成影响金融服务创新和新型农业经营主体发展的问题，对于关键问题要高度重视，而对于一般性的问题则可以采取自行处理的方式予以解决。从监测的角度看，无论是对金融服务创新中的问题，还是对新型农业经营主体发展中的问题，都需要密切关注；对于一般性的问题要督促相关的利益主体自行解决，而对于重点的问题则要长期跟踪。从诊断的角度看，在综合分析各方面问题的基础上，要科学研判到底哪些问题是最根本的问题，哪些问题是最重要的问题，对不同问题的处理方式要有所区别。

（二）构建完善的风险评价机制

风险评价机制的构建，需要建立在风险识别和风险估测的基础之上，要对金融机构的金融服务状况和新型农业经营主体的发展现实进行全面评估，要对金融服务阻碍新型农业经营主体发展的概念进行测算，要对相关的损失进行剖析，要结合其他因素进行全面反思，评估金融服务到底在多大程度上阻碍了新型农业经营主体的发展及其相关的后果，并与公认的安全指标相比较，以衡量风险的程度，并决定是否需要由政府及其主管部门出面采取相应的措施。从现实来看，对金融服务创新促进新型农业经营主体发展的风险评价，主要是从财务风险评价开始的。具体来说，就是要对金融机构创新金融服务后的相关财务指标和新型农业经营主体接受金融机构服务后的财务指标进行分析，探究金融服务创新对新型农业经营主体到底有什么样的风险，风险程度如何。从财务管理学的角度，主要借助分析金融机构和新型农业经营主体的资产负债表、利润表、现金流量表，判断金融机构和新型农业经营主体财务状况的变动趋势及资产、负债、收益之间的关系，从财务报表的会计信息中挖掘金融机构与新型农业经营主体之间内在的财务关系。在实际操作过程中，需要将金融服务创新阻碍新型农业经营主体发展的风险分为不同的等级，依据等级的不同而采取不同的具体措施。

(三) 构建高效的风险响应机制

在前面两个机制的运行下，当金融服务创新并不能够有效促进新型农业经营主体的发展时，就要开始考虑启动风险响应机制。从理论上说，风险响应指的是专门针对风险而采取的具体对策。需要特别说明的是，这里的风险可能是正在发生的风险，也可能是已经发生却未造成损失的风险，还可能是已经发生且已经造成重大损失的风险。对于不同类型的风险，需要根据具体的实际情况来采取不同的应对措施。本书研究认为，金融服务创新阻碍新型农业经营主体发展的风险响应机制，应该包括风险利用、规避、减轻、自留、转移及其组合等机制。对于风险，无论是金融机构还是新型农业经营主体都要正确面对，风险不等于损失；如果能够采取措施避免风险的发生，就尽量采取措施来规避风险；如果风险已经发生，就要尽量采取措施降低损失；如果风险已经发生且造成了重大损失，可以考虑转嫁风险。针对不同类型的风险，无论是金融机构还是新型农业经营主体，甚至是政府及其主管部门，都要有专门针对风险的应对策略；能不让风险发生，就尽量不让风险发生；风险发生了，就要有从上到下的一整套科学合理的风险响应机制，将风险所造成的损失降到最低程度。

第三节 金融服务创新促进新型农业经营主体发展的应急处理机制

要通过金融服务创新促进新型农业经营主体的发展，有必要构建金融服务创新促进新型农业经营主体发展的应急处理机制。因为从现实来看，无论是金融机构，还是新型农业经营主体，都是理性的经济实体，都会最大限度地追求自身的经济利益；在金融服务新型农业经营主体的过程中，难免会出现因为彼此追求各自经济利益而损害对方利益的现象。在金融服务创新促进新型农业经营主体发展的过程中，出现相关的问题并不可怕，可怕的是问题出现后没有相关的应急处理机制，进而因为小问题的出现而给彼此带来更大的损失。

一 金融服务创新促进新型农业经营主体发展应急处理机制的概念内涵

所谓的金融服务创新促进新型农业经营主体发展的应急处理机制，指的是在金融服务创新促进新型农业经营主体发展的过程中，基于理性经济人假设，可能会出现金融机构在提供金融服务的过程中因过多地考虑自身的利益而导致新型农业经营主体遭受损失，或者是新型农业经营主体在接受金融机构所提供的金融服务过程中因自身利益而使得金融机构遭受损失，为避免类似情况的发生给金融机构或者是新型农业经营主体造成负面影响，应建立专门的紧急情况处理机制。从金融服务创新促进新型农业经营主体发展的应急处理机制的概念可知，它具有以下几个方面的特征。

（一）权威性

在市场经济条件下，基于理性经济人假设，无论是金融机构还是新型农业经营主体，都会以追求更高的利润为目标来开展相关的生产经营活动。对金融机构而言，如何通过更低的投入成本来获取更高的利润，是其自身持续发展的动力；而对于新型农业经营主体来说，如何以最低的成本来获取金融机构的金融服务进而促进自身的发展,最大限度地获取利润,也是其一直追求的重要目标。对照金融机构与新型农业经营主体的发展目标不难看出,基于其对利润的追求,它们不可能彼此完全相信对方,进而为对方的利益着想来开展相关的生产经营活动。也就是说,当出现紧急情况时,如果没有政府及其主管部门强有力的介入,金融服务创新阻碍新型农业经营主体发展的危机不可能得到有效解决。很显然,政府及其主管部门在介入金融机构与新型农业经营主体之间的纠纷时,要充分体现出自身的权威性。也就是说,在市场经济的条件下,无论是金融机构还是新型农业经营主体,它们都是"运动员",在它们出现纠纷时需要政府及其主管部门扮演好"裁判员"的角色,并予以公正解决。从某种意义上说,基于理性经济人假设,政府及其主管部门的权威性是有效解决金融机构与新型农业经营主体之间矛盾的关键。

(二)紧急性

从现实来看,金融服务创新阻碍新型农业经营主体发展的危机,更多地体现在金融机构未能严格按照国家法律法规开展具体业务方面。比如,有些金融机构违规发放贷款,虽然在短期内可以满足新型农业经营主体的融资诉求,促进新型农业经营主体的发展,但从长远来看,必然会给金融机构自身带来经济损失,不利于金融机构的可持续发展。有些金融机构违规销售理财产品,名义上可能会给新型农业经营主体带来高额的收益,实际上可能会给新型农业经营主体造成严重的经济损失。还有些金融机构可能会为了业务拓展的需要,推广并不符合新型农业经营主体发展实际需要的保险品种,一旦新型农业经营主体真的发生灾害,无法通过保险来减轻自身所遭受的损失。考虑到在现代经济社会中,不同金融机构之间联系密切,金融机构违规操作可能会造成金融风险的交叉影响,甚至会直接造成系统性金融风险的爆发。因此,对于金融服务创新阻碍新型农业经营主体发展的问题,需要高度重视,一旦金融机构的问题出现交叉影响,其后果往往是极其严重的。

(三)妥协性

从现实来看,金融服务创新促进新型农业经营主体的发展,本身就是金融机构与新型农业经营主体之间相互妥协的结果。前文的分析已经表明,作为理性经济人,无论是金融机构还是新型农业经营主体,都会最大限度地追逐自身的经济利益，不可能完全为了对方的实际需要而放弃自身的利益。当金融机构与新型农业经营主体之间关系不协调时，或者是当金融机构阻碍新型农业经营主体的发展时，就需要政府及其主管部门出面进行调解，其结果必然是在兼顾双方利益的基础上，让金融机构或者是新型农业经营主体各自让步，力求在保证双方基本利益的前提下使其重新开展合作。如果金融机构始终坚持自身的利益，拒绝和新型农业经营主体合作，那么金融机构与新型农业经营主体之间的关系将彻底破裂，金融机构不可能再为新型农业经营主体服务，更谈不上创新金融服务来促进新型农业经营主体的发展。同样，如果新型农业经营主体坚持自身的利益，不配合金融机构创新金融服务，新型农业经营主体的发展也不会得到金融机构的支持。当危机发生时，只有金融机构和新型农业经营主体互相让步，最终才有可能强化合作，促进彼此的健康、稳定、可持续发展。

二 构建金融服务创新促进新型农业经营主体发展应急处理机制的原则

在弄清楚金融服务创新促进新型农业经营主体发展应急处理机制概念的基础上，要深入研究如何构建金融服务创新促进新型农业经营主体发展的机制，还需要弄清楚构建这些机制应坚持什么原则。原则作为导向性的规则，对于应急处理机制的构建起着保驾护航的作用。基于金融服务促进新型农业经营主体发展的现实思考，本书研究认为，构建应急处理机制，需要坚持以人为本的原则、分级负责的原则、综合协调的原则。以人为本是确保应急处理机制实施的重要前提，而分级负责原则和综合协调原则则是具体落实应急处理机制的关键。

（一）以人为本的原则

前文的分析已经表明，在市场经济的条件下，无论是金融机构还是新型农业经营主体，都是理性的经济人，都要在不违背法律法规的前提条件下，最大限度地追求自身经济利益。同时，在法治社会里，只要不违背法律法规，无论是金融机构还是新型农业经营主体都具有追求最大效益的权利。因此，当金融服务创新促进新型农业经营主体发展出现紧急情况时，一定要在充分考虑到金融机构和新型农业经营主体自身实际利益的前提下，由政府及其主管部门进行调解。一方面，要鼓励金融机构和新型农业经营主体承担社会责任，在合法追逐自身利益的同时，竭力为彼此的发展着想，为农业经济增长和国民经济发展考虑；另一方面，对于金融机构和新型农业经营主体所追求的正当利益，或者是已经获得的正当利益，只要不违背法律法规，应当予以保护；即便是出现紧急情况，政府及其主管部门也应该考虑金融机构和新型农业经营主体是理性经济人，如果过度干预它们的合法权益，可能会将紧急情况变为灾难。

（二）分级负责的原则

从实际情况来看，市场上金融机构和新型农业经营主体的数量都很多。以金融机构为例，既有国有的，也有私营的；既有国内的，也有国外的；既有在本地注册的，也有在外地注册的。也就是说，即便是金融机构，也存在纷繁复杂的情况，对不同金融机构的监督可能还涉及不同层级的主管部门。与金融机构相类似的是，新型农业经营主体也存在相同的情况。基于此，金融机构对新型农业经营主体的服务所牵涉的监管主体更多。为此，非常有必要对紧急情况进行分级负责，分级管理。分级负责不等于推卸责任，分级负责要求各级政府及其主管部门充分发挥自身的主观能动性，在其职责范围内严格按照法律法规对金融服务创新阻碍新型农业经营主体发展的情况进行查处。分级负责的好处在于：一方面相关层级的政府及其主管部门对当地的金融机构和新型农业经营主体比较熟悉，能够因地制宜地提出科学合理的解决方案；同时，还可以避免信息在多层传递过程中所出现的过滤问题，确保解决方案具有更强的针对性。另一方面对问题进行分层处理，有利于更高层级的政府及其主管部门集中力量来解决金融服务创新阻碍新型农业经营主体发展中的重大问题。

（三）综合协调的原则

从我国的实际情况来看，直接涉及对金融服务进行监管的机构是"一委一行两会"。如果同一家新型农业经营主体所需要的金融服务同时涉及证券、保险与信贷的话，一旦出现问题，监管起来就比较麻烦；特别是在出现需要紧急处理的问题时，因为涉及需要不同监管部门之间的相互配合，某一个部门的工作出现偏差或者监管不到位，都会给其他部门的工作带来麻烦。从实际情况来看，当某一家新型农业经营主体出现问题时，"一委一行两会"同时对其进行查处的情况极为少见，在绝大多数情况下都是"头痛医头，脚痛医脚"，事实上，这并不能够从根本上解决问题。所以说，构建金融服务创新促进新型农业经营主体发展的应急处理机制，必须坚持综合协调的原则。

三 构建金融服务创新促进新型农业经营主体发展应急处理机制的路径

在从概念上明晰金融服务创新促进新型农业经营主体发展应急处理机制的基础上，需要弄清楚构建金融服务创新促进新型农业经营主体发展应急处理机制的具体原则，还需要弄清楚这种应急处理机制到底应该如何构建的现实问题。从现有文献资料来看，还没有学者对此进行深入研究。本书研究认为，构建金融服务创新促进新型农业经营主体发展的应急处理机制，需要健全应急处理的组织机制、完善应急处理的协调机制和危机处理的查处机制。这三个机制是环环相扣、紧密相连的。如果没有组织机制做支撑的话，应急处理机制就无法发挥作用；而协调机制和查处机制是确保应急处理机制落到实处的两个重要着力点；协调机制能够保证有效解决紧急问题，但不能对以后此类问题的再次发生起到警示作用，所以还必须有查处机制。

（一）健全应急处理的组织机制

为了更好地应对金融服务创新促进新型农业经营主体发展中紧急情况的出现，需要各地政府组建专门的危机应对小组。这个小组并非需要专职的工作人员，但是，这个小组的主要成员需要涵盖地方政府的一把手，还需要包括涉及金融机构监管和新型农业经营主体发展的相关部门主要领导。这个小组虽然不一定由专职人员组成，但是，小组需要围绕金融服务创新促进新型农业经营主体的发展定期召开专门的专题会议，研究讨论金融服务创新促进新型农业经营主体发展中所出现的各种问题；通过举行定期工作例会的形式，尽量将紧急问题在萌芽状态就予以解决。同时，一旦紧急情况发生，该小组的正常运作还必须吸纳金融机构和新型农业经营主体的直接当事人，由他们将真实情况在第一时间反馈给工作小组，尽量减少不必要的信息过滤，力求在信息公开透明的情况下集中力量解决危机，确保金融机构和新型农业经营主体的健康、稳定、可持续发展，进而促进农业经济增长和国民经济发展。概括来说，危机应对小组不一定要由全职人员组成，但是，小组一定要存在，在关键时刻要能够立即运行，并且发挥作用。

（二）完善应急处理的协调机制

从实际情况来看，协调机制需要高度重视对金融服务创新促进新型农业经营主体发展中所涉及的利益主体之间关系的协调。当紧急情况发生时，需要高度重视以下几个方面关系的协调：一是要注意协调好金融机构与新型农业经营主体之间的关系。出现紧急情况，在绝大多数时候都是由于金融机构或者是新型农业经营主体单方面违规操作造成的，在某些时候，也有可能是金融机构与新型农业经营主体合谋造成的；无论哪种原因造成紧急情况的出现，都需要具体的当事人也就是金融机构和新型农业经营主体科学地看待现实，要有共同努力处理问题的信心。二是要注意协调好政府及其主管部门与金融机构和新型农业经营主体之间的关系。因为涉及违规操作，金融机构和新型农业经营主体极有可能对政府及其主管部门不信任，因担心可能受到来自各方面的处罚而刻意隐瞒关键信息，甚至向政府及其主管部门传递错误的信息，这是不利于紧急情况处理的。政府及其主管部门要高度重视金融机构和新型农业经营主体的思想工作，要通过努力让它们充分认识到紧急情况的出现可能会造成的潜在危害，要通过沟通协调的方式来强化金融机构与新型农业经营主体之间的关系。此外，地方政府还需要强化与上级金融服务机构的合作，在保障地方金融机构和新型农业经营主体合法权益的同时，通过协商的方式，确保紧急情况的化解，尽量避免对地方经济发展带来负面影响。

（三）完善危机处理的查处机制

充分考虑到金融服务监管机构的权限范围，因此，对金融服务创新促进新型农业经营主体发展中的违法乱纪行为，要从不同的渠道进行查处。比如，涉及刑事犯罪的，一律交由公安机关进行查处；涉及工商税务的，交由地方工商税务机关查处；涉及金融服务方面的，要充分发挥"一委一行两会"的作用，由它们进行查处。需要特别说明的是，在金融服务创新促进新型农业经营主体发展中的某些违法乱纪行为，从短期来看可能并不会对经济社会造成重大冲击，但是，从长期来看，考虑到金融风险的交叉影响以及局部金融风险向系统性金融风险演化的可能性，即便是小的违法乱纪行为也需要高度重视，该由上级机关进行查处的，地方政府及其主管部门不可以包庇隐瞒，对能够公开的问题需要公开处理。如果问题不够严重，或者是问题较小，不会造成很大的影响，则可以由地方政府及其主管部门组织金融机构和新型农业经营主体双方，通过协商的方式进行解决，力求在不影响地方经济社会发展的前提下，加以妥善处理。

第四节　金融服务创新促进新型农业经营主体发展的信息引导机制

要通过金融服务创新促进新型农业经营主体的发展，必须构建金融服务创新促进新型农业经营主体发展的信息引导机制。在信息时代，信息的重要性日益凸显；客观公正的信息传播，无论对于金融机构，还是对于新型农业经营主体来说，都具有重要的作用；而虚假信息的传播，在某些时候，将会直接影响金融机构和新型农业经营主体的切身利益。因此，信息机制的构建对于金融服务促进新型农业经营主体的发展具有极其重要的意义。基于理性经济人假设，金融机构与新型农业经营主体之间不可能存在绝对的互信，强化双方之间的信息沟通，不仅可以消除金融机构对新型农业经营主体的片面认识，也有助于增强新型农业经营主体对金融机构相关服务的接受度，构建金融服务创新促进新型农业经营主体发展的信息引导机制意义重大。

一　金融服务创新促进新型农业经营主体发展信息引导机制的概念内涵

所谓的金融服务创新促进新型农业经营主体发展的信息引导机制，指的是在金融服务创新促进新型农业经营主体发展的过程中，政府及其主管机构要充分发挥好桥梁和纽带的作用，通过及时传递金融机构与新型农业经营主体之间的信息，强化双方之间的互信，让金融机构真正创新金融服务助推新型农业经营主体的发展，让新型农业经营主体切实配合金融机构的工作，进而确保农业经济增长和国民经济发展的机制。从金融服务创新促进新型农业经营主体发展信息引导机制的概念来看，它具有以下几个方面的特征。

（一）畅通性

金融服务创新促进新型农业经营主体发展信息引导机制，具有显著的畅通性特征。就是说，在信息传递的过程中，应该确保信息传递的畅通性，严厉阻止信息传递过程中所出现的人为因素干扰。一方面，金融机构应该根据服务于新型农业经营主体的业务类型，分别在"一委一行两会"办理相关手续，坚决反对不经报批而违法开展各项业务，其目的是确保"一委一行两会"能够及时准确地了解金融机构服务于新型农业经营主体的实际情况。另一方面，新型农业经营主体应该依据自身所从事的业务范围在农业主管部门和工商管理等部门登记注册，即便是国家对新型农业经营主体有税收优惠政策，新型农业经营主体也应该充分认识到健全的财务管理制度有利于自身享受各种金融服务，应该严格按照国家的规定定期申报纳税情况（即便是先征后返）。此外，金融机构与新型农业经营主体之间的信息沟通渠道应该畅通，金融机构应该了解新型农业经营主体对金融服务的需求，新型农业经营主体也应该了解金融机构的相关金融服务。一旦出现风险，或者遭遇紧急情况，金融机构和新型农业经营主体之间能够密切互动，彼此也应该及时将相关信息反馈给各自的主管部门。

（二）及时性

金融服务创新促进新型农业经营主体发展信息引导机制，具有明显的及时性特征。就是说，凡是涉及金融服务创新促进新型农业经营主体发展的相关信息，都应该及时上报政府及其主管部门，信息的流通应该是及时的，不允许人为因素对信息传递带来负面影响，甚至出现报好不报坏的情况。依据信息经济学的观点，信息具有指向性的显著特点。换句话说，某些特定信息的价值具有很强的时效性，在某个特定的时刻，信息价值会达到最大化；而过了这一时刻，信息价值明显减弱，甚至是没有价值。在金融服务创新促进新型农业经营主体发展的过程中，当出现风险时，无论是金融机构服务方面的信息，还是新型农业经营主体方面的信息，对于缓解风险可能都具有十分重要的价值；因为不清楚风险到底是由哪些因素引起的，某些可能看似不重要的信息对于解决风险问题却具有重要的价值。当前，信息发挥价值最大化的前提条件是其能够被及时反馈到相关的政府及其主管部门那里。如实、及时地反馈金融服务创新促进新型农业经营主体发展的信息，对于促进金融机构和新型农业经营主体的发展都具有重要意义。

（三）配合性

金融服务创新促进新型农业经营主体发展的信息引导机制，具有重要的配合性特征。就是说，信息从哪里来、传递到哪里去、具体又该如何反馈等，对这些问题都应该进行剖析。信息传递需要金融机构和新型农业经营主体的实时反馈，如果它们不及时反馈信息，或者是反馈错误的信息的话，政府及其主管部门就很难掌握真实情况，也难以对风险做出准确的判断并提出科学合理的解决方案。从实际情况来看，金融机构和新型农业经营主体都是市场经济条件下独立的经济主体，都拥有极大的自主性。当新型农业经营主体接受金融机构所提供的创新性金融服务时，如果其自身不及时或者定期向农业主管部门报告相关情况，农业主管部门不一定能够获取相关信息；同样，金融机构创新性地开展金融服务，金融机构的主管部门不一定会知晓，特别是从短期来看这些服务并不为法律所禁止，如果金融机构自身不主动汇报，其主管部门很难获得相关的信息。对于法律并未明文禁止的金融服务，金融机构要主动汇报，不能够刻意隐瞒；对于新型农业经营主体来说，其真实的金融服务需求也应该及时汇报给农业主管部门。只有在信息畅通的情况下，金融服务创新才能够更有效地促进新型农业经营主体的发展，金融服务创新促进新型农业经营主体发展的危机才能够得到彻底有效的解决。

二 构建金融服务创新促进新型农业经营主体发展信息引导机制的原则

在弄清楚金融服务创新促进新型农业经营主体发展信息引导机制的前提下，还需要进一步研究金融服务创新促进新型农业经营主体发展信息引导机制的原则。从当前我国金融服务与新型农业经营主体发展的实际情况来看，金融服务虽然在一定程度上可以促进新型农业经营主体的发展，但在相当多的时候，金融服务对新型农业经营主体发展的制约作用尤为明显,重要原因之一在于信息不对称问题在金融机构与新型农业经营主体之间表现得比较突出。一方面,彼此都在追求利润,追求通过合理合法的方式获取更多的收益;另一方面,金融服务对象不够明确,新型农业经营主体又常常游离于金融服务的范围外。因此,构建相关的信息引导机制,需要坚持权威发布的原则、综合分析的原则、及时公开的原则。

(一) 权威发布的原则

在信息时代,信息的传播具有速度快、范围广、形态多等显著特点。要在金融服务创新促进新型农业经营主体发展的过程中,科学构建信息引导机制,必须抢占信息发布的高地。从实际情况来看,基于理性经济人假设,不同的群体对相同的金融服务创新会有不同的解读,到底哪种解读方式更为科学合理,在某些情况下还很难做出准确判断,这就要求政府及其主管部门对信息的发布具有权威解释。基于国内外信息发布的经验,要确保金融服务创新促进新型农业经营主体发展相关信息的权威发布,需要选择信息发布的机构、信息发布的媒体、信息发布的时间以及信息发布的方式。涉及金融服务创新方面的信息,可以由"一委一行两会"发布;而涉及新型农业经营主体发展方面的,可以由农业主管部门进行发布;信息发布的媒体,可以根据影响范围的实际情况做出决定,全国层面的信息需要由中央媒体发布,地方层面的信息需要由地方政府平台发布;信息发布的时间,要根据事态发展的实际情况决定,不能过早,也不能过晚;信息发布的方式,可以是答记者问,也可以是直接发布公告,还可以是对相关领导的主要访谈等。

(二) 综合分析的原则

与过去相比,在信息时代,信息的传播具有形式多样的特点,不论是文字、声音、图像,还是图片、数据等,都可以在短时间内得到广泛的传播。因此,在信息时代信息的发布需要进行全面综合的分析,到底哪些信息该发布,哪些不该发布,这些都是需要进行综合分析的,需要考虑信息发布可能造成的实际影响。比如,在金融机构刚刚创新金融服务促进新型农业经营主体发展时,对金融服务的实际成效就不宜过多地夸大或者缩小;而当金融服务创新促进新型农业经营主体发展出现问题时,则不宜对金融机构的金融服务创新和新型农业经营主体的发展持简单的否定态度，应该公正客观地看待之。也就是说，对于金融服务创新促进新型农业经营主体发展的相关问题，政府及其主管部门要一分为二地看待，不能够过早或者过晚地发布消息。凡是政府及其主管部门发布的信息，应该是在全面分析基础上得出来的可靠结论，应该能够接受时间和空间的检验。从实践上看，对前后矛盾、背离常识的信息，政府及其主管部门不应该发布，其最终结果只可能是影响政府的公信力。

（三）及时公开的原则

与过去相比，信息传播的速度尤为迅速，特别是与大众利益密切相关的信息的传播速度更为迅速，如果政府及其主管部门不能够在信息传播方面抢占先机的话，基于不同目的或动机的各种各样的信息就会广泛传播开来，这就会直接冲击真正信息的传播。对于金融服务创新促进新型农业经营主体的发展来说，无论是有关金融机构方面的信息，还是新型农业经营主体发展方面的信息，因为有相应的政府主管部门负责管理，所以，信息的发布应该由政府主管部门进行发布。对于信息发布的时间，考虑到金融机构作为人才聚集的洼地，善于从不同角度解读政策的群体数量较大，而新型农业经营主体虽然整体文化素质比金融机构群体低，但新型农业经营主体作为农村影响力巨大的群体，其对政策的解读影响面比较广。因此，对金融服务创新促进新型农业经营主体发展方面的相关信息应该在非官方媒体报道之前公开。特别是当出现金融服务创新阻碍新型农业经营主体发展时，对相关信息的公布更应该及时准确，应通过及时准确的信息公布来扫除社会上相关的负面新闻报道，尽量减少负面新闻报道对金融机构和新型农业经营主体发展的冲击。

三 构建金融服务创新促进新型农业经营主体发展信息引导机制的路径

构建金融服务创新促进新型农业经营主体发展信息引导机制，需要从不同的角度进行研究。本书研究认为，构建信息引导机制，需要在科学认识我国当前金融服务促进新型农业经营主体发展现状的基础上，充分认识到信息无论是对于金融机构还是对于新型农业经营主体来说，都具有十分重要的意义。从某种程度上讲，信息不对称是引发金融服务与新型农业经营主体实际需求不匹配的重要原因。基于此，本书研究认为,构建金融服务创新促进新型农业经营主体发展的信息引导机制,需要分别构建网络舆论的引导机制,强化主流媒体的引导机制,创新信息引导的能力机制。

(一)构建网络舆论的引导机制

在信息时代,网络舆论表现形式多样,特征鲜明。从总体上看,网络舆论具有直接性、随意性、突发性、隐蔽性、偏差性等特点。当金融服务创新在促进新型农业经营主体发展过程中出现问题时,各种各样的言论都会在网络上传播,正确引导网络舆论直接关系着金融服务创新的进一步开展和新型农业经营主体的进一步发展。针对金融服务创新促进新型农业经营主体发展可能出现的偏差问题,一是需要建立网络舆论组织保障机制,要实施地区一把手负责制,将网络舆论看作关系着金融机构和新型农业经营主体发展的重要因素,确保政府及其主管部门所传递的是正能量,为金融服务创新和新型农业经营主体发展营造良好的氛围。二是需要强化网络舆论技术支撑机制,对 IP 地址进行准确跟踪与封杀,对不负责任的负面消息予以及时清除,对国外的敏感消息加以及时屏蔽,同时在地区网络论坛上实施实名制认证等。三是要建立网络舆论日常工作机制,在及时发布金融服务创新促进新型农业经营主体发展状态的同时,高度关注网络上与政府及其主管部门不相一致的负面消息的发布,正确引导网络舆论。

(二)强化主流媒体的引导机制

基于不同的视角,对于什么是主流媒体,不同的学者有着不同的看法。从实际上看,国家和地方的新闻联播、官方网站、官方微博等都属于典型的主流媒体。由于主流媒体权威性强,影响力大,容易引起关注,在信息传递方面的速度也非常快,它所发布的信息更应该真实、可信。当金融服务创新促进新型农业经营主体发展出现问题时,为了避免其他渠道信息对主流媒体信息的干扰,主流媒体发布的信息必须客观、公正、可信。所谓客观,就是要求主流媒体传递的关于金融机构和新型农业经营主体发展的实际情况必须实事求是,不能够夸大,也不能够缩小,让公众看到金融机构和新型农业经营主体发展的真实一面。所谓公正,就是无论对金融机构的评价,还是对于新型农业经营主体的评价,都必须实事求是,对金融服务创新促进新型农业经营主体发展的实际成效，必须真实客观地报道，不能够否认金融机构和新型农业经营主体各自的努力。所谓可信，就是要求对金融机构和新型农业经营主体的评价必须真实客观，严禁发布明显脱离实际情况的不负责任的消息。

(三) 创新信息引导的能力机制

在信息时代，随着各种新型媒体的出现，政府及其主管部门在信息引导方面需要强化自身的努力。一方面，需要高度重视政府工作人员操作新媒体的技术水平。比如，可以与高等院校合作，定期对政府工作人员进行技术培训，不仅要培训专业技术知识，也要培训其跟踪新媒体最新动态的能力，让政府工作人员能够及时辨别新媒体的信息发布。因为金融服务与新型农业经营主体都是比较敏感的话题，一旦在新媒体上发布了不切实际的言论，因其传播速度的迅捷和传播受众的广泛，极有可能带来极其不利的负面影响，因此，政府工作人员必须高度关注所有新媒体上曝光的相关信息。另一方面，需要强化对金融机构工作人员和新型农业经营主体相关负责人的培训教育。培训教育的重点是强调信息传播的影响，增强相关人员的政治纪律，严禁金融机构工作人员以个人或单位名义发表不利于新型农业经营主体发展的言论，也要禁止新型农业经营主体相关人员发布针对金融机构及其服务的不负责任的言论。在条件允许的情况下，无论是对于金融机构，还是对新型农业经营主体来说，消息的发布必须权威，杜绝多渠道、多途径消息的传播；发布的信息，要求做到前后一致，要充分体现相关信息发布的权威性和严肃性。

第五节　金融服务创新促进新型农业经营主体发展的奖励惩罚机制

要通过金融服务创新促进新型农业经营主体的发展，还必须高度重视奖励惩罚机制的建立。建立奖励惩罚机制，不仅可以对严格贯彻落实国家法律法规并积极服务于新型农业经营主体发展的金融机构予以奖励，可以对"诚实守信、合法经营"的新型农业经营主体予以表彰，还可以对在金融服务创新促进新型农业经营主体发展过程中违法乱纪的组织及其行为予以严厉打击，矫正因理性经济人假设而存在的违法乱纪组织的失范行为。奖励惩罚机制的建立，从本质上说，并不是为了刻意奖励某些组织或个人，也不是为了刻意惩罚某些组织或个人，最终是为了通过金融服务创新来促进新型农业经营主体的发展，确保农业经济的增长和国民经济的发展。

一 金融服务创新促进新型农业经营主体发展奖励惩罚机制的概念内涵

所谓金融服务创新促进新型农业经营主体发展的奖励惩罚机制，指的是在金融服务创新促进新型农业经营主体发展的过程中，要严格按照客观公正、务实高效的原则，对遵纪守法的金融机构和农业经营主体予以奖励，对违法乱纪的金融机构和新型农业经营主体予以惩罚，确保金融机构在创新金融服务的同时，能够贯彻国家大政方针政策，切实促进新型农业经营主体发展的机制。无论是奖励还是惩罚，无论是针对金融机构还是针对新型农业经营主体，都要求客观公正、一视同仁；只有如此，奖惩措施才能够切实发挥作用；否则，奖惩措施只会带来负面后果。从金融服务创新促进新型农业经营主体发展奖励惩罚机制的概念来看，它具有以下几个方面的特征。

（一）公正性

奖励和惩罚无论是对于金融机构，还是对于新型农业经营主体而言，都是比较敏感的话题。为什么奖励、奖励什么、奖励多少，为什么惩罚、惩罚什么、惩罚多少，这些基本问题都是容易引起高度关注的，金融机构会高度关注，新型农业经营主体会高度关注，社会大众也会高度关注。也就是说，基于奖励和惩罚的关注度考虑，对金融服务创新促进新型农业经营主体发展中的奖励和惩罚问题必须公正。公正地对待金融机构和新型农业经营主体，有利于促进金融服务创新，更有利于新型农业经营主体积极利用金融服务创新来发展壮大自己。相反，如果奖励不公正，只会让更多的金融机构和新型农业经营主体通过违法乱纪的方式谋求更多的利益；如果惩罚不公正，只可能诱发更多的金融机构和新型农业经营主体不按照既定的规章制度办事。公正性要求无论是对金融机构还是对新型农业经营主体，始终要坚持客观的评判标准，以既定的标准一视同仁地对待所有的利益相关者，不能够以关系亲疏、利益多少给予奖励或者是惩罚。

（二）公开性

无论是奖励还是惩罚，都需要做到公开。一方面要公开奖励和惩罚的具体规则。对于不熟悉游戏规则的金融机构或者新型农业经营主体来说，它们往往非常在乎奖励和惩罚的具体规则，也就是比较关心谁被奖励，奖励的理由是什么，谁被惩罚，惩罚的原因又是什么；如果奖励惩罚的具体规则不公开，必然会引起异议，直接影响奖励惩罚措施的实施成效。另一方面要公开奖励和惩罚的具体措施。无论是对于金融机构还是对于新型农业经营主体来说，如果奖励的方式不当，惩罚的力度不够，是绝对达不到奖励惩罚的目标的。一般来说，奖励的额度不一定要足够多，但奖励的方式却可以多样化，可以是精神的，也可以是物质的；惩罚的力度一定要够，过轻的惩罚不会产生实际成效，需要加大金融机构和新型农业经营主体的违法成本。另外，还需要公开奖励和惩罚的监督过程。如果奖励和惩罚缺乏足够的监督，在具体奖励和惩罚的过程中可能存在寻租行为，其最终结果也很难得到公众的认可，因此，需要全程公开具体的奖励和惩罚环节。对于金融机构而言，至少应该在同类金融机构内部予以公示，而对于新型农业经营主体则应该在农村地区的主要媒体上予以公示，让接受奖励和惩罚的金融机构与新型农业经营主体能够接受社会监督。

（三）综合性

无论是奖励还是惩罚，都不是最终的目标，最终的目标是通过金融服务创新促进新型农业经营主体的发展。因此，对于奖励和惩罚的对象，都不能够绝对化，要一分为二地看待金融服务创新促进新型农业经营主体发展的具体过程。从奖励的角度看，无论是金融机构还是新型农业经营主体，奖励只是对其过去业绩的肯定，而不是对未来的肯定，因此，在对其予以奖励的同时，要勉励其在未来更好地发展自己，进一步支持金融机构创新金融服务更好地促进新型农业经营主体的发展，还要引导新型农业经营主体诚实劳动、合法经营，在壮大自身的同时赢得金融机构的更多金融服务。从惩罚的角度看，无论是对金融机构的惩罚，还是对于新型农业经营主体的惩罚，惩罚只是对其过去行为的否定，可能它们过去行为的产生并不是刻意为之的，而是不了解政策之类的客观原因造成的。因此，对接受惩罚的金融机构和新型农业经营主体要在惩罚的同时，加大正面引导的力度，引导金融机构严格按照国家法律法规的要求创新金融服务，引导新型农业经营主体严格按照国家法律法规和金融机构的具体要求认真准备材料，竭力争取金融机构的金融服务。

二　构建金融服务创新促进新型农业经营主体发展奖励惩罚机制的原则

在弄清楚金融服务创新促进新型农业经营主体发展奖励惩罚机制概念内涵的基础上，还需要对构建金融服务创新促进新型农业经营主体发展奖励惩罚机制的原则做进一步的研究。无论是对奖励还是对惩罚来说，都不应该单方面进行，单方面奖励或惩罚的实际成效会大打折扣；同时，对于奖励或惩罚的信息应该及时予以发布，让更多的人明白哪些行为会受到奖励，哪些行为会被惩罚。当然，对于奖励或惩罚，还必须充分发挥公众监督的作用，杜绝"暗箱操作"。也就是说，奖励惩罚机制的构建，需要坚持物质精神并行的原则、信息及时发布的原则、社会公众监督的原则。

（一）物质精神并行的原则

所谓物质精神并行的原则，就是要把物质奖励与精神奖励有机结合起来，充分发挥物质奖励与精神奖励的各自长处，全面调动金融机构创新金融服务的主观能动性，进而有效促进新型农业经营主体的发展。从理论上说，物质激励就是运用物质的手段使得金融机构和新型农业经营主体得到物质方面的满足，从而进一步激发它们的积极性、主动性和创造性；物质激励常用的有现金激励、奖品奖励；物质奖励的起点是给予在金融服务创新促进新型农业经营主体发展过程中做出努力的金融机构和新型农业经营主体物质层面的褒奖。精神奖励是一种典型的无形奖励，具体手段包括向做出努力的个体给予授权、肯定它们的业绩、提供更好的学习和发展机会等。通过对物质激励和精神奖励的具体分析不难看出：物质激励和精神奖励侧重点并不相同，考虑到金融机构和新型农业经营主体各自实际情况的差异，单纯依靠某一种奖励，实际成效往往不是很明显；而将物质奖励与精神奖励有机结合起来，发挥两种奖励各自的优点，更有利于促进金融服务创新促进新型农业经营主体的发展。

（二）信息及时发布的原则

构建金融服务创新促进新型农业经营主体发展的奖励惩罚机制，必须坚持信息及时发布的原则。信息及时发布的原则，就是要求对金融服务创新促进新型农业经营主体发展过程中被褒奖或者被惩罚的相关信息，在第一时间公布，让更多的利益群体知晓哪些金融机构和新型农业经营主体受到了奖励，哪些金融机构和新型农业经营主体受到了惩罚。不仅如此，还需要说明被奖励的金融机构和新型农业经营主体受到奖励的原因，也需要说明被惩罚的金融机构和新型农业经营主体受到惩罚的理由。从本质上说，奖励和惩罚并不是根本的目的，奖励和惩罚的动因在于对被奖励者的行为进行进一步强化，对被惩罚者的行为进行进一步规避，让在金融服务创新促进新型农业经营主体发展中做出贡献的单位和个人再接再厉，通过自身的努力传递正能量，确保更多的金融机构创新金融服务来促进新型农业经营主体的进一步发展。同时，也要让更多的单位和个人明白，到底哪些行为会被惩罚，哪些行为会遭受什么样的惩罚，尽量减少直至杜绝金融服务创新促进新型农业经营主体发展过程中相关违法乱纪行为的出现。

（三）社会公众监督的原则

构建金融服务创新促进新型农业经营主体发展的奖励惩罚机制，需要高度重视社会公众监督的原则。之所以要高度重视社会公众监督的原则，主要是因为社会公众的监督，一方面可以促进政府及其主管部门更公正客观地对待金融机构和新型农业经营主体，更科学地评价金融服务创新对促进新型农业经营主体发展的作用；另一方面可以充分调动更多的社会力量参与到金融服务创新促进新型农业经营主体发展的行动中，有利于增强奖励惩罚机制的公信力。从现实来看，凡是在金融服务创新促进新型农业经营主体发展中被奖励的金融机构，往往会受到更多新型农业经营主体的青睐，这对于其今后相关业务的拓展具有显著的助推作用；而对于那些受到惩罚的金融机构，可能在以后开展促进新型农业经营主体发展业务时会受到抵制。同样，对于那些通过诚实劳动、合法经营、遵规守纪的新型农业经营主体，它们的金融服务需求在今后可能会更多地得到金融机构的有效满足，而那些被处罚的新型农业经营主体因为自身的原因，在今后的金融服务需求方面可能更难得到满足。社会大众的监督，有助于金融服务创新促进新型农业经营主体发展奖励惩罚机制落到实处。

三 构建金融服务创新促进新型农业经营主体发展奖励惩罚机制的路径

在前文研究的基础上，要进一步构建金融服务创新促进新型农业经营主体发展的奖励惩罚机制，还必须探究构建奖励惩罚机制的具体路径。在对我国金融服务新型农业经营主体发展现状进行分析的基础上，本书研究认为，构建奖励惩罚机制需要从三个方面进行，分别是严肃奖励惩罚的评选机制、规范奖励惩罚的参与机制、畅通奖励惩罚的监督机制。这三个机制从不同的角度将奖励惩罚的严肃性、规范性与公开监督性紧密结合起来。从国内外的具体实践看，只有将奖励惩罚机制的严肃性、规范性与公开监督性落到实处，奖励惩罚机制才能够真正发挥实实在在的作用。

（一）严肃奖励惩罚的评选机制

无论是奖励还是惩罚，其自身的公正性至关重要。因为这直接涉及后续金融服务创新能否促进新型农业经营主体发展的问题，因此，必须严肃对待奖励惩罚的评选机制。一方面组建精干高效的评选组织机构。因为涉及金融机构，也涉及新型农业经营主体，且金融机构和新型农业经营主体在政府部门分别属于不同的机构管理，如果采取整齐划一的标准来进行评选，必然会出现偏差。因此，可以由相应级别的人民政府出面组织评选机构，机构需要涵盖金融机构和新型农业经营主体的相关主管部门。另一方面，确立科学规范符合现实的评选组织程序。到底是由金融机构和新型农业经营主体自主申报奖励，还是由相关的政府主管部门负责推荐，这需要进行科学合理的规范。如果选择让金融机构和新型农业经营主体自主申报，则应要求它们提供能够让人信服的支撑材料；如果是由相关的主管部门负责推荐，则需要主管部门详细说明推荐的理由。在确定了参与评奖的单位名称后，到底选择哪些评审委员来评审同样需要公开，要充分体现科学性。此外，从理论上说，无论是金融机构还是新型农业经营主体都会积极参与评奖，但是，如涉及惩罚，就必须要求政府及其主管部门充分发挥作用，严格依法办事，要严肃查处违法乱纪的金融机构和新型农业经营主体，并对其进行惩罚。

（二）规范奖励惩罚的参与机制

前面的章节已经对金融服务的概念内涵进行了深入分析，金融服务的概念内涵极其丰富，金融服务创新也包括较多的具体内容。从理论上看，金融服务创新可能是银行领域的业务创新，可能是保险领域的业务创新，还有可能是证券领域的业务创新，因此，构建金融服务创新促进新型农业经营主体发展的奖励惩罚机制，需要高度重视规范奖励惩罚的参与机制。在银行领域，考虑到银行分支机构较多的现实情况，要对银行的具体服务展开深入调查，不仅要查看具体服务的开展情况，还要检查业务开展后的实际成效，确保真正创新金融服务促进新型农业经营主体发展的银行能够得到表彰；而对于那些在创新金融服务促进新型农业经营主体发展中违法乱纪的银行，则要严肃查处。在保险领域，由于保险业务在我国的开展情况并不如银行，因此，需要对重点开展保险业务特别是开展针对新型农业经营主体发展业务的保险公司进行检查，对凡是创新保险服务且能够真正促进新型农业经营主体发展的给予奖励，对违规从事保险业务甚至直接阻碍新型农业经营主体发展的应予以严肃查处；与银行和保险领域一样，在证券领域也要采取同样的方式来确定哪些机构该被奖励，哪些机构该被惩罚。当然，对于相关的新型农业经营主体也不应该忽视，该奖励的要奖励，将惩罚的要惩罚。通过奖励惩罚机制，真正促进金融机构创新金融服务，更好地确保新型农业经营主体的发展。

（三）畅通奖励惩罚的监督机制

无论是从理论上看，还是从实践上看，离开监督的奖励惩罚机制是难以得到金融机构和新型农业经营主体认可的；只有得到了全程监督并公开透明的奖励惩罚，才具有公信力，才能够更好地发挥奖励惩罚机制自身的作用。要畅通奖励惩罚机制，必须高度重视公众监督、社会团体监督和舆论监督。在公众监督方面，要充分发挥广大人民群众的力量，通过人民群众的力量来对金融机构服务创新促进新型农业经营主体发展的成效进行监督。在社会团体监督方面，要充分利用各专业行业协会的作用，通过行业协会强化对相关经营实体的监督，表彰先进，严惩违法乱纪；对于行业协会推荐表彰的，在认真审查的基础上，应加大奖励的力度，而对于行业协会建议惩罚的，也要通过相关的程序予以检查，对确实该被查处的要加重惩罚力度。政府及其主管部门要一分为二地对待社会舆论，对该奖励的要及时奖励，对该惩罚的也不能包庇。畅通奖励惩罚的监督机制，需要创新监督的方式，可以充分利用新型媒体，除了传统的电话举报监督外，还可以采取公布电子邮箱、官方微博等多种方式。

第六节　金融服务创新促进新型农业经营主体发展的法律保障机制

要通过金融服务创新促进新型农业经营主体的发展，还必须构建金融服务创新促进新型农业经营主体发展的法律保障机制。作为一种行为规范，法律能够以其自身的威严性确保金融服务创新促进新型农业经营主体的发展。从法律的本质上看，法律具有平等性和一致性，能够有效维护金融机构和新型农业经营主体的合法权益。同时，法律的惩罚性，对于金融服务创新促进新型农业经营主体发展过程中的违法乱纪行为具有威慑作用。构建金融服务创新促进新型农业经营主体发展的法律保障机制，是社会主义市场经济发展的必然要求，是顺应时代潮流的必然选择。当然，法律不是万能的，法律保障机制的构建并不能够完全确保金融服务创新促进新型农业经营主体的发展，需要注意与相关机制的相互配合，共同促进新型农业经营主体的发展。

一　金融服务创新促进新型农业经营主体发展法律保障机制的概念内涵

所谓金融服务创新促进新型农业经营主体发展的法律保障机制，指的是在金融服务创新促进新型农业经营主体发展的过程中，不仅要及时废除阻碍金融服务创新和新型农业经营主体发展的法律法规，要及时修订完善促进金融服务创新和新型农业经营主体发展的法律法规，还需要及时颁布新的能够确保金融服务创新促进新型农业经营主体发展的法律法规，一切以法律为准绳，通过法律法规来确保金融服务创新促进新型农业经营主体发展的机制。很显然，这种机制至少应该包括三个层面的内容，分别是立法、司法和执法，在确保法律完善的同时，强调法律法规的威严性，依法办事，通过法律来确保金融服务创新促进新型农业经营主体的发展。从金融服务创新促进新型农业经营主体发展的法律保障机制的概念来看，它具有以下几个方面的特征。

（一）正式性

金融服务创新促进新型农业经营主体发展的法律保障机制的首要特征是正式性。构建金融服务创新促进新型农业经营主体发展的机制，需要高度重视法律法规的建设，也就是说，该机制必须基于法律之上。按照法学的基本观点，法的重要特征之一就是法的正式性，法是由国家制定或者是由国家认可的并由国家强制力保证实施的正式的官方确定的行为规范。[①] 基于法的正式性，金融服务创新促进新型农业经营主体发展的法律保障机制也必须具有正式性特征，这种正式性主要体现在三个方面：一是金融机构可以在哪些方面开展业务创新，需要受法律法规的制约；在法律法规允许的情况下，金融机构可以大胆创新金融服务；而对于法律法规并未明确界定的，金融机构对创新金融服务要高度谨慎。二是新型农业经营主体在对接金融服务创新时，要严格遵纪守法，不能够采取打擦边球的方式从事犯罪活动。三是充分考虑金融机构在助推新型农业经营主体发展过程中的实效，对做出贡献的金融机构给予相关的优惠，对遵纪守法的新型农业经营主体加大扶持力度，这些都要以相关的法律法规为依据，尽量减少人为因素对市场经济行为的干涉。

（二）客观性

金融服务创新促进新型农业经营主体发展的法律保障机制的重要特征之一是客观性。在市场经济的条件下，无论是金融机构的金融服务创新，还是新型农业经营主体的发展，都要求有相对独立的环境；也就是说，在市场经济条件下，各级各类经营主体都希望政府发挥"看不见的手"的作用，政府不应该对经济社会的发展给予过多的干涉。从现实来看，金融服务创新促进新型农业经营主体发展的法律保障机制的客观性，主要体现在以下两个方面：一是有关金融服务创新

[①] 参见漆多俊《经济法基础理论》，法律出版社2017年版。

促进新型农业经营主体发展的法律法规要体现出客观性。也就是说，凡是涉及金融机构与新型农业经营主体之间关系的法律法规要客观公正，不应该偏袒金融机构或者是新型农业经营主体，要做到在法律面前一视同仁。二是有关金融服务创新促进新型农业经营主体发展的法律法规要科学严谨，不能存在歧义。法律法规的客观性要求具体的法律条文必须清晰明了，不能够存在歧义。因为法律法规本身存在歧义的话，极有可能带来无法预料后果的法律纠纷，这并不利于金融服务创新促进新型农业经营主体的发展。法律法规的客观性，可以保证金融服务创新促进新型农业经营主体发展的法律保障机制的构建；反过来说，金融服务创新促进新型农业经营主体发展的法律保障机制，也必须体现出法律法规的客观性。

（三）可变性

虽然法律法规高度重视公平性，追求法律面前人人平等，但是，充分考虑到经济社会形势的变化，法律法规也需要与时俱进。也就是说，法律法规应该具有可变性，要与时代的发展相适应。基于此，金融服务创新促进新型农业经营主体发展的法律保障机制也应该具有可变性特点。比如，当前互联网金融发展得如火如荼，不少金融机构竭力拓展互联网金融业务，支持、鼓励和引导新型农业经营主体借助互联网金融所提供的各种服务来满足自身的各方面金融需求。但遗憾的是，当前互联网金融层面的法律法规还有待进一步完善，不少金融机构所从事的互联网金融业务属于法律并未明文禁止的范畴，有些业务的开展对于新型农业经营主体的发展具有促进作用，而有些业务的开展则将新型农业经营主体引入犯罪的深渊。之所以出现这种情况，主要是因为我国无论是民法还是刑法，抑或是其他相关的法律法规并不健全，并没有对互联网金融领域可能存在的金融犯罪问题予以概括，导致了金融机构的某些互联网金融服务创新并未能促进新型农业经营主体的发展，甚至在某些情况下直接葬送了部分优质新型农业经营主体的发展前途。

二 构建金融服务创新促进新型农业经营主体发展法律保障机制的原则

在明晰金融服务创新促进新型农业经营主体发展的法律保障机制概

念内涵的基础上，要构建金融服务创新促进新型农业经营主体发展的机制，有必要剖析构建这种法律保障机制所应该坚持的原则。基于法律自身属性的角度考虑，要构建金融服务创新促进新型农业经营主体发展的法律保障机制，需要从有法可依、有法必依、执法必严和违法必究维度进行相关原则的思考。这四个维度并不是相互隔离的，而是紧密相连的，分别涉及立法、执法和司法问题；如果没有法律，就谈不上司法和执法；如果有法律，但是不能够公正司法和守法的话，则法律就会失效。

（一）有法可依的原则

构建金融服务创新促进新型农业经营主体发展的法律保障机制，需要坚持有法可依的原则。有法可依不仅要求原有的法律法规体系必须完善，还要求现有的法律法规体系能够与时俱进。从我国的实际情况来看，在金融服务创新促进新型农业经营主体发展方面的法律法规相对来说比较健全，无论是对金融机构的监管法律还是对农业经营主体的监管法律都较为完善。但是，在相关法律法规的与时俱进方面还有不少问题。比如，针对金融领域出现的新问题，法律法规比较欠缺，还有不少的法律漏洞；同样，在对新型农业经营主体发展方面的有关规定也有待进一步完善。我国正处于转型期，经济社会发展环境领域的新现象不断涌现，这就需要法律法规能够及时跟进，不能留下相关的法律漏洞。与西方发达国家相比，我国在法制建设方面还有很长的路要走，对金融领域和农业领域有些法律问题是存在争议的，短期内很难出现较为统一的结果，这在某种程度上对有法可依是一种冲击；从长远来看，随着我国经济社会的发展和法制化进程的加快，相关法律漏洞问题都会得到妥善解决。因此，在构建金融服务创新促进新型农业经营主体发展的法律保障机制方面仍有必要坚持有法可依的原则。

（二）有法必依的原则

构建金融服务创新促进新型农业经营主体发展的法律保障机制，需要坚持有法必依的原则。在金融服务创新促进新型农业经营主体发展中，无论什么性质的金融机构，也无论什么规模的新型农业经营主体，都必须严格按照国家法律法规的基本要求依法办事。准确地讲，金融机构要严格执行国家法律法规，要在国家法律法规范围内从事金融服务创新，不能够一切以利益为中心来开展金融服务创新活动，要时刻牢记法律法规的准则，不能够突破法律法规的底线；即便是服务新型农业经营主体的发展，也要依法进行。同时，新型农业经营主体在接受金融机构所提供的金融服务时，自身要恪守遵纪守法的理念，不能够利用国家各种支农惠农政策来从事违法乱纪的勾当。从实际情况来看，无论是金融机构还是新型农业经营主体，都存在利用国家对互联网金融等法律法规监管的盲区来从事违法乱纪行为的倾向，部分违法乱纪的行为已经遭到了政府及其主管部门的查处，但还有继续从事违法行为的。从短期来看，基于法律缺失的影响，部分违法乱纪行为不能够得到及时有效的查处；但从长远来看，随着国家法律法规的完善，所有的违法乱纪行为都必将遭到国家及其主管部门的查处。

(三) 执法必严与违法必究的原则

构建金融服务创新促进新型农业经营主体发展的法律保障机制，需要坚持执法必严与违法必究的原则。执法必严就是说在处理金融服务创新促进新型农业经营主体发展过程中的违法乱纪行为时，要严格按照国家法律法规的要求，一视同仁地查处所有的问题，无论涉及什么级别的金融机构或新型农业经营主体，都要严格查处，不能够因为违法乱纪对象的特殊性而给予特殊的处理；同时，对于问题处理的结果，要及时公布，要能够经受得住时间的检验。因为法律是公开的，对所有的金融机构和新型农业经营主体都是平等的，也要求所有的金融机构和新型农业经营主体能够自觉遵守；因此，对于金融服务创新在促进新型农业经营主体发展中的任何违法乱纪行为，一定要坚持违法必究的原则。从国外的实践来看，金融服务创新促进新型农业经营主体发展方面所涉及的法律法规较多，既涉及金融法领域，还涉及农业法领域，因此，当金融服务创新在促进新型农业经营主体发展中出现需要查处的问题时，要高度重视采纳不同领域法律专家的意见，力求科学合理地处理相关的问题。

三 构建金融服务创新促进新型农业经营主体发展法律保障机制的路径

在明晰金融服务创新促进新型农业经营主体发展的法律保障机制

概念内涵及其构建原则的基础上，本书认为，要创新金融服务促进新型农业经营主体的发展，确保农业经济增长和国民经济发展，还必须进一步研究金融服务创新促进新型农业经营主体发展的具体路径，也就是要创新金融领域与农业领域相关的立法机制，完善金融服务创新在促进新型农业经营主体发展过程中的执法机制，并创新相关的法律监督机制。

（一）创新金融领域与农业领域相关的立法机制

要达成金融服务创新促进新型农业经营主体发展的目标，需要高度重视我国金融领域和农业领域的立法问题，需要在借鉴国外成功经验的基础上创新我国金融领域与农业领域的立法机制。在金融领域，要高度重视近些年来互联网金融飞速发展的事实，强化互联网金融领域的立法建设，要确保互联网金融领域的发展建设能够与时俱进，满足经济社会发展的需要；对于金融法领域还没有涉及的部分，需要在互联网金融法律层面结合我国的实际情况予以解决。同时，对于有些涉及民法和刑法领域的问题，需要在民法和刑法领域予以完善，尽量减少互联网金融领域的法律盲区。从实际情况来看，互联网金融领域的法律是孤立的、单独的，但是，考虑到互联网向其他产业的渗透，在强化互联网金融领域立法的同时，其他方面的法律也要与时俱进。比如，在农业法领域，不仅要高度重视与网络有关的农业领域的法律制定，还需要特别重视支农惠农政策与农业法律法规的相互配合问题，要从法律层面严格禁止部分新型农业经营主体利用国家支农惠农政策的漏洞和法律方面的某些盲区，通过违法乱纪的方式谋取不当利益行为的发生。进一步讲，要真正解决金融服务创新促进新型农业经营主体的发展，不仅要重视金融领域和农业领域的立法问题，还要高度关注两者交叉方面的立法问题，杜绝相关领域的法律盲区。

（二）完善金融领域与农业领域相关的司法机制

从实际情况来看，查处金融服务创新促进新型农业经营主体发展中的具体问题，需要完善金融领域与农业领域的司法机制，构建更为科学合理、更具可操作性的司法机制。具体来说，一是司法机制要中立，不能偏袒金融机构，也不能够偏袒新型农业经营主体，要真正扮演金融机构和新型农业经营主体之间的裁判员角色，确保金融服务创新促进新型农业经营主体的发展。二是司法机制要独立，在裁决金融服务创新促进新型农业经营主体发展中违法乱纪案件时，要尽量避免外在因素对司法裁决的不必要影响，确保司法机构的独立。三是司法机制要统一，我国不同地区之间经济社会的发展千差万别，可能基于地方发展的实际，不同的省级单位会出台相应的行政法规，当金融服务创新在促进新型农业经营主体的发展中出现矛盾时，要严格按照国家统一的法律来进行处理，确保司法的统一。四是司法机制要专业，虽然金融服务创新促进新型农业经营主体发展中出现的问题比较复杂，涉及不同领域法律法规的综合运用，这就要求司法机关必须专业，要能够用专业的知识来对问题进行处理。五是司法机制要公开，尽管金融服务创新促进新型农业经营主体发展中出现的法律纠纷可能比较难处理，但是，对司法进展的情况要及时对外通报，接受社会监督，切实维护纠纷双方的合法权益。当然，对于违法乱纪的经营主体，无论是金融机构还是新型农业经营主体，都应该依法查处。

（三）创新金融领域与农业领域的法律监督机制

从国内外的实践来看，缺乏监督的法律不可能公正，构建科学合理的监督机制是确保法律发挥实际效用的重要保障。因为金融服务创新促进新型农业经营主体的发展，既涉及金融领域的法律法规，又涉及农业领域的法律法规，因此，构建金融服务创新促进新型农业经营主体发展的法律保障机制，需要创新我国金融领域与农业领域的法律监督机制。具体来说，一是要扩大法律监督的群体。因为金融服务创新促进新型农业经营主体的发展，不仅关系到金融领域的群体，还与广大新型农业经营主体密切相关，法律法规既要强化对这两大群体自身的监督，又要强化对这两大群体外的社会团体的监督，从而确保金融服务创新的方向没有偏差，能够促进新型农业经营主体的发展。二是要创新法律监督的方式。到底用什么样的方式进行监督的效果最明显，这是金融领域和农业领域都需要关注的话题。除了传统的监督方式外，还需要充分利用现代新型的信息技术来创新监督方式，切实将金融服务创新促进新型农业经营主体的全过程予以监督。三是要重视法律监督的实效。从实际情况来看，法律监督只是方式，不是最终目的，监督的目的是确保金融服务创新能够促进新型农业经营主体的发展。因此，在实际操作过程中，不能够为了监督而监督，而应该在高度重视实际成效的情况下强化对金融机构和新型农业经营主体的监督，真正确保金融服务创新促进新型农业经营主体的发展。

第七章　金融服务创新促进新型农业经营主体发展的模式选择

前面章节已经深入研究了金融服务创新促进新型农业经营主体发展的长效机制构建问题，认为要促进新型农业经营主体的健康、稳定、可持续发展，需要对现有的金融服务进行创新，通过金融机构提供更为科学有效的金融服务来促进新型农业经营主体的发展，确保我国农业经济的增长和农村经济的繁荣。通过金融服务创新促进新型农业经营主体的发展，除了要研究金融服务创新促进新型农业经营主体发展的长效机制外，还需要对金融服务创新促进新型农业经营主体发展的模式选择问题进行研究。科学合理的模式，有助于金融服务创新促进新型农业经营主体发展长效机制的构建。本书研究认为，金融服务创新促进新型农业经营主体发展的模式，主要包括金融服务创新促进新型农业经营主体发展的政府引导模式、机构引导模式、产业引导模式、业务引导模式和法律引导模式。

第一节　金融服务创新促进新型农业经营主体发展的政府引导模式

基于理性经济人假设，在市场经济条件下，金融机构和新型农业经营主体都有追逐更高利润的诉求，要让金融机构通过创新金融服务的方式来推动新型农业经营主体的发展，同时，也要让新型农业经营主体更多地选择从金融机构中获得相应的金融服务，需要正确看待它们之间的利益关系。进一步讲，通过金融服务创新促进新型农业经营主体的发展，需要选择金融服务创新促进新型农业经营主体发展的政府引导模式。通过发挥政府自身的权威性，引导金融机构创新金融服务，更好地促进新型农业经营主体的发展。当然，在市场经济条件下，政府对金融机构与新型农业经营主体之间的协调是通过"看不见的手"起作用的，而不是以行政命令的方式强行干涉。

一 金融服务创新促进新型农业经营主体发展政府引导模式的概念内涵

所谓金融服务创新促进新型农业经营主体发展的政府引导模式，指的是在金融服务创新促进新型农业经营主体发展的过程中，政府要在宏观层面搭建金融机构与新型农业经营主体之间沟通的平台或渠道，发挥桥梁和纽带的作用，让金融机构愿意为新型农业经营主体创新金融服务，让新型农业经营主体能够在金融机构的扶持发展下促进金融机构自身在农村地区业务的拓展，最终实现金融机构和新型农业经营主体双赢目标的模式。很显然，这种模式具有以下几个方面的显著特点：第一，政府及其主管部门起主导作用。在市场经济条件下，金融机构和新型农业经营主体都是独立的实体，都要追求经济效益，离开政府及其主管部门的协调，往往很难合理合法地维护彼此的利益，进而更好地通过前者服务的创新来促进后者的发展。借助或者依托于政府及其部门，可以把金融机构群体和新型农业经营主体群体有机连接在一起，在确保彼此利益的同时，共同发展，共同进步。第二，政府及其主管部门不能以营利为目的。政府及其主管部门搭建平台，最根本的目的是强化金融机构与新型农业经营主体之间的沟通，进而通过金融服务创新促进新型农业经营主体的发展，而不能够以营利为目的。也就是说，政府及其主管部门不能够在平台搭建过程中，既扮演"运动员"角色，又扮演"裁判员"角色。第三，政府及其主管部门要注重实际成效。政府及其主管部门在搭建平台后，要充分发挥平台在金融机构与新型农业经营主体之间的沟通作用，不能够只管搭建平台而不负责平台的运转，应该依托平台，定期将金融机构代表和新型农业经营主体代表召集起来，让彼此真正地认识到对方的需求，进而促进金融机构不断创新金融服务，促进新型农业经营主体的发展。

二 金融服务创新促进新型农业经营主体发展政府引导模式的基本要求

在科学界定了金融服务创新促进新型农业经营主体发展政府引导模式的基础上,还有必要进一步明晰金融服务创新促进新型农业经营主体发展政府引导模式的基本要求。也就是说,要在现实中选择并采用这种模式,还需要进一步弄清楚其基本要求。政府引导模式,不仅强调该种模式的实施主体是政府,还强调该种模式的实施方式是引导;只有政府及其主管部门才有资格实施这种模式,其他主体可以参与但不可以扮演引导的角色;政府对这种模式采取的是引导方式,而不是直接参与的方式,具体落实这种方式需要充分发挥金融机构和新型农业经营主体的主观能动性。金融服务创新促进新型农业经营主体发展政府引导模式的基本要求,主要体现在以下几个方面。

(一) 要处理好"看得见的手"与"看不见的手"的关系

"看得见的手"与"看不见的手"是两个完全不同的概念。前者出自凯恩斯的《就业、利息和货币通论》[1],而后者则出自亚当·斯密的《国富论》。[2] 从具体意义上看,前者指的是国家对经济生活的具体干预,而后者指的是市场机制对经济社会发展的干预。进一步讲,前者认为对于经济生活需要政府发挥干预的作用,而后者则认为市场经济依靠的是市场机制的自发作用而不是政府的干预,政府在市场经济中应该扮演"守夜人"的角色。金融服务创新促进新型农业经营主体发展的政府引导模式,其基本要求就是政府在对金融机构和新型农业经营主体发展的监管过程中,应该高度重视引导金融机构根据新型农业经营主体发展的实际情况,在法律法规的范围内,创新金融服务来促进新型农业经营主体的发展。当然,政府也需要对新型农业经营主体的发展予以监管,确保新型农业经营主体在接受金融机构的创新性金融服务时遵纪守法,不能够突破法律法规的底线。进一步讲,政府在金融服务创新促进新型农业经营主体发展过程中,应该发挥引导作用,而不是直接参与到金融服务创新和新型农业经营主体发展的过程中。

---

[1] 参见〔英〕约翰·梅娜德·凯恩斯《就业、利息和货币通论》,徐毓枬译,译林出版社 2014 年版。

[2] 参见〔英〕亚当·斯密《国富论》,谢宗林、李华夏译,中央编译出版社 2012 年版。

(二) 要高度重视政策性金融机构与商业性金融机构之间的关系

从金融学的角度看,政策性金融机构指的是那些由政府或政府机构发起、出资创立、参股或保证的,不以利润最大化为经营目的,在特定的业务领域内从事政策性融资活动,以贯彻和配合政府的社会经济政策或意图的金融机构。从政策性金融机构的产生和发展来看,其主要产生于政府为提升经济发展水平和安排社会经济发展战略或者是产业结构转型升级的特定需求阶段。很显然,政策性金融机构经营的出发点是贯彻、配合政府的社会经济政策或意图,或者说是为实现国家的整体利益、社会利益,而不是以营利为目的。[①] 与政策性金融机构不同的是,商业性金融机构是按照现代企业制度改造和组建起来的,是以营利为目的的银行和非银行金融机构,它们承担了全部商业性金融业务。进一步讲,商业性金融机构根据市场法则,出于商业标准的行为目标,以合理合法的手段安排其资产负债结构,以在流动性和安全性允许的前提下实现营利的最大化。政策性金融机构与商业性金融机构在法律地位上是平等的,在业务上构成互补关系。商业性金融机构是一国金融体系的主体,承办绝大多数的金融业务,而政策性金融机构主要承办商业性金融机构不愿办理或不能办理的金融业务,在商业性金融机构业务活动薄弱或遗漏的领域开展融资活动。[②] 从我国的实际情况来看,在整个经济体中既存在政策性金融机构,也存在商业性金融机构;无论是政策性金融机构,还是商业性金融机构,都可以通过金融服务创新来促进新型农业经营主体的发展,都是政府及其主管部门需要高度重视的对象,协调处理好两者之间的关系,有利于促进新型农业经营主体的发展。

(三) 要高度重视金融工具与其他工具如财政政策工具的配套运用

前文的分析已经表明,金融服务创新促进新型农业经营主体发展的政府引导模式,更倾向于通过非直接干预的方式来对金融机构和新型农业经营主体产生影响,力求达成金融服务创新促进新型农业经营主体发展的目标。从现实来看,政府可以通过金融和财政以及金融财政相互配合的手段引导金融机构和新型农业经营主体。从金融手段来看,政府可

---

① 参见白钦先《政策性金融概论》,中国金融出版社2013年版。
② 参见孙桂芳《商业银行经营与管理》,立信会计出版社2011年版。

以通过法定存款准备金率、再贴现政策和公开市场业务等方式影响金融机构，促使金融机构创新金融服务，为新型农业经营主体各方面金融需求的满足创造条件。无论是法定存款准备金率、再贴现政策，还是公开市场业务，都是政府对市场的间接调控方式，而不是直接调控方式，这些方式对于金融机构和新型农业经营主体都具有引导作用，特别是对于金融机构而言，可以直接影响金融机构的服务创新，有利于新型农业经营主体的发展。从财政政策的角度来看，政府可以通过财政措施（如税收、财政支出）、财政信用措施（如公债、财政贷款）、自动稳定器（如所得税、有明确条件的转移支付）等影响金融市场，促使金融机构创新金融服务，为新型农业经营主体金融服务需求的满足创造条件。很显然，这些财政政策工具都是政府对市场的间接调控手段，而不是直接干预方式。在某些特殊的情况下，除了使用金融政策工具外，还需要同时使用财政政策工具，将两者有机结合起来，间接促使金融机构创新金融服务，确保新型农业经营主体各方面金融需求的满足，加快新型农业经营主体的发展。

三 金融服务创新促进新型农业经营主体发展政府引导模式的具体路径

前文已经界定了金融服务创新促进新型农业经营主体发展政府引导模式的概念内涵，分析了金融服务创新促进新型农业经营主体发展政府引导模式的基本要求。在此基础上，要将这种政府引导模式真正落到实处，还有必要对其具体路径进行进一步的分析。从总体上看，这种模式的具体路径涉及三个层面，分别是政府及其主管部门层面、金融机构层面和新型农业经营主体层面。其中，政府及其主管部门起着金融机构和新型农业经营主体之间桥梁和纽带作用。

（一）政府及其主管部门要给金融机构松绑，营造金融机构金融服务创新环境

经济决定金融，金融服务经济；经济与金融之间的特殊关系，决定着政府及其主管部门高度重视对金融机构的监管，金融机构能够开展哪些业务，不能够开展哪些业务，这些都需要严格遵照政府及其主管部门的要求，任何违规行为都将遭受政府及其主管部门的查处。要根据新型农业经

营主体发展的实际情况，针对新型农业经营主体自身的金融服务需求，创造性地开展专门性的金融服务，金融机构要严格遵循先报批后开展的程序，不能够擅自创新金融服务。对银行系统来说，根据新型农业经营主体融资需求的现实，专门开展针对新型农业经营主体的贷款业务品种，不是某一家银行私自就可以决定的，要严格遵照"一委一行两会"的要求；对保险系统来说，根据新型农业经营主体的保险需求，专门开展相关的保险业务，也不是某一家保险机构就可以开展的，需要严格按照"一委一行两会"的要求来从事保险业务；对证券系统来说，证券公司针对新型农业经营主体开展相关的业务也必须遵循"一委一行两会"的具体要求。基于多种监管要求，政府及其主管部门应该与监管机构进行协商，支持、鼓励和引导金融机构在不违背国家法律法规的基础上创造性地开展金融业务。为了规避风险，完全可以采取先试点后推广的方式来进行，委托个别金融机构在个别地区开展专门针对新型农业经营主体发展的金融服务创新，如果有成效，则逐步推广；如果有风险，则迅速停止；逐步给金融机构松绑，营造创新金融服务促进新型农业经营主体发展的良好氛围。

（二）金融机构要强化对金融服务创新的认识，改变过去的传统营利模式

在市场环境下，不同金融机构开展的具体金融业务并不存在实质性的差别，金融机构难以对相关金融业务有更为科学合理的认识，为此有必要通过对比的方式来强化金融机构自身对金融服务创新的认识。一方面，支持、鼓励和引导不同金融机构之间的定期交流。虽然不同金融机构之间的业务大同小异，但是，各家金融机构都有业务的重点。因此，可以通过金融机构之间的定期交流，让金融机构更好地创新自身的金融服务，更好地服务于新型农业经营主体的发展。另一方面，创造条件强化国内金融机构与国外金融机构之间的交流。从实际情况来看，在很多具体服务方面，国外金融机构都比国内金融机构做得更好，国外金融机构对目标群体的锁定比较成功，开展相关业务的针对性更强。因此，可以通过国内外金融机构之间的交流，让国内金融机构学会差异化发展，有针对性地开展金融服务创新，进而促进新型农业经营主体的发展。此外，要高度重视金融机构与新型农业经营主体之间的交流。金融机构创新金融服务的目的是促进新型农业经营主体的发展，如果金融机构不清

楚新型农业经营主体的具体金融需求，则不能够有针对性地创新金融服务。因此，要多渠道、多途径强化金融机构与新型农业经营主体之间的联系，支持、鼓励金融机构创新金融服务。

（三）新型农业经营主体要充分挖掘政策潜力，借助金融服务创新来壮大自己

前文的分析已经表明，随着近些年来我国经济的发展，从中央到地方各种支农惠农政策密集出台。从理论上说，新型农业经营主体作为支农惠农政策的直接受益者，能够从国家和地方层面获得丰厚的资金。遗憾的是，基于多方面的原因，新型农业经营主体对支农惠农政策的利用并不到位。一方面，部分新型农业经营主体自身的文化素质不高，获取信息的能力较弱。前文的分析已经表明，与第二、三产业经营主体相比，新型农业经营主体的素质有待提升，相当部分经营主体的文化素质极低。进一步说，在具体的生产经营活动方面，新型农业经营主体具有丰富的经验，但在对政策的把握方面却存在较大的差距，很多新型农业经营主体不知道如何利用支农惠农政策来发展自己，不主动，不积极，更不会努力争取。另一方面，由于各种各样的支农惠农政策较多，从中央到地方，从农业主管部门到非农业主管部门，支农惠农政策千差万别，新型农业经营主体无法了解所有的政策。要增强新型农业经营主体的实力，规避其弱质性缺陷，就需要充分挖掘现有政策的潜力，在增强新型农业经营主体发展实力的同时，为金融机构创新金融服务促进新型农业经营主体的发展创造条件。

第二节　金融服务创新促进新型农业经营主体发展的机构引导模式

前文已经就制度惰性问题进行了深入分析。如果外在条件不发生变化的话，金融机构缺乏足够的动力来创新金融服务。对金融机构而言，创新不仅意味着金融机构短期内支出成本的增加，还意味着既有利益格局的被打破，可能还会带来其他意想不到的结果。因此，金融机构是缺乏创新动力的。要通过金融服务创新促进新型农业经营主体的发展，就需要有相关的机构来引导。对于沿袭既有金融服务的金融机构而言，某

一家金融机构创新了金融服务，可能会获得显著的效益，这可能会极大地激发其他金融机构创新的动力。当然，即便是整个金融机构都不创新的话，某些外在条件的变化，也可能会激发金融机构创新金融服务，进而更好地促进新型农业经营主体的发展。比如，余额宝的出现，就在很大程度上促进了国内全体金融机构创新金融服务的步伐。虽然余额宝的所有者——蚂蚁金服并不从事与金融机构相类似的具体金融业务，但余额宝的服务模式可以直接冲击金融机构的传统营利模式，逼迫金融机构自主创新，以便在激烈的市场竞争中获得活力。

一 金融服务创新促进新型农业经营主体发展机构引导模式的概念内涵

所谓金融服务创新促进新型农业经营主体发展的机构引导模式，指的是在金融服务创新促进新型农业经营主体发展过程中，金融机构要充分发挥主观能动性，根据国内的宏观经济形势和新型农业经营主体成长的态势，创新金融产品，改善金融服务模式，提高金融服务质量，在合理合法追求自身经济效益的同时，促进新型农业经营主体发展的模式。很显然，这种模式具有以下几个方面的显著特点：第一，金融机构创新金融服务的经济性动因明确。金融机构创新金融服务的首要目的绝对不是促进新型农业经营主体的发展，因为在市场经济条件下，金融机构自身是理性的经济人，也要追求经济利益；同时，金融机构创新金融服务，要投入大量的成本；如果没有任何回报的话，或者说仅仅只是为了追求企业的社会责任，这对金融机构来说是不公平的，显然也是不符合常理的。第二，金融机构创新金融服务的外溢性特征显著。金融机构创新金融服务，一方面可以为自己带来额外的经济收益，在激烈的市场竞争中获得竞争优势；另一方面通过创新金融服务，可以促进新型农业经营主体的发展，外溢性特征明显。第三，金融机构创新金融服务的时效性和区域性特征显著。从金融史的角度来看，或许过去的金融服务在当时的时代背景下具有鲜明的创新性，但若从目前来看，则显然是落后、过时的；或者当下在发展中国家流行的金融服务在当地具有鲜明的创新性，但若以发达国家的眼光来看则属于淘汰的服务。这就是说，金融服务到底是否具有创新性，并没有统一的衡量标准，在不同的时代背景下、在不同的国情背景下，金融服务的创新性具有自身的标准。到底什么样的金融服务对于新型农业经营主体的发展来说具有创新性，应该结合我国的具体国情和新型农业经营主体发展的现状来予以考虑，不能够简单地以某种单一的标准来进行衡量。

二 金融服务创新促进新型农业经营主体发展机构引导模式的基本要求

与金融服务创新促进新型农业经营主体发展政府引导模式不同的是，金融服务创新促进新型农业经营主体发展的机构引导模式，高度重视金融机构在创新金融服务促进新型农业经营主体发展中的作用。该模式认为，金融机构自身是金融服务的供给者，它在很大程度上能够直接决定新型农业经营主体金融服务需求的满足程度；创新金融服务，可以理解为是从供给侧层面完善金融机构的金融服务，可以有效满足新型农业经营主体正当合理的金融服务需求。金融服务创新促进新型农业经营主体发展机构引导模式的基本要求，主要体现在以下几个方面。

（一）金融机构要处理好营利与服务之间的关系

前文的分析已经表明，政策性金融机构和商业性金融机构虽然可能在从事的具体业务方面存在交叉，但是，两者从事具体业务的目标显然是不同的。对政策性金融机构而言，创新金融服务是为了贯彻落实政府在某一特定历史时期所要重点落实的任务，比如，支持地方的基础设施建设，或者支持地方产业结构的转型升级。也就是说，政策性金融机构不能够以营利为目标。与政策性金融机构不同的是，商业性金融机构由于是独立的商业企业，具有追求更多利润的动机，因此，获得更多的收益是其从事具体金融业务的目标。当然，对于商业性金融机构而言，除了获得更多的经济利益外，在创新金融服务的过程中，还应该具有企业的社会责任意识，开展所有的金融服务创新活动不能够以损人利己为代价，更不能够触碰法律法规的底线，要严格遵守国家的法律法规。也就是说，对商业性金融机构而言，创新金融服务促进新型农业经营主体的发展，可以获取正当的经济利益；但是，要兼顾自身作为企业所应该承担的社会责任，要注意处理好获取收益与提供优质服务之间的关系。

(二)金融机构要强化对新型农业经营主体的认识

从理论上说，农业生产具有地域性、周期性、季节性等显著特点，这些特点是不以个人意志为转移的。进一步讲，农业自身具有弱质性特点。作为农业经营主体的主要代表，新型农业经营主体也具有农业弱质性的特征，且这种特征很难在短期内得到改变。与此同时，金融机构特别是商业性金融机构从事金融服务，更为侧重实际收益；与第二、三产业经营主体相比，新型农业经营主体的弱质性使其很难得到金融机构的青睐。但是，从我国的实际情况来看，金融机构需要改变对新型农业经营主体弱质性的认识。一方面，虽然新型农业经营主体的主要活动范围在农村地区，但与个体农户相比，新型农业经营主体具有集约化、专业化、组织化、社会化等显著特点。也就是说，与传统意义上分散的个体农户相比，新型农业经营主体整体实力更为雄厚，生产率更高，生产技术更先进，组织更严密，联系市场的能力更强，不应该被当作传统意义上弱势农业的代表，金融机构可以为其创新金融服务，促进其发展。当然，在此过程中，金融机构也可以获得丰厚的回报。另一方面，随着国家对农业的重视，各种支农惠农政策密集出台，这对于新型农业经营主体的发展具有显著的促进作用。甚至在某些情况下，新型农业经营主体通过获得政府的各项补贴就能够基本收回生产经营成本，其营利能力并不比第二、三产业差。因此，金融机构创新金融服务，加大对新型农业经营主体的扶持力度，从长期来看，并不会因为新型农业经营主体自身的弱质性而受到影响，相反，这对于金融机构来说是拓展农村金融市场的机遇。

(三)金融机构要高度强化自身对创新意识的认识

在"大众创业、万众创新"的时代背景下，创新的重要性日益凸显。概括来说，创新是一个民族进步的灵魂，更是一个国家获得旺盛生命力的源泉所在，人类文明所取得的丰硕成果均是创新的体现。不仅对国家如此，对金融机构更是如此。对金融机构而言，创新金融服务促进新型农业经营主体的发展，具有十分重要的意义。具体来说：一是创新可以提高金融机构运作资本的效率。通过创新金融服务的方式，金融机构可以从数量和质量方面同时提高新型农业经营主体金融服务需求的满足程度，这有利于增加金融商品和服务的效用，增强金融机构自身的基本功能，进而提高金融机构的运作效率。同时，创新金融服务也可以提高金融机构支付清算的能力和速度。比如，金融机构把计算机引入支付清算系统后，使金融机构的支付清算能力和效率显著提升，可以提高金融机构的资金周转速度和使用效率，有利于金融机构节约流通费用。二是创新可以显著增强金融机构自身的影响力。在金融机构创新金融服务的过程中，新型农业经营主体可以更低的融资成本获得资金，有利于新型农业经营主体通过金融机构将多余的资金转化为投资；同时，金融服务创新使得金融机构能够提供更多更灵活的投资和融资安排，从总体上满足不同种类新型农业经营主体的多种金融需求，还可以显著激发新型农业经营主体参与金融市场的各种活动。

三　金融服务创新促进新型农业经营主体发展机构引导模式的具体路径

在弄清楚金融服务创新促进新型农业经营主体发展机构引导模式概念内涵的基础上，除了需要进一步分析该种模式的基本要求外，还有必要对该种模式的具体路径进行探讨。要充分发挥金融机构创新金融服务的主观能动性，关键在于金融机构要改变其传统的营利模式，高度重视农村金融市场的拓展，完善既有的金融服务方式。当然，在某些情况下，外在因素的突然改变也会倒逼金融机构创新金融服务，以便在激烈的市场环境中赢得竞争优势，获得可持续发展的竞争力。

（一）金融机构要改变传统的营利模式

从我国的实际情况来看，我国金融机构的营利模式还较为传统。以银行为例，银行的主要利润来源于贷款（存贷利率差）业务、银行类保险业务、销售理财基金业务、金融机具（如防伪点钞机、验钞机等）的销售业务、金融智能终端业务、对冲业务、票据业务等。在这些业务中，最主要的营利来自于贷款（存贷利率差）业务和金融智能终端业务，这两大块业务的营利占一般银行营利的一半以上。与国内银行相比，虽然国外银行也开展类似的业务，但其业务营利则较为平均，并不存在某些特定业务营利过高的情况。也就是说，对于银行而言，不仅要做好传统的业务，还需要创新传统的业务，不能够仅仅依靠某些传统的业务来营利，单纯依靠某些传统的业务来营利与市场经济发展的目标是相违背的，不具有可持续性。与银行相类似的是，保险机构和证券机构也需要改变过去的传统营利模式，应该紧跟市场经济发展的步伐，不断创新金融服务，在通过金融服务促进新型农业经营主体发展的过程中获得更多的收益，寻找新的利润增长点。

（二）金融机构要拓展农村金融市场

与城镇金融市场相比，农村金融市场在各方面的发展还不够成熟和完善，金融机构创新金融服务来开拓农村金融市场的愿望还不够强烈。以信贷市场为例，农村金融市场的信贷违约率相对较高，且相当多的融资主体在抵押品方面存在问题；一旦出现违约，信贷风险就产生了，在没有抵押品的情况下，金融机构可能会直接遭受损失。因此，银行为了规避风险而不愿意在农村发放贷款。即便如此，随着城镇金融市场竞争的日益加剧，农村广阔的金融市场必然会受到金融机构的重视。特别是在当前形势下，随着国家对农村和农业的日益重视，作为农村经济繁荣和农业经济增长的龙头，新型农业经营主体具有光明的发展前途，其各方面的金融需求也必然会得到金融机构的重视。与国外相比，我国新型农业经营主体的金融需求是多方面的，但能够得到满足的金融需求还比较少，专门针对新型农业经营主体发展的金融服务品种还不够，金融机构在此方面大有可为。开拓农村金融市场，金融机构必须对新型农业经营主体的各方面金融需求进行全面的剖析，根据自身的实际情况，找准创新服务的关键点，设计出适销对路的金融产品，在服务新型农业经营主体发展的过程中获得收益。

（三）金融机构要改变既有的服务方式

从本质上说，金融机构具有典型的"爱富嫌贫"的特征，对不同的服务对象常常采取不同的服务方式。在通常情况下，金融机构对于大的客户，往往采取VIP方式，从各方面为其提供便利和优惠；随着国家利率的市场化改革，在某些情况下，金融机构还为特大客户提供"一对一"的专属贵宾服务。与之相对的是，对于中小客户，尤其是迫切需要相关金融服务而自身各方面条件又比较差的农村客户，金融机构往往采取比较冷漠的态度，直接将其排斥在金融机构服务范围外。以新型农业经营主体为例。由于新型农业经营主体自身具有弱质性的特点，且相当多的新型农业经营主体平时不注重对相关财务信息的收集整理，不能够按照金融机构的要求提供其财务报表信息,因此,它们在接受金融机构的金融服务时往往会受到歧视。即便如此,充分考虑到新型农业经营主体的发展前景,金融机构必须创新金融服务,改变既有的服务方式,真正贯彻"顾客是上帝"的理念,在促进新型农业经营主体健康、稳定、可持续发展的同时,加快自身的发展,为在激烈的市场环境中赢得竞争优势创造条件。

第三节　金融服务创新促进新型农业经营主体发展的产业引导模式

无论是种养殖专业大户、家庭农场,还是农民专业合作社、农业龙头企业,新型农业经营主体的弱质性均表现得比较明显。基于此,相当部分新型农业经营主体常常游离于正规金融机构的服务范围外。要改变这种不利于新型农业经营主体发展的金融环境,需要新型农业经营主体强化自身的实力。从个体发展的角度来看,需要新型农业经营主体顺应市场经济的潮流,在规模化、专业化和集约化方面做出努力;而从整体发展的角度来看,需要新型农业经营主体顺应产业发展的趋势,尽可能地为市场提供适销对路的商品。是不是新型农业经营主体并不重要,重要的是它所从事的产业是不是具有远大的发展前景。对金融机构而言,考虑更多的是提供金融服务的实际回报问题,从事具有发展前途产业的新型农业经营主体必然会受到金融机构的青睐。

一　金融服务创新促进新型农业经营主体发展产业引导模式的概念内涵

所谓的金融服务创新促进新型农业经营主体发展的产业引导模式,指的是在金融服务创新促进新型农业经营主体发展的过程中,政府及其主管部门通过科学合理的产业规划,引导区域优势产业的发展,将符合条件的新型农业经营主体作为重点培育对象,并引导金融机构有针对性地创新金融服务,为重点培育的新型农业经营主体的发展提供适销对路的金融服务模式。很显然,这种模式具有以下几个方面的显著特点。

（一）产业规划科学合理

按照不同的分类标准，产业可以划分为不同的层次，常见的做法是把产业划分为第一产业、第二产业和第三产业三个层次；在农村经济体内部，针对不同的产业形态，可以把不同的新型农业经营主体划入不同的产业体系中。对一个地区来说，到底应该发展什么产业，对之需要进行科学合理的规划，需要在充分发挥比较优势的前提下，对本地区各大产业进行分析，最终确定需要发展的主导产业。

（二）产业选择要抓大放小

在农村经济体内部，会存在不同种类不同形态的产业。对一个地区来说，不可能发展所有的产业，需要坚持抓大放小的原则，重点发展优势产业，发展具有长远发展前景的产业；在确定需要重点发展的产业的基础上，依据产业内部不同种类的新型农业经营主体，选择重点培育对象。

（三）产业对接要有条不紊

在确定了需要重点扶持的新型农业经营主体后，就要做好金融服务与产业发展之间的对接工作。要重点培育能够代表产业发展的、具有远大发展前景的新型农业经营主体，要将这些新型农业经营主体的实际金融需求及政府自身的长远产业规划与金融机构共享，支持、鼓励和引导金融服务通过创新金融服务的方式来促进新型农业经营主体的发展。

二 金融服务创新促进新型农业经营主体发展产业引导模式的基本要求

在科学界定了金融服务创新促进新型农业经营主体产业引导模式的基础上，除了需要研究金融服务创新促进新型农业经营主体发展的产业引导模式的基本要求外，还需要进一步深入研究实施该模式的具体路径。从现实来看，对有限的金融资源来说，新型农业经营主体的金融需求是无限的，满足所有新型农业经营主体的金融需求是不现实的，这就要求对新型农业经营主体进行划分。从区域的角度来说，需要有选择性地培育产业，选择产业内部具有发展前景的新型农业经营主体，并将其作为重点支持对象，研究它们的金融需求特征，竭力创新金融服务以满足其科学合理的金融需求。金融服务创新促进新型农业经营主体发展的产业引导模式的基本要求，主要体现在以下几个方面。

（一）政府要处理好既有产业与新型产业之间的关系

从农村地区的实际情况来看，国内每一个农村地区都会存在第一产业（如种养殖业）、第二产业（如农产品初加工及深加工业）和第三产业（如农产品商贸物流业）。不仅如此，在每一个产业内部，又可以细分为很多具体的产业。比如，种养殖业又可以分为种植业和养殖业，种植业和养殖业内部还可以进行进一步的细分。换句话说，产业形态的多样化给地方政府带来了选择难题，在既有产业中到底如何按照轻重缓急的标准对产业发展进行排序，同时，考虑到外在环境的急剧变化，如何在既有产业基础上进一步深化，发展新型产业。一般来说，绝大多数地方政府可能会选择发展具有地方特色的优势产品，这种思路本身没有任何问题，但问题的关键在于怎样突出自身产品的特色和优势。比如，以榨菜产业为例。重庆部分地区和四川部分地区都可以生产榨菜，到底哪个地区的生产更具优势，或者是以什么样的方式来生产可以获得更强的竞争优势，这是地方政府不得不思考的问题。再比如，在新兴产业的选择方面，如何结合时代发展的实际需要来选择发展新兴产业。从实际情况来看，相当多的地方选择发展农产品电子商务，但是，到底是应该把资金投入种养殖业来夯实新型农业经营主体的发展基础，还是把资金投入农产品电子商务来发展所需要的硬件基础设施建设，这些都值得考虑。只有政府处理好了既有产业和新兴产业的发展关系，才能够更好地引导金融机构创新金融服务来促进新型农业经营主体的发展。

（二）多方协作解除农业产业结构转型升级的障碍

从产业经济学的角度来看，所谓的产业结构转型升级，指的就是产业结构的高级化，是产业从低附加值向高附加值的升级，是产业从高能耗高污染向低能耗低污染的升级，是产业从粗放型向集约型的升级。很显然，产业结构的转型升级关键在于技术进步，在于企业自身能够引进先进的技术设备并进行消化吸收，在此基础上，结合企业自身发展的实际需要进行改进和创新，进而建立属于自己的技术支撑体系。从宏观视角来看，产业结构的转型升级需要政府的大力支持，需要金融机构创新金融服务为企业自身提供资金支持。从我国的实际情况来看，在20世纪 90 年代，随着我国改革开放的转型，国家明确提出要强化产业结构的转型升级。新型农业经营主体发展的时间相对较短，与其他产业不一样，新型农业经营主体自从发展以来就面临着国内外多方面的激烈竞争；要赢得竞争的优势，新型农业经营主体必须在发展中高度重视技术引进、技术创新、技术消化吸收，这需要多方面的金融服务予以支持。遗憾的是，我国金融机构所提供的金融服务与新型农业经营主体的实际需求之间还存在较大的差距。为此，为了促进新型农业经营主体的发展，需要政府引导金融机构不断创新金融服务，竭力满足新型农业经营主体正当合理的金融服务需求，切实为新型农业经营主体的发展夯实多方面的基础。

(三) 新型农业经营主体要创新生存发展壮大的思路

前文已经剖析了新型农业经营主体的概念内涵，很显然，在当前形势下，新型农业经营主体的发展面临着极其残酷的竞争，如果不能够在残酷的竞争中赢得优势的话，新型农业经营主体则必然会倒闭破产。因此，要通过金融服务创新促进新型农业经营主体的发展，新型农业经营主体自身需要在"生存""发展""壮大"等方面做出努力。在生存方面，新型农业经营主体要充分利用金融机构的现有服务，在竭力满足自身融资需求和保险需求的同时，在激烈的市场竞争中获得生存的机会。也就是说，对新型农业经营主体来说，最基本的是通过金融机构的现有服务"活下来"。在发展方面，新型农业经营主体要根据自身的发展状况和金融机构所能够提供的金融服务，将自身实际需要的金融服务反馈给金融机构和政府部门，促进金融机构创新金融服务，真正为新型农业经营主体的发展提供保障。也就是说，如果新型农业经营主体能够在激烈的市场竞争中生存，为了谋求更大的发展，则需要多渠道多途径地反馈自身的金融需求，促进金融机构创新金融服务，真正为自身的发展添砖加瓦。在壮大方面，对于已经成长起来并初具规模的新型农业经营主体，政府应该对其金融服务需求予以高度重视，从政策层面重点支持部分新型农业经营主体，通过协调金融机构创新金融服务层面，真正为新型农业经营主体的壮大做出贡献。

三 金融服务创新促进新型农业经营主体发展产业引导模式的具体路径

随着经济社会的发展，不同经济体内部的产业结构越来越复杂，产业形态越来越多样化。以农村经济体为例，农村经济体内部存在着单纯的种养殖业、农产品初加工业、农产品包装业以及农产品商贸物流业等，这些不同的产业形态各具特色。如果参照通常学者关于第一产业、第二产业和第三产业的划分方法，农村经济体内部的产业也可以被划分为农村第一产业、农村第二产业和农村第三产业。到底农村应该发展哪一种产业，或者说发展哪一种产业对于农村经济社会的促进作用更明显，这就需要政府及其主管部门发挥作用，不仅要对产业的发展进行规划，对产业的转型升级进行规划，还需要有意识地引导新型农业经营主体调整自身的发展战略。

（一）政府要强化对区域农业产业结构转型升级的引导

从实际情况来看，既然区域农业产业结构的转型升级直接涉及区域范围内的众多农业经营主体，那么新型农业经营主体自然也是区域农业产业结构转型升级所需要高度重视的对象。与一般的农业经营主体不同的是，新型农业经营主体基于自身的经济实力，在农村经济社会中具有更大的影响力，更应该受到广泛的关注。要强化政府对区域农业产业结构转型升级的引导，就要把新型农业经营主体作为带动区域农业产业结构转型升级的龙头来对待。对政府机构而言，到底选择哪些行业作为突破口来实施区域农业现代化，以确保区域农业产业结构的转型升级，需要全面分析区域新型农业经营主体的发展状况，不仅要科学分析新型农业经营主体发展中所存在的问题，弄清楚哪些问题是可以解决的，哪些问题需要更高层级的政府介入，或者需要国家层面出台政策来解决，还需要弄清楚哪些新型农业经营主体的发展可以代表区域在未来的市场竞争中赢得先机，要弄清楚新型农业经营主体发展的未来前景。只有对区域新型农业经营主体加以科学认识，政府才能够合理地引导区域农业产业结构转型升级。

（二）全方位多角度确保区域新型农业经营主体的发展

选择并实施金融服务创新促进新型农业经营主体发展产业引导模式，需要全方位多角度确保区域新型农业经营主体的发展。一是要从理念上真正认识到新型农业经营主体的发展具有重要意义。政府要充分认识到支持新型农业经营主体的发展，就是支持农业经济增长和农村经济繁荣，是值得从各方面认真投入的。金融机构要充分认识到，虽然新型农业经营主体的发展还有一些问题，但作为未来农村发展的龙头，值得为其创新金融服务。二是政府要高度重视新型农业经营主体发展的基础设施。为促进新型农业经营主体的发展，对制约新型农业经营主体发展的硬件基础设施建设，如路、水、电等基础设施建设要高度重视。虽然政府不必直接插手新型农业经营主体的生产经营活动，但对于新型农业经营主体生产经营活动周边的基础设施建设要加大投入的力度，在减轻新型农业经营主体发展投入的同时，促进新型农业经营主体的发展。三是政府要高度重视新型农业经营主体发展的软件配套设施。鉴于部分新型农业经营主体部分素质还有待进一步提升的现实，为促进新型农业经营主体的发展，政府可以"送政策下乡"，定期组织对有关国家支农惠农政策的宣讲，让新型农业经营主体知晓国家的相关政策，并尽可能地充分利用国家政策来发展自身。

（三）新型农业经营主体需要积极调整自身的发展战略

选择并实施金融服务创新促进新型农业经营主体发展产业引导模式，新型农业经营主体需要积极调整自身的发展战略。具体来说，一是新型农业经营主体要创造条件发展壮大自身。新型农业经营主体要明确自身发展的方向，要明确到底是通过专业经营的方式来壮大自己，还是通过兼业经营的方式来发展自身，要明确自身在国内同行业中的地位，了解来自国内外同类企业的竞争，明确自身的发展前景，要在时机成熟的时候，千方百计地壮大自己。二是新型农业经营主体要将自身发展战略与金融机构战略转型有机结合起来。新型农业经营主体要充分认识到金融机构必将开拓农村金融市场的现实，要及时了解金融机构的发展战略，要创造条件将自身发展战略与金融机构发展战略有机结合起来，通过金融机构的服务创新来壮大自身的实力。三是新型农业经营主体要把自身的发展战略与区域农业结构转型升级有机结合起来。从实践来看，凡是政府列入战略重点的项目，必将获得更多方面的支持，因此，新型农业经营主体要密切关注地方政府的区域农业转型升级战略，要努力将自身的发展战略与地方政府的相关战略有机结合起来，力求通过政府渠道获得更多的政策支持，进而迅速加快自身的发展，增强自身的实力。

第四节　金融服务创新促进新型农业经营主体发展的业务引导模式

与第二、三产业经营实体不一样的是，新型农业经营主体具有自身的显著特征，对金融服务的需求也具有自身的特点。从实际情况来看，如果沿袭过去既有的金融服务的话，新型农业经营主体的金融服务需求不可能得到全面有效的解决，这就需要金融机构创新金融服务。与第二、三产业经营主体相比，新型农业经营主体整体综合素质还存在较大的差距，它们在对金融服务的需求方面具有一定的盲目性。因此，金融机构在创新金融服务的过程中，要有针对性地开发新的金融产品，从具体金融业务层面对新型农业经营主体进行引导，在满足新型农业经营主体金融服务的同时，严格控制金融风险。

一　金融服务创新促进新型农业经营主体发展业务引导模式的概念内涵

所谓的金融服务创新促进新型农业经营主体发展的业务引导模式，指的是在金融服务创新促进新型农业经营主体发展的过程中，金融机构要在全面翔实地分析新型农业经营主体金融需求的基础上，严格按照国家法律法规的要求，对自身所能够提供的金融服务进行全面梳理，不仅要新增新型农业经营主体所急需的金融业务，要完善新型农业经营主体急需的业务，还要废除已经过时的、明显阻碍新型农业经营主体发展的业务，真正在业务层面推陈出新，进而推出能够促进新型农业经营主体发展的模式。很显然，这种模式具有以下几个方面的显著特点：第一，业务引导的目标明确。创新金融机构业务的目标，就是要通过对金融机构所能够提供的服务进行梳理，协调金融服务与新型农业经营主体现实需要之间的矛盾，通过前者来促进后者的发展。对于能够促进新型农业经营主体发展的业务要进一步发扬光大，对阻碍新型农业经营主体发展的业务要及时清理，对新型农业经营主体潜在的金融需求要积极应对。第二，业务引导的方式多样。前面的章节已经详细阐述了金融服务的相关概念内涵,其内涵是极其丰富的,包含的内容较多。很显然,在业务引导的过程中,要根据新型农业经营主体的金融需求,结合金融服务的内容,有针对性地进行引导。从现实来看,业务引导既有银行业务方面的,也有保险业务方面的,还有其他相关业务类的,业务引导的方式具有多样性特征。第三,业务引导的动机单一。从国内外的实际来看,企业社会责任问题越来越受到学者的重视,金融机构在提供金融服务的过程中也需要注重社会责任,不能够把追逐利润作为生产经营活动的唯一目标。但是,金融机构是独立的经济实体,是典型的企业,追逐利润无可厚非,只不过对利润的追逐不能够突破法律法规的限制,要在合理合法的前提下进行。

二 金融服务创新促进新型农业经营主体发展业务引导模式的基本要求

前文已经科学地界定了金融服务创新促进新型农业经营主体发展业务引导模式的概念内涵。在此基础上,要确保这种模式真正发挥作用,还必须对金融服务创新促进新型农业经营主体发展业务引导模式的基本要求进行剖析。从现实来看,实施业务引导模式,需要金融机构自身做出努力。当然,实施这种模式也离不开新型农业经营主体的密切配合,更需要畅通金融机构与新型农业经营主体之间的沟通渠道。其中,金融机构创新金融服务是这种模式的前提,新型农业经营主体密切配合是这种模式实施的关键,而两者之间的沟通渠道则是实施这种模式的保障。金融服务创新促进新型农业经营主体发展业务引导模式的基本要求,主要体现在以下几个方面。

(一)金融机构要强化创新金融服务的力度

前文分析已经表明,金融机构要创新金融服务促进新型农业经营主体的发展,既有打破现存利益格局的障碍,也有创新金融服务投入成本的障碍。从打破利益格局的角度来看,要创新金融服务需要对原有的金融服务进行全面的革新,这涉及人、财、物的重新配置,自然也涉及相关人员的切身利益。从"人"的角度来看,不仅需要对原有的金融机构工作人员进行专业培训,还涉及新的领导部门的组建以及相关部门领导的选拔,这些都会直接冲击原有的体制,影响部分人员的切身利益。

从现实来看,"不患寡而患不均"的理念深入人心,触动他人利益的金融服务创新必然会遭到来自金融机构内部部分员工的抵制,这也会在一定程度上造成金融机构内部资源的浪费。从"财"的角度来看,既然是金融服务创新,必然会涉及相关金融资源的重新配置。从国内所有机构内部的改革来看,任何改革都会牵涉到相关财力资源的重新分配,这会在很大程度上直接影响部分群体的切身利益。如果所有群体的利益会显著增加,则不会带来过多的阻力;但如果所有群体的利益分配不均,则会因机构改革而造成动荡。从"物"的角度来看,任何金融服务创新都会涉及硬件资源的增减,有些金融机构创新金融服务需要配套增加相关的硬件基础设施,同时撤销相关的硬件设施。进一步说,金融服务创新必然会产生相关的成本。从创新金融服务投入成本的角度来看,基于前文的分析不难看出,金融服务创新不仅仅是金融机构机械地开展新的金融业务,而且涉及与具体金融业务开展相关的多方面投入。基于上述分析,金融机构一般不愿意创新金融服务,特别是不大愿意带头创新金融服务,因为创新金融服务能否促进新型农业经营主体的发展,能否带来实实在在的效益是一个未知数。因此,要创新金融服务促进新型农业经营主体的发展,金融机构自身要强化创新金融服务的力度,真正将创新金融服务落实到实际行动中。

(二)新型农业经营主体要表达自己的诉求

前文的分析已经表明,种养殖专业大户、家庭农场、农民专业合作社和农业龙头企业四大类新型农业经营主体的主要负责人,无论是文化素质,还是专业素质,整体水平都有待进一步提高。对于部分负责人来说,他们相对比较了解的金融服务主要就是银行贷款和农业保险,而对于其他类型的金融服务则了解得不多;即便是对于银行贷款和农业保险,他们很多并不清楚申请贷款到底需要准备哪些材料,更不清楚购买农业保险后如何申请保险赔付等相关问题。也就是说,从整体上看,新型农业经营主体的素质存在问题。新型农业经营主体负责人的素质高低直接影响他们与金融机构的沟通与交流,因为在很多时候他们并不清楚自身到底需要什么样的金融服务,也不清楚金融机构到底能够提供什么样的金融服务。很显然,在这种情况下,金融机构无法创新金融服务来满足新型农业经营主体的实际需要。要让金融机构创新金融服务来促进新型农业经营主体的发展，需要新型农业经营主体强化与金融机构之间的沟通，使其能够及时准确地将其所需要的金融服务反馈给金融机构，为金融机构创新金融服务创造条件。

（三）金融机构与新型农业经营主体之间要有通畅的沟通渠道

与国外的农民组织相比，我国种养殖专业大户、家庭农场、农民专业合作社和农业龙头企业四大类新型农业经营主体的组织还较为松散，并没有区域性或者是全国性的种养殖业合作组织、家庭农场合作组织以及行业性的农民专业合作社、农业龙头企业，这为金融机构与新型农业经营主体之间的沟通带来了障碍。从现实来看，金融机构对于新型农业经营主体的金融服务需求并不是十分了解，金融机构对新型农业经营主体金融服务需求的了解渠道也比较单一，更多的是通过面对面的沟通和交流来获取；如果有能够代表不同类型新型农业经营主体的组织直接与金融机构对接的话，新型农业经营主体的金融服务需求必然能够及时准确地反馈给金融机构，自然也有利于金融机构创新金融服务。在新型农业经营主体与金融机构沟通渠道并不顺畅的情况下，各地区农业管理部门应该及时准确地收集整理不同类型新型农业经营主体的金融服务需求，并将其反馈给金融机构；在有条件的情况下，要定期召开金融机构与新型农业经营主体面对面的座谈会，强化彼此之间的沟通，竭力促使金融机构创新金融服务来促进新型农业经营主体的发展。

三　金融服务创新促进新型农业经营主体发展业务引导模式的具体路径

在弄清楚金融服务创新促进新型农业经营主体发展业务引导模式概念内涵的基础上，前文已经对该种模式的基本要求进行了剖析，要选择并实施这种模式，还需要对相关的具体路径进行探究。业务引导模式的具体实施，首先需要金融机构对纷繁复杂的涉农金融业务进行全面梳理，真正为服务新型农业经营主体发展夯实业务创新的基础。其次，还需要新型农业经营主体能够不断强化自己的实力，规避自身先天弱质性的缺陷，赢得金融机构的青睐。最后，在信息时代，需要采用现代新型交流互动工具来强化金融机构与新型农业经营主体之间的互动。

(一) 金融机构需要对其所有的涉农业务进行全面具体的梳理

从国内各大金融机构来看，有些金融机构有涉农金融业务，而相当多的金融机构并没有专门的涉农业务。进一步讲，新型农业经营主体的发展虽然已经引起了部分金融机构的关注，但仍然有相当多的金融机构对新型农业经营主体的发展关注不够。要通过金融服务创新促进新型农业经营主体的发展，需要金融机构自身做出努力。一方面，已经开设涉农金融业务的金融机构，要进一步强化对新型农业经营主体金融需求的认识，要根据新型农业经营主体的金融需求，有针对性地创新金融服务，竭力促进新型农业经营主体的发展。另一方面，至今仍没有开设涉农业务的金融机构，要高度重视对新型农业经营主体的认识，充分认识到新型农业经营主体是农业经济增长和农村经济繁荣的龙头，其发展必将越来越受到国家的重视；重视新型农业经营主体的发展，是抢占农村金融市场的重要途径，是赢得未来市场竞争力的重要基础。因此，要在强化对新型农业经营主体发展认识的同时，根据自身发展实际和新型农业经营主体的金融服务需求，创造性地开展金融服务，在促进新型农业经营主体发展的同时实现自身对农村金融市场的拓展，追求自身的可持续发展。

(二) 新型农业经营主体要竭力改变自身先天弱质性的缺点

虽然对新型农业经营主体来说，其自身的弱质性是无法避免的，但是，在市场经济的条件下，完全可以创造条件来有效规避自身先天弱质性的缺点。一是建立健全的财务管理制度，避免自身财务状况的弱质性缺陷。从实际情况来看，由于新型农业经营主体大多缺乏科学合理的财务管理制度，无法按照金融机构的要求提供相关的财务报表，这就为新型农业经营主体申请金融机构服务带来了极大的障碍。因为没有健全的财务报表，金融机构的业务部门就无法通过风险控制部门的审查，最终的结果就是新型农业经营主体无法享受金融服务。出现这种情况，与新型农业经营主体自身的特殊性有关，因为与第二、三产业不同，国家对新型农业经营主体在税收方面有极大的优惠，单纯从纳税的角度看，新型农业经营主体确实可以不需要烦琐的报表。健全财务管理制度，可以在很大程度上规避新型农业经营主体自身的弱质性特点，有利于享受金融机构的金融服务。二是实施多产业经营模式，通过其他产业的发展来规避自身的弱质性缺陷。虽然说种养殖业可能存在地域性、季节性和周期性的特点,但是,以种养殖业为基础的相关产业则可以在一定程度上规避类似的情况,因此,新型农业经营主体可以尝试实施多产业经营的模式,将产业链进行拉伸,增强自身的实力,为享受金融机构金融服务创造条件。

(三)充分利用现代新型交流工具来强化彼此之间的互动

随着城镇化进程的加快,农村大量富余劳动力流向城镇,传统的诸如高音喇叭等信息传递方式不再适用,需要与时俱进,采取现代新型交流互动工具来强化金融机构与新型农业经营主体之间的联系。比如,可以借助互联网来传递新型农业经营主体发展的信息和金融机构服务创新的情况,加强两者之间的联系;当新型农业经营主体发展取得实际成效时,可以通过网站、微博、公众号等多种方式予以宣传,增强金融机构对新型农业经营主体的认识。与此相类似的是,金融机构也可以借助相关的手段,不断增强对自身金融服务的传播,让新型农业经营主体充分认识金融机构的金融服务,并根据其自身的实际情况来选择金融服务。再比如,可以通过宣传画册的方式来增强彼此之间的互动。新型农业经营主体可以定期制作专门的宣传画册,将自身的特色及时传递出去,扩大在社会上的影响力,为自身赢得美誉度。同样,金融机构也可以用画册来宣传自身各方面的金融服务,在宣传自身金融服务的同时,强化对新型农业经营主体的渗透,让新型农业经营主体更多地借助金融机构的金融服务创新来发展自己。

第五节 金融服务创新促进新型农业经营主体发展的法律引导模式

前文的分析已经表明,在市场经济条件下,无论是金融机构,还是新型农业经营主体,都是理性的经济人,都有追求更高利润的动机。要使金融机构在创新金融服务的过程中,既能够合法追求自身的利益,又不损害新型农业经营主体的合法权益,必须依赖健全的法律法规。对新型农业经营主体而言,要确保其在享受金融服务的过程中遵纪守法,通过合理合法的手段获取自身利润,也需要法律法规的约束和保障。进一步讲，在金融服务创新促进新型农业经营主体发展的过程中，需要高度重视金融服务创新促进新型农业经营主体发展的法律引导模式选择问题。科学合理的法律引导模式，可以在源头上保障金融机构和新型农业经营主体的合法权益，有利于金融机构创新金融服务来促进新型农业经营主体的发展；而不够健全的法律引导模式，则可能会在金融服务创新促进新型农业经营主体发展过程中带来这样或者那样的纠纷，显然不利于新型农业经营主体的发展。

一 金融服务创新促进新型农业经营主体发展法律引导模式的概念内涵

所谓的金融服务创新促进新型农业经营主体发展法律引导模式，指的是在金融服务创新促进新型农业经营主体发展过程中，要通过法律法规的引导，规范金融机构和新型农业经营主体的行为，避免因过度追逐利润而损害彼此的合法权益，确保金融服务创新能够有效地促进新型农业经营主体发展的模式。这种模式具有以下几个方面的显著特点。

（一）公正客观性特征明显

法律法规的最大特点就是能够公正客观地对待每一个经济主体，无论是对金融机构还是对新型农业经营主体来说，它们都要坚守法律法规的底线，在法律法规的范围内办事。当然，法律法规并不否认金融机构和新型农业经营主体对正当合法权益的追逐，只是必须在法律法规的范围内，不能违反法律法规。

（二）区域时效性特征突出

在经济社会环境不断变化的过程中，法律法规也需要与时俱进。不仅需要出台符合当前形势的新法律，还需要废除与时代不相适应的老法律，更需要更新部分法律以便与时代相适应。当然，不同地区可能会基于当地的实际情况，专门出台相关的行政法规，这也是需要高度重视的，要确保地方行政法规与国家法律的统一性，从全局的角度通过金融服务创新促进新型农业经营主体的发展。

（三）奖励与惩罚性需要并存

在金融服务创新促进新型农业经营主体发展的过程中，要高度重视奖励与惩罚措施的综合运用。前文的分析已经表明，市场经济条件下的金融机构和新型农业经营主体,都是理性的经济人,天生有追逐最大利润的内在动力,如果不对它们的行为进行严格规范的话,可能会因为过度追逐利润而损害相互的合法权益,最终是两败俱伤,不仅金融服务不能创新,而且新型农业经营主体的发展也得不到保障。通过奖励先进,惩罚后进,确保金融机构和新型农业经营主体都能够在法律法规的范围内诚实劳动、合法经营,通过相互的促进,在稳步提升金融机构竞争力的同时,有效地促进新型农业经营主体的发展。

二 金融服务创新促进新型农业经营主体发展法律引导模式的基本要求

在弄清楚金融服务创新促进新型农业经营主体发展法律引导模式概念内涵的基础上,有必要对金融服务创新促进新型农业经营主体发展法律引导模式的基本要求进行进一步的分析。与其他的约束形式不一样,法律引导模式更为强调法律法规自身的正式性、威严性和权威性,要求所有的利益主体都能够在诚实劳动、合法经营的前提下获得正当的权益。法律的作用并不是惩罚,更多的是对金融机构和新型农业经营主体的行为进行规范、约束,确保金融机构和新型农业经营主体都能够在法律法规允许的范围内开展活动,鼓励金融机构创新金融服务来促进新型农业经营主体的发展。金融服务创新促进新型农业经营主体发展的法律引导模式的基本要求,主要体现在以下几个方面。

(一) 高度重视法律法规对于所有市场主体的约束作用

在市场经济的条件下,无论是金融机构还是新型农业经营主体都是理性的经济人,如果没有法律法规的调控,在金融服务创新促进新型农业经营主体发展的过程中,必然会出现相关的违法乱纪现象。比如,金融机构可能为了获得更高的收益,在服务新型农业经营主体的过程中,有意隐瞒相关的风险点,人为诱导新型农业经营主体接受可能会遭受损失的金融服务,直接损害新型农业经营主体的切身利益。再比如,新型农业经营主体在接受金融机构的创新性金融服务时,可能会刻意隐瞒自身的发展状况,将自身包装成为可以接受所有金融服务的客户,最终的结果是直接损害金融机构的利益。因此,在金融服务创新促进新型农业经营主体发展的过程中,需要高度重视法律法规对于所有市场主体的约束作用。一方面，政府及其主管部门需要强化对金融机构的法律法规宣传，让金融机构知晓法律法规的适用范围以及违法的具体后果，强化金融机构的法律意识。另一方面，强化对新型农业经营主体的法律宣传，严厉打击提供虚假信息来获取金融服务的违法行为，全面增强金融机构创新金融服务促进新型农业经营主体发展的信心。

（二）确保涉农互联网金融领域法律法规的进一步完善

近些年来，互联网信息技术的发展尤为迅速，互联网农业和互联网金融等新的名词开始出现。当然，互联网农业与互联网金融的交叉领域涉农互联网金融也开始引起越来越多学者的关注。从理论上说，所谓的互联网农业，指的并不是互联网与农业的简单结合，而是将互联网信息技术与农业的产—供—销一体化有机结合，从而实现农业产—供—销一体化的科技化、智能化、信息化的农业发展方式。而互联网金融也不是互联网和金融业的简单结合，而是在实现安全、移动等网络技术水平上，被用户熟悉接受后（尤其是对电子商务的接受），自然而然地为适应新的需求而产生的新模式及新业务。互联网金融是指传统金融机构与互联网企业利用互联网技术和信息通信技术实现资金融通、支付、投资和信息中介服务的新型金融业务模式[①]；基于互联网农业和互联网金融，自然不难理解什么是涉农互联网金融。从我国的实际情况来看，无论是对于互联网农业还是互联网金融，因为都是新鲜事物，在此方面的法律法规较为欠缺，还有较大的完善空间。与此同时，新型农业经营主体也开始涉足互联网金融领域，部分金融机构开展了互联网金融业务，在某些情况下，部分金融机构诱导新型农业经营主体接受互联网金融相关的服务。在互联网农业和互联网金融法制均不够健全的情况下，必然会引发更多的法律纠纷，非常有必要确保涉农互联网金融领域法律法规的进一步完善。

（三）高度重视行业协会自律的保驾护航作用

从我国的实际情况来看，不同种类的新型农业经营主体还很少组建专门的行业协会，但是，金融领域则存在类似的行业协会。从理论上

---

① 参见人民银行等十部门发布的《关于促进互联网金融健康发展的指导意见》，http://www.gov.cn/xinwen/2015－07/18/content_ 2899360. htm。

说，所谓的行业协会，指的是介于政府与企业之间，商品生产者与经营者之间，并为其服务、咨询、沟通、监督、公正、自律、协调的社会中介组织。进一步讲，行业协会不是官方组织，而是一种民间组织，属于《中华人民共和国民法》所规定的社团法人，也就是国际上统称的非政府组织（又称 NGO），属非营利性机构。[①] 虽然行业协会不是官方组织，但是，行业协会自身对行业内部的企业具有重要的影响。一方面，行业协会了解本行业的生产经营状况，对个别企业违法乱纪行为能够有比较清晰的认识，有利于对企业进行监督和管理；另一方面，行业协会是众多企业的联合体，能够代表企业进行对外沟通和交流，维护企业自身的利益。因此，虽然行业协会的自律条例不具有法律效力，但是，基于行业协会自身强大的影响力，完全可以通过行业协会来强化其对相关企业的影响，确保企业遵纪守法。对金融机构来说，可以通过行业协会来约束金融机构自身的行为，确保金融机构不断创新金融服务，更好地促进新型农业经营主体的发展。

三　金融服务创新促进新型农业经营主体发展法律引导模式的具体路径

基于前文对金融服务创新促进新型农业经营主体发展法律引导模式概念内涵和基本要求的分析，本书研究认为，要选择并实施金融服务创新促进新型农业经营主体发展的法律引导模式，还有必要在具体路径方面进行进一步的研究。法律引导模式的实施，首先要有健全的法律体系做前提，没有健全的法律体系做保障，则只能是"头痛医头，脚痛医脚"，不能从根本上解决问题；其次，还需要规范地执法和司法，确保法律体系能够真正发挥作用，切实保证金融机构和新型农业经营主体的合法权益；最后，需要建立科学的违法追究机制，进一步为健全的法律法规体系发挥作用提供保障。

（一）健全相关的法律法规

从实际情况来看，在金融服务创新促进新型农业经营主体发展的过程中，还存在法律法规不够健全的地方，需要在此方面做出努力，确保

---

① 参见黎军《行业协会的几个基本问题》，《河北法学》2006 年第 24 卷第 7 期。

法律法规的完善。比如,在衍生品金融工具方面,由于很多金融业务品种非常新,国内没有相关的法律,如果新型农业经营主体在接受这些金融业务品种时出现问题,则可能因为无法可依而带来不利的结果。再比如,在互联网金融方面,新型农业经营主体开始接触相关的金融服务,由于在此方面的法律法规还不够完善,在出现问题时往往会导致新型农业经营主体的利益损失。因此,要确保金融服务创新促进新型农业经营主体的发展,需要高度重视金融服务创新方面法律法规的颁布,要在互联网农业、互联网金融、金融衍生品业务等方面强化立法工作。

(二) 规范执法与司法机制

在互联网时代,信息传播的速度十分迅速,任何不公正的执法和司法都极有可能引发全社会的广泛关注。因此,规范执法与司法尤为重要。在执法方面,政府及其主管部门要严格依法执法,不仅要注意执法的程序公正,还需要高度重视执法结果的公正性,要确保执法的结果能够经受住公众的质疑。凡是涉及金融服务创新促进新型农业经营主体发展方面的执法时,考虑到新型农业经营主体在农村地区的广泛影响,要尽可能地做好宣传动员工作,让更多的群众支持政府及其主管部门的执法,确保执法的实际成效。在司法方面,针对新型农业经营主体可能存在的法制意识淡薄问题,要强化法治的宣传。在农村地区要创造一切条件,让广大人民群众真正认识到法律审判的严肃性、威严性和公正性,确保法律的审判得到大多数人的认可和支持。

(三) 建立违法的追责机制

建立违法追责机制,一是强化责任意识。在金融服务创新促进新型农业经营主体的发展过程中,要坚决杜绝一切形式主义的存在,要将金融服务创新落到实处,要高度重视金融服务创新促进新型农业经营主体发展的实际成效。二是要强化惩处机制。各职能监管部门要对金融服务创新促进新型农业经营主体发展过程中的违规违法行为"零容忍",真正做到有案必查、查案必清、处罚必严。要结合实际,细化金融服务创新促进新型农业经营主体发展的具体措施,理顺管理细节,并逐步形成机制。

第八章 研究结论、政策运用与研究展望

前文已深入研究了金融服务创新促进新型农业经营主体发展的理论框架，对不同历史时期金融服务与农业主体之间的关系进行了梳理，在不否认金融服务促进新型农业经营主体发展的同时，重点剖析了金融服务对新型农业经营主体发展的制约。首先，从定性的角度，分析了金融服务制约新型农业经营主体发展的原因；从定量的角度，在全面考虑全样本视角、种养殖专业大户视角、家庭农场视角、农民专业合作社视角以及农业龙头企业视角下，系统地实证分析了金融服务制约新型农业经营主体发展的原因。其次，从宏观视角，采用定量分析的方法，重点探究了金融服务对新型农业经营主体增收效应、就业效应和幸福效应的影响。在此基础上，构建了金融服务创新促进新型农业经营主体发展的预期目标机制、监测预警机制、应急处理机制、信息引导机制、奖励惩罚机制以及法律保障机制，并提出了金融服务创新促进新型农业经营主体发展的政府引导模式、机构引导模式、产业引导模式、业务引导模式以及法律引导模式。基于上述研究内容，本章将重点分析金融服务创新促进新型农业经营主体发展的研究结论、政策运用与研究展望。

第一节 研究结论

金融服务创新促进新型农业经营主体发展的长效保障机制研究，是基于现实之上的综合性研究。本书重点研究了金融服务创新促进新型农业经营主体发展的理论框架，金融服务与新型农业经营主体发展的历史与现实，金融服务创新制约新型农业经营主体发展的原因及影响，金融服务创新促进新型农业经营主体发展的机制与模式。相关的研究结论可

可以从以下几个方面进行归纳和总结：

第一，金融服务创新促进新型农业经营主体发展的理论。按照WTO《服务贸易总协定》附件之一"关于金融服务的附件"第五条第一项的规定，金融服务的概念内涵极其丰富，涵盖了所有保险及其相关服务、所有银行和其他金融服务（保险除外）。与之相类似，新型农业经营主体的概念内涵也极为丰富，主要包括种养殖专业大户、家庭农场、农民专业合作社和农业龙头企业等。金融服务创新促进新型农业经营主体的发展，主要体现在金融机构通过提供融资服务、投资服务、保险服务以及其他个性化金融服务来满足新型农业经营主体各方面的融资需求，为新型农业经营主体生产经营活动提供全方位的保障。与此同时，通过梳理国外发达国家金融服务新型农业经营主体的典型做法，不难发现：这些发达国家能够真正从思想上高度认识农业的重要性，彻底为新型农业经营主体的发展扫清一切障碍；重视与时俱进地推动金融服务创新，注重金融服务与其他政策工具的配合使用；高度重视相关法律法规的完善，确保金融服务促进新型农业经营主体发展的全过程都处于法律法规的保护范围之内。

第二，金融服务与新型农业经营主体发展的历史与现实。按照历史发展的脉络，本书首先考察了我国古代金融服务与农业经营主体之间的关系，主要内容包括先秦至隋时期农民借贷、唐和五代时期农民借贷、宋辽金元时期农民借贷以及明清（鸦片战争前）农民借贷。其次分析了我国近代史上钱庄、票号、外国银行与农业经营主体之间的关系，又分别分析了1919—1949年我国国统区和革命根据地金融服务与农业经营主体之间的关系，然后对我国改革开放前后金融服务与新型农业经营主体发展的关系做了进一步的分析。通过对历史史料的梳理发现：金融机构能否服务于农业经营主体，关键取决于金融机构自身对收益和成本的考虑；如果收益过低，金融机构往往不愿意提供金融服务；如果收益过高，即便是政府对金融机构进行严格限制，金融机构亦会竭力提供金融服务，以便获取更多的收益。同时还发现：即便是在古代，金融对经济的制约作用仍然表现得很明显，政府对金融活动的干预一直存在，历朝历代都有规范金融活动的法律法规。最后，基于2703份有效调查问卷，重点从融资、投资以及其他金融服务视角全面分析了金融服务对新型农业经营主体（含种养殖专业大户、家庭农场、农民专业合作社和农业龙头企业）发展的制约。研究发现：新型农业经营主体拥有强劲的金融服务需求，但被抑制的现象普遍存在；金融机构所提供的金融服务远远满足不了新型农业经营主体的实际需要，金融机构创新金融服务，开拓农村金融市场还有很大的提升空间。

第三，金融服务创新制约新型农业经营主体发展的原因。金融服务创新制约新型农业经营主体发展的原因是比较复杂的。从定性的角度，可以从宏观、中观和微观三个维度分析金融服务创新制约新型农业经营主体的发展。在宏观层面，金融服务创新制约新型农业经营主体发展的原因表现为：资本逐利性与农业弱质性的矛盾无法调和，正规金融与非正规金融发展之间的矛盾并未得到有效解决，国家两大发展战略的转换需要时间；在中观层面，金融服务创新制约新型农业经营主体发展的原因表现为：支农惠农政策的完善性存在问题，金融服务创新存在明显的制度惰性；在微观层面，金融服务创新制约新型农业经营主体发展的原因表现为：金融机构的理念制约新型农业经营主体的发展，新型农业经营主体自身方面的原因导致其被排除在正规金融机构服务范围外。从定量的角度而言，金融服务创新是一项复杂的系统工程，金融服务创新制约新型农业经营主体的发展，既与金融机构有关，也与新型农业经营主体有关，还与新型农业经营主体所在区域经济社会发展状况密切相关。比如，性别、家中人口供养比例、基础设施状况、产业结构合理状况等变量不是金融服务制约新型农业经营主体发展的原因，而年龄、户籍状况、婚姻状况、健康状况、文化程度、家庭整体氛围、家庭社会资本情况、物流体系健全状况、农业机械化发展状况、信息化建设满意度、农业生产条件状况、农业技术培训状况、农技人员服务状况、名优特产推介状况、农产品加工包装水平、电商平台发展状况和农村治安实际状况则是金融服务制约新型农业经营主体发展的原因。

第四，金融服务创新制约新型农业经营主体发展的影响。从宏观层面来看，金融服务创新制约新型农业经营主体发展的影响，主要体现在对新型农业经营主体增收效应、就业效应和幸福效应的影响方面。在具体实证分析金融服务创新制约新型农业经营主体发展的影响时，本书先在不纳入控制变量的情况下进行 OLS 检验，然后纳入所有的控制变量进行 OLS 检验；考虑到工具变量问题，在确定工具变量的基础上，继续采用 2SLS 实证不纳入控制变量和纳入控制变量条件下金融服务创新制约新型农业经营主体发展的影响。当然，考虑到不同新型农业经营主体所具有的自身特点，本书采取的是先实证分析全样本视角下的数据，再依次实证分析种养殖专业大户、家庭农场、农民专业合作社和农业龙头企业视角下的数据。由于样本区既存在民族地区的新型农业经营主体，也存在非民族地区的新型农业经营主体，在考虑到民族地区和非民族地区经济社会发展实际差异的情况下，继续对不同地区金融服务对新型农业经营主体就业效应的影响进行实证分析。最后，基于城镇户籍与农村户籍考虑，对金融服务创新制约新型农业经营主体发展问题进行稳健性检验，以便进一步验证前面 OLS 和 2SLS 回归结果的可靠性。研究发现：无论是从全样本视角，还是从分样本（种养殖专业大户、家庭农场、农民专业合作社和农业龙头企业）视角来看，金融服务对新型农业经营主体的增收效应、就业效应和幸福效应具有显著的制约作用。并且，这种制约作用在民族地区和非民族地区存在显著的地区差异，金融服务对民族地区新型农业经营主体的增收效应、就业效应和幸福效应的制约作用更明显。当然，金融服务制约新型农业经营主体的增收效应、就业效应和幸福效应还会在很大程度上受到新型农业经营主体、新型农业经营主体家庭以及新型农业经营主体所在区域经济社会条件的制约。

第五，金融服务创新促进新型农业经营主体发展的机制。要确保金融服务创新促进新型农业经营主体的发展，需要构建金融服务创新促进新型农业经营主体发展的预期目标机制、监测预警机制、应急处理机制、信息引导机制、奖励惩罚机制以及法律保障机制。构建预期目标机制，需要构建科学的实况分析机制、完善的上传下达机制、高效的试错创新机制；构建监测预警机制，需要构建科学的风险识别机制、完善的风险评价机制、高效的风险响应机制；构建应急处理机制，需要健全应急处理的组织机制、完善应急处理的协调机制和危机处理的查处机制；构建信息引导机制，需要构建网络舆论的引导机制、强化主流媒体的引导机制、创新信息引导的能力机制；构建奖励惩罚机制，需要严肃奖励惩罚的评选机制，规范奖励惩罚的参与机制，畅通奖励惩罚的监督机制；构建法律保障机制，需要创新金融领域与农业领域相关的立法机制，完善金融领域与农业领域相关的司法机制，创新金融领域与农业领域的法律监督机制。

第六，金融服务创新促进新型农业经营主体发展的模式。要确保金融服务创新促进新型农业经营主体的发展，需要采取金融服务创新促进新型农业经营主体发展的政府引导模式、机构引导模式、产业引导模式、业务引导模式以及法律引导模式。在政府引导模式下，政府及其主管部门要给金融机构松绑，营造金融机构金融服务创新环境；金融机构自身要强化对金融服务创新的认识，改变过去的传统营利模式；新型农业经营主体要充分挖掘政策潜力，借助金融服务创新来壮大自己。在机构引导模式下，金融机构要改变传统的营利模式，要拓展农村的金融市场，要改变既有的服务方式。在产业引导模式下，政府要强化对区域农业产业结构转型升级的引导，要全方位多角度地确保区域新型农业经营主体的发展。当然，新型农业经营主体需要积极调整自身的发展战略。在业务引导模式下，金融机构需要对其所有的涉农业务进行全面具体的梳理，新型农业经营主体要竭力改变自身先天弱质性的缺点。在金融机构与新型农业经营主体之间，需要充分利用现代新型交流互动工具来强化彼此之间的互动。在法律引导模式下，政府及其主管部门需要健全金融服务创新促进新型农业经营主体发展的法律法规，规范相关的执法与司法机制，建立相关的违法追责机制。

第二节　政策运用

基于上述研究结论，本书认为，通过金融服务创新来促进新型农业经营主体的发展，需要从服务主体创新、服务客体创新、服务环境创新、服务载体创新、服务形式创新、服务手段创新等方面做出努力。当然，相关的配套服务也不能够出现拖后腿的现象，要齐头并进、共同创新、共同发展。

（一）服务主体创新

要通过金融服务创新来促进新型农业经营主体的发展，首先要求金融服务主体创新。这既包括金融机构自身的创新，也包括金融机构从业人员的创新。一方面，金融机构及其从业人员要创新金融服务的理念。金融机构要充分认识到传统的以城镇为中心的业务扩张模式难以为继，要想在激烈的金融市场竞争中获得先发优势，必须高度重视对农村金融市场的拓展。作为农村金融市场的主力军，新型农业经营主体的发展需要得到金融机构的高度关注和重点支持。银行机构要充分认识到传统的"存""贷""汇"等营利模式不具有可持续性，要在充分考虑到资金使用价值最大化的前提下着眼未来发展，要尝试按照"就地取材"的原则，将农村金融资源用于支持新型农业经营主体的发展。在条件具备的情况下，要将城镇金融资源通过恰当的渠道引入农村，支持农村经济社会的发展。保险机构要高度重视农村保险业务的开展，要在强化实施农作物保险（含生长期农作物保险和收获期农作物保险）、林木保险（含林木保险和果树保险）、畜禽养殖保险（含牲畜保险和家禽保险）、水产养殖保险（含淡水养殖保险和海水养殖保险）的同时，根据新型农业经营主体发展的实际情况，开展新的农业保险试点。证券机构要站在农业是国民经济基础的高度来看待新型农业经营主体的发展，在企业确保遵规守纪的前提下，优先考虑大型涉农企业的上市工作，要对涉农上市公司的投融资管理出台专门的支持政策，在确保涉农上市公司逐步发展壮大的同时，竭力引导涉农上市公司更好地服务于农业经济增长和农村经济发展。金融机构从业人员要在提供金融服务的过程中，始终坚持"顾客是上帝"的理念，耐心地给新型农业经营主体讲解享受各项金融服务需要满足的条件，细心地向新型农业经营主体介绍各项金融服务潜在的收益与可能的风险，积极主动为新型农业经营主体提供力所能及的金融服务。另一方面，金融机构从业人员需要努力提升专业综合素质。金融机构从业人员专业综合素质的稳步提升，对于金融机构拓展农村金融市场具有重要的意义，相当部分农业经营主体自身素质有限，无法理解复杂的金融专业术语。基于实际情况考虑，金融机构不仅每年要定期对从业人员进行业务培训，还需要支持、鼓励和引导符合条件的从业人员到国内外高校深造，要将对人力资源的投入纳入金融机构每年的专门预算中。此外，金融机构工作人员要强化自身的职业道德素质。金融机构要定期开展廉政纪律教育，特别是要强化对一线客户经理的廉政纪律教育；要确保金融机构单位内部纪委部门的高效正常运转，对从业人员的违法乱纪行为实行零容忍，发现一起查处一起，要形成警示效应。

(二) 服务客体创新

要通过金融服务创新来促进新型农业经营主体的发展，不仅要求金融服务主体创新，也要求金融服务客体创新，也就是新型农业经营主体要与时俱进，不断强化自身的综合素质，竭力在金融服务创新的直接作用下获得健康稳定可持续发展。一方面，新型农业经营主体要创新自身的发展理念。新型农业经营主体的发展，不应该仅仅局限于种养殖专业大户、家庭农场和农民专业合作社，应该充分利用好国家支农惠农政策，不断发展壮大自身的力量，竭力向农业龙头企业看齐，走复合型多元化发展道路；新型农业经营主体既要在专业领域做大做强，还需要在条件具备的情况下，延伸自身的产业链条，强化自身的实力；对于符合条件的大型农业企业，政府及其主管部门要重点扶持，强化金融机构对其的支持力度。另一方面，新型农业经营主体要创新自身的发展战略。从实际情况来看，新型农业经营主体的发展壮大必须与国家大政方针保持一致，自身发展战略的制定也要符合国家产业扶持政策；凡是国家明文禁止的领域，新型农业经营主体不应该涉足，应该明确表示反对；而对于国家倡导的领域，新型农业经营主体要加大投入力度，不断壮大自身的实力。不仅如此，新型农业经营主体的发展还必须与地区经济社会发展战略相一致，力求借助地方政府的支持，又好又快地促进自身的健康、稳定、可持续发展。一般来说，地方政府的发展战略体现更多的是地方自身的显著特色，具有鲜明的地域性，新型农业经营主体可以借助地方政府的宣传，以最小的成本加快自身的发展。对于新型农业经营主体来说，要抱着立足地方、辐射区域、影响全国的姿态来制定发展战略，通过综合利用各种有利因素来促进自身的发展。此外，新型农业经营主体要创新自身的发展模式。对于新型农业经营主体来说，到底是选择专一模式还是兼业模式，是纵向发展模式还是横向发展模式，都是需要予以高度重视的。如果选择的是专一模式的话，那么新型农业经营主体需要考虑如何能够在技术方面稳步创新，如何避免随时被竞争对手模仿超越，以及如何抵御市场风险的冲击等现实问题。如果选择的是兼业模式的话，那么新型农业经营主体需要考虑如何合理配置资源进而最大限度地确保所从事的具体业务齐头并进、协调发展的现实问题。如果选择的是纵向发展模式的话，那么新型农业经营主体要考虑农产品"产—供—销"一体化各环节的密切配合问题，要考虑不同环节实际的盈亏平衡点问题。如果选择的是横向发展模式的话，新型农业经营主体需要考虑不同主体之间的横向协调性问题。服务客体的创新，也就是新型农业经营主体自身经济实力的强大，是金融机构创新金融服务的不竭动力。

（三）服务环境创新

要通过金融服务创新促进新型农业经营主体的发展，需要高度重视服务环境的创新。从现实情况来看，服务环境创新既包括服务环境的软件创新，还包括服务环境的硬件创新。一方面，要高度重视服务环境的"软件创新"。对金融机构而言，一定要严格按照国家法律法规的要求来从事金融服务。实地调研发现，虽然国家早就明文禁止收取"财务服务费""贷款服务费"等相关费用，但是，仍然有金融机构在提供金融服务的过程中以"利率市场化"为借口，对不愿意缴纳"财务服务费""贷款服务费"等相关费用的新型农业经营主体，刻意提高贷款利率，人为加重新型农业经营主体的融资成本；还有些金融机构将融资服务与购买理财产品等业务进行捆绑，严重侵犯了新型农业经营主体的合法权益。要促进新型农业经营主体的发展，对类似行为必须严加禁止。对金融机构从业人员而言，在确保他们专业素质稳步提升的同时，要强化他们的责任意识。实地调研发现，相当多的金融机构从业人员不会给新型农业经营主体讲解什么是"年化收益率"，基于对该概念理解的偏差，一些新型农业经营主体违心地购买了本不应该购买的理财产品。这可能与金融机构从业人员的自身素质有关，因为他们自己可能都没有弄清楚什么是"年化收益率"。当然，这不排除部分金融机构从业人员刻意隐瞒真相，不愿意给新型农业经营主体说明"年化收益率"到底是什么。在农村保险业务领域，部分保险公司的管理极其混乱，新型农业经营主体在购买保险和保险理赔时所享受的服务截然相反；在购买保险的过程中，保险销售人员基于多方面的目的和动机，从来不会将保险中的关键问题说清楚，或者是有意隐瞒保险合同中的关键条款，以致相当部分新型农业经营主体购买了不太适合自身的保险；一旦需要保险理赔时，保险公司工作人员则是百般抵赖，不愿意赔偿或者只给予最低限度的赔偿，这不仅直接打击了新型农业经营主体购买保险服务的积极性，也严重制约了农村经济增长和农村经济发展。另一方面，要高度重视服务环境的"硬件创新"。从实际情况来看，我国绝大部分地区金融机构中算盘、账本等已经绝迹，取而代之的是计算机、自动取款机（ATM）、存折补登机、客户终端（POS）、电子货币（银行卡）等新的工具，应该说这是经济发展和时代进步的表现。但遗憾的是，金融机构在提供硬件设施的同时，并未能够很好地提供服务。比如，个别金融机构从业人员年龄老化，甚至部分工作人员对计算机的使用不够熟练，直接影响工作效率，还有些新型农业经营主体自身年纪较大，对自动取款机（ATM）、存折补登机、客户终端（POS）、电子货币（银行卡）等的使用存在困难，无法及时准确有效地从金融机构获得帮助。服务环境的创新，不仅要重视软件创新，还需要重视硬件创新，一切应该以顾客的实际需要为导向，任何顾客都不应该被排除在享受服务的范围之外。

（四）服务载体创新

要确保金融服务创新促进新型农业经营主体的发展，不仅服务主体创新、服务客体创新、服务环境创新，还需要金融载体创新。进一步讲，即便是金融主体创新了金融服务，没有合适的金融载体，金融客体同样很难享受到相应的金融服务。也就是说，金融服务自身并不能够传递出去，需要借助金融载体进行传递，资金的清算、保值和增值的目的都可以通过金融载体来实现。从总体上看，金融服务的载体主要就是金融工具、金融产品、网络以及各种电子设备。服务载体的创新，也就是要创新金融工具、金融产品、网络以及各种电子设备。在金融工具及金融产品的创新方面，金融机构要高度重视对农村金融市场的分析，要根据金融市场上新型农业经营主体的实际需要来创新金融工具和金融产品。在经济全球化的背景下，特别是随着我国依据WTO的要求对国内银行业保护期的解禁，外资银行凭借其先进的金融工具、优良的金融产品直接参与国内银行业的竞争。与外资银行相比，我国银行普遍采用的是传统的金融工具和相对比较过时的金融产品，品牌优势不明显。要在复杂的竞争环境中赢得先机，金融机构必须借鉴和引进国外发达国家先进的金融工具和成熟的金融产品，并结合我国新型农业经营主体发展的实际需要，创新金融工具，升级金融产品，完善金融服务。在国际金融市场上，利率和汇率差价的风险随时存在，这对于从事进出口贸易的大型涉农企业极为不利，金融机构完全可以借鉴和吸收国外的期权、利率互换等金融工具来规避金融风险。在网络和各种电子设备的运用方面，金融机构更应该根据新型农业经营主体的实际需求来创新金融服务。从现实情况来看，金融机构可以利用计算机技术，替代原来必需在柜台或办公室才能够办理的业务，为新型农业经营主体办理相关业务提供了极大的便利。在很多时候，新型农业经营主体不需要亲自到金融机构办理业务，完全可以在家里借助互联网享受全天候的金融服务。金融机构在网上提供的金融服务主要包括三个方面，即可以为新型农业经营主体及其个人办理清算业务，为新型农业经营主体提供相关的专业财经消息，为新型农业经营主体来往费用支出提供对账和查询服务。不仅如此，当前的新型农业经营主体还可以在家里办理保险、纳税等业务，也可以在家里享受证券机构所提供的诸多服务等。当然，这些服务只能说正在逐步提供当中，有些服务还有待进一步完善，离新型农业经营主体的实际服务需求还存在差距，未来更应该在这些方面做进一步的提升。

（五）服务形式创新

从金融服务创新的实际成效来看，金融服务创新的实际成效除了会直接受到金融服务主体创新、客体创新、环境创新和载体创新的影响外，还会在很大程度上受到金融服务形式创新的影响。与过去相比，我国金融发展的环境发生了翻天覆地的变化，金融业内部竞争激烈，金融业外部还会受到其他产业扩张的影响。要确保金融服务创新促进新型农业经营主体的发展，还必须高度重视金融服务形式的创新。一是要高度重视效能服务。过去，金融机构比较重视的传统服务是形象服务，从业人员会在新型农业经营主体前来办理相关业务时，注重微笑服务，讲究笑脸相迎，讲究态度和蔼与热情礼貌；当前，因为金融环境发生了显著变化，除了要继续坚持传统的微笑服务外，还需要高度重视效能服务，要切实能够满足新型农业经营主体的实际金融需求，而不是仅仅讲究形式上的东西。二是要高度重视上门服务。过去，金融机构从业人员都是坐在单位里面等着新型农业经营主体前来接受服务，即便是新型农业经营主体来到了金融机构办公地点，也不一定能够办理相关的业务，或者是因为缺少相关的证件，或者是因为不能满足金融服务所要求的相关限制性条件，还有可能是因为新型农业经营主体与金融机构从业人员之间的沟通出现问题。当前，随着外资金融机构的大量进入，国外先进的服务理念也随之进入国内，我国传统的服务方式难以与国外的金融机构相抗衡。因此，要求国内的金融机构从业人员具有更强的主观能动性，能够密切联系新型农业经营主体，切实了解并掌握新型农业经营主体的实际金融需求，能够深入农村市场、研究农村市场、服务农村市场，深入新型农业经营主体、研究新型农业经营主体、服务新型农业经营主体。三是要高度重视智能金融服务。过去，传统金融机构（主要是银行）主要从事"存""放""汇"等业务，这些业务早已不能够满足新型农业经营主体的金融需求，更不能够与国外金融机构展开竞争，与信息时代的服务理念相违背。当前，金融机构要充分利用互联网的优势，本着降低交易成本、提高服务质量的理念，借助网络为新型农业经营主体提供各种力所能及的服务。

（六）服务手段创新

服务手段的创新，对于确保金融服务创新促进新型农业经营主体的发展也具有重要的意义。因为在某些情况下，可能由于金融机构服务手段方面所存在的问题，会直接导致新型农业经营主体遭受损失甚至不能够享受金融服务。要创新金融机构的服务手段，一是要实施减负服务。对于新型农业经营主体来说，享受金融服务之外的额外费用支出，可能会直接影响它们参与金融活动的积极性。虽然全国绝大多数金融机构在办理金融服务时都提供免费复印身份证的服务，但仍然有一些金融机构不提供此类服务，这虽然涉及的成本很低，但对于新型农业经营主体来说则是一种负担；有些时候并不是不愿意支付少量的复印费，而是确实找不到能够复印身份证的地方，付出的时间成本高。此类服务对于金融机构来说，应该是完全免费提供的。二是要实施参谋服务。当新型农业经营主体并不清楚如何计算投资收益时，金融机构从业人员应该耐心讲解，以通俗易懂的方式把投资的收益说清楚，将每一种投资的实际收益算出来，以供新型农业经营主体做参考。三是要实施提醒服务。从现实情况来看，部分新型农业经营主体在接受金融服务时，可以说头脑并不清晰，往往只看到了收益，而完全忽视风险的存在，金融机构从业人员应该在分析收益的同时，明确告诉新型农业经营主体实际的风险。比如，证券业从业人员就有明确告知新型农业经营主体购买股票风险的义务，在让新型农业经营主体看到股票收益的同时，要告诉新型农业经营主体相应的风险，在必要的时候，需要以电话、短信等新型农业经营主体可以接受的方式提示风险的存在，尽量减少新型农业经营主体不必要的损失。四是要实施咨询服务。从实际情况来看，虽然绝大多数金融机构都比较重视对非法洗钱、非法揽储等的宣传，但对于借助互联网实施金融诈骗的违法乱纪行为则宣传得不多，对金融纠纷中因"私力救济"而可能导致的违法犯罪行为宣传得也非常少，对国家及相关主管部门的法律法规宣传得不到位，以致新型农业经营主体遭受损失，甚至个别新型农业经营主体走上违法犯罪的道路。五是要实施维权服务。当新型农业经营主体在接受金融机构所提供的金融服务面临纠纷时，金融机构不能够继续沿袭过去推卸责任的做法，而应该采取更为务实负责的态度；也就是说，在过去，当金融机构与新型农业经营主体发生纠纷时，金融机构扮演的是"裁判员"加"运动员"角色，严重侵犯了新型农业经营主体的合法权益；在当前复杂的金融环境下，金融机构要改变过去的做法，要切实考虑新型农业经营主体的合法利益诉求。

（七）配套服务创新

除以上六个方面外，要创新金融服务促进新型农业经营主体的发展，离不开政府及其监管部门、财政税务部门以及科技部门等的支持，政策的配套改革和创新。对于政府及其监管部门来说，要充分考虑到当前复杂的金融环境，不能够继续沿用过去的传统方式来对金融机构进行监督管理，要创新金融监管方式；特别是在涉农金融监管方面，政府及其监管部门更要考虑到新型农业经营主体自身发展的实际情况，支持、鼓励和引导各级各类金融机构更好地服务新型农业经营主体的发展。对财税部门来说，虽然国家的支农惠农政策有很多关系到新型农业经营主体减税、免税的规定，财税部门要将这些政策落到实处。特别是对于先征后返的税收，一定要督促新型农业经营主体完成纳税的程序，并按照文件的有关规定及时足额返还税收。先征后返并不等于不征，新型农业经营主体并不等于不纳税，应该严格按照国家规定先缴纳再申请返回，其好处在于可以保留纳税的完整记录，有利于金融机构对新型农业经营主体自身发展状况进行科学合理的评价，有利于新型农业经营主体享受金融服务。对于科技部门来说，单靠金融机构自身的努力，无法实现金融服务的智能化，需要科技部门在此方面做出努力，将先进的科学技术运用于金融机构创新金融服务过程中，在方便金融机构提供金融服务的同时，力求满足新型农业经营主体各方面金融服务的需要。

第三节 研究展望

本书就金融服务创新促进新型农业经营主体发展的长效机制问题进行了多方面的研究。本书深入研究了金融服务创新促进新型农业经营主体发展的理论框架，先从定性分析的角度分析了金融服务制约新型农业经营主体发展的原因，然后从定量分析的角度，在全面考虑全样本视角、种养殖专业大户视角、家庭农场视角、农民专业合作社视角以及农业龙头企业视角的情况下，系统实证分析了金融服务制约新型农业经营主体发展的原因。同时，还从宏观视角，采用定量分析的方法，重点探究了金融服务对新型农业经营主体增收效应、就业效应和幸福效应的影响。在此基础上，本书构建了金融服务创新促进新型农业经营主体发展的机制及模式，提出了金融服务创新促进新型农业经营主体发展的对策建议。尽管如此，从总体上看，本书研究还有部分地方有待进一步完善。

第一，从史学的角度对我国金融服务与农业经营主体发展关系的研究仍然有广阔的空间。本书已经对我国不同历史时期的金融服务与农业经营主体发展关系的进行了梳理，但是，基于文献资料的可得性，对我国不同历史时期的金融服务与农业经营主体发展关系研究还略显粗糙。一方面是因为如果对金融服务进行深度细分的话，可以分为很多不同的具体类型，每一类都与农业经营主体存在或多或少的关系；如果在此基础上进行深入研究的话，那么对每一类金融服务与农业经营主体关系的研究都可以成为一个专门的课题，这方面还值得进一步深入研究。另一方面，我国不同朝代国家的版图变化很大，有些年份，多个王朝并存，且不同王朝所处的社会背景千差万别，对不同区域金融服务与新型农业经营主体关系的梳理比较困难。比如，对西夏时期或者是南诏国等的相关研究，就很有意义，但此方面的文献资料确实非常匮乏。未来在这些方面都可以开展相应的研究。

第二，本书研究的样本区域是西部地区除新疆和西藏外的10个省级单位，没有调研中部地区和东部地区，这是本书研究比较遗憾的地方，当然也是未来可以进一步考虑的方面。之所以没有考虑中部地区和东部地区，主要是因为新型农业经营主体的种类多且杂，一般的研究团队是不可能完全掌握的，或者说离开相关政府部门的大力支持，一般研究团队不太可能找全愿意填写调查问卷的新型农业经营主体；西部地区的问卷填答课题组得到相关实务部门的帮助（新疆和西藏因种种原因而没能得到较全的数据），而中、东部地区因课题规定时限、团队组建人数、沟通对接渠道等多方面原因而未能收集齐全相关的研究数据，所以，本书最终只能将样本区选择在除新疆和西藏外的西部10个省级单位。

参考文献

白钦先：《政策性金融概论》，中国金融出版社 2013 年版。

包国宪、王学军、柯卉：《服务科学：概念架构、研究范式与未来主题》，《科学学研究》2011 年第 29 卷第 1 期。

常明明：《20 世纪 50 年代前期中国乡村借贷方式比较研究：以中南区为中心》，《中国农史》2008 年第 3 期。

常明明：《绩效与不足：建国初期农村信用合作社的借贷活动的历史考察——以鄂湘赣三省为中心》，《中国农史》2006 年第 1 期。

常明明：《建国初期国家农贷的历史考察：以中南区为中心》，《当代中国史研究》2007 年第 14 卷第 3 期。

常明明：《农村私人借贷与农民收入增长研究：以 20 世纪 50 年代前期鄂、湘、赣、粤 4 省为中心》，《中国经济史》2012 年第 4 期。

陈岱孙、厉以宁：《国际金融学说史》，中国金融出版社 1991 年版。

陈红玲：《中国农业产业链融资模式与金融服务创新：基于日本模式的经验与启示》，《世界农业》2016 年第 12 期。

陈威光：《金融衍生工具》，北京大学出版社 2013 年版。

陈晓华：《大力培育新型农业经营主体》，《农业经济问题》2014 年第 1 期。

陈玉和：《创新的概念、创新的发生与创新教育模式》，《煤炭高等教育》2001 年第 3 期。

董毅：《碧里杂存》，商务印书馆 1937 年版。

段昆：《美国农业保险制度及其对我国农业保险发展的启示》，《中国软科学》2002 年第 3 期。

费佐兰、郭翔宇：《新型农业经营主体面临的特殊困难与政策建议：基于黑龙江省绥化市的实地调查》,《中国农业资源与区划》2016 年第 37 卷第 11 期。

冯和法:《中国农村经济资料续编》(下),台北华世出版社 1978 年版。

冯俊、张运来、崔正:《服务概念的多层次理解》,《北京工商大学学报》(社会科学版)2011 年第 2 期。

冯小:《新型农业经营主体培育与农业治理转型:基于皖南平镇农业经营制度变迁的分析》,《中国农村观察》2015 年第 2 期。

高翔、陈东:《金融概念的定义演变》,《兰州学刊》2005 年第 3 期。

谷小勇、张巍巍:《新型农业经营主体培育政策反思》,《西北农林科技大学学报》(社会科学版)2016 年第 16 卷第 3 期。

桂泽发、吴蔚蓝、谭文洁、盖振煜:《金融支持新型农业经营主体发展研究:以甘肃省庆阳市为例》,《开发研究》2014 年第 5 期。

郭庆海:《新型农业经营主体功能定位及成长的制度供给》,《中国农村经济》2013 年第 4 期。

郭兴平:《基于电子化金融服务创新的普惠型农村金融体系重构研究》,《财贸经济》2010 年第 3 期。

韩俊:《微信金融服务在农村大有可为》,《农村金融研究》2015 年第 7 期。

胡泊:《培育新型农业经营主体的现实困扰与对策措施》,《中州学刊》2015 年第 3 期。

胡霞:《现代农业经济学》,中国人民大学出版社 2015 年版。

胡孝辉、申莉、刘献良:《"互联网+三农"金融服务调研与思考》,《农村金融研究》2016 年第 11 期。

华中昱、林万龙:《贫困地区新型农业经营主体金融需求状况分析:基于甘肃、贵州及安徽 3 省的 6 个贫困县调查》,《农村经济》2016 年第 9 期。

黄闯:《粮食主产区新型农业经营主体发展的困境和出路》,《地方财政研究》2014 年第 10 期。

黄达:《金融学》,中国人民大学出版社 2012 年版。

黄浩:《电子商务是未来金融服务必争之地》,《中国金融》2013 年第 10 期。

黄立人：《论抗战时期国统区的农贷》，《近代史研究》1997年第6期。

黄少军：《服务业与经济增长》，经济科学出版社2000年版。

黄维兵：《现代服务经济理论与中国服务业发展》，西南财经大学出版社2003年版。

黄伟南、曾福生：《国外农业基础设施投融资模式的经验分析》，《世界农业》2014年第3期。

黄祖辉、陈龙等：《新型农业经营主体与政策研究》，浙江大学出版社2010年版。

贾思勰：《齐民要术》，缪启愉、缪桂龙注，上海古籍出版社2009年版。

江维国：《我国新型农业经营主体的功能定位及战略思考》，《税务与经济》2014年第4期。

姜超峰：《供应链金融服务创新》，《中国流通经济》2015年第1期。

蒋国政：《金融服务农业供给侧结构性改革的思考：永州实证》，《武汉金融》2016年第9期。

蒋例利、王定祥：《财政金融服务新型农业经营主体的绩效评价》，《西南大学学报》（社会科学版）2017年第43卷第2期。

康有为：《大同书》，辽宁人民出版社1994年版。

柯炳生：《把"工业反哺农业，城市支持农村"落到实处》，《红旗文稿》2005年第20期。

孔祥智：《新型农业经营主体的地位和顶层设计》，《改革》2014年第5期。

黎军：《行业协会的几个基本问题》，《河北法学》2006年第24卷第7期。

李昌麟：《经济法学》，法律出版社2016年版。

李浩、武晓岛：《绿色金融服务"三农"新路径探析》，《农村金融研究》2016年第4期。

李鹏：《扶持发展新型农业经营主体研究》，《农业经济》2015年第7期。

李少民：《支持新型农业经营主体财政政策研究》，《地方财政研究》2014年第10期。

李文治:《中国近代农业史资料》,1957年12月。

李心丹:《金融市场与金融机构》,中国人民大学出版社2013年版。

林乐芬、法宁:《新型农业经营主体融资难的深层原因及化解路径》,《南京社会科学》2015年第7期。

蔺雷、吴贵生:《服务创新:研究现状、概念界定及特征描述》,《科研管理》2005年第26卷第2期。

刘同山、毛飞、孔祥智:《新型农业经营主体中青年农民精英的作用研究:以河南省为例》,《农村经济》2015年第9期。

刘勇:《基于培育新型农业经营主体目标下的财政支持政策改革研究》,《农林经济管理学报》2016年第15卷第4期。

刘志成:《湖南新型农业经营主体培育的现状、问题与对策》,《湖南社会科学》2013年第6期。

楼文龙:《准确把握"三农"发展趋势和特征,切实做好"新三农""大三农"金融服务》,《农村金融研究》2016年第8期。

鲁钊阳:《P2P网络借贷能解决农户贷款难问题吗?》,《中南财经政法大学学报》2012年第2期。

鲁钊阳:《新型农业经营主体对P2P网络借贷的接受意愿分析》,《财经论丛》2017年第2期。

鲁钊阳:《新型农业经营主体发展的福利效应研究》,《数量经济技术经济研究》2016年第6期。

路甬祥:《创新与未来:面向知识经济时代的国家创新体系》,科学出版社1998年版。

吕思勉:《中国简史》,民主与建设出版社2016年版。

吕晓英、李先德:《美国农业保险产品和保费补贴方式分析及其对中国的启示》,《世界农业》2013年第6期。

罗必良:《新制度经济学》,山西经济出版社2005年版。

马华、姬超:《中国式家庭农场的发展:理论与实践》,社会科学文献出版社2015年版。

马敏、彭南生:《中国近现代史(1840—1949)》,高等教育出版社2009年版。

[美]罗纳德·哈里·科斯:《企业、市场与法律》,盛洪、陈郁译,格

致出版社 2014 年版。

［美］约瑟夫·熊彼特：《经济发展理论》，郭武军、吕阳译，华夏出版社 2015 年版。

孟莉娟：《美国、日本、韩国家庭农场发展经验与启示》，《世界农业》2015 年第 12 期。

孟丽、钟永玲、李楠：《我国新型农业经营主体功能定位及结构演变研究》，《农业现代化研究》2015 年第 36 卷第 1 期。

闵继胜、孔祥智：《新型农业经营主体经营模式创新的制约因素及制度突破》，《经济纵横》2016 年第 5 期。

莫世健：《WTO 与金融服务业的国际化问题研究》，《河南社会科学》2006 年第 14 卷第 5 期。

娜日、朱淑珍、洪贤方：《基于扎根理论的互联网金融服务创新能力结构维度研究》，《科技管理研究》2016 年第 14 期。

漆多俊：《经济法基础理论》，法律出版社 2017 年版。

秦孝仪：《中华民国史料丛编》，中华书局 1976 年版。

任继周：《中国农业系统发展史》，江苏科学技术出版社 2015 年版。

宋洪远、赵海：《新型农业经营主体的概念特征和制度创新》，《新金融评论》2014 年第 3 期。

宋洪远、赵海：《中国新型经营主体发展研究》，中国金融出版社 2015 年版。

宋涛：《政治经济学》，中国人民大学出版社 2016 年版。

孙桂芳：《商业银行经营与管理》，立信会计出版社 2011 年版。

孙立刚、刘献良、李起文：《金融支持新型农业经营主体的调查与思考》，《农村金融研究》2015 年第 5 期。

涂晓春：《制度惰性与我国的体制改革》，《改革与开发》2007 年第 4 期。

汪发元、吴学兵、孙文学：《农业创业中新型农业经营主体带动效应影响因素分析：基于湖北省 713 家新型农业经营主体调研数据分析》，《干旱区资源与环境》2016 年第 30 卷第 10 期。

汪小亚：《农村金融体系改革研究》，中国金融出版社 2009 年版。

汪艳涛、高强、苟露峰：《农村金融支持是否促进新型农业经营主体培育:理论模型与实证检验》,《金融经济学研究》2014 年第 29 卷第 5 期。

王国敏、杨永清、王元聪:《新型农业经营主体培育:战略审视、逻辑辨识与制度保障》,《西南民族大学学报》(人文社会科学版)2014 年第 10 期。

王洪波:《不同新型农业经营主体的农业保险需求研究》,《农村金融研究》2017 年第 2 期。

王建珂:《尊重试错,鼓励创新》,《青年记者》2016 年第 6 期。

王淑珍:《中华民国实录》,吉林人民出版社 1997 年版。

王曙光:《金融发展理论》,中国发展出版社 2010 年版。

王雅鹏:《现代农业经济学》,中国农业出版社 2015 年版。

王中志:《金融服务特征解构分析》,《南方金融》2006 年第 7 期。

威廉·配第:《赋税论》,马妍译,中国社会科学出版社 2010 年版。

魏江、胡胜蓉等:《金融服务创新》,科学出版社 2015 年版。

魏岚:《我国农村金融服务创新研究》,《经济纵横》2014 年第 12 期。

吴金希:《"创新"概念内涵的再思考及其启示》,《学习与探索》2015 年第 4 期。

亚当·斯密:《国富论》,郭大力、王亚南译,商务印书馆 2014 年版。

阎庆生:《抗战时期陕甘宁边区的农贷》,《抗日战争研究》1999 年第 4 期。

杨少波、田北海:《青年在新型农业经营主体培育中的领头雁作用研究:基于对湖北省农村致富带头人的调查》,《中国青年研究》2016 年第 1 期。

姚遂:《中国金融史》,高等教育出版社 2007 年版。

叶军、高岩、邱晓熠:《中国小微企业金融服务模式与创新》,《西南金融》2014 年第 4 期。

易棉阳:《民国时期国家农贷中的农贷悖论解读》,《中国社会经济史研究》2011 年第 4 期。

[英]赫伯特·乔治·威尔斯:《世界简史》,谢凯译,民主与建设出版社 2015 年版。

[英]亚当·斯密:《国富论》,谢宗林、李华夏译,中央编译出版社

2012年版。

［英］伊迪丝·彭罗斯：《企业成长理论》，赵晓译，上海人民出版社2007年版。

［英］约翰·梅娜德·凯恩斯：《就业、利息和货币通论》，徐毓枬译，译林出版社2014年版。

尤建新、邵鲁宁：《企业管理概论》，高等教育出版社2015年版。

俞宁：《新型农业经营主体：现状、约束与发展思路——以浙江省为例的分析》，《中国农村经济》2010年第10期。

张晨：《金融服务支持农业"走出去"的问题、原则与路径》，《农村经济》2015年第3期。

张春霞：《互联网金融服务"三农"模式浅析》，《农村金融研究》2015年第11期。

张骞：《美国经验对完善中国农村金融服务体系的借鉴》，《世界农业》2013年第7期。

张扬：《试论我国新型农业经营主体形成的条件与路径：基于农业要素集聚的视角分析》，《当代经济科学》2014年第36卷第3期。

张照新、赵海：《新型农业经营主体的困境摆脱及其体制机制创新》，《改革》2013年第2期。

张正平、石红玲：《互联网金融服务"三农"的现状、问题、原因和对策》，《农村金融研究》2017年第2期。

赵晨、廖建华：《创新的概念嬗变、基本形态与系统构成析论》，《广州城市职业学院学报》2016年第10卷第3期。

赵谦：《德国农村土地整理融资立法及对中国的启示》，《世界农业》2012年第7期。

赵晓峰、赵祥云：《农地规模经营与农村社会阶层结构重塑：兼论新型农业经营主体培育的社会学命题》，《中国农村观察》2016年第6期。

郑家度：《广西金融史稿》（上），广西民族出版社1984年版。

中国农业银行四川省分行课题组：《金融支持新型农业经营主体路径研究：以农行四川省分行为例》，《农村金融研究》2015年第5期。

钟甫宁：《农业经济学》，中国农业出版社2011年版。

钟真、谭玥琳、穆娜娜：《新型农业经营主体的社会化服务功能研究：

基于京郊农村的调查》,《中国软科学》2014 年第 8 期。

周才云:《国外农村金融支持的经验及启示》,《当代经济管理》2010 年第 12 期。

周明明、王俊芹、王余丁:《互联网金融视角下新型农业经营主体的融资模式研究》,《农村金融研究》2016 年第 8 期。

庄丽娟:《服务定义的研究线索和理论界定》,《中国流通经济》2004 年第 9 期。

Aigbe Akhigbe, Anna D. Martin. "Influence of Disclosure and Governance on Risk of US Financial Services Firms Following Sarbanes-Oxley." *Journal of Banking & Finance*, 2008, 32 (10): 2124 – 2135.

Aigbe Akhigbe, Anna D. Martin. "Valuation Impact of Sarbanes-Oxley: Evidence from Disclosure and Governance within the Financial Services Industry." *Journal of Banking & Finance*, 2006, (3): 989 – 1006.

Alena Audzeyeva, Barbara Summers, Klaus Reiner Schenk-Hoppé. "Forecasting Customer Behavior in a Multi-service Financial Organization: A Profitability Perspective." *International Journal of Forecasting*, 2012, 28 (2): 507 – 518.

Anastasia Danilov, Torsten Biemann, Thorn Kring, Dirk Sliwka. "The Dark Side of Team Incentives: Experimental Evidence on Advice Quality from Financial Service Professionals." *Journal of Economic Behavior & Organization*, 2013, (93): 266 – 272.

Andreas Freytag, Susanne Fricke. "Sectoral Linkages of Financial Services as Channels of Economic Development—An Input-output Analysis of the Nigerian and Kenyan Economies." *Review of Development Finance*, In Press, Corrected Proof, Available online 9 March 2017.

Anita Pennathur, Deborah Smith, Vijaya Subrahmanyam. "The Stock Market Impact of Government Interventions on Financial Services Industry Groups: Evidence from the 2007 – 2009 Crisis." *Journal of Economics and Business*, 2014, (71): 22 – 44.

Anthony Plath, Thomas H. Stevenson. "Financial Services and the African-American Market: What Every Financial Planner Should Know." *Financial*

Services Review, 2001, 9 (4): 343-359.

Arthur Grimes. "APEC Competition Principles: Application to Financial Services." *Japan and the World Economy*, 2001, 13 (2): 95-111.

Azmat Gani, Michael D. Clemes. "Does the Strength of the Legal Systems Matter for Trade in Insurance and Financial Services?" *Research in International Business and Finance*, 2016, (36): 511-519.

Bell, C., Srinivasan, T. N. and Udry, C. "Rationing, Spill over and Interlinking in Credit Markets: The Case of Rural Punjab." *Oxford Economic Papers*, 1997, 49 (4): 557-587.

Benjamin, E. G. et al. "The State of Family Farms in the World." *World Development*, 2016, (87): 1-15.

Bhattacharyya, A., Kumbhakar, S. "Market Imperfections and Output Loss in the Presence of Expenditure Constraint: A Generalized Shadow Price Approach." *American Journal of Agricultural Economics*, 1997, 79 (3): 860-871.

Boucher, S. and Guirkinger, C. "Risk, Wealth and Sectoral Choice in Rural Credit Markets." *American Journal of Agricultural Economics*, 2007, 89 (4): 991-1004.

Bruce Money. "Word-of-mouth Referral Sources for Buyers of International Corporate Financial Services." *Journal of World Business*, 2000, 35 (3): 314-329.

Charilaos Mertzanis. "The Absorption of Financial Services in an Islamic Environment." *Journal of Economic Behavior & Organization*, 2016 (132): 216-236.

Chaplin, H., et al. "Agricultural Adjustment and the Diversification of Farm Households and Corporate Farms in Central Europe." *Journal of Rural Studies*, 2004 (20): 61-77.

Chiles, T. H., J. F. McMackin. "Integrating Variable Risk Preferences, Trust, and Transaction Cost Economics." *Academy of Management Review*, 1996, 21 (1): 73-99.

David Bassens, Ben Derudder, Frank Witlox. "Setting Shari'a Standards: On the Role, Power and Spatialities of Interlocking Shari'a Boards in Islamic Financial Services." *Geoforum*, 2011, 42 (1): 94 – 103.

David Collins, Ian Dewing, Peter Russell. "Postcards from the Front: Changing narratives in UK Financial Services." *Critical Perspectives on Accounting*, 2009, 20 (8): 884 – 895.

David, Cummins J., Mary A. Weiss, Xiaoying Xie, Hongmin Zi. "Economies of Scope in Financial Services: A DEA Efficiency Analysis of the US Insurance Industry." *Journal of Banking & Finance*, 2010, 34 (7): 1525 – 1539.

David E. Antwi, John K. M. Kuwornu, Edward E. Onumah, Ram C. Bhujel. "Productivity and Constraints Analysis of Commercial Tilapia Farms in Ghana." *Kasetsart Journal of Social Sciences*, In Press, Corrected Proof, Available online 11 January 2017.

Debraj Ray. "Inequality and Markets: Some Implications of Occupational Diversity." *American Economic Journal: Microeconomics*, 2010, 2 (4): 38 – 76.

Dolfin, S. and Genicot, G. "What Do Networks Do? —The Role of Networks on Migration and 'Coyote' Use." *Review of Development Economics*, 2010, 14 (2): 343 – 359.

Edmund Lorencowicz, Jacek Uziak. "Repair Cost of Tractors and Agricultural Machines in Family Farms." *Agriculture and Agricultural Science Procedia*, 2015 (7): 152 – 157.

Elyas Elyasiani, Iqbal Mansur, Michael S. Pagano. "Convergence and Risk-return Linkages across Financial Service Firms." *Journal of Banking & Finance*, 2007, 31 (4): 1167 – 1190.

Fafchamps, M. "Development and Social Capital." *Journal of Development Studies*, 2006, 42 (3): 1180 – 1198.

Fariborz Moshirian. "Aspects of International Financial Services." *Journal of Banking & Finance*, 2006, 30 (4): 1057 – 1064.

Fariborz Moshirian, Donghui Li, Ah-Boon Sim. "Intra-industry Trade in Financial Services." *Journal of International Money and Finance*, 2005, 24

(7): 1090-1107.

Fariborz Moshirian. "Financial Services: Global Perspectives." *Journal of Banking & Finance*, 2004, 28 (2): 269-276.

Fariborz Moshirian. "Financial Services in an Increasingly Integrated Global Financial Market." *Journal of Banking & Finance*, 2008, 32 (11): 2288-2292.

Fariborz Moshirian. "Global Financial Services and a Global Single Currency." *Journal of Banking & Finance*, 2007, 31 (1): 3-9.

Fariborz Moshirian, Ilan Sadeh, Jason Zein. "International Financial Services: Determinants of Banks' Foreign Assets Held by Non-banks." *Journal of International Financial Markets*, 2004, 14 (4): 351-365.

Gang Nathan Dong. "Excessive Financial Services CEO Pay and Financial Crisis: Evidence from Calibration Estimation." *Journal of Empirical Finance*, 2014, (27): 75-96.

Giorgio Faraci. "Farm Cultural Park: An Experience of Social Innovation in the Recovery of the Historical Centre of Favara." *Procedia Environmental Sciences*, 2017, (37): 676-688.

Grootaert, C. Social Capital, Household Welfare and Poverty in Indonesia. Working Paper, Washington, DC: World Bank, 1999, No. 6.

Guido Cazzavillan, Krzysztof Olszewski. "Interaction between Foreign Financial Services and Foreign Direct Investment in Transition Economies: An Empirical Analysis with Focus on the Manufacturing Sector." *Research in Economics*, 2012, 66 (4): 305-319.

Hansson H. "Are Larger Farms more Efficient—A Farm Level Study of the Relationships between Efficiency and Size on Specialized Dairy Farms in Sweden." *Agricultural and Food Science*, 2008 (17): 325-337.

Harald A. Benink, Reinhard H. Schmidt. "Europe's Single Market for Financial Services: Views by the European Shadow Financial Regulatory Committee." *Journal of Financial Stability*, 2004 (2): 157-198.

Henry Yuliando, K. Novita Erma, S. Anggoro Cahyo, Wahyu Supartono. "The Strengthening Factors of Tea Farmer Cooperative: Case of Indonesian

Tea Industry." *Agriculture and Agricultural Science Procedia*, 2015（3）：143-148.

Ingyu Chiou, Lawrence J. White. "Measuring the Value of Strategic Alliances in the Wake of a Financial Implosion: Evidence from Japan's Financial Services Sector." *Journal of Banking & Finance*, 2005, 29（10）：2455-2473.

Jaap W. B. Bos, James W. Kolari, Ryan C. R. van Lamoen. "Competition and Innovation: Evidence from Financial Services." *Journal of Banking & Finance*, 2013, 37（5）：1590-1601.

John K. Ashton, Robert S. Hudson. "Interest Rate Clustering in UK Financial Services Markets." *Journal of Banking & Finance*, 2008, 32（7）：1393-1403.

Johnson K, et al. "Operator and Operation Characteristics: A Comparison of Low-sales, Medium-sales, and Large Family farm Operation in the United States." *Production and Farm Management Report*, 2011（16）：13-18.

John Manuel Luiz, Harris Charalambous. "Factors Influencing Foreign Direct Investment of South African Financial Services Firms in Sub-Saharan Africa." *International Business Review*, 2009, 18（3）：305-317.

Joshua Yindenaba Abor, Paul Alagidede, Matthew Kofi Ocran, Charles K. D. Adjasi. "Developments in the Financial Services Sector in Africa." *Review of Development Finance*, 2014, 4（2）：63-65.

József Varga, Zoltán Sipiczki. "The Financing of the Agricultural Enterprises in Hungary between 2008 and 2011." *Procedia Economics and Finance*, 2015（30）：923-931.

Kareen Brown, Ranjini Jha, Parunchana Pacharn. "Ex ante CEO Severance Pay and Risk-taking in the Financial Services Sector." *Journal of Banking & Finance*, 2015（59）：111-126.

Katchova, A. Structural Changes in US Agriculture: Financial Performance of Farms in Transition. 2010, 114th, EAAE.

Kenneth A. Carow, Randall A. Heron. "Capital Market Reactions to the Passage of the Financial Services Modernization Act of 1999. " *The Quarterly Review of Economics and Finance*, 2002, 42 (3): 465 - 485.

Kinnan, Cynthia and Townsend, Robert M. "Kinship and Financial Network, Formal Financial Access and Risk Reduction." *The American Economic Review*, 2012, 102 (3): 289 - 293.

Kochar, A. "Does Lack of Access to Formal Credit Constrain Agricultural Production? —Evidence from the Land Tenancy Market in Rural India." *American Journal of Agricultural Economics*, 1997, 79 (3): 754 - 763.

Kuehne, G. "My Decision to Sell the Family Farm." *Agriculture and Human Values*, 2013 (30): 1 - 11.

Lars Engwall, Amjad Hadjikhani. "Internationalization of Financial Services in Turbulent Markets." *International Business Review*, 2014, 23 (6): 1035 - 1039.

Lídia Cabral, Arilson Favareto, Langton Mukwereza, Kojo Amanor. "Brazil's Agricultural Politics in Africa: More Food International and the Disputed Meanings of 'Family Farming'." *World Development*, 2016 (81): 47 - 60.

Luca Marchiori, Olivier Pierrard. "How Does Global Demand for Financial Services Promote Domestic Growth in Luxembourg? A Dynamic General Equilibrium Analysis." *Economic Modelling*, 2017 (62): 103 - 123.

Maria Toader, Gheorghe Valentin Roman. "Family Farming-Examples for Rural Communities Development." *Agriculture and Agricultural Science Procedia*, 2015 (6): 89 - 94.

Markus M. Schmid, Ingo Walter. "Geographic Diversification and Firm Value in the Financial Services Industry." *Journal of Empirical Finance*, 2012, 19 (1): 109 - 122.

Malcolm Dickson, Ahmed Nasr-Allah, Diaa Kenawy, Froukje Kruijssen. "Increasing Fish Farm Profitability through Aquaculture best Management Practice Training in Egypt." *Aquaculture*, 2016 (465): 172 - 178.

Meike Weltin, Ingo Zasada, Christian Franke, Annette Piorr, Meri Raggi, Davide Viaggi. "Analysing Behavioural Differences of Farm Households:

An Example of Income Diversification Strategies Based on European Farm Survey Data." *Land Use Policy*, 2017 (62): 172 – 184.

Michael C. Wimberly, Larry L. Janssen, David A. Hennessy, Moses Luri, Niaz M. Chowdhury, Hongli Feng. "Cropland Expansion and Grassland Loss in the Eastern Dakotas: New Insights from a Farm-level Survey." *Land Use Policy*, 2017 (63): 160 – 173.

Milé Terziovski, Paul Fitzpatrick, Peter O' Neill. "Successful Predictors of Business Process Reengineering (BPR) in Financial Services." *International Journal of Production Economics*, 2003, 84 (1): 35 – 50.

Miluka, J. The Vanishing Farms? —The Impact of International Migration on Albanian Family Farming. World Bank-free PDF, 2007.

Muhammad, M., et al. "Awareness and Adoption Level of Fish Farmers Regarding Recommended Fish Farming Practices in Hafizabad, Pakistan." *Journal of the Saudi Society of Agricultural Sciences*, In Press, Corrected Proof, Available online 23 December 2016.

Mushinsk, I. D. "Ananalysis of Loan Offer Functions of Banks and Credit Unions in Guatemala." *Journal of Development Studies*, 1999, 36 (2): 88 – 112.

Nico Valckx. "WTO Financial Services Commitments: Determinants and Impact on Financial Stability." *International Review of Financial Analysis*, 2004, 13 (4): 517 – 541.

Offutt, S. "The Future of Farm Policy Analysis: A Household Perspective." *American Journal of Agricultural Economics*, 2002, 84 (5): 1189 – 1200.

Oscar Bernal, Jean-Yves Gnabo, Grégory Guilmin. "Assessing the Contribution of Banks, Insurance and Other Financial Services to Systemic Risk." *Journal of Banking & Finance*, 2014 (47): 270 – 287.

Paraskevas C. Argouslidis. "An Empirical Investigation into the Alternative Strategies to Implement the Elimination of Financial Services." *Journal of World Business*, 2004, 39 (4): 393 – 413.

Patrick Bolton, Xavier Freixas, Joel Shapiro. "Conflicts of Interest, Informationprovision, and Competition in the Financial Services Industry." *Journal of Financial Economics*, 2007, 85 (2): 297-330.

Patrick Honohan. "Cross-country Variation in Household access to Financial Services." *Journal of Banking & Finance*, 2008, 32 (11): 2493-2500.

Paulo Alberto Machinski, Mauro Cézar de Faria, Vilmar Rodrigues Moreira, Alex Antonio Ferraresi. "Agricultural Insurance Mechanisms through Mutualism: The Case of an Agricultural Cooperative." *Revista de Administração*, 2016, 51 (3): 266-275.

Philip Kostov, Thankom Arun, Samuel Annim. "Access to Financial Services: The Case of the 'Mzansi' Account in South Africa." *Review of Development Finance*, 2015, 5 (1): 34-42.

Prichard, B. et al. "Neither 'Family' nor 'corporate' Farming—Australian Tomato Growers as Farm Family Entrepreneurs." *Journal of Rural Studies*, 2007, 23 (1): 75-87.

Rajen Mookerjee, Paul Kalipioni. "Availability of Financial Services and Income Inequality: The Evidence from Many Countries." *Emerging Markets Review*, 2010, 11 (4): 404-408.

Rosanne Altshuler, R. Glenn Hubbard. "The Effect of the Tax Reform Act of 1986 on the Location of Assets in Financial Services Firms." *Journal of Public Economics*, 2003, 87 (1): 109-127.

Sabine Gebert Persson, Heléne Lundberg, Jörgen Elbe. "On the Discursive Contest of an International M&A Relationship Development Process within Financial Services." *International Business Review*, 2014, 23 (6): 1064-1073.

Sandeep Mahajan, Richard J. Sweeney. "Strategic Choices of Quality, Differentiation and Pricing in Financial Services." *Journal of Banking & Finance*, 2001, 25 (8): 1447-1473.

Sarmisstha Pal. "Household Sectoral Choice and Effective Demand for Rural Credit in India." *Applied Economics*, 2002, 34 (14): 1743-1755.

Shem Alfred Ouma, Teresa Maureen Odongo, Maureen Were. "Mobile Financial Services and Financial Inclusion: Is It a Boon for Savings Mobilization?. " *Review of Development Finance*, In Press, Corrected Proof, Available online 9 March 2017.

Susan V. Scott, John Van Reenen, Markos Zachariadis. "The Long-term Effect of Digital Innovation on Bank Performance: An Empirical Study of SWIFT Adoption in Financial Services. " *Research Policy*, 2017, 46 (5): 984 – 1004.

Takeo Hoshi, Takatoshi Ito. "Financial Regulation in Japan: A Sixth Year Review of the Financial Services Agency. " *Journal of Financial Stability*, 2004 (2): 229 – 243.

Timothy J. Yeager, Fred C. Yeager, Ellen Harshman. "The Financial Services Modernization Act: Evolution or Revolution?" *Journal of Economics and Business*, 2007, 59 (4): 313 – 339.

Tony E. Smith, Marvin M. Smith, John Wackes. "Alternative Financial Service Providers and the Spatial Void Hypothesis. " *Regional Science and Urban Economics*, 2008, 38 (3): 205 – 227.

Venkateswara Kumar, V. Rama Devi. "Social Media in Financial Services—A Theoretical Perspective. " *Procedia Economics and Finance*, 2014 (11): 306 – 313.

Veronika Fenyves, Tibor Tarnóczi, Kinga Zsidó. "Financial Performance Evaluation of Agricultural Enterprises with DEA Method. " *Procedia Economics and Finance*, 2015 (32): 423 – 431.

Vincent Bouvatier. "Heterogeneous Bank Regulatory Standards and the Cross-border Supply of Financial Services. " *Economic Modelling*, 2014 (40): 342 – 354.

Wolfgang Bessler, James P. Murtagh. "The Stock Market Reaction to Cross-border Acquisitions of Financial Services Firms: An Analysis of Canadian Banks. " *Journal of International Financial Markets, Institutions and Money*, 2002 (12): 419 – 440.